Siegfried Wenzel

# Was war die DDR wert?
## Und wo ist dieser Wert geblieben?

Versuch einer Abschlußbilanz

 Das Neue Berlin

*Bemerkung des Verlags zur dritten Auflage:*

Dieses Buch ist ein stiller Bestseller. Schon wenige Wochen nach Erscheinen machte sich eine zweite Auflage erforderlich (einige Flüchtigkeitsfehler, nichts von Belang, konnten bei dieser Gelegenheit korrigiert werden).

Zehntausend Exemplare sind nun verkauft, und doch ist der Band öffentlich im Grunde nicht wahrgenommen worden. Besser gesagt: Er wurde so beredt beschwiegen, daß es Tausende von Lesern nicht ausgehalten haben. Sie haben das Buch gesucht, und es ist ihnen gelungen, seiner habhaft zu werden.

Woher rührt dieses Mißverhältnis?

Siegfried Wenzel bohrt auf einem Nerv, der Ost und West schmerzt, wiewohl aus unterschiedlichen Gründen. Beide Seiten eint, die DDR-Wirtschaft lange Zeit als Bananenfrage behandelt zu haben. Ein ziemlich krummes Ding, wie sich hier nachlesen läßt.

Wenzel gestattet sich selten Ironie; und angesichts der Demütigungen, die er bei seiner Teilnahme an den Verhandlungen zur Wirtschafts-, Währungs- und Sozialunion als Vertreter eines kapitulierenden und sich unterwerfenden Staates hinnehmen mußte und doch nicht persönlich genommen hat, darf man seine Darstellung insgesamt nachgerade gelassen nennen. (Manche Pamphletisten haben das Glück, nicht eifern zu müssen. Die Unerträglichkeit der beigebrachten Fakten erleichtert ihnen das Handwerk.)

Es sind die analytische Schärfe des Autors, die Unabweisbarkeit der Tatsachen, die Allgemeinverständlichkeit dieser Schrift, die erstaunlich strenge Objektivität bei der Auswahl und Verwendung des (fast ausschließlich bundesdeutschen und eben nicht DDR-Quellen entstammenden) Zahlenmaterials – und es ist eben nicht allein das Millionen Menschen berührende Thema –, was den Erfolg dieses Buches ausmacht.

Die gegenwärtige Geschichtsschreibung zum Thema DDR erfüllt beflissen ihren Delegitimierungsauftrag. Siegfried Wenzel aber ist kein Auftragsschreiber. Seine Schrift ist – Widerspruch in sich – ein sachliches Pamphlet. Eine verständige Streitschrift. Ein unüberbietbares Ärgernis. Ein Buch, das verboten gehört und nicht zu verbieten geht. Alles in allem: ein gutes Buch!

# Inhalt

**Vorbemerkung** ..................................... 7

**Kapitel I**
**War die DDR 1989 wirtschaftlich am Ende?** .......... 11

    Indikatoren der Pleite einer Wirtschaft .............. 11
    Die Auslandsverschuldung der DDR ............... 17
    Zur Inlandsverschuldung und zum Wert
    der Mark der DDR ............................ 28
    Zum Vergleich des ökonomischen Niveaus
    BRD (alte Bundesländer) – DDR auf dem Gebiet
    von Produktivität und Effektivität ................. 35
    Die Ursachen des ökonomischen Rückstandes
    der DDR-Wirtschaft ........................... 39
    Die wirtschaftliche Stellung der DDR im Vergleich zu
    den Mitgliedsländern der Europäischen Gemeinschaft .. 62
    Die Beziehungen DDR – UdSSR und die Stellung
    im Rat für gegenseitige Wirtschaftshilfe ............. 65
    Gab es einen Ausweg? .......................... 74
    *Anmerkungen* ................................. 81

**Kapitel II**
**Zwischen Wende und Beitritt** ...................... 83

    Vom Mauerfall zur Wahl ........................ 83
    Die Vorbereitung und Durchführung der Währungs-,
    Wirtschafts- und Sozialunion zwischen BRD und DDR 96
    Die Abwicklung der Wirtschaft der DDR
    und die Rolle der Treuhandanstalt ................. 128
    Was war die DDR 1989 ökonomisch wert? .......... 169
    Legenden und Tatsachen zu den Transferzahlungen
    West-Ost .................................... 175
    *Anmerkungen* ................................. 179

**Kapitel III**
**Zu einigen Fragen des Gesellschafts- und Wirtschaftssystems der DDR** .................. **182**

    Grundmängel .................................. 182
    Zur Rolle des Planungssystems in der DDR .......... 190
    Planwirtschaft gleich Mangelwirtschaft? ............. 215
    Gab es in der DDR ein eigenes soziales, ökonomisches und bewußtseinsmäßiges Wertesystem? ............. 234
    *Anmerkungen* .................................. 244

**Kapitel IV**
**Und wie weiter?** ................................. **246**

    Welche Rolle kann man der Marktwirtschaft bei der künftigen gesellschaftlichen Entwicklung zuordnen? .. 251
    Zum Eigentum an Produktionsmitteln .............. 257
    Probleme und Möglichkeiten der Steuerung marktwirtschaftlicher Strukturen ................... 268
    *Anmerkungen* .................................. 277

**Anhang (Dokumente)** ........................... **279**

    Standpunkt und Erklärung der Vertreter der DDR zu Fragen der Strukturanpassung ... (März 1990) ...... 279
    Wirtschaftsgemeinschaft DDR-BRD (Skizze von Prof. Dr. Karl Schiller; 13. Januar 1990) ............. 282
    Analyse der ökonomischen Lage der DDR vom 30. Oktober 1989 ......................... 285

## Vorbemerkung

Anläßlich des zehnten Jahrestages des Beitritts der DDR zur BRD gemäß § 23 des Grundgesetzes wurde einmal mehr die Forderung erhoben, die Geschichte der DDR aufzuarbeiten.
Es liegen dazu umfangreiche Arbeiten vor, die diese Problematik als Ganzes und für eine große Anzahl von Teilbereichen zum Gegenstand haben. Viele dieser Arbeiten und die Tätigkeit ganzer Einrichtungen dienen der »Delegitimierung der DDR«, die Herr Kinkel, damals führender Vertreter der Bundesregierung, kurz nach der Wende als grundlegendes politisches Ziel verkündet hatte. Sie dienen dem Versuch nachzuweisen, daß deren Wirtschaft völlig versagt habe, nicht funktionsfähig gewesen sei.

Dieser Versuch der Schaffung einer anderen als der marktwirtschaftlich-kapitalistischen Gesellschaftsordnung auf dem Territorium, das im Ergebnis des Zweiten Weltkrieges von der sowjetischen Armee besetzt war, ist gescheitert. Es kann nicht darum gehen, von einem nostalgischen Standpunkt aus diese Tatsache infrage zu stellen oder hinwegzureden. Da dieser Zeitraum der Hauptanteil des Lebens und der Arbeit zweier Generationen war, scheint es wichtig, sachlich und objektiv die besonderen Bedingungen dieses Versuchs, seine Fehler und Mängel zu analysieren.

Es besteht über fast alle politischen Strömungen hinweg die übereinstimmende Auffassung, daß auch die überkommene Gesellschaft der Bundesrepublik und ihre Wirtschaftsordnung weiterentwickelt, »reformiert« werden muß. »Reformstau« war am Ende der Ära Kohl eines der meistgebrauchten Worte. Auch der »realsozialistische Versuch« in der DDR bestand nicht nur aus Fehlern und Mängeln. Er kann auch wichtige Erfahrungen vermitteln.

Die beherrschende Grundforderung des Aufbegehrens der Mehrheit der aktiven Bürger der DDR 1989 bestand zunächst im Ver-

langen nach einer besseren DDR. Das gilt für die Bürgerrechtsbewegung ebenso wie für die ehemaligen »Blockparteien«, die sich in der letzten Zeit zunehmend von der Bevormundung durch die SED freimachten. Natürlich kann man die später in Sachsen aufgetauchte Losung: »Kommt die D-Mark, bleiben wir, kommt sie nicht, gehn wir zu ihr« als eine Absage an den im Ergebnis der Verwirklichung einer sozialistischen Planwirtschaft erreichten Stand der ökonomischen Entwicklung interpretieren, die hinsichtlich der wirtschaftlichen Leistung z. B. pro Kopf der Bevölkerung etwa 50% hinter den Ergebnissen der Bundesrepublik zurückblieb. Aber abgesehen davon, daß diese Losung von den Gruppen der Bürgerrechtler und anderen oppositionellen Kreisen nicht unterstützt wurde, daß nicht aufgeklärt ist, wer dabei wie Regie führte, und abgesehen davon, daß eine solche Losung für die Mehrheit der Bürger nicht realisierbar war, standen ihr solche Manifestationen des bewußten und politisch engagierten Teils auch der Opposition und der Bevölkerung gegenüber, wie: »Wir bleiben hier.«
Es bleibt festzuhalten, daß es in den Forderungen der Opposition und vor allem in den Massendemonstrationen Ende Oktober/Anfang November 1989 keine drängenden, begrenzt ökonomischen Forderungen oder Parolen z. B. nach höheren Löhnen, Renten, Sozialleistungen oder nach Verkürzung der Arbeitszeit gegeben hat. Im Mittelpunkt stand das Aufbegehren gegen die Wahlfälschungen, für Reisefreiheit und öffentliche Mitbestimmung anstelle der Bevormundung und Gängelung durch die SED.

Wenn man von der für die Bürger sichtbaren und fühlbaren Situation ausgeht, z. B. der Tatsache, daß in Folge des wirtschaftlichen Leistungsstandes gegenüber der BRD eben auch der Lebensstandard beträchtlich zurücklag, ist dies schon bemerkenswert. Es spielte offensichtlich – bewußt und unbewußt – die Einsicht der Betroffenen eine große Rolle, daß die einfache Gegenüberstellung der äußeren sichtbaren Ergebnisse der ökonomischen Entwicklung keinen brauchbaren Gradmesser für den Vergleich der Leistungen der Menschen und der Systeme in den beiden deutschen Staaten darstellen, sondern tieferliegende Faktoren eine bestimmende Rolle spielen. Sie kannten ja die im Ergebnis des Zweiten Weltkrieges und des Kalten Krieges der Großmächte auf sie zugekommenen außergewöhnlichen Belastungen. Sie hatten sie am eigenen Leibe verspürt. Sie wußten, daß sie hart gearbeitet hatten und daß das »System« nicht allein und vielleicht nicht einmal in erster Linie die Ursache des Rückstandes gegenüber der BRD und anderen westlichen Industrieländern war.

Zu diesen besonderen, für West- und Ostdeutschland oftmals diametral entgegengesetzt wirkenden Gegebenheiten gehören beispielsweise die allein von der DDR für ganz Deutschland geleisteten umfangreichen Reparationen an die UdSSR; die Wirkung des Marshallplanes als Initialzündung für das Wirtschaftswunder BRD; die Abwanderung von zwei Millionen überwiegend gut ausgebildeter Menschen aus der DDR, die als zusätzliche hocheffektive Produktivkraft für die BRD wirksam wurden; die unterschiedliche Wirkung der Teilungsdisproportionen auf die verschieden großen Wirtschaftskörper der beiden deutschen Staaten. Und dazu gehört vor allem die strikte Eingebundenheit der DDR in das politische und ökonomische System derjenigen Staaten, die am meisten unter dem Zweiten Weltkrieg gelitten hatten und vom sich rasch entwickelnden Weltmarkt abgeschnitten waren.

Das drückt sich auch in offiziellen, weitsichtigen Bemerkungen der letzten drei Bundespräsidenten aus. Richard von Weizsäcker, 1990: »Teilung kann nur durch Teilen überwunden werden«; Roman Herzog: Es ist das »Unglück der Geschichte«, das die Menschen im Osten betroffen hat; Johannes Rau: »Dabei sollten wir zehn Jahre nach dem Fall der Mauer nicht vergessen, daß die Menschen in der DDR ohne eigenes Verschulden die weit schwereren Lasten aus der deutschen Geschichte zu tragen hatten.« Die beiden letzten Erklärungen waren Bestandteil der Antrittsreden.

Man sollte berücksichtigen, daß die Vereinigung zweier Volkswirtschaften, die sich vierzig Jahre unter völlig verschiedenen Bedingungen entwickelt haben – nicht nur, was die Ausgangs- und Entwicklungsbedingungen, sondern auch was gesellschaftliche Leitbilder und Zielstellungen betrifft –, in Form eines »Crashs« vollzogen wurde; in einer Form, die weder bei der Aufnahme von Spanien, Portugal und Griechenland in die EU angewandt wurde noch wird. In keinem staatssozialistischen Land gibt es trotz wesentlich ungünstigerer Voraussetzungen bei der Transformation in die Marktwirtschaft einen solchen Absturz der Produktion und einen solch hohen Anteil von Arbeitslosen wie in den neuen Bundesländern.

Es bleibt anzuerkennen, daß der dementsprechend tiefe soziale Absturz durch bedeutende Transferleistungen verhindert wurde und noch wird. Dazu gehört aber auch die Feststellung, daß die übergroße Mehrheit der Menschen in den neuen Bundesländern in der Lage und bereit ist, ihren Lebensstandort und ihren sozialen Status durch ihre eigenen Leistungen zu erarbeiten, wenn das bestehende Wirtschaftssystem ihnen das ermöglichen würde.

Wie die Veröffentlichungen, Veranstaltungen und Interviews anläßlich des zehnten Jahrestages der Bildung der Währungs-, Wirtschafts- und Sozialunion zwischen der BRD und der DDR zum ersten Juli 1990 und die Vorbereitungen auf den zehnten Jahrestages des Beitritts der DDR zur Bundesrepublik am dritten Oktober belegen, werden die Ursachen, die Zusammenhänge und die Probleme dieses bedeutsamen geschichtlichen Vorganges die Menschen noch lange bewegen. Die nachfolgenden Darlegungen sollen ein Beitrag dazu sein.

# Kapitel I
# War die DDR 1989 wirtschaftlich am Ende?

Diese Frage wird sehr unterschiedlich beantwortet. Eine möglichst vorurteilsfreie Antwort setzt die Klärung des Begriffs »wirtschaftlich am Ende« voraus.

### Indikatoren der Pleite einer Wirtschaft

Was sind die Kriterien für ein wirtschaftliches Ende?
- Ist es das Ende des wirtschaftlichen Wachstums?
- Sind es Produktionseinbrüche und massenhaft brachliegende Produktionskapaziäten?
- Ist es eine Situation, die dadurch gekennzeichnet ist, daß mehr als 50 % der Bevölkerung unter der Armutsgrenze leben, in der Obdachlosigkeit grassiert?
- Trifft dies zu, wenn für beträchtliche Teile der Bevölkerung keine Renten, keine Löhne und kein Wohnraum bereitgestellt werden können?

Alle diese Faktoren hängen mit dem Bankrott einer Volkswirtschaft, dem wirtschaftlichen Scheitern eines Systems irgendwie zusammen. Sie sind aber nicht eindeutig definierte Kriterien eines solchen Bankrotts. Wegen keiner dieser Faktoren im Einzelnen wird gegenwärtig zwangsläufig der wirtschaftliche Bankrott einer Volkswirtschaft und eine Veränderung des gesellschaftlichen Systems auf die Tagesordnung gesetzt. Als Beispiele hierfür stehen gerade gegenwärtig Indien, Pakistan, Rußland, Indonesien, südostasiatische Länder und selbst Japan, die zweitgrößte Wirtschaftsmacht der Welt.

Die übergeordneten Kriterien sind offensichtlich
- ein langanhaltender Rückgang der Produktion bzw. der Leistung einer Volkswirtschaft, der zum ökonomischen und sozialen Kollaps führt,
- die Zahlungsunfähigkeit einer Wirtschaft, die besonders im

Unvermögen sichtbar wird, ihre fälligen Zahlungsverpflichtungen gegenüber dem Ausland zu erfüllen.

Mit der Formulierung »wirtschaftlich am Ende« wird die Frage des Bankrotts einer ganzen Volkswirtschaft aufgeworfen, wenn die Situation nur dann zu beherrschen ist, wenn massive Hilfe von außen in volkswirtschaftlichen Größenordnungen geleistet wird. Dabei wirken oftmals beide Faktoren zusammen.

Wie war die wirtschaftliche Situation der DDR hinsichtlich dieser beiden entscheidenden Indikatoren? Gab es in der DDR eine Stagnation der wirtschaftlichen Entwicklung oder sogar Einbrüche und Rückgänge?

- Über einen Zeitraum von siebzehn Jahren hatte sich die DDR stabil entwickelt. Der Leistungszuwachs betrug pro Jahr durchschnittlich 4 Prozent.
- Das Wachstum aller produzierenden Bereiche (gesellschaftliches Gesamtprodukt zu vergleichbaren Preisen) betrug auch 1980-1989 noch 2,3 Prozent jährlich.
- Das Wachstum des produzierten Nationaleinkommens, d.h. des dynamischen Teils des Gesamtproduktes betrug
    1980-1989     3,9 Prozent
    1985-1989     3,1 Prozent[1]

Es gab also ein beträchtliches und auch kontinuierliches Wachstum der Leistung, wenn auch, ausgedrückt im Wachstum des Nationaleinkommens, in den Jahren 1985-1988 in einer sich abschwächenden Kurve. Die DDR konnte bis zum letzten Tag ihre ökonomische Existenz, bis zur Währungsunion und der Umstellung auf die DM am 1.7.1990, selbst unter den seit einem dreiviertel Jahr andauernden turbulenten Umbruchsbedingungen sowohl im Handel mit den ausländischen Partnern in Ost und West jede fällige Rechnung bezahlen als auch die Versorgung der Bevölkerung stabil gewährleisten; und das bei einem ständig anschwellenden Touristenstrom und dem unter Bedingungen der offenen Grenze irrelevanten Umtauschkurs von Mark der DDR in DM auf dem freien Markt. Dabei hatte die Bundesregierung die von der Regierung Modrow bei ihrem Besuch in Bonn im März 1990 erbetene ökonomische Unterstützung – auch zur valutaseitigen Abstützung des zunehmenden Reiseverkehrs – in Höhe von 5-6 Milliarden DM schroff abgewiesen, um den Druck auf eine schnelle Herbeiführung der Währungsunion und den Anschluß des Gebiets der DDR an die BRD gemäß Artikel 23 des Bonner Grundgesetzes wesentlich zu verstärken und diesen Anschluß unumkehrbar zu machen. Die DDR-Ökonomie war offensichtlich so stabil und verfügte über solche inneren Reserven, um diese schwierige Zeit ohne wesentliche Einbrüche zu meistern.

Im Inneren der Volkswirtschaft waren jedoch mit dem Kurs Honeckers, der »Einheit von Wirtschafts- und Sozialpolitik«, ernsthafte Probleme herangewachsen. Dieser an sich wünschenswerte, auf die beschleunigte Verbesserung der Arbeits- und Lebensverhältnisse gerichtete Kurs war durch die tatsächliche Leistungsentwicklung der Volkswirtschaft nicht abgedeckt.
Er beruhte zu einem Teil auf der zunehmenden Verschuldung gegenüber den westlichen Valutaländern sowie auf der Senkung der Akkumulation am verteilbaren Nationaleinkommen, d.h. der Senkung des Anteils derjenigen Mittel, die für die Erhaltung und Modernisierung der produktiven Grundfonds, des Verkehrs und der Infrastruktur zur Verfügung standen.

Was besagen die Fakten?
- Der Anteil der Akkumulation am Nationaleinkommen war von 29 Prozent 1970 auf 21 Prozent 1988 zurückgegangen, die produktive Akkumulation vor allem im Zusammenhang mit dem für die gegebenen ökonomischen Verhältnisse ehrgeizigen Wohnungsbauprogramm von 16,1 Prozent auf 9,9 Prozent.
- Wichtige, für den wissenschaftlich-technischen Fortschritt bedeutende Zweige wie Mikroelektronik, Veredelungsmetallurgie, Erdöl- und Erdgaschemie hatten sich – wenn auch mit zeitlichem Rückstand gegenüber den fortgeschrittenen Industriestaaten – respektabel entwickelt. Aber durch die Konzentration der Investitionen auf solche ausgewählten Bereiche waren die Ausrüstungen, der Kapitalstock der produzierenden Bereiche insgesamt, zunehmend gealtert. Der Verschleißgrad der Ausrüstungen hatte sich beträchtlich erhöht:

|  | 1975 | 1988 |
|---|---|---|
| in der Industrie | von 47,0 % | auf 53,8 % |
| im Bauwesen | von 49,5 % | auf 67,0 % |
| im Verkehrswesen | von 48,4 % | auf 52,0 % |
| in der Land- und Nahrungsgüterwirtschaft | von 50,2 % | auf 61,3 % |

Das war einer der Hauptgründe, weswegen der Anteil der Beschäftigten mit manueller Tätigkeit in der Industrie mit einem Anteil von 40% sehr hoch und seit 1980 nicht mehr gesunken war. Darin lag zugleich eine entscheidende Ursache für den Rückstand in der Arbeitsproduktivität.
- Das wurde verstärkt dadurch, daß es auch innerhalb der Akkumulation Umschichtungen gab.
Während die Akkumulation in den produzierenden Bereichen im Zeitraum 1970 bis 1988 auf 122 % stieg, erhöhten sich die Investitionen in den nicht produzierenden Bereichen, vor allem für den Wohnungsneubau und die Bildung, auf 200 %. Dabei sind durch die Konzentration der Mittel für den Wohnungsneubau solche für die Lebenslage der Bevölkerung wichtigen Bereiche wie das Gesundheitswesen und die Erhaltung des Wohnungsbestandes vernachlässigt worden.
Besonders bedrückend waren die Rückstände auf den Gebieten der Infrastruktur (Verkehr, Post- und Fernmeldewesen, Wasserwirtschaft) sowie des Gesundheitswesens und des Umweltschutzes.[2]

Eine solche Entwicklung ist volkswirtschaftlich wie betriebswirtschaftlich gesehen durchaus akzeptabel, wenn man über ein Konzept verfügt, wie nach Lösung einer bestimmten Schwerpunktaufgabe die für nachhaltiges effektives Wachstum erforderlichen Relationen systematisch wiederhergestellt werden. Das war aber nicht der Fall. Im Gegenteil: trotz Wachstumsabschwächung, zunehmender Alterung der produktiven Fonds und zunehmender Verschuldung gegenüber westlichen Valutaländern wurde diese Linie der durch die ökonomische Leistung nicht abgedeckten Entwicklung der Konsumtion mit einem jährlichen Zuwachs von etwa 4 Prozent starrsinnig und ohne Reaktion auf die sich entwickelnden Probleme fortgesetzt.

Die Zuspitzung dieser Problematik, vor allem in den letzten Jahren der DDR ab 1985, wird durch folgende Fakten belegt:
- Die Pläne wurden in steigender Größenordnung nicht mehr erfüllt. Gegenüber den Zielen des Fünfjahrplans trat 1986-1989 ein Rückstand bei der industriellen Warenproduktion von 88 Mrd. Mark und bei den volkswirtschaftlichen Endprodukten von 36 Mrd. Mark ein.
- Da die Maßnahmen zur Verbesserung der Arbeits- und Lebens-

bedingungen im Plan festgelegt waren und auch nicht mehr zurückgenommen werden konnten, stiegen die *Geldfonds der Bevölkerung* 1986-1989 mit 4,3 Prozent jährlich wesentlich schneller als das produzierte Nationaleinkommen, die *Einnahmen aus gesellschaftlichen Fonds* (die sog. »zweite Lohntüte«) wuchsen mit 4,9 Prozent jährlich; die *staatlichen Subventionen* aus dem Staatshaushalt, hauptsächlich zur Aufrechterhaltung des niedrigen Preisniveaus für den Grundbedarf der Bevölkerung, für niedrige Verkehrstarife und Wohnungsmieten sogar mit 7 Prozent.
Dadurch entstand ein *Kaufkraftüberhang* von 6 Mrd. Mark. Das entsprach etwa einer Inflationsrate von 4-5 Prozent.
Die *Spareinlagen der Bevölkerung* kletterten dabei von 124,6 Mrd. Mark 1985 auf 160 Mrd. Mark 1989, wofür der Staat mit rund 5 Mrd. Mark Zinsen (3 Prozent auf alle Spar- und auch Girokonten!) jährlich mehr Kaufkraft schuf, als der gesamte Zuwachs des Warenfonds für die Bevölkerung jährlich ausmachte. Das war eine Hauptursache für die auftretenden Mangelerscheinungen in der Versorgung der Bevölkerung, da dieser auch für andere entwickelte Länder zeitweise nicht unübliche Geldüberhang durch die Beibehaltung eines starren Preissystems nicht aufgefangen werden konnte.
- In Folge dessen waren die Verbindlichkeiten des Staatshaushaltes gegenüber dem Kreditsystem, d.h. die Staatsverschuldung, von 12 Mrd. Mark im Jahre 1970 und 43 Mrd. Mark 1980 nun auf 123 Mrd. Mark im Jahre 1989 gestiegen.

Das waren bei relativ stabilem Wachstum zweifellos komplizierte strukturelle Probleme der inneren ökonomischen Lage der DDR. Dazu kam, daß das praktizierte System der Leitung und Planung der Wirtschaft ernsthafte Fehler und Mängel aufwies, die Ökonomie von den Grundprinzipien her einer voluntaristischen und oftmals rein subjektivistisch bestimmten Politik strikt unterworfen war, was es nicht erlaubte, die Möglichkeiten und Potenzen der Ökonomie voll zu entfalten und wirksam zu machen.

Die Ursachen dieser Entwicklung lassen sich wie folgt zusammenfassen:
**Erstens:** Die grundlegenden, »genetischen« Fehler des sozialistischen Gesellschaftsmodells:
- Die Beanspruchung des Wahrheits- und Weisheitsmonopols

einer selbsternannten führenden Kraft, ihr Ausschließlichkeitsanspruch, der die Grundlage für die Unterdrückung anderer Meinungen sowie eines verbreiteten Voluntarismus war.
- Die Durchsetzung des Prinzips des demokratischen Zentralismus, der die bedingungslose Unterordnung der unteren Einheiten unter das führende Zentrum beinhaltete und nicht nur das grundlegende Organisationsprinzip der kommunistischen Parteien, sondern auch der Gestaltung und Funktion der Gesellschafts- und Wirtschaftsorganisation war.
- Die strikte Unterordnung der Wirtschaft unter das Primat der Politik einer allein führenden Partei und damit die tendenzielle Negierung der objektiven Eigengesetzlichkeit der Ökonomie.

**Zweitens**: Die langfristig und konstant wirkenden Grundfehler des Ansatzes der Wirtschaftspolitik Honeckers, die vor allem in folgendem bestanden:
- Voluntaristische Bestimmung des Gesamtrahmens der Wirtschaftsentwicklung mit einem Zuwachs des Nationaleinkommens von 4 Prozent jährlich, ausgehend von politisch und sozial durchaus Wünschenswertem (Einheit von Wirtschafts- und Sozialpolitik), ohne die Ausgangs- und Entwicklungsbedingungen, vor allem im Unterschied zur BRD, zu berücksichtigen.
- Das Festhalten an diesem Konzept trotz weitreichender weltwirtschaftlicher Veränderungen, die auch die wirtschaftliche Situation der DDR wesentlich beeinflußten (Ölpreisschock, Anstieg der Rohstoffpreise allgemein, zunehmende ökonomische Schwäche der UdSSR auf Grund der Überrüstung).

**Drittens**: Es erwies sich, daß das realsozialistische Wirtschaftsmodell, das den Regulationsmechanismus der Märkte durch die zu einem ökonomischen Gesetz erhobene planmäßig-proportionale Entwicklung der Wirtschaft auf der Grundlage der Vergesellschaftung (Verstaatlichung) der Produktionsmittel ersetzen sollte, diesem in Funktionalität und Effizienz unterlegen war.

Der Umfang der Verschuldung gegenüber den westlichen Valutaländern spielte seit den siebziger Jahren eine zunehmende Rolle. Sie unterlag der strengsten Geheimhaltung. Sie wurde aber zumindest ab den achtziger Jahren – merkwürdigerweise auch in den geheimen Materialien für die Partei- und Staatsführung – entschieden zu hoch ausgewiesen. Da die Valutaverschuldung als ein

Hauptbeweis für die »Pleite des SED-Staates« angeführt wird, muß sie in diesem Zusammenhang ausführlicher behandelt werden. Grundlage und sicher unverdächtiger Zeuge hierfür ist der offizielle Bericht der deutschen Bundesbank »Die Zahlungsbilanz der ehemaligen DDR 1975-1989« vom August 1999.[3]

## Die Auslandsverschuldung der DDR

Stabil und günstig für die DDR waren die Zahlungsbilanzbeziehungen mit den sozialistischen Ländern. Früher seitens der UdSSR an die DDR gewährte Kredite in Rubel und freier Valuta waren zurückgezahlt. Die DDR verfügte 1989 gegenüber der UdSSR über nicht unbeträchtliche Aktivsalden, die sich aus den Investitionsbeteiligungen der DDR in der UdSSR am Bau der transkontinentalen Erdöl- und Erdgasleitungen und einigen anderen Projekten ergaben.
Anders lagen die Dinge hinsichtlich der Nettoverbindlichkeiten gegenüber westlichen Valutaländern, d.h. den Schulden in freier Valuta. Dabei war das »Über-die-Verhältnisse-leben« nur *eine* Ursache des Anstiegs der NSW-Verschuldung. Ein zweiter entscheidender Faktor, der sich immer mehr zu einem gesamtvolkswirtschaftlichen Problem ausweitete, war die Entwicklung des internationalen Erdölpreises, als ein gewichtiger Vorbote der umfassenden Globalisierung der Wirtschaftsprozesse über die nationalen Ländergrenzen hinweg.
Wodurch ist das belegbar?
Ab 1970 gab es ein ständiges Ansteigen der Weltmarktpreise für Erdöl – von 2-3 $ pro Barrel (159 Liter) auf 17-18 $ 1979. Dieser Preis wurde 1979/80 schlagartig noch einmal auf 34-35 $ pro Barrel verdoppelt. Im Sog dieser Entwicklung stiegen auch die Preise für viele andere Rohstoffe, darunter Buntmetall, Baumwolle, Kaffee u.a. In den westlichen Industrieländern wurde diese Situation mit dem Begriff *Ölpreisschock* charakterisiert. Es wurden drastische Maßnahmen zur Einsparung des Einsatzes von Erdölprodukten veranlaßt, darunter z.B. auch Sonntagsfahrverbote.
Für die DDR hatte diese Entwicklung sowohl negative als auch positive Konsequenzen. Eine wesentliche negative Auswirkung war die Tatsache, daß die UdSSR ihre langfristig vertraglich vereinbarten Erdöllieferungen von 19,3 auf 17,3 Mio. Tonnen jähr-

lich reduzierte, d.h. um mehr als 10%, um ihre eigene prekäre Devisensituation durch erhöhte Erdölexporte zu verbessern. Das hatte für die DDR auch insofern negative Auswirkungen, als auf der Grundlage moderner japanischer Technologien und Ausrüstungsimporte eine Verarbeitungskapazität von ca. 21 Mio. Tonnen aufgebaut worden war. Andererseits wurde die Erhöhung der Preise für Erdöl und Erdgas entsprechend der Steigerung der Weltmarktpreise für die DDR erst im Rahmen eines Anpassungsprozesses von 3-5 Jahren wirksam.
Angesichts dieser Situation und der ständig steigenden Verbindlichkeiten gegenüber dem NSW entschloß sich die Führung der DDR auf Drängen Mittags, durch eine immense volkswirtschaftliche Anstrengung mit Hilfe eines sog. »Heizölprogramms« fast ein Drittel des schon durch die Lieferkürzung der UdSSR reduzierten Heizöleinsatzes der DDR – ca. 6 Mio Tonnen – aus dem inneren Verbrauch freizusetzen und zu den stark gestiegenen Preisen und den günstigen Bedingungen des innerdeutschen Handels (zollfrei) im wesentlichen in die BRD zu exportieren. Das brachte beträchtliche Deviseneinnahmen, so daß in den Jahren 1981 bis 1985 ein Exportüberschuß von jährlich 2-4 Mrd. Valutamark (VM) erzielt werden konnte. Die in der Planzahlungsbilanz ausgewiesenen Verbindlichkeiten gegenüber dem westlichen Ausland konnten in dieser Zeit bei 28 Mrd. VM stabilisiert werden. Wenn die damals streng geheimgehaltenen Devisenreserven und Guthaben des Bereiches Kommerzielle Koordinierung berücksichtigt werden und damit die tatsächliche Nettoverschuldung erfaßt wird, zeigt sich – belegt durch die Angaben der Deutschen Bundesbank vom August 1990 – sogar ein Rückgang dieser Verbindlichkeiten auf 15,5 Mrd. VM bis 1985. Die Liquiditätsreserven waren nach denselben Angaben von 3,2 Mrd. VM 1981 auf 30,2 Mrd. VM 1985 angestiegen. Das war nicht nur keine Zuspitzung, sondern eine wesentliche Verbesserung der außenwirtschaftlichen Situation der DDR in einer der schwierigsten Perioden ihrer Entwicklung und des Kalten Krieges. Sie wurde allerdings durch das Heizölprogramm mit einer gewaltigen volkswirtschaftlichen Anstrengung zu Lasten der Akkumulation und damit der Erhaltung und Erneuerung der Grundfonds sowohl in den produktiven Bereichen, der Infrastruktur sowie des Gesundheitswesens erkauft.
Damit konterkarierte die DDR eine vom amerikanischen Unterstaatssekretär Sonnenfeld auf einer Konferenz mit den Botschaf-

tern der USA Mitte der 60er Jahre erörterte und in der »Neuen Zürcher Zeitung« ausgeplauderte Strategie des Kalten Krieges, die beinhaltete, den schwer zerstörten osteuropäischen Staaten zunächst Valutakredite zu gewähren, zu einem günstigen Zeitpunkt diese Schuldenfalle jedoch zuschnappen zu lassen und diese Länder politisch zu erpressen. Das gelang zu Beginn der 80er Jahre partiell: Ungarn unterwarf sich dem Diktat des IWF, Polen mußte Umschuldungsverhandlungen führen, Kuba erklärte einseitig ein Zahlungsmoratorium, Ceausescu senkte die zentrale Wärmeversorgung der Wohnungen in Rumänien auf 16° Celsius. Das Heizölprogramm erforderte die Umverteilung von ca. 12 Mrd. Mark Investitionen aus der bereits akkumulationsgeschwächten Wirtschaft auf diese Aufgabe, was die bestehenden strukturellen Probleme verschärfte und weitere schuf. Die bereits weltgrößte Förderung von Rohbraunkohle wurde von 258 Mio. Tonnen 1980 auf 312 Mio. Tonnen 1985, also innerhalb von fünf Jahren, um 21 Prozent erhöht. Die Umverteilung von 12 Mrd. Mark Investitionen entsprach der Jahressumme der Investitionen der Bereiche Land- und Forstwirtschaft, Verkehr sowie Post- und Fernmeldewesen zusammengenommen.

Obwohl durch das Heizölprogramm das weitere Anwachsen der Verbindlichkeiten gegenüber dem NSW in einer international komplizierten Situation verhindert werden konnte, verschärften sich dadurch die strukturellen Probleme der DDR beträchtlich, darunter auch die Belastung der Umwelt mit Kohlendioxid und Schwefel. Der für den Zeitraum 1981-1985 beschlossene Fünfjahrplan unterlag wesentlichen Änderungen und wurde in seinen Hauptkennziffern nicht erfüllt. Andererseits brauchte die Führung der DDR den von Strauß eingefädelten Milliarden-Kredit und den von der Bundesregierung gestützten Anschlußkredit nicht voll in Anspruch zu nehmen und konnte ihren Ruf als pünktlicher Zahler eingegangener Zahlungsverpflichtungen festigen.

Eine dramatische Wende für die ökonomische Entwicklung der DDR trat mit dem Verfall des Erdölpreises nach dem Wirksamwerden der Gegenmaßnahmen der entwickelten Industrieländer, darunter der Aufnahme der Förderung des Nordseeöls, ein. Zur Jahreswende 1985/86 verringerte sich der Erdölpreis auf dem Weltmarkt von 34-35 $ pro Barrel auf 14, 12 und zeitweise auf 8 $, d.h. auf etwa ein Drittel, obwohl weiterhin das materielle Produkt in Höhe von ca. 6 Mio. Tonnen exportiert werden mußte. Somit entfiel eine Haupteinnahmequelle von Devisen.

Der mit dem Fünfjahrplan 1986 bis 1990 geplante Exportüberschuß von 2 bis 3 Mrd. VM jährlich sank von 1986 bis 1989 auf 100 bis 200 Mio. VM. Allein in den Jahren 1986 bis 1989 trat ein Valutaausfall gegenüber dem Plan in Höhe von 6,6 Mrd. VM ein. Die Verbindlichkeiten gegenüber dem NSW wuchsen wieder an. Diese Situation war kurzfristig nicht änderbar. In der Plankommission rechnete man für 1991/92 mit ernsthaften Zahlungsbilanzschwierigkeiten, wenn es keine weitreichenden Änderungen der Wirtschaftspolitik geben würde.

Wenn man die Frage nach dem Zeitpunkt stellt, ab dem eine deutliche Wende in der ökonomischen Lage der DDR und eine zunehmend abschüssige Entwicklung einsetzten, dann kann man ihn unter Berücksichtigung der differenzierten Wirkung langfristiger und kurzfristiger Faktoren mit einiger Sicherheit auf die Jahreswende 1985/86 terminieren, ausgelöst durch die schlagartige Senkung des Weltmarktpreises für Erdöl. Was für die entwickelten Industrieländer, darunter für die BRD, eine wesentliche Entlastung und Verbesserung der ökonomischen Situation bedeutete, stellte die DDR in der Perspektive vor kaum lösbare Probleme, die zu ihrer Beherrschung eine grundsätzliche Änderung der Politik, darunter der Wirtschaftspolitik erforderlich gemacht hätten. Diejenigen, die den Beginn des finalen Abschnittes der ökonomischen Entwicklung der DDR auf die Jahre 1970 oder 1980 legen,[4] haben insofern einige Argumente für sich, als die langfristig wirkenden Fehler des Grundansatzes der Wirtschaftspolitik Honeckers ohne eine Veränderung dieser Politik zu einem bestimmten Zeitpunkt ebenfalls zu einer unbeherrschbaren Situation geführt hätten. Eine dramatische Zuspitzung der ökonomischen Situation der DDR wurde hauptsächlich durch den Einbruch in der Preisentwicklung für Erdöl und Erdölprodukte 1985/86 ausgelöst.

Diese Situation war zunehmend Gegenstand zentraler Aktivitäten und Lösungsversuche, ohne jedoch auf Grund der Entscheidungsangst des Politbüros und insbesondere Honeckers zu Ergebnissen zu führen. Es gehört zu den Legenden, daß es dazu keine Diskussionen, Auseinandersetzungen und Vorschläge gegeben hätte.

Im Mai 1986 wurde durch die Staatliche Plankommission ein Beschluß vorgelegt: »Vorschläge von Maßnahmen zur ökonomischen Stärkung der DDR unter Berücksichtigung der veränderten Preise für Erdölprodukte 1986 und für den Fünfjahrplan 1986 bis 1990«[5]. Nach Darlegung der Situation hieß es dort: »Das erfordert jetzt die notwendige Wende einzuleiten ... Die Lösung erfordert grundlegende Maßnahmen für den Fünfjahrplan 1986 bis 1990 und Sofortmaßnahmen für den laufenden Plan 1986.« Es wurde deutlich, daß die eben beschlossene Fünfjahrplankonzeption grundlegend geändert werden mußte. Der Ausweg wurde jedoch unter dem Druck der Führung zunächst erneut in Festlegungen für unreal hohe Zielstellungen bei Leistungswachstum, Effektivität und Steigerung des Exports gesucht.

Der Beschluß enthielt jedoch zugleich ein interessantes Detail: »Um die Akkumulationskraft der DDR zu stärken, sind einige Investitionsobjekte, die eine hohe Rentabilität und sichere Rückzahlung gewährleisten, als NSW-Anlagenimporte auf der Basis langfristiger Kredite dem Politbüro zur Entscheidung vorzulegen.« Als erstes wurde das Projekt »tiefere Spaltung Erdöl« in Schwedt bestätigt. Da es weder möglich war, die zusätzlichen Mittel auch nur für die Anzahlung zur Verfügung zu stellen noch Investitionen umzuschichten, sah ein Beschluß des Politbüros vom 26. August 1986 vor, diese Anlagen- und Technologieimporte »zur zielstrebigen Erneuerung der Produktionsbasis, insbesondere der Elektrotechnik/Elektronik und des Maschinenbaus außerhalb des Plans und der Planzahlungsbilanz durch den Bereich Kommerzielle Koordinierung, der unter Leitung von A. Schalck stand, auf Kreditbasis vorzufinanzieren«. Es trat die bemerkenswerte Situation ein, daß ein dem Staatsplan nicht unterworfener Teil der Wirtschaft der DDR, nämlich der Bereich Kommerzielle Koordinierung, als Kreditgeber für den geplanten Teil agierte.

Die Rückzahlung an den Bereich sollte im Rahmen des künftigen Planes 1991 bis 1995 durch die Plankommission gewährleistet werden. Für diese Geschäfte wurde der Begriff »Leistungsimporte« gewählt. Die Höhe dieser Leistungsimporte in der zweiten Hälfte der achtziger Jahre betrug etwa 6 bis 7 Mrd. VM. Das war neu und ein Wechsel auf die Zukunft. Die Plankommission hielt dieses Verfahren für möglich, weil die Finanzierung aus Guthaben des Bereiches Kommerzielle Koordinierung erfolgte. Diese Guthaben waren auf der Grundlage von Leistungen der Wirtschaft der DDR und der cleveren Geschäftstätigkeit dieses Bereiches entstanden. Wenn auf Grund der schwierigen Gesamtlage eine solche Rückzahlung nicht möglich gewesen wäre – was absehbar war –, hätte dies aus den Guthaben dieses Bereichs erfolgen können und keine Erhöhung der Verbindlichkeiten gegenüber den nichtsozialistischen Ländern bedeutet.

Da sich die Dinge noch ungünstiger entwickelten, als es der Einschätzung dieses Beschlusses entsprach, wurde im Juni 1987 die außenwirtschaftliche Situation der Parteiführung erneut vorgelegt. Das Material trug den Titel: »Vorschläge zur Verwirklichung der grundlegenden Aufgabe, den Saldo aus Forderungen und Verbindlichkeiten gegenüber dem NSW zu halbieren«.[6]
Es handelte sich um eine Forderung, die Honecker ab Mitte der siebziger Jahre in seinen Reden vor dem Zentralkomitee und bei Beratungen im Politbüro immer wieder erhob und die ohne eine Änderung der Politik immer wieder nicht erfüllt werden konnte. Für den kleinen Kreis der damit beauftragten Wirtschaftsverantwortlichen ergab sich natürlich die Frage nach dem Sinn eines solchen Materials. Die Antwort lautete: Mit einem solchen Material konnten die der strengen Geheimhaltung unterworfenen Probleme der Valutaverschuldung der DDR erneut deutlich gemacht werden. Es wurde auch zum ersten Mal ohne Beschönigung ausgesprochen, daß eine Reduzierung der Verbindlichkeiten gegenüber dem NSW (sog. nichtsozialistisches Wirtschaftsgebiet) selbst bei höchsten Anstrengungen und auch einer Veränderung der Wirtschaftspolitik erst in einem längeren Zeitraum bis 1995 und darüber hinaus möglich sein würde. Gleichzeitig wurde vorgeschlagen, dieses Material im Ministerrat zu behandeln. Das hatte zum Ziel, die Lage auf diesem Gebiet einem größeren Kreis von Verantwortungsträgern zugänglich zu machen, was dann auch erfolgte.
Zu diesen Reaktionen gehört auch das Material, das durch den Vorsitzenden der Plankommission G. Schürer mit Datum vom 26. April 1988 unter Umgehung von Mittag an Honecker übermittelt wurde und den Titel trug: »Überlegungen zur weiteren Arbeit am Volkswirtschaftsplan 1989 und darüber hinaus«.[7] In diesem Material wurden die ökonomische Situation der DDR ohne Beschönigung charakterisiert und Vorschläge für Korrekturen der Wirtschaftspolitik unterbreitet. Dieses Material wurde auf der Grundlage einer Gegendarstellung von Mittag nicht nur vom Politbüro zurückgewiesen, sondern auch im Ministerrat vorgelegt und verworfen.

Mit Datum vom 26. August 1988 wurde durch die Plankommission eine Analyse erarbeitet, die den Titel trug: »Zur ökonomischen Situation der DDR (Material zur Entscheidungsfindung)«.[8]
In diesem Material wurde eine zusammenfassende Analyse der Hauptprobleme der Wirtschaftsentwicklung, darunter des bedeutenden Anwachsens der Salden aus Forderungen und Verbindlichkeiten gegenüber dem NSW, des Zurückbleibens hinter der geplanten Leistungsentwicklung aufgrund der ungenügenden produktiven Akkumulation und die wesentlichen Mängel in der Struktur der Konsumtion und ihre Wirkung auf die Leistungsmotivation behandelt. Dieses Material wurde von Honecker am 4. September 1988 dem sog. »kleinen Kreis«, d.h. den für ökonomische Fragen zuständigen Mitgliedern des Politbüros einschließlich des Ministerpräsidenten vorgelegt, den Honecker von Zeit zu Zeit einberief, wenn er eine Vorabstimmung zu komplizierten ökonomischen Fragen vor ihrer Behandlung im Politbüro sichern wollte. Aktueller Anlaß waren die für die Ausarbeitung des Planes 1989 notwendigen grundsätzlichen Entscheidungen. Neu war, daß ein solches, die tatsächliche Lage offen charakterisierendes Material der Beratung als richtig und wichtig eingeschätzt wurde; auch von Honecker selbst, der einen nachdenklichen Eindruck hinterließ und in seinen Schlußbemerkungen zum Ausdruck brachte, daß es sich bei dem vorliegenden Material um Grundfragen der weiteren Entwicklung der DDR handele, »die man bei der Vorbereitung des XII. Parteitages im Auge behalten müsse«.[9] Dieser Parteitag war für 1990 vorgesehen. Die erforderlichen grundlegenden Entscheidungen zur Wirtschaftspolitik erfolgten jedoch nicht. Sie wurden – wenn sie überhaupt ernsthaft in Betracht gezogen worden waren – auf die Vorbereitung des nächsten Parteitages verschoben.

Ein ähnliches Ergebnis zeitigte die Vorlage des Materials »Konzeption des Ansatzes für den Fünfjahrplan 1991 bis 1995 und für die staatlichen Aufgaben 1990«, das am 24. Februar 1989 im Politbüro und am 10. März 1989 im Ministerrat behandelt wurde.

Eine besondere Betrachtung erfordert in diesem Zusammenhang der Ausweis der Verschuldung in freier Valuta. Die Frage: »Wie hoch war die Westverschuldung wirklich?« ist mit unterschiedlichen Zahlen beantwortet worden. Nach Vorliegen des abschließenden Berichtes der Deutschen Bundesbank »Die Zahlungsbilanz der ehemaligen DDR 1975 bis 1989«[10] vom August 1999, den man wohl als die umfassendste und alle wesentlichen Faktoren einbeziehende Arbeit in dieser Frage betrachten kann, ergibt sich folgender Zusammenhang zwischen den einzelnen, zu unterschiedlichen Zeitpunkten genannten Größenordnungen:

- In der »Analyse der ökonomischen Lage der DDR mit Schlußfolgerungen«, die dem Politbüro unter Leitung von Krenz im Oktober 1989 vorgelegt wurde, waren Verbindlichkeiten gegenüber dem NSW in Höhe von 49 Mrd. VM für Ende 1989 angegeben. Das entsprach zum damaligen Umrechnungskurs einem Betrag von 26 Mrd. $. Dabei handelt es sich um eine Verschuldung gemäß der Gesetzeslage der DDR, d.h. es waren darin die Aktivitäten, Guthaben und Reserven des Bereiches Kommerzielle Koordinierung nicht enthalten. Sie unterlagen der strengsten Geheimhaltung und waren offensichtlich zu einem Teil überhaupt nicht nachweisbar erfaßt.
- Unter dem Druck der Ereignisse und der sich zuspitzenden Situation hinsichtlich der Rolle des Bereiches Kommerzielle Koordinierung informierten Schalck-Golodkowski und die dafür zuständige stellvertretende Finanzministerin König den neuen Ministerpräsidenten Modrow in einem gemeinsamen Schreiben über die Guthaben dieses Bereiches. Dadurch reduzierte sich der Ausweis der NSW-Verschuldung der DDR auf 38 Mrd. VM (20,6 Mrd. $). Das war auch die Grundlage der Information des Vorsitzenden der Plankommission an die Volkskammer der DDR im November 1989.
- Im Monatsbericht der Deutschen Bundesbank vom Juli 1990 wurde die zu diesem Zeitpunkt erfaßte Verschuldung mit 24,7 Mrd. VM oder 14,8 Mrd. $ angegeben, die in die Berechnung des »Erblastenfonds« einging.
- Mit dem jetzt vorliegenden Bericht der Deutschen Bundesbank vom August 1999 wird insgesamt für 1989, d.h. unter Berücksichtigung aller Guthaben und Verbindlichkeiten einschließlich derjenigen des Bereiches Kommerzielle Koordinierung, eine Nettoverschuldung der DDR in freier Valuta in Höhe von 19,9 Mrd. VM ausgewiesen, was einer Dollargröße von rund 12 Mrd. zum damaligen Kurs entspricht.

Das ist offensichtlich der endgültige Umfang dieses bei allen Wertungen der ökonomischen Situation der DDR im Vordergrund stehenden wichtigen Kriteriums. Darin drückt sich eine wesentliche Entdramatisierung der Schuldensituation der DDR gegenüber den westlichen Valutaländern aus, die häufig als Hauptindiz für die angebliche Pleite der DDR herangezogen wird.

Im Bericht der Deutschen Bundesbank stellt sich das wie folgt dar:[11]
»Die Liquiditätskrise des Jahres 1982 hatte gezeigt, daß die DDR in diesem Bereich verwundbar war. Die Schockwirkung dieses Ereignisses veranlaßte die Verantwortlichen zu einer drastischen Änderung der Verschuldungspolitik ... Freilich sind Liquiditätsreserven und Verschuldung nicht unabhängig voneinander zu sehen. Zu einem Teil wurden nämlich die im Kreditwege aufgenommenen Mittel dazu verwendet, die Liquiditätsreserven zu vergrößern. Unter diesen Vorbehalten ist es auch zu sehen, daß es den Verantwortlichen in der DDR nach dem Beginn der achtziger Jahre relativ schnell gelungen ist, ein respektables Liquiditätspolster aufzubauen. Ende 1981 betrugen die Forderungen gegenüber dem NSW noch 3,2 Mrd.VM, bis Ende 1985 waren sie auf 30,2 Mrd. angewachsen. Sie setzten sich zum großen Teil aus Guthaben der DDR-Banken, daneben aus Handelskrediten der Unternehmen sowie im relativ geringen Umfang aus Regierungskrediten zusammen.
In der zweiten Hälfte des vergangenen Jahrzehnts konnten die Liquiditätsreserven nicht ganz auf dem hohen Niveau des Jahres 1985 gehalten werden. Aber Ende 1989 lagen sie immer noch bei 29 Mrd. VM und deckten 59,3 % der Verschuldung ab. Das Verhältnis der Auslandsaktiva zu den Importen belief sich auf 158 %, d.h. sie entsprachen den Einfuhren von $1^1/_2$ Jahren.
Das zweite Ziel, die Bruttoverschuldung gegenüber den westlichen Ländern zurückzuführen, hat die DDR allerdings verfehlt. Von 40,5 Mrd. VM Ende 1982 stiegen die Verbindlichkeiten bis Ende 1989 auf 48,8 Mrd. VM. Die Verschuldung bestand überwiegend aus Bankverbindlichkeiten, deren Zunahme im Zeitraum 1982 bis 1989 zumindest der Größenordnung nach der von Banken gehaltenen Liquiditätsreserven entspricht, sowie aus Verbindlichkeiten der Unternehmen gegenüber Lieferanten. Netto, d.h. nach Abzug der Devisenreserven, erreichte die Verschuldung gegenüber den westlichen Ländern im Krisenjahr 1982 mit 25,1 Mrd. VM ihren Höhepunkt. Bis Ende 1985 ging sie auf 15,5 Mrd.

VM zurück. Danach wuchs sie wieder an, Ende 1989 betrug die Nettoverschuldung 19,9 Mrd. VM.«
Das ist, zehn Jahre nach dem Anschluß der DDR an die Altbundesrepublik, eine bemerkenswert sachliche und faire Beschreibung der Devisensituation der DDR gegenüber dem westlichen Ausland. Auch sie widerlegt höchst offiziell das Gerede von der Pleite der Wirtschaft der DDR.

Zweifellos war auch dieses tatsächliche Volumen der Westverschuldung der DDR eine beträchtliche Hypothek. Sie war höher, als das jährlich abnehmende Exportvolumen in diese Länder. Es gibt jedoch Staaten mit einem wesentlich größeren absoluten, als auch Pro-Kopf-Volumen der Außenhandelsverschuldung, bei denen weder die Frage der Verantwortung der Regierung noch des Systems gestellt wird. Aber ohne eine Veränderung der Polititk wäre die Zahlungsunfähigkeit der DDR in absehbarer Zeit unausweichlich gewesen. Wann sie jedoch eingetreten wäre, ist schwer zu sagen. Im November 1989 stand sie jedoch nicht unmittelbar bevor. Ob dies in zwei, drei oder vier Jahren der Fall gewesen wäre, ist heute nur noch eine hypothetische Überlegung.

Es ergibt sich natürlich die Frage, wieso in der ungeschminkten »Analyse der ökonomischen Lage« vom Oktober 1989, die im Zusammenhang mit der Ablösung Honeckers eine wichtige Rolle spielte, allein der hohe Stand der West-Verschuldung der DDR mit rd. 49 Mrd. VM ausgewiesen wurde.

Dafür bieten sich folgende Erklärungsmuster an:
Erstens entsprach die Darstellung der Gesetzeslage der DDR, wonach die Guthaben und Devisenreserven des Bereiches Kommerzielle Koordinierung strengster Geheimhaltung unterlagen und kein Planbestandteil waren.
Zweitens verfolgten verantwortliche Funktionärsträger der zweiten Ebene – und dazu gehörte offensichtlich auch A. Schalck – die Absicht, durch eine zugespitzte Darstellung der Lage sowie der sich rein rechnerisch ermittelten makroökonomischen Größen und durch zugespitzte Konsequenzen der Führung der SED die unausweichliche Notwendigkeit der Veränderung der ökonomischen Politik drastisch deutlich zu machen.
Drittens waren die Auslandsguthaben des Bereiches Kommerzielle Koordinierung unter Leitung von A. Schalck eines der best-

gehüteten Geheimnisse der DDR-Ökonomie. Diese Guthaben waren also schlichtweg nicht bekannt; auch nicht dem Vorsitzenden der Plankommission. Selbst mit dem Brief von Schalck und der für diesen Bereich zuständigen stellvertretenden Finanzministerin H. König an Modrow vom November 1989 wurden sie noch nicht voll aufgedeckt. Es ist zu vermuten, daß die Methoden der Verschleierung, der verdeckten Führung dieser Guthaben so perfekt, verschachtelt und vielschichtig waren, daß selbst die wenigen Wissensträger nicht auf Anhieb ihre Wirkung auf die Zahlungsbilanz übersehen haben.

Nicht vernachlässigt werden sollte die Entwicklung der Zahlungsbilanzsituation mit den sozialistischen Ländern. Da es auch dazu seit der Wende in verschiedenen Materialien unterschiedliche Angaben gibt, sollen die Fakten kurz zusammengefaßt werden. Im Bericht der Deutschen Bundesbank[11] heißt es: »Die sozialistischen Staaten waren (damit) für die DDR wesentlich gewichtigere Handelspartner als die westlichen Länder. Im Jahre 1988 entfielen rund zwei Drittel aller Warenaus- und -einfuhren auf den SW-Bereich (sog. sozialistisches Wirtschaftsgebiet). Der Warenaustausch mit dem sozialistischen Lager wurde entscheidend geprägt durch die Beziehungen zur UdSSR, auf die etwa 55 Prozent des SW-Handels entfielen.« Der Export der DDR mit den sozialistischen Ländern für den Zeitraum 1975-1989 wird im Bericht der Bundesbank – im Interesse der Vergleichbarkeit umgerechnet auf Valutamark – mit 358 Mrd.VM Export und 356 Mrd.VM Import angegeben. Das ist für den gesamten Zeitraum eine erstaunlich ausgeglichene Entwicklung. Die Einbeziehung der Größen der Leistungsbilanz verändert diese Aussage nicht. Dahinter verbirgt sich jedoch im Zusammenhang mit den gravierenden Veränderungen der Rohstoffpreise ein stark schwankender Verlauf. Aufgrund des Anstieges der Erdölpreise trat trotz sinkender Liefermengen ein Zahlungsbilanzdefizit der DDR gegenüber der UdSSR 1975 bis 1982 in Höhe von 6,8 Mrd. VM ein. Der Warenimport hauptsächlich von Rohstoffen aus der UdSSR konnte damals nur aufrechterhalten werden, indem die UdSSR Liquiditätskredite gewährte. Ab 1983 konnte die DDR diese Verbindlichkeiten schrittweise zurückführen.
Gegenüber den anderen sozialistischen Ländern nahmen die Forderungen (die Gläubigerposition) ständig zu. Damit erreichte die DDR bereits 1983 eine Nettogläubigerposition gegenüber dem

Sozialistischen Wirtschaftsgebiet insgesamt. Die Forderungen wuchsen bis 1988 auf 4,5 Mrd. VM, während die Verbindlichkeiten nur noch 0,9 Mrd. VM betrugen.

Es sollte in diesem Zusammenhang doch angemerkt werden, daß diese Forderungen – ausgedrückt in Valutamark – ein Aktivposten waren, den die DDR in die Wiedervereinigung eingebracht hat. Bei aller Unsicherheit und notwendigen Abstrichen stellte dies zumindest eine Verhandlungsmasse der BRD für die Gestaltung der Beziehungen mit der UdSSR und den anderen ehemals sozialistischen Ländern nach dem Beitritt der DDR zur BRD dar.

Als ab 1986 die Rohstoffpreise zu fallen begannen, verringerten sich auch die Lieferungen der UdSSR. Das hing vor allem auch mit den ökonomischen Schwierigkeiten im Gefolge der Politik der Perestroika und der ökonomischen Reformen zusammen. Im Jahre 1989 führte das zu einem Einbruch in den Außenhandelsbeziehungen. Während die DDR ihre Exporte in die UdSSR entsprechend der getroffenen Vereinbarungen auf dem Vorjahresniveau in Höhe von 16,7 Mrd. VM halten konnte, sanken die Lieferungen aus der UdSSR von 16,6 Mrd. VM 1988 auf 15 Mrd. VM im Jahre 1989, d.h. um 10 Prozent. Das führte zum höchsten Außenhandelssaldo gegenüber der UdSSR zugunsten der DDR in den letzten 15 Jahren. Die Nettoforderungen aus dem Außenhandel gegenüber den anderen sozialistischen Ländern waren von 2,6 Mrd. VM 1986 auf 6,1 Mrd. VM Ende 1989 gestiegen.[12]

### Zur Inlandsverschuldung und zum Wert der Mark der DDR

Nach offiziellen Angaben der Bundesregierung wurden mit dem Inkrafttreten der Währungsunion, d.h. mit dem ökonomischen Anschluß der DDR an die BRD am 1.7.1990, folgende Schulden des Staates und der volkseigenen Wirtschaft der DDR von der BRD übernommen:

| | |
|---|---|
| 28,0 Mrd. DM | interne Schulden des Staatshaushaltes |
| 23,3 Mrd. DM | Netto-Auslandsverschuldung |
| 38,0 Mrd. DM | Wohnungsbaukredite |
| 104,0 Mrd. DM | Altschulden der Treuhandbetriebe |
| 26,0 Mrd. DM | Restausgleichsposten aus der Währungsumstellung |
| **216,7 Mrd. DM** | **Gesamt** |

Danach betragen die übernommenen Schulden je DDR-Bürger (pro Kopf) 13.540 DM. Wenn man die veröffentlichten Schulden der Altbundesrepublik im Jahre 1990 zugrunde legt, kommt man auf eine Pro-Kopf-Verschuldung der Bürger in den alten Bundesländern in Höhe von 15.000 DM.

Das fordert zu folgenden Überlegungen heraus:
Von den für die DDR ausgewiesenen Schulden machen die sog. Altschulden der der Treuhand zugeordneten Betriebe mit 104 Mrd. DM fast die Hälfte aus. Es waren Verpflichtungen der Staatsbetriebe der DDR gegenüber der Staatsbank bzw. dem Staatshaushalt der DDR. Wenn man die Zentralverwaltungswirtschaft des Realsozialismus, wie häufig behauptet wird, als ein zentralistisch geleitetes Gesamtsystem betrachtet, dann handelte es sich hierbei um innere Verrechnungen im Rahmen dieses Systems. Es wird mit Recht kritisiert, daß es keine voll ausgebildete wirtschaftliche Rechnungsführung der wirtschaftlichen Einheiten wie Kombinate, Betriebe usw. gab. Sie wurden über den Staatshaushalt mit den erforderlichen Mitteln für Investitionen und Geldumlauf ausgestattet. Es waren also keine Schulden selbständiger wirtschaftlicher Einheiten. Die Verrechnung vollzog sich innerhalb des Eigentumsträgers der gesamten Wirtschaft einschließlich des Staatshaushaltes. Da die BRD das gesamte öffentliche Eigentum, also sowohl das gesamte produktive Eigentum, das volkseigene Wohnungseigentum und anderes Staatseigentum einschließlich der Staatsbank übernahm, handelte es sich demzufolge um innere Verrechnungen, die sich im Rahmen eines Eigentumssubjektes ausgleichen. Diese Verbindlichkeiten der volkseigenen Betriebe sind in den Abschlußbericht der Treuhand als sog. »Altkredite« übernommen und damit Bestandteil der Abschlußbilanz des ehemals volkseigenen Produktivvermögens, die durch die Treuhand zu vertreten sind.
In Übereinstimmung mit anderen Ökonomen[13] vertrete ich die Auffassung, daß die Abschlußbilanz eines vierzig Jahre souverän existierenden Staates und seiner Wirtschaft nur zwei Positionen umfassen kann:
• Die Auslandsschulden, d.h. im vorliegenden Falle die von der Bundesbank ausgewiesene Nettoauslandsverschuldung in Höhe von 23,3 Mrd. DM.
• Die Verbindlichkeiten des Staatshaushaltes gegenüber den Spareinlagen der Bevölkerung, soweit sie als Kredite des Staatshaus-

haltes z.B. für die Finanzierung des Wohnungsbaus in Anspruch genommen wurden; nach Verlautbarung der Bundesregierung 38 Mrd. DM.
**Das sind pro Kopf der Bevölkerung der DDR Schulden in Höhe von 3.625 DM.**

Selbst wenn man die in der Verlautbarung der Bundesregierung zur Währungsunion aufgeführten Positionen »28 Mrd. DM interne Schulden des Staatshaushaltes« und »26 Mrd. DM Restausgleichsposten aus der Währungsumstellung«, deren Inhalt jedoch nicht öffentlich dokumentiert wurde, noch hinzuzieht, ergibt sich eine Schuldensumme in Höhe von 112,7 Mrd. DM.
**Das sind pro Kopf der Bevölkerung 7.050 DM.**

Damit betrugen die Schulden pro Kopf, die die DDR-Bürger in die Vereinigung eingebracht haben, nicht einmal 50 % derjenigen, die auf jedem Bürger der alten Bundesländer lasten. Juristisch stehen aber die DDR-Bürger für das Abtragen dieser Schuldenlast der »Westbürger« mit in der Pflicht.
Es sollte natürlich vermerkt werden, daß solche pauschalen Vergleiche problematisch sind. Aber zunächst ergeben sie sich aus der Gegenüberstellung der Angaben, die die Treuhand hinterlassen hat.

Die Verbindlichkeiten des Staatshaushaltes betrugen, wie bereits dargelegt, 123 Mrd. Mark der DDR. Diese erstaunlich soliden Zahlen der Verschuldung des Staates DDR werden – sicher unfreiwillig – durch Angaben des ehemaligen Bundesfinanzministers T. Waigel belegt. Er stellte am 22.5.1990 in einer Sitzung des Bundesrates fest: »Die entstehenden Finanzdefizite ... sollen zu rund einem Drittel von der DDR selbst finanziert werden. Diese Selbstbeteiligung ist zumutbar, weil die DDR mit 40 Mrd. DM – rund 13 % des Bruttosozialproduktes – eine vergleichsweise geringe Ausgangsverschuldung aufweist.«[14]

Das waren die richtigen Fakten und eine richtige Bewertung dazu. Gleichzeitig wird damit in einer anderen, viel diskutierten Frage offiziell Position bezogen; nämlich zur Höhe des Bruttosozialproduktes der DDR in D-Mark zum Zeitpunkt der Wende. Die Angaben des Bundesfinanzministers führen zu einem Bruttosozialprodukt der DDR im Jahre 1989 in Höhe von 313 Mrd. DM.

Das ist etwa die Größe, von der auch das Wirtschaftskomitee der Regierung Modrow in Abstimmung mit Experten des ökonomischen Forschungsinstituts nach der Wende unter Berücksichtigung bestimmter Korrekturen ausging.

Es ist in diesem Zusammenhang sicher von beträchtlichem Gewicht, wenn der Chefredakteur des führenden Wirtschaftsmagazins der Bundesrepublik, »Wirtschaftswoche«, Engels, immerhin fast fünf Jahre nach der Währungsunion und Vereinigung – also nach genügend langer Zeit der Prüfung und Analyse – feststellt: »Die alte DDR war zumindest in einer Beziehung ein grundsolider Staat: das Staatsvermögen machte ein Mehrfaches der Staatsverschuldung aus.«

Und er fährt dann fort, und man spürt seine in Ironie gekleidete Ungläubigkeit: »Dieses ganze Vermögen hat die Bundesrepublik mit dem Beitritt geerbt – fast die ganze Industrie, beträchtliche Teile des Wohnungsvermögens, der land- und fortstwirtschaftlichen Flächen. Die Verwertung dieses Vermögens hat allerdings keinen Überschuß gebracht, sondern weit über eine viertel Billion Zuschuß erfordert. Das sei eben alles Schrott gewesen, wird heute behauptet.« [15]

Zumindest sollte man zugeben, daß das laute und immer wieder neu aufgetischte Pleite-Geschrei auch vom Standpunkt der inneren Verschuldung der sachlichen Grundlage entbehrt. Die Verfechter dieser Verleumdung eines zwar untergegangenen, aber immerhin 40 Jahre existierenden Staates sollten endlich die Fakten akzeptieren und damit auch die Arbeit und die Lebensleistung von 16,5 Mio Deutschen. Dazu brauchen sie nur die soliden Einschätzungen ihrer eigenen Politiker und Wissenschaftler zur Kenntnis zu nehmen.

Wie auch auf anderen Gebieten wird an der Oberfläche der Zahlen nicht die dahinterliegende Problematik sichtbar – der qualitative Unterschied, der sich vor allem aus den grundlegend verschiedenen gesellschaftlichen Systemen in den beiden deutschen Staaten ergibt. Dies berücksichtigend, kann aus den vorliegenden Betrachtungen zumindest nicht abgeleitet werden, daß dieses System schlechthin gescheitert ist und funktionsunfähig war.

In diesem Zusammenhang sollte eine weitere Frage beleuchtet werden, zu der bisher wenig gesagt oder veröffentlicht wurde, die aber für die Beurteilung der Effizienz der verschiedenen gesellschaftlichen Systeme in Deutschland eine beträchtliche Rolle spielt.

Oft wird gesagt, daß das Geld im sozialistischen Wirtschaftssystem, darunter in der DDR, »nichts wert gewesen« sei. Natürlich war es aufgrund des Produktivitätsrückstandes von etwas mehr als 50 % auch weniger »wert« als die DM. Es wird in diesem Zusammenhang auch viel von Geldüberhang in der DDR gesprochen. Daß es einen bestimmten Geldüberhang gegeben hat, ist unbestritten. Daß aber Geld, zumindest im Konsumtionsbereich, keine Realisierungsmöglichkeit gefunden hätte, ist schlichtweg falsch. Zweifellos hätte sich ein nicht anlegbarer Geldüberhang in einem besonders hohen Anstieg der Spareinlagen niedergeschlagen. Die Sparquote der Bevölkerung der DDR betrug 1988 7 %, in der BRD im gleichen Jahr 13,9 %.

Der Vergleich des Umfangs des Geldvermögens je Einwohner, in Mark der DDR bzw. DM 1988 ergibt folgendes Bild[16]

|  | Geldvermögen insgesamt M/DM | darunter Sparguthaben M/DM |
|---|---|---|
| DDR | 11.022,00 | 9.091,00 |
| BRD | 40.747,00 | 11.579,00 |

Das heißt, das Geldvermögen eines Durchschnittsbürgers der BRD betrug (ohne Berücksichtigung der gewaltigen Differenzierung) das 3,5-4fache gegenüber einem Bürger der DDR.
Bei Sparguthaben – im allgemeinen das »Geldvermögen der kleinen Leute« – waren die Unterschiede gering.
Da 60 % der Geldvermögensbildung der BRD durch längerfristige Geldanlagen bei Banken, Versicherungen und Bausparkassen, den Erwerb festverzinslicher Wertpapiere und Aktien bestehen, wozu es in der DDR praktisch keine Möglichkeiten gab, ist die zuweilen herangezogene Gegenüberstellung der Spareinlagen nur bedingt aussagefähig. Dies spricht, zumindest im konsumtiven Bereich, nicht für einen übergroßen Geldüberhang in der DDR.
Manchmal wird in Diskussionen der Ökonomen oder auch in Äußerungen von Politikern darauf verwiesen, daß selbst in vertraulichen Unterlagen der Regierung der DDR das Wertverhältnis der Mark der DDR zur DM mit 4:1 angegeben wurde. Das ist richtig. Aber *erstens* charakterisiert das nur den Außenwert der Mark der DDR, und zwar zur DM. Der Wertvergleich der Mark

der DDR zum transferablen Rubel, der Verrechnungswährung mit den sozialistischen Ländern, und der innere Wert der Mark der DDR, insbesondere für die Bevölkerung, sind dabei weitgehend ausgeklammert. Bei dieser »Bewertungseinschätzung« der Mark muß berücksichtigt werden, daß der Export zu 30% mit dem NSW, aber zu 70% auf der Basis transferabler Rubel abgewickelt wurde.
Im sozialistischen Wirtschaftsgebiet, besonders gegenüber der UdSSR verfügte die DDR – wie bereits dargelegt – zur Wende über bedeutende Guthaben.
*Zweitens* lagen die Preise für den gesamten Bereich der Grundversorgung der Bevölkerung, der Verkehrstarife und der Mieten weit unter ihrem Wert, sprich Aufwand. Somit hatte die so verwendete Mark für ihren Besitzer einen viel höheren »Wert«. Veröffentlichte Untersuchungen des Deutschen Instituts für Wirtschaftsforschung (DIW) in Westberlin in den achtziger Jahren kamen zu dem Schluß, daß auf der Grundlage vergleichbarer Warenkörbe für Arbeiter und Angestellte die Mark der DDR im Konsumbereich der D-Mark im Verhältnis 1:1 entsprach; die Mark eines Rentners der DDR sogar den Wert von 1,50 DM ausmachte. Das halbiert z. B. den Wert der wesentlich höheren absoluten Renten der BRD um die Hälfte im Verhältnis zu den »lächerlich niedrigen DDR-Renten«.

Daß es sich hierbei um seriöse, stichhaltige Berechnungen handelt, wird auch dadurch belegt, daß in einem internen Material des Bundesfinanzministeriums, welches Theo Waigel an Helmut Kohl kurz vor dem Besuch des Ministerpräsidenten der DDR am 13./14. Februar 1990 in Bonn übergeben hat, darauf Bezug genommen wird. Es heißt dort: »Das DIW hat jetzt in Zusammenarbeit mit dem Forschungsinstitut beim DDR-Ministerium der Finanzen und Preise an Hand aktualisierter Warenkörbe die durchschnittliche Verbrauchergeld-Parität aktualisiert: danach ist die Kaufkraftrelation 1 M = 1,07 DM. Da es nicht sinnvoll sein kann, im Zuge einer Währungsumstellung den Lebensstandard in der DDR noch weiter abzusenken, deutet auch die Verbrauchergeld-Parität auf einen Umstellungskurs 1:1 hin.«
Also die Berechnungen zur Kaufkraftparität der beiden deutschen Währungen im Verhältnis 1:1 waren als Grundlage für den Abschluß des Vertrages über die Währungs-, Wirtschafts- und Sozialunion offiziell auf den neuesten Stand gebracht und auch

in der entscheidenden Frage der Auswahl der Warenkörbe gründlich überprüft worden.

Häufig wird auch die absolute Größe eines »durchschnittlichen monatlichen Bruttoarbeitseinkommens eines vollbeschäftigten Arbeiters und Angestellten der DDR in Höhe von 1.290 M«[17] dem »durchschnittlichen Monatsverdienst der Arbeitnehmer« der BRD mit etwa 3.500 DM gegenübergestellt. Es wird dabei unberücksichtigt gelassen, daß das Gesellschaftsmodell der BRD, das ganze Tarifsystem und die Lohnhöhe davon ausgehen, daß ein männlicher Arbeitnehmer eine Familie, d.h. die im allgemeinen nicht berufstätige Ehefrau und zwei Kinder zu versorgen hat.
Oftmals wird daraus auch auf den Produktivitätsunterschied und auf den Unterschied im Lebensstandard geschlossen. Da unberücksichtigt bleibt, daß aufgrund der hohen Subventionen der DDR für alle Waren des Grundbedarfs – und das waren etwa 80% der Ausgaben –, auf Verkehrsleistungen und Mieten eine »zweite Lohntüte« entstand; und zwar in Höhe von ca. 800 Mark der DDR je Arbeitnehmerhaushalt, kam man zu falschen Schlußfolgerungen. Der oft angeführte Einwand, daß es auch in der BRD zentrale Ausgaben für Bildung, Gesundheitswesen usw. gibt, die man zu den oben genannten Einnahmen noch hinzurechnen müsse, ist deshalb nicht zutreffend, weil diese Ausgaben auch in die »zweiten Lohntüte der DDR« nicht eingerechnet sind. Es handelt sich dabei nur um die Subventionen für Konsumgüter, Verkehrsleistungen und Mieten, die in der BRD generell nicht subventioniert sind. In den letzten Jahren war das jährlich ein Volumen von über 50 Mrd. M.
Wenn man berücksichtigt, daß in der DDR 92% aller berufsfähigen Frauen erwerbstätig waren und entsprechende Einkünfte hatten – im allgemeinen etwas niedrigere als Männer –, kommt man auf ein Familieneinkommen in der DDR von 2.700 bis 2.800 Mark der DDR. Das sind etwa 75-80% des Familieneinkommens des Modells der Bundesrepublik.
Erst unter Berücksichtigung der Wertrelation der beiden deutschen Märker, wie sie auch durch die Untersuchungen des DIW begründet werden, und bei Hinzuziehen der oben genannten Zusammenhänge kommt man zu einem vergleichbaren Ausdruck des Lebensniveaus in den beiden deutschen Staaten zum Zeitpunkt der Vereinigung.

## Zum Vergleich des ökonomischen Niveaus BRD (alte Bundesländer) – DDR auf dem Gebiet von Produktivität und Effektivität

In der Diskussion um die Lasten der Einheit, den erforderlichen Zeitraum der Angleichung der Wirtschafts- und Lebensverhältnisse, der Höhe des sogenannten Transfers und der sogenannten Altlasten spielt der Vergleich des ökonomischen Niveaus der beiden deutschen Staaten eine wichtige Rolle. Es gibt bereits eine große Anzahl Veröffentlichungen und Meinungsäußerungen dazu. Oft gehen sie von der Frage aus, warum man sich vor und nach der Wende hinsichtlich der Länge des Zeitraums für die ökonomische Annäherung und den Ausgleich so gravierend geirrt habe. Schlimm ist es, wenn dieses Problem zum Gegenstand partei- und wahltaktischer Auseinandersetzungen gemacht wird; wenn es dazu benutzt wird, die Leistungen der Menschen in den neuen Bundesländern herabzusetzen und als Ausrede für Fehler und offensichtliche Fehlleistungen im Einigungsprozeß zu verwenden. Dabei sollten von vornherein solche unseriösen bis unsinnigen Aussagen ausgeklammert werden, die z.B. behaupten, daß die Produktivität in der DDR bis zum Jahre 1989 das Niveau des Jahres 1950 nicht überschritten hätte;[18] während die Produktivität in der BRD von 1950-1989 auf 389% gestiegen sei.

Zugleich sollte festgehalten werden, daß Honecker Mitte der 70er Jahre auf einer Tagung des Zentralkomitees der SED öffentlich feststellte, daß der Produktivitätsunterschied zwischen der DDR und der BRD damals 25% betrug.[19]
Das ist übrigens die einzige öffentliche Aussage von Partei und Regierung der DDR zu dieser Frage, die ein bedeutendes Zurückbleiben der DDR auf diesem Gebiet einräumte.

Eine auf gründlichen Untersuchungen basierende Aussage dazu findet sich in den umfangreichen, vom Bundesministerium für Innerdeutsche Beziehungen herausgegebenen »Materialien zum Bericht der Lage der Nation im geteilten Deutschland 1987«, die durch eine Vielzahl wissenschaftlicher Kapazitäten der BRD erarbeitet wurde. Auf Seite 391 heißt es: »In der Berichtszeit ist die durchschnittlich geleistete Arbeitszeit in der Industrie der Bundesrepublik weiter deutlich zurückgegangen. In der DDR stieg die Zahl der Beschäftigten in der ersten Hälfte der 70er Jahre stark an, die pro Beschäftigten geleistete Arbeitszeit ist dabei nur wenig gesunken. Im Ergebnis zeigen die um die Arbeitszeit bereinigten Relationen, daß die DDR arbeitsstündlich erst 1983 etwa wieder den gleichen Abstand zur Bundesrepublik erreichen konnte, nachdem sich die Arbeitsproduktivität bis 1976 gegenüber 1970 relativ zur Bundesrepublik besonders deutlich verschlechtert hatte. Der Rückstand der DDR gegenüber der Bundesrepublik war schon 1970 wesentlich größer als bisher angenommen und liegt heute bei 50%.«

Auf einer Tagung der Arbeitsgruppe des Schwerpunktprogramms der Deutschen Forschungsgemeinschaft »Wirtschaftliche Strukturveränderungen, Innovationen und regionaler Wandel in Deutschland nach 1945« am 4./5. Februar 1994 in Jena wurde festgestellt, daß sich in jüngster Zeit »die Auffassung durchsetze, daß die Wertschöpfung pro Beschäftigten im warenproduzierenden Gewerbe im Jahre 1989 kaum mehr als ein Drittel des westdeutschen Niveaus betrug.«[20] Diese Angabe basiert insbesondere auf einer Arbeit von Renate Phillip-Köhn (Deutsches Institut für Wirtschaftsforschung Berlin) und Udo Ludwig (Zentralinstitut für Wirtschaft der Akademie der Wissenschaften der DDR), veröffentlicht als Diskussionspapier des DIW.

Dazu heißt es in Bemerkungen des Statistischen Amtes der DDR vom 26. März 1990: »In vorliegendem Diskussionspapier wird der Versuch unternommen, mit Hilfe von Ergebnissen aus Input/Output-Tabellen beider deutscher Staaten Berechnungen zur volkswirtschaftlichen Arbeitsproduktivität, ausgedrückt als Verhältnis von Bruttosozialprodukt und Erwerbstätigen, durchzuführen und abgeleitet davon Aussagen zum Produktivitätsgefälle zwischen den beiden Volkswirtschaften zu treffen. Die Grundkonzeption der Autoren geht von der Annahme aus, die erzielten Marktpreise stellvertretend durch die Gewichte für den direkten und indirekten Faktorgehalt an Arbeit nachzubilden. Die DM-Werte für den Warenexport der DDR werden als zentraler Umsteigeschlüssel für die beiden Preissysteme angesehen.

Ausgehend von diesen beiden Grundannahmen wird der Faktorgehalt an Arbeit, ausgedrückt in Erwerbstätigen der Exportproduktion berechnet und die Produktivität der Exportproduktion stellvertretend für die Produktivität der Volkswirtschaft insgesamt unterstellt. Die Autoren leiten daraus folgende Schlußfolgerung ab: Das Produktivitätsgefälle zur Bundesrepublik liegt nicht – wie

bisher angenommen – bei 1:2, sondern eher bei 1:3, ungünstigenfalls sogar noch darunter.«[21]
In dieser Stellungnahme wird dargelegt, daß die Hauptschwäche bei der Ermittlung des Produktivitätsgefälles zwischen der DDR und der BRD im Ansatz der Rechnung liegt. Das von den Autoren berechnete Kaufkraftverhältnis zwischen DM und Mark der DDR für einzelne Aggregate der Rechnung wie Export und Bruttosozialprodukt ist nicht nachprüfbar; es wurden offensichtlich sehr grobe Annahmen zugrunde gelegt. Ein halbwegs solider Produktivitätsvergleich setzt aber voraus, daß für eine ausreichend repräsentative Anzahl von Erzeugnissen und Leistungen Preisvergleiche durchgeführt werden, über die eine Umrechnung von Aggregaten einer Währung in die andere möglich wird. Daß das in den Rechnungen von Phillip-Köhn/Ludwig nicht geschah, ist offensichtlich und erklärt vor allem die erheblichen Abweichungen ihrer Ergebnisse gegenüber bisherigen Berechnungen sowohl in der BRD als auch in der DDR.
Das Statistische Amt der DDR kommt in dieser Stellungnahme von 1990 aufgrund eigener Berechnungen zu dem Ergebnis, daß das Produktivitätsniveau der DDR 60% von dem in der BRD bestehenden betragen hat. Untersuchungen von Mitarbeitern des Instituts für angewandte Wirtschaftsforschung Berlin von 1990 in Vorbereitung auf die Verhandlungen in der Regierungsarbeitsgruppe »Herstellung einer Währungs-, Wirtschafts- und Sozialunion« ergaben – auch in Auswertung und unter Berücksichtigung von Materialien des DIW – für 1988 ein Bruttosozialprodukt, umgerechnet in DM, in Höhe von 304 Mrd. DM für die DDR.[22]
Das bedeutet, daß das Bruttoinlandsprodukt je Beschäftigten in der DDR 45% des Niveaus der Alt-BRD und je Einwohner 53% betrug. Von Wichtigkeit ist dabei, daß man immer exakt definiert, von welcher Arbeitsproduktivität gesprochen wird; von der volkswirtschaftlichen Arbeitsproduktivität – d.h. Bruttoinlandsprodukt *pro Einwohner* – oder beispielsweise von der Arbeitsproduktivität *pro Beschäftigten*. Damit würde die Aussage in den »Materialien zum Bericht der Lage der Nation im geteilten Deutschland« des Ministeriums für Innerdeutsche Beziehungen von 1987 im wesentlichen bestätigt.

Es sollte dabei auch folgendes berücksichtigt werden: Internationale Produktivitätsvergleiche auf volkswirtschaftlicher Ebene sind kompliziert und erfordern ein umfangreiches Dateninstrumentarium. Sowohl in der DDR als auch in der BRD wurden in den zurückliegenden Jahren – unabhängig voneinander – Niveaurelationen der volkswirtschaftlichen Arbeitsproduktivität, jeweils bezogen auf das andere Land, berechnet.

Insgesamt kann man auf der Grundlage der Berechnungen in beiden Staaten davon ausgehen, daß der Produktivitätsrückstand der DDR gegenüber der BRD zwischen 45 und 55% betrug. Das steht auch in Übereinstimmung mit einer im Auftrag des Bundesministeriums des Innern erarbeiteten umfassenden Analyse und Dokumentation »Am Ende des realen Sozialismus, Die Endzeit der DDR-Wirtschaft«, herausgegeben 1999.[23] Im Beitrag von S. Kupper wird zur vorstehend behandelten Problematik folgende Feststellung getroffen: »Nach Berechnungen des DIW betrug das Bruttoinlandsprodukt der DDR im Jahre 1987 266 Milliarden DM. Pro Einwohner war danach das Bruttoinlandsprodukt der DDR halb so groß wie in dem ehemaligen Bundesgebiet. Durch die stärkere Erwerbsbeteiligung ist der Produktivitätsrückstand der DDR noch größer: Das Bruttoinlandsprodukt je Erwerbstätigen betrug nach Berechnungen des DIW nur 35% des bundesdeutschen Niveaus.«

Eine brauchbare Aussage zum ökonomischen Niveau eines Landes kann wahrscheinlich am sachgerechtesten anhand der *Höhe des Bruttoinlandsproduktes (BIP), bezogen auf die Einwohnerzahl* ausgedrückt werden. Die wird im obigen Zitat für die DDR mit etwa 50% gegenüber der BRD angegeben. Was die Aussage zur Produktivität, bezogen auf das BIP *pro Erwerbstätigen* betrifft, die mit 35% angegeben wird, muß folgendes angemerkt werden: Sie ist eine durchaus wichtige Kennziffer – wenn man dabei ökonomische und soziale Umfeldbedingungen berücksichtigt. Wenn man allerdings dabei eine Volkswirtschaft, in der die Vollbeschäftigung verwirklicht war, wie in der DDR, in der auch 92% aller arbeitsfähigen Frauen einer Erwerbstätigkeit nachgingen, vergleicht mit einer Volkswirtschaft, die im zugrundegelegten Vergleichszeitraum 2 bis 3 Millionen Arbeitslose aufwies, die man einfach unberücksichtigt läßt, dann werden unter der scheinobjektiven Oberfläche von glatten Zahlen völlig unterschiedliche Phänomene verglichen. Wenn man außerdem berücksichtigt, daß etwa ein Drittel der erwerbstätigen Frauen verkürzt gearbeitet haben, dann drückt das natürlich die numerisch ausgewiesene »Arbeitsproduktivität« pro Erwerbstätigen.

## Die Ursachen des ökonomischen Rückstandes der DDR-Wirtschaft

Über diesen Rückstand wird viel gesprochen und geschrieben, und das wird hauptsächlich dem Versagen des sozialistischen Wirtschafts- und Planungssystems zugeschrieben. Ist das sachlich richtig und gerechtfertigt?
Wie bereits dargelegt, kommen seriöse Untersuchungen und Analysen zum Niveau der Arbeitsproduktivität sowohl von wissenschaftlichen Einrichtungen in den alten Bundesländern als auch in der DDR zu dem Schluß, daß die in diesem Zusammenhang besonders aussagefähige Kennziffer Wirtschaftliche Leistung (BIP) pro Einwohner in der DDR etwa 50% derjenigen in der alten Bundesrepublik betragen hat. Auch das ist noch eine beträchtliche Differenz. Ist das aber ein Beweis für das Scheitern des sozialistischen Wirtschaftssystems in der DDR? Man wird nicht müde, das immer wieder zu behaupten. Die Gegenüberstellung von nackten Zahlen ist nicht ausreichend.

Was muß in die Betrachtung einbezogen werden?
• Das sind vor allem die objektiven Ausgangsbedingungen nach Beendigung des Zweiten Weltkrieges und die Tatsache, daß dieser Teil Deutschlands von jener Macht besetzt wurde, die die Hauptlast des Krieges getragen hatte, deren Territorium, besonders sein entwickeltster Teil, völlig zerstört war und die nicht nur die im Potsdamer Abkommen zugestandenen Reparationen ausschließlich bzw. im wesentlichen allein aus der von ihr besetzten Zone entnahm, sondern sie um 40-60% überzog.
• Die DDR war während der gesamten Zeit ihrer Existenz eingebunden in die Politik und die wirtschaftliche Entwicklung einer der beiden Supermächte, die mit etwa 20% des Weltwirtschaftspotentials auf rüstungspolitischem Gebiet unter Zurückstellung aller anderen Bedürfnisse und Erfordernisse die Parität bzw. die Rüstungsüberlegenheit anstrebte und im wesentlichen auch verwirklichte.
• Der Entwicklungs- und Entscheidungsspielraum wurde in jeder Beziehung davon bestimmt, daß sie als ein unverzichtbares Ergebnis des Zweiten Weltkrieges, als ein Faustpfand der Sowjetunion in der Auseinadersetzung der beiden Supermächte betrachtet wurde. Deutschland wurde zu einem Brennpunkt des Kalten Krieges, der jedoch für die beiden Teile Deutschlands geradezu diametral

entgegengesetzte Bedingungen und Entwicklungsmöglichkeiten schuf.

Nur wenn man diese grundlegenden Faktoren und Entwicklungsbedingungen berücksichtigt, kann man zu einer objektiven Beurteilung des Verlaufs und der Ergebnisse der ökonomischen Entwicklung der DDR und zu brauchbaren Aussagen beim Vergleich des ökonomischen Niveaus der beiden deutschen Staaten zur Zeit des Beitritts der DDR zur Bundesrepublik gelangen.
Es müssen also mindestens vier konkrete Faktenkomplexe in die Betrachtung einbezogen werden:
1. Kriegszerstörungen und Reparationen und ihre Wirkung auf die Entwicklung der Wirtschaft in beiden Teilen Deutschlands
2. Die Teilungsdisproportionen
3. Die gegenseitige Beeinflussung, das außergewöhnliche Aufeinanderwirken der sich getrennt und nach völlig unterschiedlichen Prämissen entwickelnden Wirtschaften der beiden deutschen Staaten; insbesondere die Wanderung von über 2 Mio. meistens gut ausgebildeter Personen aus dem einen Staat in den anderen
4. Die Auswirkungen der festen Eingebundenheit der DDR in das Wirtschaftsgefüge der staatssozialistischen Länder unter der Dominanz der Sowjetunion

Zu 1.) Kriegszerstörungen und Reparationen

Mit der Öffnung der Archive in Moskau wird erst heute die ganze Tragweite der unterschiedlichen Ausgangs- und Entwicklungsbedingungen der beiden deutschen Staaten sichtbar. An deren objektiver Darstellung und Veröffentlichung waren in der Vergangenheit weder die UdSSR noch die SED aus naheliegenden Gründen interessiert.
Während die Kriegszerstörungen (Bombenangriffe, Landkrieg) für beide Teile Deutschlands heute von den meisten Wissenschaftlern als etwa gleich hoch – bezogen auf das vorhandene materielle Potential – eingeschätzt werden, betrug der Substanzverlust an industriellen und infrastrukturellen Kapaziäten in der DDR – der als Reparationen für die Sowjetunion in Form von Demontagen vorhandener Betriebe und Einrichtungen geleistet wurde – rund 30% der 1944 auf diesem Gebiet vorhandenen Fonds.
Nach den vorliegenden Untersuchungen waren davon 2.000 bis 2.400 der wichtigsten, bestausgerüsteten Betriebe der sowjetisch

besetzten Zone betroffen. In einer internen sowjetischen Analyse wird Ende 1946 sogar von 3.586 demontierten Betrieben gesprochen, wobei offensichtlich auch die in den von Polen besetzten Ostgebieten abgebauten Betriebe einbezogen waren. In der BRD waren dies nach verläßlichen Unterlagen 3% der Kapazitäten; das Verhältnis beim Abbau der Kapazitäten betrug also 10:1.[24]
Bekanntlich verbot General Clay bereits Anfang 1946 die Durchführung von Demontagen in der amerikanischen Besatzungszone. In dieses Bild passen auch neuere Berechnungen von Wissenschaftlern: »Nach Abschluß der Demontagen 1948 verblieben in der SBZ zwischen 74 und 84% des Bruttoanlagevermögens der Industrie von 1936, während in den westlichen Besatzungszonen der industrielle Kapitalstock (mit 111%) über dem Stand von 1936 lag.«[25]
Bis März 1947 wurden in der sowjetisch besetzten Zone Eisenbahnschienen in einer Gesamtlänge von 11.800 km abgebaut und in die UdSSR verlagert. Damit wurde das Schienennetz in diesem Teil Deutschlands, bezogen auf den Stand von 1938, durch Reparationen um 48% reduziert.
Besonders schwerwiegende Auswirkungen auf die Infrastruktur in diesem hochindustrialisierten Gebiet hatte die Demontage von 6.300 km zweiter Gleise, die angesichts des ständigen Mangels an Akkumulationsmitteln im Verlauf der gesamten Entwicklung der DDR nicht ausgeglichen werden konnte. Zwei Drittel aller Lokomotiven und rund 60% der Reisezugwagen waren vernichtet.[26]

Ein solcher Wirtschaftstorso war bei Fortführung dieser Reparationspolitik nicht lebensfähig und wäre eine wirtschaftliche Wüste geworden. Mit dem Befehl 167 der Sowjetischen Miliäradministration in Deutschland wurden deshalb im Juni 1946 zweihundert der noch vorhandenen wichtigsten Produktionsbetriebe, die für die Demontage vorgesehen waren, zu sogenannten sowjetischen Aktiengesellschaften umgebildet. Das heißt, sie wurden sowjetisches Eigentum. Die Reparationen verlagerten sich von der Demontage auf die Entnahme aus der laufenden Produktion. Das war eine Form der Reparationsleistungen, die die westlichen Alliierten, insbesondere Großbritannien, auf der Potsdamer Konferenz abgelehnt hatten, um das Aufkommen von Konkurrenten für die eigene Industrie nicht zu fördern.

Durch diese grundlegende Änderung der Reparationspolitik der UdSSR wurden zwar wichtige Industriestandorte für die noch vorhandenen Restbestände auf dem Gebiet der sowjetisch besetzten Zone erhalten. Die Höhe der Entnahmen aus der laufenden Produktion für Reparationen, für Besatzungskosten und einige andere Aufgaben über Jahre hinaus bedeuteten jedoch einen Substanzverlust, der in Jahrzehnten nicht aufholbar war.

Gemessen am Sozialprodukt umfaßten diese, neben den Demontagen durchgeführten *Entnahmen aus der laufenden Produktion* für Reparationen im Gebiet der sowjetischen Zone bzw. der DDR (in Prozent): [27]

| 1946 | 1947 | 1948 | 1949 | 1950 | 1951 | 1952 | 1953 |
|------|------|------|------|------|------|------|------|
| 48,0 | 38,4 | 31,1 | 19,9 | 18,4 | 16,4 | 14,6 | 12,9 |

Das waren für den Zeitraum 1946-1953, also in den ersten acht Nachkriegsjahren, 22% der laufenden Produktion, gemessen am Bruttosozialprodukt (in Mrd./Preisbasis 1944). In den Westzonen wurde im gleichen Zeitraum die laufende Produktion allenfalls für einige Bedürfnisse der Besatzungsgruppen in Anspruch genommen. Wenn man die gesondert vereinbarten Besatzungskosten ausklammert, wurden Reparationen aus der laufenden Produktion allein von der DDR geleistet. Das Verhältnis DDR/BRD betrug für diese belastendste Form von Kriegskontributionen 98:2.[28]

Es gibt unterschiedlichste Angaben über die Gesamthöhe der Reparationen, die die DDR geleistet hat. Kompliziert sind hierbei vor allem die Bestimmung der Preisbasis und die Berechnung des Dollarkurses sowohl für die verschiedenen Zeiträume als auch für die sehr unterschiedlichen Leistungen.

Auf der Grundlage erstmals erschlossener Archivmaterialien, vor allem in Moskau, kommen L. Baar, R. Karlsch und W. Matschke vom Institut für Wirtschaftsgeschichte der Humboldt-Universität zu einer Gesamtsumme von ca. 54 Mrd. Reichsmark/Deutsche Mark (Ost) zu laufenden Preisen bzw. zu ca. 14 Mrd. Dollar zu Preisen des Jahres 1938. Sie bezeichnen dies als Mindestangabe. Köhler und Fisch, Wissenschaftler aus der Alt-BRD und der Schweiz, kommen in dieser Frage auf eine Summe von 16,3 Mrd. Dollar.[29] Es gibt andere Quellen, auf die hier aber nicht näher eingegangen werden soll, die wesentlich darüber liegen.[30]

Festzuhalten bleibt, daß die auf der Potsdamer Konferenz von der Sowjetunion geforderten Reparationen in Höhe von 10 Mrd. US-

Dollar – insgesamt wurden die Kriegskontributionen Deutschlands mit 20 Mrd. Dollar beziffert – erstens von der DDR für Gesamtdeutschland allein getragen werden mußten in Folge des Umstandes, daß dieses Gebiet sowjetische Besatzungszone war; und zweitens, daß diese Summe mindestens um 40% höher lag als die während der Potsdamer Konferenz als Reparationen von der UdSSR geforderte, aber nicht beschlossene Größe. Das ganze Ausmaß der unterschiedlichen Ausgangsbedingungen im Ergebnis des Zweiten Weltkrieges wird aber erst deutlich, wenn man die Verluste bzw. die Belastungen auf einen Einwohner in diesen beiden Gebieten Deutschlands bezieht. Nach neuen Untersuchungen von Wissenschaftlern der Humboldt-Universität beträgt das Volumen der laufenden Leistungen für Reparationen, Besatzungsgeld und die Wismut-AG sowie für Außenhandelsverluste (ohne die gesondert vereinbarten Besatzungskosten) bis 1953 pro Einwohner in der BRD 23 Reichsmark, dagegen pro Einwohner der DDR 1.349 Reichsmark in Preisen von 1944.[31]

Bei der Einschätzung der Rolle der unterschiedlich hohen Reparationsleistungen in der Bundesrepublik Deutschland und der DDR und ihrer Wirkung auf die ökonomische Entwicklung und das erreichbare ökonomische Niveau gibt es völlig unabhängig von Parteiinterpretationen eine bestimmte Variationsbreite, die nur im Rahmen sachlicher und vorurteilsloser Annahmen eingrenzbar ist. An dieser Stelle soll auf folgende objektive Fakten und unverdächtige Zeugen eingegangen werden: Von der interalliierten Reparationsagentur (I.A.R.A.) wurde die Höhe der von den Besatzungszonen der USA, Großbritannien und Frankreichs (später Bundesrepublik Deutschland) erbrachten Reparationen mit 512 Mio. Dollar zu Preisen von 1938 beziffert, was einem Betrag von 2,1 Mrd. DM zu Preisen von 1953 entspricht. Durch das Bundesministerium für Innerdeutsche Beziehungen wurde die Höhe der von der Besatzungszone der UdSSR (später DDR) erbrachten Reparationen 1985 mit 66,4 Mrd. DM zu Preisen von 1944 angegeben, was einem Betrag von 99,1 Mrd. DM zu Preisen von 1953 entspricht.

**Das heißt:** 99,1 Mrd. DM (1953) Reparationen der DDR stehen 2,1 Mrd. DM der Bundesrepublik Deutschland gegenüber. Die DDR trug also 97-98% der Reparationslast Gesamtdeutschlands. Damit entfielen auf jeden Einwohner vom Kind bis zum Greis in der DDR 5.500 DM Reparationen, in der Bundesrepublik 42 DM (zum Wert 1953) – **in der DDR also pro Einwohner mehr als das 130fache.**

Diese Angaben finden sich wieder in einem Aufruf an die Regierung der Bundesrepublik zur Zahlung ihrer Reparations-Ausgleichs-Schuld an die Menschen der ehemaligen DDR, datiert mit der Jahreswende 1989/90, initiiert von dem Bremer Wissenschaftler Prof. A. Peters und unterschrieben von 12 Wissenschaftlern und Politikern der alten Bundesländer. Daraus wird abgeleitet: Wenn die Reparationsleistungen gleichmäßig auf die Bürger ganz Deutschlands verteilt worden wären, ergäbe sich folgendes: Unter Berücksichtigung einer Verzinsung von $6^{5}/_{8}$ Prozent (wie sie die DDR für den ihr vom Bundesfinanzministerium über deutsche Großbanken 1983-1988 gewährten Kredit zu zahlen hatte) ergibt sich eine Ausgleichszahlung der BRD an die Bürger der DDR in Höhe von 727,1 Mrd. DM zum Wert von 1989 als ein objektiv völlig gerechtfertigter Lastenausgleich.

Interessanterweise ist das etwa die gleiche Summe, die das Wirtschaftskomitee der Regierung Modrow errechnet hatte, um auf der Grundlage eines damals noch favorisierten Stufenplanes der Wiedervereinigung die Arbeitsproduktivität, die materielle Produktionsbasis und die Infrastruktur der DDR bis 1995 auf etwa 80-90 Prozent des BRD-Niveaus von 1989/90 heranzuführen.

Auf einer Pressekonferenz zur Vorstellung seines Memorandums am 28.11.1989 in Bonn sagte Prof. Arno Peters: »Mir geht es darum, deutlich zu machen, daß wir, wenn wir jetzt der DDR Ressourcen zur Verfügung stellen, das nicht unter der Überschrift ›Hilfe‹ oder gar ›altruistische Hilfe‹ subsumieren können.«

Die BRD müsse sich als Treuhänder ansehen »für die Bevölkerung der DDR in Bezug auf ein gewissermaßen gespartes Kapital, mit dem wir ja arbeiten konnten. Und dieses Treugut muß man natürlich zurückgeben.«

Klaus v. Dohnanyi, Ex-Bürgermeister von Hamburg und einer der Hauptberater der Treuhandanstalt, sagte dies auf einem Kongreß führender Manager im Dezember 1992 in Leipzig noch drastischer: »Es geht nicht, daß der östliche Teil Deutschlands, der den Krieg bezahlt hat, auch noch den Frieden bezahlen muß.«

Wie hellsichtig klingt in der sprüchereichen Zeit der deutschen Wiedervereinigung dazu der Ausspruch des Altbundespräsidenten Richard v. Weizsäcker; fast wie ein Menetekel: »Teilung kann nur durch Teilen überwunden werden.«

Zweifellos handelt es sich hier um eine Vorleistung der Ostdeutschen, die ihr mögliches Entwicklungspotential substantiell zu einem Großteil in Anspruch nahm und ein entscheidender Faktor dafür war, daß Lebensstandard und ihre Produktivität im Durchschnitt auch vierzig Jahre nach Beendigung dieses Krieges nur halb so hoch waren wie in Westdeutschland. Im Interesse des Überlebens der Bevölkerung konnte die DDR in den ersten Jahren ihrer Existenz nur mit einem Anteil der Akkumulation am Bruttosozialprodukt in Höhe von 7 Prozent starten, während die Bundesrepublik von Anfang an einen Anteil von über 20 Prozent für die Wiederherstellung und Erneuerung der Grundfonds einsetzen konnte.

Wenn man dagegenhält, daß eine solche Summe seit 1991 aus den alten Bundesländern in die neuen Bundesländer geflossen ist und trotzdem noch keine »blühenden Landschaften« entstanden sind, dann muß man dies hauptsächlich der gewählten Form des Anschlusses zuschreiben und nicht dem Staat DDR und seiner Wirtschaftsordnung. Dabei soll in diesem Zusammenhang über die Form, die globalpolitischen Zwänge dieses Anschlusses in keiner Weise gerechtet werden. Es gibt aber doch keinen Zweifel daran, daß das Überstülpen der marktwirtschaftlichen Ordnung über ein vierzig Jahre gewachsenes, völlig anders geartetes und strukturiertes Wirtschaftssystem und die konzeptionslose Verschleuderung des Volksvermögens dieses Landes faktisch zum Nulltarif und mit Extrazugaben – abgesehen von den weit verbreiteten und in immer mehr Skandalen ans Tageslicht kommenden kriminellen Praktiken – eine wesentliche Ursache der hohen Kosten der Einheit darstellen.

In diesem Zusammenhang muß man auch auf die Rolle des Marshall-Planes verweisen, der von den beiden deutschen Staaten nur der BRD zugute kam. Er kam einer in der Welt einmaligen Bluttransfusion der von Waren und Kapital überquellenden USA an den ehemaligen Kriegsgegner gleich, die als Initialzündung eine entscheidende Grundlage für die schnelle Beseitigung der Kriegszerstörungen und das Erblühen des Wirtschaftswunders BRD darstellte. Zweifellos ist er auch einer der Hauptgründe, weswegen die Altbundesrepublik nach dem Krieg und bis heute ein durchschnittlich höheres ökonomisches Niveau aufweist als ihre ehemaligen Kriegsgegner Frankreich und Großbritannien, bei denen die ebenfalls erhaltene US-Hilfe aus verschiedenen, hier nicht zu erörternden Gründen, nicht mit der gleichen Effektivität zur Wirkung kam. Gleichzeitig war der Marshall-Plan Bestandteil einer politischen Globalkonzeption, die die Wiederherstellung des größeren Teils von Deutschland als wirtschaftlich potenten Faktor für das »roll back« des sozialistischen Systems zum Ziele hatte.

Die Westzonen/BRD erhielten im Zuge des Marshall-Planes/ European Recovery Programm – ERP) und verschiedener anderer amerikanischer Hilfsprogramme für Europa zwischen 1945 und 1956 Leistungen im Umfang von 3,7 Mrd. Dollar oder 15,5 Mrd. DM. Davon waren über 10 Mrd. DM als Geschenk (»grants«) zu betrachten; der Rest wurde als Kredit gewährt und sollte in größeren Zeiträumen zurückgezahlt werden.

Manchmal wird in diesem Zusammenhang erwidert, daß die Rolle der Marshallplankredite häufig überschätzt würde, und dabei auf die angeführten Zahlen verwiesen. Die einfache Gegenüberstellung der Zahlen ist auch hier eine ahistorische und unwissenschaftliche Betrachtungsweise. Der langjährige Osteuropaforscher der FU Berlin, Prof. Leptin, sagte dazu: »Welche Bedeutung diese Auslandshilfe, die teils Nahrungshilfe war, teils Rohstoff- und Maschinenlieferungen umfaßte, für den westdeutschen Wiederaufbau hatte, läßt sich heute kaum noch ermessen. In einer Situation, die durch ein Überangebot qualifizierter und in höchstem Maße leistungsbereiter Arbeitskräfte sowie eine wegen jahrelanger Unterversorgung mit allen Gütern praktisch unbegrenzte Nachfrage gekennzeichnet war, in der es eigentlich nur an Produktionsmitteln fehlte ... mußte die geschenkweise oder kreditäre Bereitstellung dieser Investitionsmittel geradezu zu einem solchen Produktionsaufschwung führen.«[32]

An dieser Stelle sind zwei Anmerkungen erforderlich:
*Erstens:* Keine unterschiedlichen Auffassungen sollte es darüber geben, daß jede Reparationssumme an die UdSSR, wie hoch sie auch im Einzelnen sein mag, nicht ein Vorwurf an die UdSSR sein kann und in jedem Falle nur die gerechtfertigte Wiedergutmachung eines kleinen Teils der durch die deutsche Kriegführung und die Okkupationspolitik erlittenen Kriegsschäden darstellt.
*Zweitens:* auf keinen Fall soll unberücksichtigt bleiben, daß auch die BRD Wiedergutmachungsleistungen für ganz Deutschland erbracht hat. Soweit sie den Charakter von Kriegsschäden und Reparationen hatten, sind sie und die Entnahmen aus der lau-

fenden Produktion in die aufgeführten Vergleiche einbezogen. In der bereits angeführten Arbeit von Leptin werden die bis dahin von der BRD erbrachten Wiedergutmachungsleistungen mit insgesamt 43 Mrd. DM angegeben; darunter befinden sich auch Wiedergutmachungen gegenüber den jüdischen Menschen. Die dabei manchmal ins Spiel gebrachten Leistungen für Entwicklungshilfe können in diese Rechnung wohl nicht einbezogen werden.

Zu 2.) Teilungsdisproportionen

Eine wichtige Rolle für die wirtschaftliche Entwicklung in beiden deutschen Staaten spielen unzweifelhaft die Teilungsdisproportionen. Besonders dieser Problemkreis unterlag und unterliegt sehr unterschiedlichen Bewertungen. Westliche Einschätzungen und Betrachtungen versuchen, die Wirkung dieses Faktors herunterzuspielen, um die Rückstände in Ostdeutschland in Produktivität und Lebensstandard um so mehr der »maroden Wirtschaft«, dem sozialistischen Planungssystem und dem »terroristischen SED-Regime« anlasten zu können. Von östlicher Seite dagegen wurden die Teilungsdisporotionen stets hochgespielt. Eine exakte quantifizierte Berechnung dieses Faktors, etwa in seiner Wirkung auf Produktivität und Effektivität, ist ohnehin kaum möglich.

Was besagen die Fakten?
Im Jahre 1936 wurden auf dem Gebiet der späteren sowjetischen Besatzungszone 27 Prozent der gesamten deutschen Nettoproduktion der eisen- und stahlverarbeitenden Industrie erzeugt; die dafür erforderlichen Grundrohstoffe, vor allem Roheisen, Walzstahl, Koks und Steinkohle jedoch nur zu 5 Prozent. Im Osten Deutschlands lag ein bedeutender Teil der Textil- und Konfektionsindustrie, als Vorstufen dazu vor allem auch Webereien. Die Spinnereien dagegen hatten ihren Standort meist in den Westgebieten.[33]
Im Jahre 1938 betrug der Anteil Mitteldeutschlands an der Produktion des Deutschen Reiches bei Steinkohle 1,9 Prozent, bei Eisenerz 6,0 Prozent, bei Roheisen 4,3 Prozent, bei Rohstahl 6,6 Prozent. Mitteldeutschland war ein hochindustriealisiertes Gebiet mit einem überdurchschnittlich hohen Anteil an Maschinenbau, Elektrotechnik und Textilidustrie.
Dieses Gebiet war auf westdeutsche Lieferungen bei Roheisen, Walzstahlerzeugnissen, Steinkohle und Koks existentiell ange-

wiesen und ohne diese nicht lebensfähig. Außerdem bestanden auch auf dem Gebiet der verarbeitenden Industrie vielfältige Verflechtungen und Zulieferabhängigkeiten.
Bisher völlig vernachlässigt wurde bei solchen Betrachtungen, daß auch eine enge Verflechtung des damaligen Mitteldeutschland mit den Industriegebieten der ehemaligen Ostgebiete bestand. So erhielt z.B. dieser Teil Deutschlands Ende der 30er Jahre von 13 Mio. Tonnen benötigter Steinkohle 9 Mio. Tonnen aus Oberschlesien. Dazu kamen von dort Steinkohlenkoks und andere Steinkohlenprodukte. Diese Lieferungen fielen ab 1945 völlig aus. Erst Mitte der 50er Jahre erhielt die DDR 6 Mio. Tonnen Steinkohle im Rahmen eines sogenannten »Umleitungsvertrages«. Es handelte sich dabei um festgelegte Lieferungen aus Oberschlesien an die UdSSR, die die UdSSR an die DDR abtrat.

Allein schon die Überlegung, daß die Zerreißung eines ehemals einheitlichen, vielfältig verflochtenen Volkswirtschaftskörpers den Ein-Drittel-Teil wesentlich schwerer belasten mußte als den Zwei-Drittel-Teil, ist unabweisbar. Das Hauptproblem für die SBZ/DDR lag aber zweifellos darin, daß die entstandenen Disproportionen zumindest bis weit in die 50er Jahre durch die Lieferunfähigkeit der UdSSR und der anderen sozialistischen Länder über einen Warenaustausch nicht ausgleichbar waren. Die DDR war unter diesen Bedingungen auf den innerdeutschen Handel, auf die Lieferungen von Roheisen, Walzstahl, Steinkohle, Koks u.ä. aus Westdeutschland lebensnotwendig angewiesen.

In diesem Zusammenhang muß festgestellt werden, daß der innerdeutsche Handel, der dem Ausgleich dieser strukturellen, geschichtlich gewachsenen Unterschiede diente und im Rahmen dessen die Besatzungsmächte 1945 sogar bestimmte Lieferungen z.B. aus dem Ruhrgebiet in die Sowjetzone vereinbart hatten, für den Kalten Krieg instrumentalisiert wurde.
Der innerdeutsche Handel erreichte bis 1950, vor allem auch als Ergebnis der separaten Währungsreform in den Westzonen, nicht einmal 10 Prozent des Umfangs der zwischen beiden Wirtschaftsgebieten vor dem Zweiten Weltkrieg durchgeführten Lieferungen. Im Spätsommer 1951 verboten die Hohen Kommissare und die Regierung der BRD die bereits vereinbarten Lieferungen von Blechen und anderen Walzwerkserzeugnissen, was die DDR an einer ihrer empfindlichsten Stellen traf. Am 30.9.1960 kündigte

die Bundesrepublik das seit 1951 laufende Handelsabkommen mit der DDR, was besonders den Ausfall von zahlreichen Zulieferprodukten – u.a. Sonderstähle, Normteile, spezifische Chemikalien – für die verarbeitende Industrie zur Folge hatte und wovon ganze Produktionszweige abhängig waren. Ja, noch mehr. Der innerdeutsche Handel war in mancher Hinsicht selbst ein Faktor, der mit ökonomischen Verlusten für die DDR und mit wirtschaftlichem Gewinn für die BRD verbunden war. In einem Gutachten des Instituts für Wirtschaftsforschung Hamburg (HWWA) für den Schalck-Untersuchungsausschuß heißt es im Zusammenhang mit der Darlegung der Probleme der DDR beim Westhandel, besonders aufgrund der schwierigen Konkurrenz- und Devisenlage: »Die DDR reagierte darauf in zweifacher Hinsicht. Sie richtete ganze Exportzweige extra für den Export in das NSW ein, und sie verkaufte ihre Produkte unter Wert, so daß mit einer gewissen Berechtigung festgestellt werden kann, daß die Beschäftigten der DDR ihren Beitrag zum relativen Wohlstand in der BRD leisteten (z.B. IKEA-Billy-Regale)«.[34] Man könnte die Aufzählung solcher Beispiele beliebig fortsetzen.

Viele Angebote des westdeutschen Warenhaus- und Versandhandels bestanden aus Waren, die zur mittleren bis guten Qualität gehörten, aber der DDR nur abgenommen wurden, wenn sie der BRD zu besonders günstigen Preisen angeboten, also von der DDR unter Wert geliefert wurden: z.B. Kühlschränke, Staubsauger, elektrische Rasierapperate. In dem Gutachten des HWWA, eines gewiß unverdächtigen Zeugen, heißt es deutlich klarstellend weiter: »Der offizielle innerdeutsche Handel ging in Form von Verrechnungseinheiten vonstatten. Diese wurden zwar in einem für die DDR günstigen Währungsverhältnis von 1:1 abgewickelt, waren aber warengebunden. Sie koppelten also den Export von Gütern an den Import anderer Güter. Dadurch war auch dieser Weg für den Erwerb von Devisen verschlossen. Hinzu kam, daß diese einseitige Bindung an die Bundesrepublik es jener ermöglichte, Waren an die DDR über Weltmarktniveau zu verkaufen.«[35] Der bedeutende Verrechnungsverkehr »war für die DDR eher ein Nachteil, weil er die Erlöse auf dem größten und wichtigsten Westmarkt (BRD) ausschließlich für Käufe aus diesem Markt reservierte. Die zur Belieferung der DDR freigegebenen Marktordnungswaren hätte die DDR allerdings bei anderen EG-Partnern billiger, nämlich zu Weltmarktpreisen erhalten können.«

Im ersten Halbjahr 1951 betrug der Umfang der Lieferungen lediglich etwas mehr als 200 Mio. Mark; im zweiten Halbjahr sank er auf 9 Mio. Mark fast zur Bedeutungslosigkeit herab. Das fiel in die politisch zugespitzte Situation um den 17. Juni 1953. In der DDR wurden in bestimmten Abständen mehrere Aktionen der sogenannten »Störfreimachung« organisiert, weil deutlich sichtbar wurde, daß diese Abhängigkeit nicht nur bei wichtigen Grundrohstoffen, sondern vor allem auch bei Hunderten von Erzeugnissen der Zulieferindustrie, des Maschinenbaus, der chemischen Industrie und der Elektrotechnik bestand, und von einem kleinen Zulieferteil oftmals ganze große Produktionskomplexe abhängig waren. Es mußten also auf vielen Gebieten kurzfristige Notlösungen improvisiert werden, die oftmals um ein Vielfaches teurer waren und bei denen es sich meistens um minderwertige Ersatzlösungen handelte.

Hier liegt zugleich eine der Hauptursachen für das Zurückbleiben in Produktivität und Effektivität der Wirtschaft der DDR. So mußte z.B. zu Beginn der 50er Jahre in Calbe an der Saale ein Eisenhüttenkombinat auf der grünen Wiese aus dem Boden gestampft werden (Inbetriebnahmen im Oktober 1951), um auf der Grundlage äußerst eisenarmer Erze aus der Gegend von Magdeburg und aus dem Harz – die in keinem Land der Welt verarbeitet wurden – einfaches Gießereieisen für den Maschinenbau zu erzeugen. Und das in kleinvolumigen Niederschachtöfen auf der Grundlage einer Technologie, die sonst nur in der Buntmetallurgie angewandt wird und die dem Hochofenprinzip um ein Vielfaches ökonomisch unterlegen war. 1953 betrugen die Kosten für eine Tonne Roheisen 521 Ostmark. Gleichzeitig mußte der Mangel an Steinkohle und Koks durch eine forcierte Entwicklung von Braunkohlen-Hochtemperaturkoks (BHT-Koks) ausgeglichen werden. Koks aus Braunkohle hieß zunächst einmal, durch großen Energieaufwand 50 Prozent Wasseranteil aus der Braunkohle herauszukondensieren. Das Verfahren wurde von den Professoren E. Rammler und G. Bilkenroth entwickelt. Die Inbetriebnahme der ersten Großproduktionsanlage erfolgte bereits 1957 im Industriekombinat Schwarze Pumpe in der Lausitz.

Das waren durchaus große innovative und auch wirtschaftsorganisatorische Leistungen, die in erstaunlich kurzer Zeit vollbracht wurden, aber eben auf Kosten von Ökonomie und Effektivität, weil es keine anderen Lösungen gab. Das Eisenwerk Calbe wurde nach dem Einsetzen sowjetischer Lieferungen an Roheisen und Walzstahl 1957/58 komplett abgebaut. BHT-Koks wurde im Kombinat Schwarze Pumpe in einem Umfang von bis zu 3 Mio. Tonnen jährlich produziert und bis zum Ende der DDR in der Kohle-Karbid-Chemie, besonders in Buna, eingesetzt. Zweifellos handelt es sich hierbei um wirtschaftsstrukturelle Maßnahmen in volkswirtschaftlichen Größenordnungen, die denen vergleichbar sind, die im Ruhrgebiet verwirklicht wurden und auf die die Bundesrepublik mit Recht stolz ist.

Diese Gratwanderung in einem fast magischen Dreieck der ökonomischen Entwicklung der DDR, der durch Kriegseinwirkungen und Demontagen um etwa 50 % reduzierten industriellen Substanz der DDR, der überdimensionierten Entnahmen für Reparationen aus der laufenden Produktion und der zur Sicherung elementarster Lebensvoraussetzungen der Bevölkerung und deren notwendiger langsamer Verbesserung, ist auch an den Entscheidungen der Sowjetunion zu ihrer Reparations- und gesamtökonomischen Politik gegenüber der DDR gut sichtbar.
Die Probleme waren so offensichtlich, daß selbst die Besatzungsbehörden und die politischen Vertreter der Sowjetunion in Deutschland dies ihrer Führung in Moskau in ungewöhnlich deutlichen Worten – streng geheim – mitgeteilt haben. In den nach der Wende zugänglichen geheimen Materialien der sowjetischen Militärführung ist folgende Einschätzung der Vertreter der UdSSR in Deutschland, Marschall W. P. Sokolowski und Botschafter W. S. Semjonow dokumentiert, die sie der Sowjetführung übermittelt haben: Die Ergebnisse des 17. Juni, berichteten sie Ende des Monats an das Moskauer Politbüro, zeugen davon, »daß es unmöglich ist, weitere Reparationen in dem Umfang wie früher aus der DDR zu beziehen. Man muß der Lebensmittelversorgung in der DDR große Aufmerksamkeit schenken, damit die DDR das gleiche Lebensniveau wie Westberlin und ganz Deutschland hat.« Sie plädierten deshalb für eine »Wende in den ökonomischen Beziehungen zur DDR, wenn wir unseren Einfluß in Deutschland behalten und stärken wollen und über die DDR in anderen westeuropäischen kapitalistischen Ländern.«[36] Das war acht Jahre nach Beendigung des Zweiten Weltkrieges.

Zu 3.) Rolle und Wanderung des »Humankapitals« und ihre Wirkung auf die ökonomische Entwicklung der beiden deutsche Staaten

Ein wichtiger Bestandteil der objektiven Voraussetzungen und Bedingungen für die ökonomische Entwicklung der DDR und ihren Vergleich mit der Bundesrepublik ist offensichtlich die Frage der Nutzbarmachung des gesellschaftlichen Arbeitsvermögens oder – um in der Sprache der Marktwirtschaft zu reden – die Nutzung, Verteilung und Wanderung des Humankapitals in und zwischen den beiden deutschen Staaten. Das Statistische Jahrbuch der DDR 1989 weist einen Rückgang der »mittleren Wohnbevölkerung« von 18,488 Mio. Einwohner 1946 auf 16,434 Mio. 1989 aus. Das ist ein Rückgang der Bevölkerung im Umfang von 2,054 Mio. Personen, was einem Bevölkerungsrückgang von etwa 12 Prozent entspricht. Der Osteuropaforscher der Freien Universität Berlin, Leptin, schrieb 1980, daß in der Zeit von 1950 bis 1961 jährlich zwischen 144.000 (1959) und 330.000 (1953) Personen aus der DDR in die BRD übersiedelten. Und er fährt fort: »Unter den Flüchtigen war der Anteil der Jugendlichen bis 25 Jahre sehr hoch, meistens um 50 Prozent. Das hatte zur Folge, daß unter den Zurückbleibenden der Anteil der älteren Jahrgänge rasch anstieg. Im Jahre 1970 waren in der Bundesrepublik 61,2 Prozent der Bevölkerung im arbeitsfähigen Alter, in der DDR 58 Prozent.« Und weiter: »Wenn man berücksichtigt, daß jeder arbeitsfähige Flüchtling beim innerdeutschen Wirtschaftsvergleich einen Arbeitskräfteunterschied von 2 Personen ausmacht (im Osten –1, im Westen +1), dann wird die wachstumspolitische Bedeutung der Fluchtbewegung besonders deutlich.«[37]

Der Umfang dieses Ost-West-Transfers von »Humankapital«, lange bevor es einen DM-Transfer West-Ost gibt, bedarf der gesonderten Bewertung. Dabei ist zu berücksichtigen, daß das Verlassen der DDR oftmals durch die Unzufriedenheit mit den ökonomischen und politischen Verhältnissen, mangelnde Demokratie und politische Indoktrinierung hervorgerufen wurde. Bekanntlich hat der Wirtschaftswissenschaftler F. Baade vom Kieler Weltwirtschaftsinstitut bereits Ende der 50er Jahre die Verluste der DDR aus Reparationen und der Abwanderung ausgebildeter, leistungsfähiger Arbeitskräfte zum damaligen Zeitpunkt mit 100 Mrd. DM berechnet, was zum heutigen Kaufkraftniveau sowie

unter Berücksichtigung der möglichen Verzinsung das Fünf- bis Sechsfache ausmachen dürfte.
Für die BRD ist dieser Zufluß des »Humankapitals« in Größenordnungen von über 2 Mio. Personen ein einmaliger Aktivposten, der überhaupt nicht hoch genug eingeschätzt werden kann. Man muß berücksichtigen, daß es sich bei den Übersiedlern aus der DDR in die BRD zu einem großen Teil um gut ausgebildete Facharbeiter sowie um akademisch Ausgebildete wie Ingenieure, Ärzte, Rechtsanwälte gehandelt hat, deren Ausbildung oftmals vom anderen Staat, d.h. der gesamten Gesellschaft in der DDR, finanziert worden war. Es gibt viele, die ihre Einstellungsverträge von westlichen Firmen bereits während des Studiums erhielten, als sie noch Wohnung, Stipendium und zum Teil die soziale Sicherung in der DDR in Anspruch nahmen. Das trifft vor allem auf die Zeit vor 1961 zu.

Die Wirkung der Eingliederung dieses personellen Zuwachses für die Wirtschaftskraft der BRD war natürlich eine ganz andere, als die bis dahin relativ kleine Zahl von etwa 0,5 Mio. ausländischen Gastarbeitern, die bis 1961 aus Spanien, Portugal, der Türkei und Italien in die BRD gekommen waren. Die Übersiedler aus der DDR sprachen die gleiche Sprache, waren oft in einem mehr oder weniger adäquaten Bildungssystem zu hochqualifizierten Fachkräften ausgebildet und entstammten dem gleichen Kulturkreis. Trotz zeitweiliger Arbeitslosigkeit in der BRD ist die grundlegend verschiedene, ja diametral entgegengesetzte Lage hinsichtlich der Verfügbarkeit über zusätzliche Arbeitskräfte, deren Ausbildung ein anderer Staat bezahlt hatte, und später von ausländischen Arbeitskräften in volkswirtschaftlichen Dimensionen, neben dem Marshall-Plan offensichtlich einer der Hauptfaktoren für die Produktivitäts- und Effektivitätsunterschiede zwischen BRD und DDR.
Im Jahre 1989 waren in den alten Bundesländern 6 Mio. Ausländer registriert. Demgegenüber waren in der DDR – auch unter Berücksichtigung der vertraglich vereinbarten polnischen Pendler in den grenznahen Betrieben an Oder und Neiße – nie mehr als 60.000 bis 70.000 Personen aus anderen Ländern als Arbeitskräfte tätig.

In diesem Zusammenhang soll noch ein anderer Aspekt beleuchtet werden: Es ist überhaupt nicht berechenbar, was das Bemühen der DDR um die sogenannte »technische« oder »alte Intelligenz« vor allem in den ersten 10 bis 15 Jahren des wirtschaftlichen Aufbaus bei offenen Grenzen gekostet hat. Diese Politik des Werbens um die »alte« Intelligenz – in deren Reihen verständlicherweise antisowjetische und antisozialistische Auffassungen tief verwurzelt waren – wurde übrigens von der sowjetischen Militäradministration von Beginn an verwirklicht. Denn es war klar, ohne Ingenieure, ohne kaufmännische Intelligenz waren die Ingangsetzung der Wirtschaft und ihre Entwicklung überhaupt nicht möglich.

Die technische oder alte Intelligenz war vor allem in den ersten Jahren, aber auch später, eine privilegierte Schicht in diesem Land, die vor allen anderen Sondervergünstigungen, Sonderanstellungs- und Sonderalterssicherungsverträge, Wohnungen und Einfamilienhäuser bis zu sogenannten Intelligenzferienheimen und -kureinrichtungen zur Verfügung gestellt bekam. Daran wird zugleich deutlich, welche entscheidende Rolle das sog. »Humankapital« für die Entwicklung der Wirtschaft besitzt. Dieser Faktor wird gern heruntergespielt. Er besitzt aber entscheidende Bedeutung für Wachstum und Effizienz.

Zu 4.) Die Wirkung der festen Eingebundenheit der DDR in das Wirtschaftsgefüge der staatssozialistischen Länder unter Dominanz der Sowjetunion

Durch die mehr oder weniger zwangsweise Eingebundenheit in die Kräftekonstellation der beiden Supermächte ergaben sich für die wirtschaftliche Entwicklung der beiden deutschen Staaten fundamental unterschiedliche Bedingungen und Einflüsse.
Das hatte mindestens zwei fatale Folgen:
Einmal konnte die DDR im Gegensatz zur BRD aufgrund des Kalten Krieges und des westlichen Technologieembargos nicht teilhaben an der sich in den fortgeschrittenen Industrieländern vollziehenden wissenschaftlich-technischen Revolution. Zum zweiten mußte sie eine ungeheuer breite Palette von Erzeugnissen selbst entwickeln und herstellen, was es nicht ermöglichte, die große Produktivitäts- und Effektivitätsreserve der gesellschaftlichen Arbeitsteilung – hohe Seriengrößen – zu nutzen.

Die DDR rechnete sich trotz des Handicaps unvergleichlich ungünstigerer Ausgangsbedingungen und der Einbindung in das sozialistische Wirtschaftssystem zu den fortgeschrittenen Industriestaaten. Sie proklamierte den Wettbewerb mit dem ökonomischen Riesen BRD und rannte auch dessen Lebensstandard hinterher.

Die DDR war auf ökonomischem Gebiet bei der Entscheidung über jede einzelne Frage der wirtschaftlichen Entwicklung, der Gestaltung der Produktionsstruktur immer in einer Zwangslage: Die Beherrschung wichtiger Richtungen der wissenschaftlich-technischen Entwicklung war Voraussetzung, um zur Gruppe der fortgeschrittenen Industrieländer zu gehören und um an einen Wettbewerb überhaupt nur denken zu können. Andererseits reichten dafür die Voraussetzungen und materiellen Bedingungen in keiner Weise aus. Fast jeder Schritt mußte von ihr allein bewältigt werden. Natürlich galt dies nicht für solche Gebiete wie Flugzeugbau oder Weltraumforschung, obwohl es nach Rückkehr der nach dem Krieg in die UdSSR geholten Experten des Flugzeugbaus unter Leitung von Prof. Baade zeitweilig in Dresden auch den Versuch des Aufbaus einer Flugzeugindustrie gegeben hat. Nach dem Absturz eines der beiden Versuchsmuster des ersten in Deutschland entwickelten Düsenverkehrsflugzeuges der mittleren Klasse im Jahre 1959 wurden jedoch – vor allem aus ökonomischen Erwägungen – Entwicklung und Produktion wieder eingestellt.

Experten schätzen, daß die DDR etwa 50% des Weltsortiments an Maschinen und Anlagen produziert hat, wodurch in ungeheurer Breite wissenschaftlich-technische Entwicklungsarbeit geleistet werden mußte, die sich nur in relativ kleinen Serien amortisieren konnte. Auch dies war keine Frage der Dummheit; die Wirtschaftlichkeitsrechnungen dazu lagen mehr oder weniger ausführlich vor. Wenn man aber bestimmte Ausrüstungen unabdingbar brauchte, dann mußte man sie produzieren, oder man hatte sie nicht. D.h. die Lösung jedes einzelnen Problems war zugleich ein Zug an einer Decke, die das Gesamtkonzept nicht abdeckte und die an einer anderen Stelle diese Problematik um so schmerzhafter offenlegte.

Besonders deutlich ist dies an einer der Grundrichtungen neuerer wissenschaftlich-technischer Entwicklung – der *Elektronik* – nachweisbar. Die DDR war eines der ersten Industrieländer, das bereits in den 50er Jahren auf der Grundlage sowjetischer Forschungen, die später mit dem Nobelpreis ausgezeichnet wurden, ein Halbleiterwerk in Frankfurt/Oder errichtete. Da aber das gesamte Umfeld nicht vorbereitet und zu dieser Zeit auch nicht entwickelt werden konnte, waren Effektivität und Wirksamkeit relativ gering.

Im Juni 1955 fand im Dresdener Hygiene-Museum eine Großveranstaltung einschließlich einer umfassender Ausstellung zum Übergang auf die moderne elektronische Rechentechnik in Wirtschaft und Verwaltung statt. Es war die Zeit der Entwicklung des ersten, legendär gewordenen Elektronenrechners der DDR, des sog. R 300 von der Größe eines Wohnzimmerschrankes. Aber dieser R 300 war eine elektronische Rechenmaschine, ohne die ein entwickeltes Industrieland nicht mehr auskommen konnte. Über die dafür erforderlichen großen Investitionsaufwendungen verfügte die DDR jedoch nicht. Also wurden vorhandene Produktionskapazitäten auf die Produktion und Zulieferung für diese Produktionsgruppe »umprofiliert«. Was war das Ergebnis? Der R 300, obwohl etwa 5-6 Jahre hinter der Weltentwicklung zurück, war ein wichtiger Elektronenrechner nicht nur für die DDR, sondern auch für andere sozialistische Länder. Aber um welchen Preis? Bedeutende Kapazitäten des Elektromaschinenbaus, besonders im Dresdner Raum, sowie andere oftmals ganz einfache Zuliefererzeugnisse – wie Regler, Schalter, Wandler, Relais u.a. – fielen für die normale Versorgung aus. Der wachsende Bedarf konnte nicht befriedigt werden, und es entstanden schwere Störungen in den inneren Verflechtungsbeziehungen gerade auf diesem für die DDR wichtigen Gebiet der Elektrotechnik.

Auch dieses Beispiel ist ein Ausdruck der objektiven Differenz zwischen dem ökonomisch und technologisch durchaus Wünschenswerten und dem materiell Möglichen, dessen Lösung meistens mit Verlusten für die DDR verbunden war.

Eine ähnliche Entwicklung vollzog sich auf einer höheren Ebene ab Mitte der 80er Jahre beim Aufbau der *Mikroelektronik* in der DDR. Für einen Maschinenbauproduzenten und zugleich bedeutenden Exporteur auf diesem Gebiet war die Anwendung der Mikroelektronik eine unbedingte Notwendigkeit; für ein solch kleines Land jedoch eine Aufgabe, die seine Kräfte überforderte. In den Jahren 1984/85 wurde im Auftrag von Mittag in einem kleinen Kreis eine Konzeption für die Weiterentwicklung der Produktion von mikroelektronischen Bauelementen entsprechend dem internationalen Entwicklungstrend ausgearbeitet. Es wurde vorgeschlagen, zunächst über die Produktion des relativ einfachen 64 kbit Speichers möglichst bald zur Produktion des im Maschinenbau vielfach eingesetzten 256 kbit Speichers überzugehen. Anschließend sollte der damals auch in der BRD nur auf der Grundlage einer japanischen Lizenz zur Produktion vorgesehene 1 Megabitspeicher enwickelt werden. Das war nicht ohne den Import von speziellen technologischen Ausrüstungen aus westlichen Ländern möglich. Zu einem Teil wurden die erforderlichen Ausrüstungen auch aus der UdSSR importiert; und zwar im Austausch gegen spezielle, besonders lithografische Ausrüstungen hoher Qualität, die vom Kombinat Carl Zeiss Jena geliefert wurden. Es entstanden in kurzer Zeit unter großem Investitionsaufwand drei Produktions- und Entwicklungszentren: Dresden mit Robotron, Carl Zeiss Jena sowie neu errichtete Produktionsanlagen in Erfurt Süd-Ost mit Reinsträumen hoher Güteklasse. Eine wichtige Rolle spielten darüber hinaus das Produktionszentrum um das Halbleiterwerk Frankfurt/Oder sowie einige Werke in Thüringen und Sachsen.

Im Jahre 1985 gelang die Massenproduktion des 256 kbit-Speichers. Das war unter den gegebenen Bedingungen eine große Leistung; bedeutete aber trotzdem, daß die DDR 8-10 Jahre hinter der Weltentwicklung zurücklag.

Die ökonomischen Rechnungen ergaben: Die Selbstkosten für einen solchen Chip betrugen 534 Mark der DDR. Der Verkaufspreis für die Nutzer in der DDR wurde mit 16 Mark der DDR festgelegt, weil das Weiterreichen der hohen Kosten den ökonomischen Kollaps der Maschinenbau- und vor allem Elektroindustrie bedeutet hätte. Der Weltmarktpreis betrug pro Chip 6 DM.[38] Trotz der ungünstigen ökonomischen Gegebenheiten gab es zu diesem Weg bis zum 256 kbit-Speicher keine Alternative. Er war die Voraussetzung zur Einführung der Mikroelektronik in viele Erzeugnisse des Maschinenbaus und der Elektrotechnik und auch von anderen sozialistischen Ländern sehr gefragt.

Gleichzeitig war ein Austausch von Speichertypen mit der UdSSR vereinbart. Da sich dort die Entwicklungsarbeiten und die Produktionsaufnahme verzögerten und diese Chips Bestandteile eines zusammenhängenden Systems waren, mußte zur Vermeidung eines Ausfalls des gesamten Systems in den Jahren 1985 bis 1987 auch dafür teilweise die Eigenproduktion improvisiert werden.

Von Experten wurde warnend darauf hingewiesen, daß sich eine solche Entwicklung nur lohne, wenn man konsequent vom 1 Megabyte-Speicher später über den 4- zum 16 Megabyte-Speicher vorwärtsschreiten würde. Es war klar, daß die DDR eine solche Entwicklung, wenn überhaupt, nur im Forschungsverbund mit der UdSSR wissenschaftlich-technisch und ökonomisch beherrschen konnte. Die Entwicklung der Elektronik in der DDR hatte bis zu diesem Zeitpunkt bereits etwa 10 Mrd. Mark Investitionsaufwand erfordert. Deshalb drängte die UdSSR auch auf die Errichtung einer gemeinsamen Großforschungsbasis im Rahmen des Rates für gegenseitige Wirtschaftshilfe (RGW), der jedoch die Führung der DDR, darunter auch Mittag – ausgehend vom vermeintlichen Vorsprung der DDR – zurückhaltend bis ablehnend gegenüberstand. Bekanntlich arbeitete die elektronische Industrie der DDR mit hoher Konzentration an der Entwicklung des 1 Mega-Bit-Speichers; und Honecker übergab Gorbatschow anläßlich der Feiern zum 40. Jahrestag der DDR Anfang Oktober 1989 ein angeblich funktionsfähiges Muster. Tatsächlich wären aber zur industriellen Fertigung trotz hoher Konzentration und hohem Mittelaufwand mindestens noch zwei bis drei Jahre erforderlich gewesen.

An diesem Beispiel Mikroelektronik wird ein Grundproblem der Ökonomie der DDR deutlich. Es war klar, daß diese Breite des Produktionssortimentes allein im Maschinenbau und der Elektrotechnik nicht auf dem notwendigen wissenschaftlich-technischen Stand gehalten werden konnte, wie es die schnelle internationale Entwicklung bei der ständigen Vertiefung der Arbeitsteilung, selbst zwischen den mächtigen Industrienationen wie USA, Japan, BRD, Großbritannien und Frankreich, notwendig machte. Daraus ergab sich zwangsläufig, daß die Effektivität insgesamt aufgrund der geringen Seriengrößen niedrig war, vor allem aber die Amortisation der aufgewandten Mittel für die wissenschaftlich-technische und technologische Entwicklung viel zu langsam und in einem viel zu geringen Ausmaß erfolgte.

Man stelle sich einmal vor: Die kleine DDR hatte Mitte der 80er Jahre auf der Grundlage ihrer Mikroelektronik Anwendungsgeräte für ein komplettes System des automatischen Zahlungsverkehrs der Banken und Sparkassen einschließlich automatischer Geldabhebungen, ein Buchungs- und Reservierungssystem mit automatischer Fahrkartenausgabe entwickelt und produzierte diese Einrichtungen auch gebrauchsfähig. Sie war dabei vor allem auf sich allein angewiesen, weil eine Kooperation mit den anderen sozialistischen Ländern nicht möglich war. Welche umfassende Entwicklungsarbeit mußte hier geleistet werden, und wie klein waren dann die Serien!

Noch ein beliebiges anderes Beispiel: Die DDR entwickelte in der zweiten Hälfte der 80er Jahre eine neue Serie von S-Bahnwagen für Berlin. Die alten waren verschlissen, und es mußte eine Lösung gefunden werden. Eine beträchtliche Anzahl dieser S-Bahnzüge fuhren bereits vor der Wende in einem Drittel des Berliner Stadtgebietes ohne die Möglichkeit, diesen Typ auch in anderen Großstädten der DDR einsetzen zu können. Für West-Berlin wurde etwa zur gleichen Zeit ebenfalls ein neues S-Bahnwagen-System entwickelt; für zwei Drittel dieser Stadt und mit der Möglichkeit des Einsatzes dieses Typs auch in anderen Großstädten des Landes. Experten stellten nach der Wende fest, daß diese beiden Entwicklungen etwa ein gleiches wissenschaftlich-technisches Niveau aufwiesen und man die Entwicklung und Produktion jetzt zusammenlegen solle. Das Einzige, was bei den Westberlinern auf breite Ablehnung stieß, war die tiefrote Farbe dieser Züge, die nicht dem traditionellen gelb-roten Anstrich entsprach.

Ein weiteres, besonders charakteristisches Beispiel ist in diesem Zusammenhang die Produktion von Hafenkranen im VEB Kranbau Eberswalde bei Berlin. Er war ein bedeutender Produzent von Kranen für Binnen- und Hochseehäfen sowohl für den Bedarf der DDR als auch der anderen sozialistischen Länder, besonders der UdSSR. In den 60er Jahren wurde eine Serie mikroelektronisch gesteuerter Krane entwickelt, die international konkurrenzfähig waren und sowohl nach Hamburg als auch nach Argentinien geliefert wurden. Als diese Typenreihe der UdSSR angeboten wurde, gab es einen abschlägigen Bescheid. Man wollte die bisherigen Krane weiter beziehen. Begründung: Sie hätten sich sowohl unter den Bedingungen härtesten Frostes in Murmansk, Workuta und Wladiwostok als auch unter wüstenähnlichen Bedingungen am Kaspischen Meer ausgezeichnet bewährt. Das hatte nichts mit »Wissenschaftsfeindlichkeit des sozialistischen Systems« zu tun. Für die Entwicklung einer wichtigen Produktionslinie der DDR war es jedoch eine unglückliche, Produktivität und Effektivität mindernde Zwangsläufigkeit aus der konkreten historischen und geografischen Situation, die auch auf nicht wenigen anderen Gebieten wirksam wurde.

In welchen der vielen Effektivitäts- und Produktivitätsvergleiche wird diese Zwangsproblematik berücksichtigt? Was sollen dann aber solche Vergleiche aussagen, wenn man nicht in die ihnen zugrundeliegenden Bedingungen und Zusammenhänge eindringt?

In diesem Zusammenhang muß gesagt werden, daß es gleichzeitig Produktionslinien gab, bei denen die DDR aufgrund des großen Bedarfs und der Lieferungen an die UdSSR Seriengrößen erreichte, die in der Welt ihresgleichen suchten. Das gilt z.B. für den Bau von Fischereifahrzeugen und Fischverarbeitungsschiffen; das gilt für den Waggonbau – sowohl für Personen- als auch Kühlfahrzeuge –, das gilt für Ladekrane und bestimmte Typen von Werkzeugmaschinen, bestimmte Chemieanlagen und anderes. Dabei stellte sich jedoch heraus, daß eine prinzipielle Arbeitsteilung, besonders im Maschinen-, Landmaschinen-, Nahrungs- und Genußmittelmaschinenbau darin ihre Grenze fand, daß es für ein Land wie die DDR nicht möglich war, den riesigen Bedarf der UdSSR und der anderen sozialistischen Länder zu decken und deshalb in den einzelnen Ländern doch Parallelproduktionen aufgebaut werden mußten. Andererseits konnte sich die DDR aufgrund der bestehenden Produktionsengpässe in allen sozialistischen Ländern nicht darauf verlassen, daß ihr Bedarf bei solchen spezialisierten Erzeugnissen, die sie nicht selbst produzierte, zum erforderlichen Zeitpunkt gedeckt wurde. Ein ständiges großes Problem war z.B. die Deckung des Bedarfs an Holzbearbeitungsmaschinen, an Omnibussen, an Straßenreinigungs- und Müllfahrzeugen, auf die andere sozialistische Länder im Rahmen des Rates für gegenseitige Wirtschaftshilfe (RGW) spezialisiert waren. Der oftmals vorhandene Überhang des Bedarfs gegenüber den Möglichkeiten der Deckung in allen sozialistischen Ländern schuf ständig Probleme und den Zwang zur Eigenproduktion in geringen Stückzahlen. Besonders deutlich trat diese Problematik bei der Deckung des Bedarfs an Ersatzteilen für solche spezialisierten Erzeugnisse zutage, weil man lieber die wert- und preisintensiven Fertiganlagen lieferte.
Das bedeutet nicht, daß es nicht viele funktionierende und weitreichende Spezialisierungsvereinbarungen zwischen den sozialistischen Ländern im Rahmen des RGW gegeben hat. Aber ihre Vereinbarung und Organisation erfolgte verwaltungsmäßig, war schwerfällig und ihre Verwirklichung stieß immer wieder an die Grenzen der unzureichenden ökonomischen Basis.

*Schlußfolgerungen*
*Erstens:* Die Produktivitäts- und Effektivitätsvergleiche zwischen den beiden deutschen Staaten und damit konkret zwischen dem marktwirtschaftlichen System der Bundsrepublik und dem staatssozialistischen Wirtschaftssystem der DDR können sich nicht in der Gegenüberstellung der Ergebnisse erschöpfen. Das kann bestenfalls ein Ausgangspunkt sein. Entscheidend und damit Hauptgegenstand solcher Analysen müssen die gravierend unterschiedlichen Entwicklungsbedingungen sein, die ganz eindeutig von den konkreten historischen Gegebenheiten bestimmt wurden. Erst unter Berücksichtigung dieser Bedingungen kommt man zu brauchbaren, wissenschaftlich interessanten und verwertbaren Ergebnissen hinsichtlich der tatsächlichen Leistung der Menschen. Und das sei auch festgestellt: Erst unter diesen Bedingungen ist eine sachliche und objektive Einschätzung dessen möglich, was beide Systeme geleistet haben bzw. welche Mängel dem staatssozialistischen Wirtschafts- und Gesellschaftsmodell angelastet werden können.
*Zweitens:* Die Analyse des Zurückbleibens der DDR hinter der BRD und der ihm zugrundeliegenden objektiven historischen Bedingungen muß ergänzt werden durch die Analyse der außergewöhnlichen, teilweise einmaligen Faktoren, die zugunsten der Bundesrepublik wirkten. Vielleicht ist das auch einer der Gründe dafür, warum der durchschnittliche Lebensstandard in der Bundesrepublik höher liegt als z.B. in Frankreich oder Großbritannien. Die Aussage mancher westdeutscher Politiker: »Auch wir mußten erst hart arbeiten, um heute so zu leben« ist zwar richtig, läßt aber diese einmaligen und nicht wiederholbaren günstigen Sonderbedingungen außer Betracht, die in ihrer Summe und gegenseitigen Potenzierung auch gegenüber anderen vergleichbaren marktwirtschaftlichen Ländern zu einem beträchtlichen Produktivitäts-, Effektivitäts- und Lebensstandardvorsprung der BRD geführt haben. Ein Vergleich des realen durchschnittlichen Lebensstandards und der Lebensqualität der DDR beispielsweise mit Österreich oder Finnland würde bereits zu wesentlich differenzierteren Schlußfolgerungen führen.
*Drittens:* Es muß die (vielleicht theoretische) Frage erlaubt sein, wie der Produktivitäts- und Effektivitätsvergleich aussehen würde, wenn die BRD und ihre Marktwirtschaft diese einmaligen Bedingungen nicht hätten nutzen können; wenn die DDR und ihr Wirtschaftssystem nicht der Bündelung solcher außerge-

wöhnlich ungünstigen geschichtlichen Faktoren ausgesetzt gewesen wären, sondern sie im Gegenteil über die außerordentlich begünstigenden Faktoren der BRD hätte verfügen können.

Wenn man all diese Fakten vorurteilslos und im Zusammenhang betrachtet, dann drängt sich der Schluß auf, daß der Produktivitäts- und Effektivitätsrückstand der DDR gegenüber der BRD in entscheidendem Maße historisch bedingt ist.

### Die wirtschaftliche Stellung der DDR im Vergleich zu den Mitgliedsländern der Europäischen Gemeinschaft

Bekanntlich behauptete die SED-Führung, daß die DDR zu den 10 führenden Industriestaaten der Welt gehörte. Diese Behauptung war weder durch die Unterlagen der Zentralverwaltung für Statistik noch der Staatlichen Plankommission abgedeckt und belegbar. Es war auch nicht feststellbar, auf welchen nachprüfbaren Gundlagen, bzw. von wem diese Behauptung erarbeitet worden war. In einem streng vertraulichen Material der Zentralverwaltung für Statistik der DDR vom August 1989 hieß es: »In der DDR besteht ein hohes Industrialisierungsniveau. Das kommt darin zum Ausdruck, daß die Industrie den Hauptteil des Leistungsanstieges der Volkswirtschaft der DDR erbringt. Sie produziert gegenwärtig rd. 65% des Nationaleinkommens. Gemessen am Volumen der Industrieproduktion nimmt die DDR in der Welt den 15.-17. Platz, in Europa den 8.-9. Platz und im RGW den 3. Platz ein. Beim Nationaleinkommen pro Kopf der Bevölkerung steht die DDR auf dem 14.-16. Platz in der Welt, in Europa auf dem 8.-9. Platz und im RGW auf dem 1. Platz. Beim absoluten Umfang des produzierten Nationaleinkommens nimmt die DDR in der Welt den 16.-18. Platz, in Europa den 9.-10. Platz und im RGW den 4. Platz ein.«[39]

Internationale Vergleiche des ökonomischen Niveaus sind kompliziert. Je nach den in den Vordergrund gestellten Kriterien können solche Angaben in der Regel beträchtlich voneinander abweichen, ohne daß unterstellt werden könne, daß bewußt falsche Daten oder Manipulationen zugrunde gelegt wurden. Das beginnt bei der Auswahl der Daten. Auch die obigen Aussagen der Statistischen Zentralverwaltung klingen zunächst unglaubwürdig. Man muß dabei jedoch berücksichtigen, daß diese Einschätzung von der Tatsache einer im Ganzen funktionierenden Wirtschaft und eines funktionierenden Außenhandels mit den anderen staatssozialistischen Ländern, der immerhin rd. 70% des gesamten Außenhandels der DDR ausmachte, ausging. Zu berücksichtigen ist die gesicherte Versorgung der Wirtschaft mit Grundrohstoffen und das Vorhandensein eines durch Außenhandelsmonopol geschützten inneren Marktes. Der Export der DDR bestand zu mehr als 90% aus Industrieproduktion. Maschinen, Ausrüstungen und Transportmittel hatten einen Anteil von 48% am gesamten Export der DDR; im Handel mit dem sozialistischen Wirtschaftsgebiet betrug dieser Anteil 61 Prozent; im Handel mit den Valutaländern 17 Prozent. Nach dem Volumen des Exports nahm die DDR nach diesen Angaben in der Welt den 16. Platz, in Europa den 10. Platz und im RGW den 2. Platz ein. Dabei ist zu berücksichtigen, daß mehr als 50% des Nationaleinkommens der DDR über die Außenwirtschaft umgewandelt wurde. Man darf diese Frage nicht mit dem nach der Wende unter ganz anderen sozio-ökonomischen Verhältnissen aufgetretenen Werteverfall vermischen und von diesen grundlegend anderen Bedingungen aus urteilen.

Von besonderem Interesse ist der Vergleich des wirtschaftlichen Niveaus der DDR zu den Mitgliedsländern der Europäischen Gemeinschaft. Die Hauptschwierigkeit dabei besteht in der Vergleichbarmachung solcher Hauptkriterien für einen makroökonomischen Vergleich wie etwa des Nationaleinkommens, das in den marktwirtschaftlichen Ländern nach einer anderen Methode (SNA) als in den staatssozialistischen Ländern (MPS) – in beiden Fällen methodisch begründet – berechnet wurde. Darauf basierten die Angaben über die volkswirtschaftliche Arbeitsproduktivität.
Der nachfolgende Versuch eines Vergleiches der wirtschaftlichen Stellung der DDR vor dem Zusammenbruch des staatssozialistischen Systems baut auf wissenschaftlichen Untersuchungen auf, die miteinander verglichen und in Beziehung gesetzt wurden.
Das Volumen des Nationaleinkommens der DDR 1989 wurde offiziell mit 258 Mrd. Mark der DDR ausgewiesen. Die Umrechnung auf die Kategorie »Bruttoinlandsprodukt« führt für die DDR auf der Grundlage einer Näherungsrechnung von Experten des Instituts für angewandte Wirtschaftsforschung der DDR vom 13. März 1990 zu einem Volumen von 346 Mrd. Mark der DDR.

Ausgedrückt in der Kennziffer Bruttosozialprodukt (nach SNA-Konvention) entspricht das einer Größe von 304 Mrd. DM. In einer bereits weiter vorn zitierten Ausarbeitung des DIW, veröffentlicht als Diskussionspapier, vom März 1990 kommen Philip-Köhn (DIW) und Ludwig (ZIW der Akademie der Wissenschaften der DDR) zu der Aussage, daß das Bruttosozialprodukt der DDR 1988 etwa 230 Mrd. DM betragen habe. Die Problematik und die Fehlerquellen eines solchen Ansatzes wurden bereits vorn behandelt.

Es stehen sich also die Aussage von Philip-Köhn/Ludwig für das Bruttosozialprodukt der DDR im Jahre 1988 in Höhe von 230 Mrd. DM sowie des Instituts für angewandte Wirtschaftsforschung und des Statistischen Amtes der DDR in Höhe von rd. 300 Mrd. DM gegenüber. Wenn man davon ausgeht, daß die Ansätze und Umrechnungskoeffizienten für solche globalen Bereiche wie individuelle Konsumtion, Bruttoinvestitionen, gesellschaftliche Konsumtion, Bestandsveränderungen, Export/Import und die komplizierten Kaufkraftverhältnisse der Bevölkerung eine bestimmte Variationsbreite aufweisen, könnte die Größenordnung von 280 Mrd. DM für das Bruttosozialprodukt der DDR im Jahre 1988 ein annehmbarer und der Realität entsprechender Rechenansatz sein. Ausgehend von einer solchen Annahme, ergibt sich für die DDR ein Bruttoinlandsprodukt in DM pro Einwohner von 16 796 DM. Legt man den 1987 ausgewiesenen Umrechnungssatz von 1 Ecu (damals gültige europäische Währungseinheit) zu 2,07 DM zugrunde, kommt man zu einer Bruttoinlandsproduktgröße pro Kopf in Höhe von 8.114,32 Ecu für die DDR 1988. Im Rahmen der 1988 zur EG gehörenden Länder wäre dies der 9. Platz, mit relativ geringem Abstand zu Großbritannien mit 9.800 Ecu, beträchtlich vor Spanien mit 6.130 Ecu, Griechenland mit 3.800 Ecu und Portugal mit 3.090 Ecu [40] Hinsichtlich der Platzaussage in Bezug auf Europa ist zu berücksichtigen, daß solche Länder wie Schweiz, Schweden, Norwegen, Finnland und Österreich damals nicht der EG angehörten. Aber selbst wenn man die von Philip-Köhn/Ludwig vertretene – anzuzweifelnde – Größe des Bruttosozialproduktes zugrundelegt, ergibt sich immer noch ein Volumen pro Einwohner der DDR in Höhe von 6.665 Ecu; an der Reihenfolge vor Spanien, Griechenland und Portugal würde das nichts ändern. Wenn man berücksichtigt, daß auch diese Länder ebenso wie die Altbundesrepublik nicht dieser Bündelung ungünstiger Bedingungen ausgesetzt waren, dann ist das für die Ökonomie der DDR und die Arbeit ihrer Bürger ein hervorragendes Zeugnis. Und wenn man genauso polemisch argumentieren will, wie es so häufig gegenüber der DDR und ihrer gesellschaftlichen Ordnung passierte und noch passiert, dann könnte man fragen: Hat man je gehört, daß die Marktwirtschaft in Spanien, Griechenland oder Portugal gescheitert ist?

## Die Beziehungen DDR – UdSSR und die Stellung im Rat für gegenseitige Wirtschaftshilfe

Es wurde bereits darauf hingewiesen, daß der nach dem Zweiten Weltkrieg von der UdSSR besetzte Teil Deutschlands in der Politik dieser Supermacht eine besondere Rolle spielte. Die Stationierung von 350.000 Militärangehörigen und 40.000 Panzern auf diesem Territorium in Mitteleuropa war für die UdSSR das Hauptergebnis des unter schweren Opfern errungenen Sieges im Zweiten Weltkrieg. Ihre Politik war im Kalten Krieg mit Priorität auf die Erhaltung und Festigung dieser Position gerichtet. Wie sie selbst, so mußte auch dieses Gebiet abgeschlossen sein von der »kapitalistischen Welt.« Das bestimmte die praktisch vollständige Einbindung der Wirtschaft der DDR in die wirtschaftlichen Möglichkeiten und die Entwicklung der UdSSR und der anderen staatssozialistischen Länder. Wenn überhaupt von möglichen Spielräumen gesprochen werden kann, dann waren sie minimal. Man muß hier allerdings auch vermerken, daß diese Abgeschlossenheit nicht nur von der UdSSR betrieben wurde, sondern auch von den Hohen Kommissaren der Westmächte und der Adenauer-Regierung, die den innerdeutschen Handel nachweisbar behinderten, teilweise verboten und selbst zwischen den Verwaltungsorganen bereits abgeschlossene Verträge kündigten. Später spielten die sogenannten Cocom-Listen eine entscheidende Rolle, in denen technologisch hochwertige Erzeugnisse aufgeführt waren, deren Lieferung in sozialistische Länder generell verboten war.

In die gleiche Richtung wirkte – auch nach Milderung des Kalten Krieges und einer neuen Ostpolitik der BRD – die bewußte Begrenzung des innerdeutschen Handels auf 7-8 Mrd. Valutamark jährlich. (Darin nicht enthalten sind die Geschäfte des Bereiches Kommezielle Koordinierung). Die BRD drängte auf seine Ausgeglichenheit unter Berücksichtigung des sog. Swings von 600 bis

800 Mio Valutamark (zinslose Überziehungsmöglichkeit der DDR). Man kann zu dieser Entwicklung eine unterschiedliche Auffassung haben. Tatsache bleibt: Hier vollzog sich eine zwangsläufige Entwicklung, die ihre Wurzel in der Bildung der beiden separaten deutschen Staaten mit entgegengesetzten Gesellschaftssystemen hatte, wobei die BRD immer den ersten Schritt tat – siehe separate Währungsreform 1948, Bildung eines eigenen Staates 1949, Strangulierung des innerdeutschen Handels.

Eine weitreichende Weichenstellung für die Entwicklung der ökonomischen Struktur der DDR erfolgte mit der bereits erwähnten Bildung sowjetischer Aktiengesellschaften und ihrer forcierten Entwicklung hauptsächlich vom Standpunkt der Bedarfsinteressen der UdSSR. Naturgemäß waren das Produkte des Schwermaschinenbaus und der Grundchemie, sog. Reparationsindustrien, für die in der DDR die rohstoffseitigen Voraussetzungen (Walzstahl, Roheisen, Kohle) fast völlig fehlten.
Das verschärfte die ohnehin schon schwerwiegenden Teilungsdisproportionen. Die daraus entstandenen negativen Wirkungen und Belastungen können nicht anders als eine bisher überhaupt noch nicht bezifferte und gewichtete Kriegsfolgelast bezeichnet werden.

Die umfassende Eingebundenheit der DDR in die ökonomische Entwicklung der UdSSR und der anderen staatssozialistischen Länder kommt darin zum Ausdruck, daß über Jahrzehnte konstant rd. zwei Drittel des Außenhandelsumsatzes mit den sozialistischen Ländern, darunter 40-45% mit der UdSSR, abgewickelt wurden. Bei anderen staatssozialistischen Ländern war dieser Anteil der sozialistischen Länder am Gesamtumsatz geringer und lag z.B. bei Polen und Ungarn um die 50%.
Im Zusammenhang mit der Sicherung des grundlegenden Rohstoffbedarfs der DDR durch die UdSSR ab 1957/58 waren diese fest verkoppelten Lieferungen, bei denen die DDR aufgrund der anfangs erhaltenen Kredite immer unter Lieferdruck stand, ein Politikum. In den 60er und 70er Jahren wurde zeitweise von einer Wirtschaftsgemeinschaft UdSSR-DDR gesprochen.
Bereits Ende der 50er, Anfang der 60er Jahre wurden aufgrund von Beschlüssen des RGW-Exekutivkomitees durch die Länder erstmalig volkswirtschaftliche Entwicklungskonzeptionen für einen Zeitraum von 20 Jahren ausgearbeitet und zwischen der

UdSSR und der DDR auch konsultiert. Das Konzept der DDR, das der Konsultation zugrundelag, enthielt danach u. a. den Bezug von 30 Mio. t Erdöl im Jahre 1980. Allerdings führten sie nicht, wie ursprünglich von Chruschtschow initiiert, zu festen Vereinbarungen über gegenseitige Lieferungen. Die Arbeiten daran wurden bald eingestellt.

Ab Mitte 1973 wurde verstärkt damit begonnen, die langfristige Entwicklung der Volkswirtschaften der DDR und der UdSSR intensiv abzustimmen. Es wurde festgelegt, die Kooperation und Spezialisierung der Produktion und Forschung umfassend zu entwickeln. Beide Länder gingen dazu über, gemeinsame langfristige Entwicklungskonzeptionen für ganze Industriezweige auszuarbeiten. Man sprach von der Verflechtung der Volkswirtschaften beider Länder.
Dieses Konzept war seitens verantwortlicher Ökonomen der DDR mit der Hoffnung verbunden, auf diesem Wege den steigenden Rohstoffbedarf der DDR für ihre verarbeitende Industrie gewährleisten zu können. Seitens der UdSSR zielte diese Verflechtung auf die Nutzung des entwickelten industriellen Potentials sowie der wissenschaftlich-technischen Potenzen der DDR für die Entwicklung der schwerfälligen und zurückgebliebenen Basis der sowjetischen Industrie und Volkswirtschaft. Gleichzeitig spielte bei internen Diskussionen eine Rolle, daß mit einer solchen Verflechtung beider Volkswirtschaften die DDR unter den Bedingungen einer bestimmten politischen Öffnung zur BRD dadurch fest an die UdSSR gebunden werden könne. In der Tat entwickelte sich die DDR in dieser Zeit zu einem Hauptlieferanten für hochwertige Werkzeugmaschinen und für Ausrüstungen zur Rohstoffgewinnung an die UdSSR. Sie deckte einen bedeutenden Teil des Bedarfs der UdSSR an Eisenbahnwaggons, Fischfang- und Verarbeitungsschiffen, Kranen, besonders Hafenkranen. Und sie mußte zunehmend auch Konsumgüter wie Möbel, Textilien, Porzellan u.a. liefern. Der Außenhandelsumsatz mit der UdSSR und den anderen RGW-Ländern war von 1970 bis 1975 auf 183 % gestiegen.
Der Anteil an Rohstoffen und Materialien an den Gesamtlieferungen der UdSSR an die DDR betrug über 70 %. Welche Größenordnungen diese Lieferungen am Ende der 70er Jahre hatten, zeigen die Mengen, die jährlich für den Zeitraum 1986 bis 1990 vereinbart waren und im wesentlichen bis 1988 auch realisiert

wurden: 17,1 Mio. t Erdöl, 7,9 Mio cm³ Erdgas, 2,2 Mio. t Walzstahl, 0,9 Mio. t Roheisen, 1,3 Mio. cm³ Schnittholz, 105.000 t Aluminium, 39.500 t Kupfer, 66.000 t Ferrolegierungen, 12.000 t Blei, 98.000 t Zellstoff, 103.000 t Papier, 85.000 t Baumwolle.
Zur Bezahlung wurden über eine lange Zeitspanne bis 1989 jährlich 2.200 Stück Reisezug- und Kühlwaggons, 70 Hafenkrane, 50 Eisenbahndrehkrane, 600 Raupendrehkrane, 20 große Schiffe wie Frachter, Supertrawler, Fischfang- und Verarbeitungsschiffe, für 200 Mio. Rubel Werkzeugmaschinen, für 100 Mio. Rubel polygrafische Maschinen geliefert.[41] Das war eine effektive Großserienproduktion und relativierte die manchmal überbetonten Nachteile der sog. Reparationsindustrien; denn die Produktionszentren hierfür waren überwiegend die ehemaligen SAG-Betriebe.
Auf dem Gebiet der Rohstofflieferungen gab es aber ab 1980 gegenläufige Entwicklungen, die dann die DDR aufgrund ihres Valutadefizites gegenüber westlichen Ländern hart trafen. Die Reduzierung der Erdöllieferung von 19,3 Mio. t auf 17,1 Mio. t 1979/80 wurde bereits behandelt. Die Lieferung von Steinkohle und Koks, die in den 70er Jahren einschießlich des Umleitungsvertrages aus Polen 6 Mio. t betragen hatte, wurde von 1 Mio t 1987 auf 300.000 t 1988 weiter reduziert. Rückgänge gab es auch bei den für die Wirtschaft der DDR wichtigen Buntmetallieferungen vor allem im Zeitraum 1985-1988, z.B. bei Blei von 85.000 t 1985 auf 12.000 t 1988, bei Zink von 24.000 t 1985 auf 12.000 t 1988, bei Apatitkonzentrat (für Phosphordüngemittel) von 430.000 t 1985 auf 300.000 t 1988. Das hing zusammen mit der zunehmenden ökonomischen Schwäche der UdSSR.

Manchmal wird die Frage gestellt, ob nicht durch ungleichgewichtige Preise oder durch Preisdiktat seitens der Sowjetunion eine beträchtliche ökonomische Benachteiligung der DDR eingetreten sei. Hierbei handelt es sich um eine sehr komplexe und komplizierte Frage. Ein Rubel wurde im Außenhandel über einen langen Zeitraum stabil mit 4,67 Mark/DDR und im Tourismus mit 3,20 Mark/DDR bewertet. Wenn der Hauptteil der Lieferungen der UdSSR Rohstoffe waren, und wenn sich deren Preise an den Weltmarktpreisen für Rohstoffe orientierten, dann wurden der UdSSR bis 1976/77 von der DDR Preise gezahlt, wie sie von fortgeschrittenen Industrieländern den Rohstofflieferanten, d.h. den Entwicklungsländern gezahlt wurden. Mit der hauptsächlich von den OPEC ab 1970 eingeleiteten Erhöhung der Preise für Erdöl und dann Erdgas auf ein Vielfaches bis 1980 – eine Entwicklung, die dann auch bei anderen Rohstoffen, allerdings nicht in einem solchen Ausmaß, eintrat – wurde dieses Ungleichgewicht abgebaut bzw. bei Erdöl und Erdgas beseitigt. Das heißt, es bestand bis zu diesem Zeitpunkt offensichtlich eine ökonomische Benachteiligung der UdSSR, die schrittweise korrigiert wurde. Außerdem muß berücksichtigt werden, daß die Gewinnung von Rohstoffen, insbesondere Erdöl, Erdgas, Kupfer, Nickel in der UdSSR unter ungleich ungünstigeren natürlichen Bedingungen als in anderen Ländern erfolgte. Die vom RGW beschlossene Angleichung an die Weltmarktpreise erfolgte außerdem mit dem bekannten 3-5jährigen Nachlauf. Noch 1982 betrug z. B. der Erdölpreis, der an die UdSSR gezahlt werden mußte, etwa 75% des Weltmarktpreises.

Ein internes Diskussionspapier der Staatlichen Plankommission von 1983 legt dar, daß sich die »terms of trade« im Handel mit der UdSSR von 100% 1970 auf 53% 1983 verändert hatten. Ursache dafür war, daß der Importpreisindex von 100% 1970 auf 304% 1983 gestiegen war, der Exportindex jedoch nur von 100% auf 161% erhöht werden konnte. Von 260 Mrd. M/VGW Importen (VGW = Valutagegenwert = eine Verrechnungseinheit im Handel zwischen den sozialistischen Ländern) im Zeitraum von 1975 bis 1985 waren allein 154 Mrd. M/VGW Preissteigerungen für Erdöl und Erdgas.[42]

Die DDR mußte diese Aufwendungen mit Lieferungen im Rahmen ihrer traditionellen Exportstruktur – Maschinenbau, Elektrotechnik, Chemie und Konsumgüter – bezahlen. Sie konnte den Exportpreisindex zwar auch auf über 160% erhöhen; sie schaffte es aber nicht – wie die industriell fortgeschrittenen Länder des Westens – durch Erhöhung des wissenschaftlich-technischen Niveaus, durch Qualitäts- und Serviceverbesserung sowie durch Preisdiktat die Rohstoffpreiserhöhungen im wesentlichen auszugleichen oder durch Weitergabe an die Verbraucher, sprich durch Preiserhöhungen, zu neutralisieren.

Was das Preisniveau der Exportwaren der DDR betrifft, so galt seit 1958 im RGW der Grundsatz, daß sie sich an den Preisen der »Hauptwarenmärkte« orientieren sollten, womit praktisch die kapitalistischen Märkte gemeint waren. Der nationale Aufwand war dabei für die DDR insofern eine untere Grenze, als beispielsweise die Löhne und Gehälter nur einen Teil des realen Lebensstandards abdeckten, während ein anderer Teil durch Subventionen aus dem Staatshaushalt für niedrige Preise des Grundbedarfs, für Dienstleistungen und Mieten finanziert wurde, die in den Kosten und im Preis der Industriewaren nicht wirksam wurden.

Andererseits war die Mitte der 80er Jahre von der Sowjetunion begonnene Diskussion, auch die Preise für Erzeugnisse des Maschinenbaus und der Elektrotechnik auf die Weltmarktpreise und -bedingungen umzustellen, ein Alptraum für die auf diesem Gebiet Verantwortlichen. Das wäre zum einen mit einer nicht unbeträchtlichen Preissenkung und damit Reduzierung der Exporterlöse auf diesem Gebiet verbunden gewesen. Zum andern hätten für Maschinen und Ausrüstungen international übliche mehrjährige Zahlungsziele gewährt werden müssen, während zwischen den staatssozialistischen Ländern im Jahr der Lieferung verrechnet wurde.

Eine beträchtliche Rolle für die wirtschaftliche Entwicklung der staatssozialistischen Länder spielte der 1949 gegründete Rat für gegenseitige Wirtschaftshilfe (RGW). Die DDR trat ihm 1950 bei. Sein höchstes Gremium war die Beratung der Generalsekretäre bzw. 1. Sekretäre der Kommunistischen Parteien. Er hatte vor allem in seiner ersten Phase eine wichtige Rolle beim Aufbau und der Entwicklung der Wirtschaft in den sozialistischen Ländern gespielt. Er war in dieser Zeit ein wichtiges Zentrum des Erfahrungsaustausches und der gegenseitigen Kontakte beim Aufbau eines völlig neuen Wirtschaftssystems.

Der Bau der Erdölleitung von Sibirien bis in die DDR und die CSSR, der Aufbau eines Erdgasverbundnetzes von kontinentalen Ausmaßen, die Schaffung eines gemeinsamen Güterwagenparks waren wichtige und weitreichende Maßnahmen für die ökonomische Entwicklung seiner Teilnehmerländer. In seinem Rahmen wurde auf Initiative des damaligen Ministerpräsidenten der UdSSR, Kossygin, das Konzept der Investitionsbeteiligung der sozialistischen Länder zur Erschließung der Rohstoffressourcen in der UdSSR mit dem Ziel der Lieferung an die Partnerländer entwickelt. Diese Vereinbarung führte allerdings dazu, daß in den 80er Jahren zeitweise über 40.000 Arbeiter und Ingenieure der DDR in der UdSSR vor Ort – vor allem beim Erdöl- und Erdgasleitungsbau und im Wohnungsbau – einschließlich der Bereitstellung der dafür erforderlichen technischen Ausrüstung tätig waren. Für die Beteiligung an gemeinsamen Investitionsvorhaben wendete die DDR 1971 bis 1975 3,2 Mrd. Mark auf, für den Zeitraum von 1976 bis 1980 waren Investitionen in Höhe von 7-8 Mrd. Mark und für den Fünfjahrplan 1981 bis 1985 rd. 10 Mrd. Mark vorgesehen.[43]

Im RGW wurde das Konzept der schrittweisen Angleichung der Erdölpreise der UdSSR an die Weltmarktpreise mit einer 5 jährigen Verzögerung beschlossen. Es wurden wichtige Fragen der wissenschaftlich-technischen Entwicklung, der Arbeitsteilung, der Spezialisierung, der ökonomischen Zusammenarbeit behandelt. Der RGW traf wichtige und weitreichende Maßnahmen zur Unterstützung solcher zurückgebliebenen bzw. ehemaliger Kolonialländer wie Mongolei, Kuba, Vietnam, Kambodscha, Laos und anderer.

Die Arbeit des RGW krankte an den selben grundlegenden Fehlern und Mängeln, die dem staatssozialistischen Gesellschafts- und Wirtschaftssystem als Ganzem anhafteten. Das vorwiegend verwaltungsmäßige Herangehen an die Lösung ökonomischer Fragen wurde zu einem immer größeren Hemmnis. Man sollte dabei Probleme wie die Schwerfälligkeit der Abstimmungsprozeduren, die Schwierigkeiten bei Herbeiführung einstimmig gefaßter Beschlüsse, einer gewissen Bürokratisierung des Apparates auch hier nicht allein dem staatssozialistischen System zuordnen. Sie treten in der EU und den Organen des gemeinsamen Marktes sowie anderen supranationalen wirtschaftlichen Zusammenschlüssen ebenso auf.

Es konnten z. B. solche wichtigen Organe wie die gemeinsame Bank aller RGW-Länder in Moskau – die IWBZ, in deren Rahmen ein bestimmter Ausgleich von Guthaben und Verbindlichkeiten auf der Grundlage des Transferrubels möglich war, sowie die RGW-Investitionsbank nur eine untergeordnete Rolle spielen. Vor allem in der zweiten Hälfte der Breshnew-Zeit, mit dem Ausscheiden Kossygins als Ministerpräsident der UdSSR, trat eine zunehmende Erstarrung und Bürokratisierung der Tätigkeit des umfangreichen Apparates des RGW ein.

Es hatte trotz aller Einschränkungen in mehrfacher Hinsicht eine beträchtliche Bedeutung, daß im RGW die Fünfjahrpläne der sozialistischen Länder abgestimmt wurden. Dazu wurde in Arbeitsgruppen eine intensive Arbeit geleistet, wodurch die Hauptrichtungen der ökonomischen Entwicklung der einzelnen Länder deutlich wurden und harmonisiert werden konnten. Die gegenseitigen Lieferungen wurden jedoch in direkten Verhandlungen zwischen den einzelnen Ländern abgestimmt. Solche Vereinbarungen wurden dann in bestimmten Fällen wie z.B. der Olefin-Kooperation zwischen CSSR und DDR oder der Investitionsbeteiligung der DDR an der Titandioxydproduktion in Jugoslawien gesondert bilateral abgeschlossen.

Zu dieser Problematik gehört aber auch die unterschiedliche Betrachtungsweise zu folgender Frage: In einem Interwiev führender Soziologen der Bundesrepublik mit dem ehemaligen Vorsitzenden der SPK und mir – dokumentiert in »Der Plan als Befehl und Fiktion«[44] –, stellte einer der Professoren fest, man hätte ihn mit verbundenen Augen in ein Flugzeug setzen können, und nach der Landung in der UdSSR wäre ihm völlig klar gewesen, daß er sich nur in einem sozialistischen Land befinden konnte – nichts funktioniert und die Bevölkerung lebt in Armut. Er verband dies mit der Frage, ob wir das bei unseren vielen Besuchen in der UdSSR nicht auch bemerkt und daraus unsere Schlußfolgerungen gezogen hätten. Wir antworteten ihm, daß dies doch eine völlig unhistorische Betrachtung sei. Natürlich hätten wir die Probleme bemerkt, die in der UdSSR ja noch gravierender waren als in der DDR. Wir mußten doch aber in Rechnung stellen, daß die UdSSR mit ca. 20 % des Weltwirtschaftspotentials 50 % der Weltrüstungslasten auf sich nahm, um die Rüstungsparität zu wahren – was in der Zeit des Kalten Krieges offensichtlich die einzige Möglichkeit war, die Auslösung eines neuen Weltkrieges zu verhindern. Wir meinten, daß die sich daraus ergebenden Konsequenzen für den Lebensstandard der Menschen unter den gegebenen objektiven Bedingungen der Preis für die längste Friedensperiode in der neueren Geschichte war; ein schlimmer, ein schmerzvoller Preis. Wir verwiesen darauf, daß Rußland sich 1917 etwa auf demselben gesellschaftlichen Niveau befand wie Indien. Hätte Indien dem Ansturm der faschistischen Kriegsmaschinerie standgehalten? Hätte es außer der Sowjetunion überhaupt jemanden in der Welt gegeben, der als Hauptkraft dem deutschen Faschismus Paroli geboten und dann nach ungeheuren Verlusten und Verwüstungen die Nutzung der Atomenergie gemeistert und erste bedeutende Weltraumerfolge erreicht hätte? Die Mir-Station umrundet noch heute die Erde. An dieser Polemik wird wohl deutlich, daß auch hinsichtlich der Beurteilung des sozialistischen

Systems die Dinge nicht so einfach liegen, wie sie manchmal selbst von gebildeten Menschen auf der Grundlage eines primitiven Schwarz-Weiß-Rasters in die Diskussion gebracht werden.

Eine besondere Rolle in den Beziehungen zwischen DDR und UdSSR und hinsichtlich ihrer Wirkung auf die wirtschaftliche Entwicklung der DDR spielte die gemeinsame Sowjetisch-Deutsche Aktiengesellschaft (SDAG) Wismut. Die Vorbereitung und der Abbau von Wismut-Erz für das Atomprogramm der Sowjetunion begann bereits im Jahre 1946. Die Bildung einer sowjetisch-deutschen Aktiengesellschaft in ihrer dann bis zum Ende der DDR bestehenden Form wurde 1953 vereinbart. Die anfallenden Kosten dafür hatte die DDR gemäß der getroffenen Vereinbarung zur Hälfte zu tragen. Großflächige Gebiete im Erzgebirge und in Ostthüringen, die jeweils mehrere administrative Landkreise umfaßten, waren in den ersten Jahren praktisch exterritorial. Die Einreise dorthin wurde auf Straße und Schiene kontrolliert und erforderte gesonderte Genehmigungen. Für die Wirtschaft der DDR brachte dieser im Rahmen des Besatzungsregimes gesondert kontrollierte »Staat im Staate« erhebliche Behinderungen und Belastungen; und auch nach 1953 hatte die DDR nur geringen Einfluß auf die sowjetischen Entscheidungen zu diesem beträchtlichen Produktionskomplex.
Von 1946 bis zur Einstellung der Urangewinnung wurden aus der geförderten Erzmenge 231.000 t Uran produziert. Damit nahm die DDR den dritten Platz in der Welturangewinnung ein. Der Förderpreis lag jedoch infolge der komplizierten Bedingungen und schwachen Anreicherung des Erzes bis zum Zehnfachen über dem Preis in anderen Förderländern. Nur etwa 0,7 % der gesamten DDR-Erzproduktion enthielt das für Kernwaffen geeignete Uran. Zeitweise waren über 130.00 Menschen in den Schächten und Anlagen der Wismutgesellschaft tätig. Der tiefste Schacht, Heinigs Sohle, lag 1755 Meter unter der Erde. Täglich gab es drei Schichtwechsel. In sechs Stunden reiner Arbeitszeit wurden 74.000 t Uran und damit insgesamt 95 % der in diesen Gebieten lagernden Vorräte abgebaut.[45] Berechnungen und Abrechnungen unterlagen der strengen Geheimhaltung. Allein 1946 bis 1953 mußte die DDR mehr als 7 Mrd. Mark Investitionen für die Wismut aufwenden, wobei dem Reparationskonto für 11 Mark Aufwand nur 1 $ gutgeschrieben wurde.[46] Es wird wohl nie exakt zu erfassen sein, welche beträchtlichen Belastungen der Wirtschaft der DDR im Ver-

laufe der ganzen Zeit ihrer Existenz entstanden sind. Neben den in Geld erfaßbaren Fakten zählen dazu vor allem die Bindung von Arbeitskräften, die der Wirtschaft der DDR verlorengingen, und die Bindung umfänglicher Zulieferkapazitäten sowie bedeutende Anstrengungen für Wohungsbau, Gesundheitswesen und die Infrastruktur in den Wismutgebieten. Außerdem wurden ganze Landstriche im Erzgebirge und in Ostthüringen sowie im Elbsandsteingebirge bei Königstein durch das Auffahren mächtiger Abraumhalden verschandelt, zu deren Renaturierung bereits während der Existenz der DDR viel getan wurde. Heute schätzt man, daß das Ausmaß der zu sanierenden Fläche, darunter 65 % Abraumhalden und Abfallablagerungen der Aufbereitungsanlagen (Schlammabsetzungsanlagen), 3.700 Hektar beträgt. Immer noch sind 1.400 Kilometer untertägige Grubenanlagen und 56 Tageschächte zu sanieren.

Die Belastungen der DDR für die Uranerzgewinnung und -aufbereitung waren eine für die Wirtschaft sehr wohl ins Gewicht fallende Zwangsabgabe im Kalten Krieg der Großmächte, die nur diesem Teil Deutschlands abverlangt wurde und die die wirtschaftlichen Interessen dieses Landes und somit seiner Bürger nachhaltig geschädigt hat. Auch die geschätzten 20 Mrd. DM Aufwand für die nach der Wende verbliebenen Sanierungsarbeiten gehören nicht in die noch immer ausstehende Abrechnung der Tätigkeit der Treuhandanstalt, weil sie dann nur der Bevölkerung der DDR angelastet würden und diese die Zeche sozusagen ein zweites Mal bezahlen müßte. Es sind Kriegsfolgelasten, die von allen zu tragen sind.

### Gab es einen Ausweg?

Es ergibt sich die Frage, ob die DDR als selbständiger Staat und ihre Volkswirtschaft in der zweiten Hälfte der achtziger Jahre noch eine Perspektive hatten. Bei der Beantwortung dieser Frage müssen nicht nur das ökonomische, sondern auch das politische Umfeld und seine Veränderungen in die Betrachtung einbezogen werden. In der Plankommission mußte man sich angesichts der Lage, insbesondere nach den wesentlichen weltwirtschaftlichen Veränderungen 1985/86, bei der in Vorbereitung befindlichen Ausarbeitung des Fünfjahrplanes 1991 bis 1995 zwangsläufig mit dieser Frage auseinandersetzen.

Die Situation stellte sich wie folgt dar:
Der durch die Veränderung der Weltmarktpreise eingetretene Valutaausfall war nicht ausgleichbar ohne ernsthafte Eingriffe in die Verteilung des Nationaleinkommens, darunter der Konsumtion, die 80% des Nationaleinkommens ausmachte. Abgesehen davon, daß das auf diese Weise freigemachte Produkt gegen freie Valuta mehrheitlich nicht absetzbar war, wäre eine solche Konzeption gegenüber der Bevölkerung kaum durchsetzbar gewesen.
Mit Unterstützung seitens der UdSSR war in Anbetracht der ökonomischen Schwierigkeiten, die bereits unter Breshnew herangewachsen waren und die sich unter den Bedingungen der Perestroika eher noch verschärften, auf längere Zeit nicht zu rechnen. In dem Satz Gorbatschows in einer seiner Reden in der zweiten Hälfte der achtziger Jahre: »Die Marktwirtschaft ist eine Errungenschaft der menschlichen Zivilisation«, kündigte sich zugleich ein umfassender ökonomischer und möglicherweise auch gesellschaftlicher Transformationsprozeß in der UdSSR an, den die Partei- und Staatsführung der DDR für die eigene Entwicklung stets abgelehnt hat und auch in der UdSSR für falsch hielt. Das warf strategisch die Frage der Existenz eines zweiten selbständigen – aber dann isolierten – deutschen Staates auf. Insofern haben diejenigen recht, die sagen: die DDR war nicht pleite, aber sie hatte keine Perspektive.

Es mußte dabei in die Betrachtung einbezogen werden, daß der Außenhandelsumsatz und damit das Niveau der ökonomischen Beziehungen mit der UdSSR im Zeitraum 1979 bis 1985 zwar wertmäßig auf 245% gestiegen war; im wesentlichen jedoch in Folge der Erhöhung des Erdöl- und Erdgaspreises. Das materielle Produkt der Lieferungen der UdSSR an die DDR, hauptsächlich in Form von Rohstoffen, hatte sich aber über 15 Jahre hinweg lediglich auf 107% erhöht. Das Wachstum des Wertvolumens aufgrund der Erdöl- und Erdgas-Preiserhöhungen mußte die DDR mit technisch hochentwickelten Waren des Maschinenbaus, der Elektrotechnik/Elektronik, der Leichtindustrie und der glas- und keramischen Industrie bezahlen. Aber nicht nur bei Erdöl, sondern auch bei anderen wichtigen Rohstoffen hatte die UdSSR seit längerem begonnen, die Lieferungen zu kürzen; darunter bei Buntmetallen, bestimmten Walzsortimenten, chemischen Grundstoffen.

Ausgehend davon entstanden 1986/87 erste Überlegungen dahingehend, daß die DDR auf mittlere Sicht offenbar nur eine Überlebenschance hat, wenn sie eine enge ökonomische Bindung mit der BRD – möglichst in Form einer Konföderation – einginge und gleichzeitig Beziehungen zu solchen Ländern wie Frankreich, Großbritannien, Italien und Österreich entwickelte, die ein aktuelles und vielleicht auch strategisches Interesse am Bestehen zweier deutscher Staaten hatten. Diese Überlegung implizierte, daß dies auch mit der Aufgabe bisher verbissen verteidigter politischer Doktrinen, wie der Unvereinbarkeit von Plan und Markt, einer demokratischen Öffnung sowie einem möglichst vertraglich geregelten Weg zur Wiederherstellung der Einheit Deutschlands verbunden sein mußte. Der Vorsitzende der Plankommission schrieb dazu in einem Material persönlicher Erinnerungen: »Ich selbst hatte dazu im Mai 1988 noch einmal ein Gespräch mit Schalck-Golodkowski ... über die Frage, eine Konföderation mit der Bundesrepublik anzustreben, um unser Land wirtschaftlich aus der Krise herauszuführen.«

Eine »sanfte« Vereinigung zweier völlig unterschiedlicher, getrennt gewachsener Volkswirtschaften ist vorstellbar gewesen. Sie wäre mit einem Junktim verbunden gewesen, das ökonomische Hilfe der Bundesrepublik für die DDR im Umfang von 3 bis 4 Mrd. VM mit der Aufgabe bisher als unantastbar geltender politischer und gesellschaftlicher Prämissen durch die DDR hätte koppeln müssen. Natürlich verblüfft die Geringfügigkeit dieser Summe angesichts der astronomischen Zahlen, die heute als »Kosten der Einheit« bezeichnet werden, egal von welcher Variante man auch ausgeht. Aber erstens wäre dies selbstverständlich keine Lösung des prinzipiellen Problems der Außenhandelsverschuldung der DDR gewesen, so wie es sich im Ergebnis einer jahrzehntelangen Politik angesammelt hatte. Anfang 1990 wurde von Mitgliedern der Regierung Modrow eine Summe von 12 bis 15 Mrd. DM genannt. Dabei waren aber bereits bestimmte Anforderungen aus der Notwendigkeit der Ausstattung der Bürger der DDR mit Reisezahlungsmitteln nach der Öffnung der Grenze enthalten.

Bei den 3-4 Milliarden handelte es sich um die Absicherung ganz konkreter Fragen der Valutaliquidität, d.h. der Bezahlung von Rechnungen, von Zinsen für aufgenommene Kredite sowie der fälligen Rückzahlungen; wie ja überhaupt nicht die absolute Höhe der Verschuldung, sondern die Fähigkeit der Bedienung der fälligen Verbindlichkeiten auf diesem Gebiet die entscheidende Frage ist.

Die Notwendigkeit der Beschreitung eines solchen Weges zeichnete sich immer deutlicher ab, wie die Diskussion über die Schaffung einer Konföderation zwischen beiden deutschen Staaten bereits Jahre vor der Wende und letztlich die Vorschläge der Regierung Modrow an die Bundesregierung belegen. Diese Gedanken wurden aufgegriffen und weiterentwickelt in der »Analyse der ökonomischen Lage der DDR mit Schlußfolgerungen« vom 30. Oktober 1989,[47] mit deren Vorlage eine Gruppe führender Wirtschaftsfunktionäre unter Leitung von Schürer vom neuen Generalsekretär Krenz beauftragt worden war. U. a. hieß es dort: »Es ist eine grundsätzliche Änderung der Wirtschaftspolitik der DDR, verbunden mit einer Wirtschaftsreform, erforderlich ... Zur Gewährleistung der Stabilität des Binnenmarktes und der Sicherung der NSW-Exportfonds sind grundlegende Veränderungen in der Subventions- und Preispolitik durchzuführen bei Erhalt der sozial begründeten, den volkswirtschaftlichen Möglichkeiten entsprechenden Maßnahmen. Alle Elemente der Subventions- und Preispolitik, die dem Leistungsprinzip widersprechen und zu Verschwendung und Spekulation führen, sind zu beseitigen.« Nachdem darauf hingewiesen wurde, daß alle diese Maßnahmen nicht ausreichen würden, um künftig die Zahlungsfähigkeit der DDR zu gewährleisten, wurde folgender Vorschlag unterbreitet: »Es ist ein konstruktives Konzept der Zusammenarbeit mit der BRD und mit anderen kapitalistischen Ländern wie Frankreich, Österreich, Japan – die an einer Stärkung der DDR als ein politisches Gegengewicht zur BRD interessiert sind – auszuarbeiten und zu verhandeln ... Im Interesse der Stärkung der produktiven Akkumulation sind alle Formen der Zusammenarbeit mit Konzernen und Firmen der BRD sowie anderer kapitalistischer Länder zu prüfen mit dem Ziel, mehr Waren für den Außenhandel und den Binnenmarkt aus der Leistungssteigerung bereitzustellen.« Und weiter: »Trotz dieser Maßnahmen ist es für die Sicherung der Zahlungsfähigkeit 1991 unerläßlich, zum gegebenen Zeitpunkt mit der Regierung der BRD über Finanzkredite in Höhe von 2 bis 3 Mrd. VM über bisherige Kreditlinien hinaus zu verhandeln. Gegebenenfalls ist die Transitpauschale als Sicherheit einzusetzen.« Das war das Verfahren, das schon bei dem von Strauß im Jahre 1983 eingefädelten Milliardenkredit angewandt worden war.
Gleichzeitig wurden der Bundesregierung eine grundlegende Änderung der politischen Konzeption in Hinsicht auf die ökonomische Zusammenarbeit und schließlich die Wiedervereini-

gung angeboten. In der Vorlage vom Oktober 1989 hieß es dazu: »Um der BRD den ernsthaften Willen der DDR zu unseren Vorschlägen bewußt zu machen, ist zu erklären, daß durch diese und weitergehende Maßnahmen der ökonomischen und technisch-wissenschaftlichen Zusammenarbeit DDR-BRD noch in diesem Jahrhundert solche Bedingungen geschaffen werden könnten, die heute existierende Form der Grenze zwischen beiden deutschen Staaten überflüssig zu machen.« Übrigens war dies ein Gedanke, den Honecker in einer seiner Reden während seines Besuches 1987 in der Bundesrepublik öffentlich ausgesprochen hatte, als er sagte, daß eine Gestaltung der innerdeutschen Grenze nach Schaffung der entsprechenden politischen Voraussetzungen etwa nach dem Muster der Grenze zwischen DDR und Polen denkbar sei.

Diesem Konzept lag die politische Überlegung zugrunde, daß nur durch eine enge Kooperation mit der BRD, und zwar auf ökonomischem und politischem Gebiet, die Voraussetzungen für die Gewährung eines solchen Kredites in Höhe von 2 bis 3 Mrd. DM über die bisherigen Kreditlinien hinaus geschaffen werden konnten. Das war nicht als Taktik, sondern als eine strategische Korrektur der bisherigen Politik gemeint. Hier lag schon die Idee zugrunde, daß es vertraglich geregelte Vereinbarungen geben mußte mit dem Ziel der zunehmenden Vertiefung der ökonomischen und politischen Zusammenarbeit, an deren Ende die Herstellung der Einheit der beiden deutschen Staaten stand. Nur in einem solchen Kontext waren die Schlußfolgerungen aus der Analyse vom 30. Oktober ernstzunehmen. Das Politbüro beschloß nach dem Sturz Honeckers unter der Leitung von Krenz, daß die »Schlußfolgerungen ...« bei der Ausarbeitung der Politik berücksichtigt werden sollten. Man muß dabei in Betracht ziehen, daß dies eine Zeit sich überstürzender Ereignisse war und auch das neue Politbüro das Geschehen nicht bestimmte, sondern durch die Ereignisse getrieben und oft genug völlig überrascht wurde.

Wieviel Realität und Wahrscheinlichkeit war einer solchen Alternative zuzubilligen? Man sollte dabei berücksichtigen, daß im internationalen Umfeld einflußreiche Bedenkenträger bis Gegner einer schnellen Wiedervereinigung der beiden deutschen Staaten an der Spitze führender westlicher Staaten standen. Von einem französischen Spitzenpolitiker ist der Ausspruch übermittelt: »Wir lieben Deutschland so, daß wir froh sind, daß es zwei davon gibt.«

Und die ablehnende Haltung der britischen Ministerpräsidentin M. Thatcher zur deutschen Wiedervereinigung ist eindrucksvoll in Gorbatschows »Erinnerungen« nachzulesen.[48]
Mitterands Besuch im Dezember 1989 in der DDR, mitten in den Wirren der Wende, war ein Versuch, sich unmittelbar ein Bild von der Lage zu verschaffen. Es war also noch nichts entschieden. Auch die SPD hatte sich bis Februar/März 1990 noch nicht für eine schnelle Wiedervereinigung ausgesprochen. Es mutet etwas seltsam an, wenn Gorbatschow in seinen »Erinnerungen« pathetisch hervorhebt, daß er die Frage der Wiedervereinigung in die Hände des deutschen Volkes legen wollte. Ein Politiker von seinem Range mußte wissen, daß er damit diese Frage in die Hände des westdeutschen Großkapitals und der dies mehr oder weniger repräsentierenden Regierung legte.
Wie noch darzustellen sein wird, vollzog sich die Übernahme des wirtschaftlichen Potentials der DDR durch die Wirtschaft der Bundesrepublik unter dem Schirm der Treuhandanstalt in Form einer »feindlichen Übernahme« – eine in der Marktwirtschaft durchaus gebräuchliche, wenn auch nicht immer so genannte Methode.
Man kann ein gewisses Verständnis für die Auffassung der führenden Kreise der Bundesrepublik aufbringen, die möglicherweise für längere Zeit einmalige Gunst der Stunde zu nutzen und die Wiedervereinigung in Form eines »crashs« zu vollziehen. Dann sollte man aber jetzt so ehrlich und fair sein und die sich daraus ergebenden Kosten nicht als Erblast des Sozialismus, sondern als Kosten dieser besonderen Form der Herstellung der deutschen Einheit benennen.
Sicher ist es heute im nachhinein müßig, über die Aussichten einer durch flankierende Maßnahmen begleiteten stufenweisen Vereinigung Spekulationen anzustellen. Hinsichtlich der Beurteilung und der Ursachen der sich aus dem eingeschlagenen Weg ergebenden Probleme, Schwierigkeiten und Kosten, die allein der Existenz und der gesellschaftlichen Ordnung eines Staates, der DDR, zugeordnet werden, besteht jedoch eine direkte Beziehung.

Die Frage, ob es sich bei den, ausgehend von einer in mehreren Jahren gewachsenen gründlichen ökonomischen Analyse ausgearbeiteten deutschlandpolitischen Schlußfolgerungen vom Oktober 1989 um eine reale Alternative, um eine realistische Konzeption seitens der DDR gehandelt hat, läßt sich sehr wohl weiter eingrenzen. Die »Analyse mit Schlußfolgerungen« in ihrer heute bekannten Form wurde Ende September/Oktober 1989 von verantwortlichen Funktionsträgern der DDR fertiggestellt. Am 28. November 1989, am zweiten Tag der Haushaltsdebatte im Bundestag, trat Bundeskanzler Kohl völlig überraschend mit seinem Zehn-Punkte-Plan der Gestaltung der Beziehungen zwischen den beiden deutschen Staaten auf. Er hatte sich dazu weder mit dem Koalitionspartner FDP – was ihm Außenminister Genscher, der sich voll engagiert hatte, bitter übelnahm –, noch etwa mit der Opposition abgestimmt. Auch das Ausland war, abgesehen von einem kurz vorher geschriebenen Brief an Präsident Bush, nicht unterrichtet. Der sowjetische Botschafter wurde von H. Teltschik am Vormittag, die Westmächte wurden kurz danach eilends in Kenntnis gesetzt. Bis dahin galt als Reaktion auf die Ereignisse in der DDR die alles offenlassende Aussage, daß man die »Enscheidung der DDR-Bevölkerung respektieren« werde. Die geschichtsseriösen Unterlagen weisen nach, daß diese deutschlandpolitische Initiative Kohls im November 1989 in zwei Tagen entstanden ist und letztlich am Wochenende in Kohls Ludwigshafener Haus fertiggestellt wurde. Sie enthielt die Forderungen nach Reisefreiheit, nach Zusammenarbeit und u. a. den Ausbau der Eisenbahnstrecke Hannover-Berlin. Sie griff den Gedanken einer »Vertragsgemeinschaft« auf, den DDR-Ministerpräsident Modrow ins Spiel gebracht hatte, und schlug dann »föderative Strukturen« vor mit der Zielstellung, in Deutschland eine »bundesstaatliche Ordnung« zu schaffen. In einem Beitrag im »Tagesspiegel« vom 29.11.1999 zum 10. Jahrestag dieses bedeutsamen Ereignisses hieß es dazu: »Strenggenommen wagte er sich mit seinen Vorstellungen nur bis zu dem Gedanken der Konföderation vor. Und die Wiedervereinigung, die im Punkt 10 auftaucht, blieb noch in den alten Bekenntnisformeln der Deutschlandpolitik verpackt.«

Wenn man beide Konzeptionen miteinander vergleicht, dann überrascht zunächst die Ähnlichkeit der Gedanken. Das Konzept der DDR war jedoch sowohl inhaltlich reicher als auch in Bezug auf das Endziel bestimmter. Man kann vermuten, daß beide Konzepte unabhängig voneinander entstanden sind. Das gilt für die DDR-Seite sowieso, da dieses Konzept – selbst in seiner Endform – vier bis sechs Wochen früher zu Papier gebracht wurde. Ob der Kreis engster Vertrauter um Kohl dieses Konzept kannte und von ihm inspiriert wurde, können nur die Beteiligten selbst aufklären.

Die Ereignisse entwickelten sich anders, dem soll in diesem Zusammenhang nicht nachgegangen werden. Die Tatsache der frappierenden Übereinstimmung der Grundlinie dieser beiden Konzepte erlaubt jedoch die Feststellung, daß es sich zum damaligen Zeitpunkt zweifellos um eine realistische Alternative gehandelt hat.

[1] Statistisches Jahrbuch der DDR 1989, S. 99/100
[2] Analyse der Staatlichen Plankommission »Zur ökonomischen Situation der DDR, Material zur Entscheidungsfindung« vom 26.8.1988, BArch-SAPMO-DY 30
[3] Erschienen im Selbstverlag der Deutschen Bundesbank, Frankfurt am Main August 1999
[4] D. Cornelsen und C. Krömke bei einem Podiumsgespräch der Friedrich-Ebert-Stiftung am 6.11.1999
[5] Beschluß des Politbüros des ZK der SED vom 29.5.1986 BArch-SAPMO-DY 30
[6] Beschluß des Politbüros des ZK der SED vom 19.6.1987, BArch-SAPMO, DY 30
[7] siehe H. H. Hertle, Die Diskussion der ökonomischen Krise in der Führungsspitze der SED, Deutschlandarchiv 1994
[8] BArch-SAPMO DY 30
[9] Aus der persönlichen Niederschrift eines Teilnehmers der Beratung
[10] »Die Zahlungsbilanz der ehemaligen DDR 1975 bis 1989«, veröffentlicht von der Deutschen Bundesbank«, August 1999
[11] siehe Bericht der Deutschen Bundesbank vom August 1999, S. 58/59
[12] siehe Bericht der Deutschen Bundesbank vom August 1999, S. 27/28
[13] Siehe auch H.Nick, in Vereinigungsbilanz, VSA Verlag, Hamburg 1995, S. 71
[14] T. Waigel, M. Schell, »Tage, die Deutschland und die Welt veränderten«, 1994, S. 184
[15] W. Engels in »Wirtschaftswoche« Nr. 9 vom 23.2.1995, S. 174
[16] Kusch, Montag, Specht, Wetzker, Schlußbilanz – DDR, Duncker und Humblot, S. 130
[17] Statistisches Jahrbuch der DDR 1989, S. 129
[18] Diskussionsmaterial Prof. Wagner, Frankfurt/Oder
[19] Honecker, Rechenschaftsbericht des Politbüros, Materialien 11. Tagung des ZK der SED, Berlin 1979
[20] Diskussionsbeitrag in der Arbeitsgruppe des DFG-Schwerpunktprogramms »Wirtschaftliche Strukturveränderungen, Innovationen und regionaler Wandel in beiden deutschen Staaten nach 1945« am 4./5.2.1994 in Jena
[21] Diskussionspapier, veröffentlicht vom DIW, Berlin 1990, Expertise
[22] Internes Arbeitsmaterial des Statistischen Amtes der DDR v. 26.3.1990, BArch-DE 1
[23] »Die Endzeit der DDR-Wirtschaft«, im Auftrag des Bundesministeriums des Innern, Leske + Budrich, Opladen 1999, S. 123

24 Baar/Karlsch/Matschke, Studien zur Wirtschaftsgeschichte Berlin 1993, S. 100
25 S. Küpper, in: Die Endzeit der DDR-Wirtschaft, S. 102
26 Kramer, Erwin, in: »Die ersten Jahre«, Berlin 1979, S. 201
27 Vgl. Anm. 24, S. 101
28 Ebenda S. 103
29 Ebenda, S. 98
30 Frankfurter Allgemeine Zeitung v. 25.8.1953/Telegraf v. 28.11.1953
31 Vgl. Anm. 24, S. 102
32 Leptin, Deutsche Wirtschaft nach 1945, Opladen 1980, S. 58
33 Schaul, in: »Die ersten Jahre«, Berlin 1979, S. 123
34 Beschlußempfehlung zum Bericht des 1. Untersuchungsausschusses nach Art. 44 GG (Schalck-Untersuchungsausschuß), Deutscher Bundestag, 12. Wahlperiode, 12/7600, Anhangband
35 s.o.
36 Berliner Zeitung, Nr. 199 v. 25.8.1994
37 Leptin, a.a.O., S. 62
38 Zentralinstitut für Wirtschaftswissenschaften der DDR: Zu Entwicklungstendenzen des ökonomischen Wachstums, Berlin, Mai 1989, BArch-SAPMO-DY 30
39 Internes Material der Zentralverwaltung für Statistik vom 29.8.1989, BArch-DE I
40 Angaben entnommen aus Gesellschaftslehre der Unternehmung, 1989, S. 308
41 Schürer, Gerhard, Gewagt und verloren, Frankfurt Oder Editionen, 1996, S. 186
42 Internes Material der SPK 1983, Barch-DE 1.
43 S. Küpper, Die Endzeit der DDR-Wirtschaft, S. 124
44 Pirker, Lepsius, Weinert, Hertle, »Der Plan als Befehl und Fiktion«, 1989, Westdeutscher Verlag, S. 80
45 Siehe auch: R. Karlsch/H. Schröder, »Strahlende Vergangenheit«, St. Katharinen, 1996
46 Schürer, in »Die Endzeit der DDR«, Leske & Budrich, 1999
47 Vorlage für das Politbüro, »Analyse der ökonomischen Lage der DDR mit Schlußfolgerungen«, vom 30.10.1989, BArch – SAPMO – DY 30
48 Gorbatschow, »Erinnerungen«, Siedler Verlag Berlin 1995

# Kapitel II
# Zwischen Wende und Beitritt

**Vom Mauerfall zur Wahl**

Die Zeit zwischen Oktober/November 1989 und den von der Regierung beschlossenen ersten freien Wahlen zur Volkskammer der DDR war wohl die turbulenteste und folgenreichste Periode in der Geschichte der DDR. Mit der chaotischen Öffnung der Mauer in Berlin und der hermetisch geschlossenen Grenze zur Bundesrepublik am Abend des 9. November aufgrund eines Mißverständnisses oder ungenügender Abstimmung zwischen Krenz und Schabowski gaben die damals Verantwortlichen der DDR einen entscheidenden Teil der politischen und wirtschaftlichen Souveränität preis. Es war wohl eine spontane, aber die Situation gut charakterisierende Äußerung von Bärbel Bohley, als sie sagte: »Die Führung ist verrückt geworden, und das Volk hat den Verstand verloren.« Dieser Ausspruch ging durch die Presse; er wurde nicht überall mit Zustimmung aufgenommen. Egon Bahr schreibt in seinen Erinnerungen:[1] »Das ist der Anfang vom Ende der DDR.« Seine Sicht der Dinge und seine Eindrücke in diesen Tagen vor der Maueröffnung beschreibt er so: »Am 4. November fasziniert die Übertragung der größten Nachkriegskundgebung auf dem Alexanderplatz. Das Wichtigste: Die Menschen haben die Angst verloren. Das Regime scheint gelähmt, vielleicht auch durch die Beteiligung von Reformkräften in der SED. Witzig und friedlich bewegen sich die Demonstranten wie auf einem Fest. Die Spannweite der Redner weckt Hoffnung, das Volk könne die DDR erneuern.«

Für eine geordnete Maueröffnung wäre Klarheit in folgenden Punkten nötig gewesen:
1. Die Öffnung konnte angesichts der konkreten politischen Situation niemals ein einseitiger Akt der DDR sein. Eine solch weitreichende Maßnahme mußte sowohl politisch als auch wirtschaftlich abgesichert werden durch bindende Vereinbarungen mindestens der beiden davon unmittelbar betroffenen Staaten. Das galt insbesondere für die Ausstattung der zu erwartenden Reise-

welle der DDR-Bürger mit Reisezahlungsmitteln und zur Sicherung der Währung der DDR.
2. Ein solcher Schritt hätte zumindest Absichtserklärungen der beiden Partner über den Fahrplan zur wirtschaftlichen Annäherung und schließlich Vereinigung vorausgesetzt.
Beides war zum Zeitpunkt der Grenzöffnung nicht gewährleistet. Wie bereits dargelegt, waren seitens der DDR solche ersten konzeptionellen Vorstellungen in der »Analyse der ökonomischen Lage der DDR mit Schlußfolgerungen« dem Politbüro der SED, dessen Leitung Krenz übernommen hatte, Ende Oktober vorgelegt worden.
Am 28. November legte Bundeskanzler Kohl am zweiten Tag der Haushaltsdebatte im Bundestag seinen Zehn-Punkte-Plan vor.
Am 20. Dezember beschloß die SPD ihr »Berliner Programm«. Dort hieß es eher allgemein: »Die Menschen in beiden deutschen Staaten werden über die Form institutioneller Gemeinschaft in einem sich einigenden Europa entscheiden.«

Man muß offensichtlich dabei berücksichtigen, daß in diesen Wochen und Monaten alle Ebenen der Politik in einem Ausmaß in Bewegung geraten waren, auf das niemand vorbereitet war. Das gilt sowohl für die innere Entwicklung in der DDR als auch für die sich daraus ergebenden Auswirkungen auf die Gestaltung der Beziehungen zwischen den beiden deutschen Staaten sowie für die internationale Entwicklung. Es wurde immer offensichtlicher, daß auch das Schicksal der Sowjetunion und des Sozialismus in diesem Kernland der sozialistischen Entwicklung zur Disposition stand. Die strategische Konzeption der USA für die Gestaltung ihrer Beziehungen zur zweiten Supermacht und die Einbettung der deutschen Frage in dieses Konzept wurde immer deutlicher. Die deutsche Frage wurde offensichtlich als Hebel benutzt, um das im Kalten Krieg nicht erreichte »roll back«, d.h. die Verdrängung der UdSSR aus Mitteleuropa, nunmehr auf diesem Wege durchzusetzen.
Alle diese Faktoren hatten ihre eigene Gesetzlichkeit und wirkten gleichzeitig jeder auf jeden zurück. Die UdSSR war bereits geschwächt. Neben den beeindruckenden Initiativen Gorbatschows im Kampf um die Erhaltung des Friedens, die atomare Abrüstung, die europäische Zusammenarbeit, Glasnost und Perestroika im Inneren zeigte sich 1988/89, daß es kein überlegtes Konzept zur Reformierung des staatssozialistischen Systems gab. Es trat nicht nur keine Wende bei Wachstum und Effektivität der

Wirtschaft und der Versorgung der Bevölkerung ein; es hatte eine Abwärtsspirale eingesetzt.

Zur Haltung Gorbatschows und Schewardnadses, des einflußreichen Außenministers der UdSSR in dieser Periode, gibt es unterschiedliche Deutungen. Wenn man sich an die Fakten hält und bewußte Irreführungen ausschaltet, dann wird die Haltung Gorbatschows zur DDR noch im November 1989 durch ein Papier charakterisiert, das der Generalsekretär der KPdSU am 24. November an die SED-Führung zur Vorbereitung auf die für den 4. Dezember anberaumte Tagung des politisch beratenden Ausschusses der Warschauer Vertragsstaaten übermittelt hatte und in dem zur DDR im Punkt vier folgender Standpunkt vertreten wurde: »Die in jüngster Zeit von der Deutschen Demokratischen Republik ergriffenen, bekannten Schritte haben viel Gerede über die ›deutsche Frage‹, über die Aussichten für eine Vereinigung Deutschlands entstehen lassen. Wir haben nicht die Absicht, auf eine detaillierte Diskussion dieses Problems einzugehen, sind jedoch der festen Meinung, daß in all diesen Jahren die Existenz und Entwicklung der DDR ein äußerst wichtiges Unterpfand für das europäische Gleichgewicht, für den Frieden und die internationale Stabilität war und ist. Als souveräner Staat, als Mitglied des Warschauer Vertrages war und bleibt die DDR unser strategischer Verbündeter in Europa. Soweit wir wissen, sind sich verantwortungsbewußte Politiker des Westens dieser Realität gut bewußt. Allerdings dürfen die Gefahren aufflammender revanchistischer Stimmungen und Leidenschaften nicht unterschätzt werden, ihr Anheizen kann lediglich dazu führen, daß das im Entstehen begriffene Vertrauen untergraben und sogar alle historisch bedeutenden Erfolge in der Entwicklung der Ost-West-Beziehungen in Frage gestellt werden.«[2]

Das war wenige Tage vor dem Gipfeltreffen Gorbatschow/Bush auf der Insel Malta oder besser gesagt auf einem Schiff im Hafen der Insel am 2. und 3. Dezember. Wie rasant die Entwicklung verlief, wird aus den Erinnerungen von Modrow deutlich:[3] »Aber als Mitterrand, der sich am 6. Dezember mit Gorbatschow in Kiew traf, dem sowjetischen Parteichef erzählte, daß er am 21./22. Dezember nach Berlin reisen und mit Modrow konferieren würde und Gorbatschow fragte, ob er ihn nicht begleiten wolle, gab sich Gorbatschow derart überrascht, daß er auf die ernst gemeinte Idee nicht einging. Der französische Präsident beobachtete kritisch die Bonner Aktivitäten und wollte – das war der Sinn dieser Einladung – mir mit einem solchen gewichtigen Doppelbesuch (immerhin die Hälfte der vier Siegermächte) demonstrativ den Rücken stärken. Im Verlaufe des Gesprächs fragte Mitterand noch einmal: ›Was wollen wir konkret tun?‹ Gorbatschow wußte keine Antwort. Das Treffen endete, wie dem sowjetischen Gesprächsprotokoll zu entnehmen ist, ohne Ergebnis.«

Wie empfand man als ein verantwortlicher Mitarbeiter im Staats- und Wirtschaftsapparat damals die Situation? Welche Gedanken bewegten einen? Es war klar, die oberste Führung der Partei, das Politbüro, hatte sich nicht nur von der realen politischen Situation, von der Meinung und der Stimmung der Bevölkerung weit entfernt und nahm diese nicht mehr wahr. Sie hatte auch den Kontakt zur eigenen Partei und ihren Mitgliedern und Funktionären sowohl in den Staats- und Wirtschaftsorganen, in Wissenschaft und Kultur als auch in weiten Teilen des Parteiapparates selbst verloren. Seit längerem diskutierten wir die offensichtlichen Fehler und Mängel des sozialistischen Systems und die Fehlerhaftigkeit der Wirtschaftspolitik Honeckers offen und deutlich. Dies erfolgte z.B. in Gesprächen während der Pausen und abends bei solchen Gelegenheiten wie den »Disziplinier-Veranstaltungen«, die Mittag seit den siebziger Jahren zweimal jährlich zum Auftakt in Gera, dann regelmäßig in Leipzig einberief. Sie endeten stets mit einem Brief an den Generalsekretär der Partei, der Selbstverpflichtungen zur Planübererfüllung und Treuebekenntnisse der anwesenden Generaldirektoren der Kombinate, der vom Zentralkomitee dort eingesetzten Parteiorganisatoren und der anwesenden Vertreter von Staats- und Wirtschaftsorganisationen sowie der Gewerkschaften enthielt. An solchen inoffiziellen Diskussionen beteiligten sich in engem Kreis auch Mitarbeiter des Parteiapparates einschließlich Abteilungsleiter, soweit man sie näher, teilweise schon seit Jahrzehnten, kannte und zu denen sich häufig ein Vertrauensverhältnis entwickelt hatte.

Die Situation bei Funktionären wird auch dadurch charakterisiert, daß der Vorsitzende der Staatlichen Plankommission, Schürer, sich in den Jahren 1987/88/89 in den Urlaub von seinen engsten Mitarbeitern mit der Erklärung verabschiedete, daß er während dieser Zeit mit den ebenfalls in Urlaub weilenden Krenz treffe, um mit ihm über die Lage zu beraten und ihn von der Notwendigkeit eines grundlegenden Wandels in der Wirtschaftspolitik zu überzeugen.

Mehrmals informierte er nach seiner Rückkehr denselben Kreis darüber, daß Krenz keine Möglichkeit sehe, dafür im Politbüro eine Mehrheit zu erhalten. In einer Fernsehsendung Ende 1999 erklärte Krenz, daß ihn »Schürer anläßlich einer solchen Aussprache im Jahre 1989 zu einem Putsch« aufgefordert habe.

Eine solche Situation der internen Diskussion und des persönlichen Meinungsaustausches hatte sich, mehr oder weniger ausgeprägt, auch in anderen Bereichen entwickelt. So entstanden schon auf der nächsten Ebene unterhalb der obersten Führung auf verschiedenen Gebieten konzeptionelle Ideen zur Veränderung der Politik, für die Verwirklichung eines besseren Sozialismus. Was die Ökonomie betrifft, so wurde bereits auf heranreifende Überlegungen zu einer engeren ökonomischen Zusammenarbeit mit der BRD bis zur Form einer Konföderation verwiesen. Ab Mitte der achtziger Jahre wurde z.B. ohne großes Aufsehen in 16 von etwa 105 zentral geleiteten Kombinaten ein Experiment durchgeführt, das im Grunde genommen die Wiederbelebung und Weiterführung der Ideen des Neuen ökonomischen Systems darstellte. Unter Leitung einer Arbeitsgruppe verantwortlicher Mitarbeiter des zentralen Staatsapparates einschließlich der Abteilung Planung und Finanzen des ZK sollten ökonomische Formen der Wirtschaftsleitung für eine »Nach-Honecker-Ära« erprobt werden. Da es keine politische Lösung zu geben schien, die man mit Erfolg verwirklichen konnte, wartete man hinter vorgehaltener Hand auf die voraussehbare »biologische Lösung«. Das heißt, es gab eine breite Bereitschaft, neue Wege zu gehen, anstehende Probleme in Angriff zu nehmen; aber es fehlte der Mut, sich frühzeitiger, unter Aufkündigung der vorgegebenen Parteidisziplin, eine der Hauptdoktrinen kommunistischer Parteien, zu widersetzen; wenn nötig, mit hohem persönlichen Risiko.

Wenn man den Verlauf der Wende analysiert, dann scheint in dieser Situation ein wesentlicher Grund dafür zu liegen, daß die Ablösung zunächst von Honecker, Mittag und Hermann und wenig später des ganzen alten Politbüros relativ reibungslos vonstatten gehen konnte und von einer Mehrheit der über 2 Millionen SED-Mitglieder unterstützt und sogar vorangetrieben wurde.

So kam es auch, daß z.B. am Abend des 9. November – als über die Nachrichtenagenturen die Meldung über die Öffnung der

Grenze verbreitet wurde, aber die Führung gelähmt und für die um Anweisungen nachsuchenden Grenzoffiziere an der Bornholmer Straße nicht erreichbar war, die dort Dienst tuenden Grenzer in eigener Verantwortung den Schlagbaum öffneten. Es waren keine willenlosen Befehlsempfänger, sondern politisch denkende Menschen. Der friedliche Verlauf der bis zu 100000 Teilnehmer zählenden Montagsdemonstrationen in Leipzig wurde wesentlich durch das besonnene und gegenüber Berlin das Verbot des Schußwaffeneinsatzes durchsetzende Auftreten solcher Männer wie des Gewandhauskapellmeisters Masur, des Sekretärs der Bezirksleitung der SED, Wötzel, und des Pfarrers der Nikolaikirche, Führer, erreicht.

Ganz deutlich wurde diese Abgehobenheit der obersten Führung bei der Demonstration von SED-Mitgliedern vor dem Sitz des Zentralkomitees am Werderschen Markt am Abend des 2. Dezembers 1989, während Gregor Gysi den Rücktritt des nur halbherzig umgebildeten Politbüros und des Zentralkomitees forderte und nur mühsam das Eindringen der Demonstranten in das Haus selbst vermieden werden konnte.[4] Auf dem außerordentlichen Parteitag der SED am 8. Dezember in Berlin, der von einem neugebildeten Arbeitsausschuß vorbereitet worden war, schlugen den dort anwesenden Mitgliedern und Kandidaten des von Krenz geleiteten Politbüros Ablehnung und Wut der Delegierten entgegen. Es tauchte die Forderung nach einer Verurteilung von Krenz und andere auf. Plattform WF (Werk für Fernsehelektronik Berlin), Projektgruppe Moderner Sozialismus an der Humboldtuniversität, Ablösung aller Ersten Sekretäre der Bezirksleitungen der SED und ihre Ersetzung durch meist jüngere, der Umwandlung der SED in eine Partei des demokratischen Sozialismus verpflichteten Mitglieder – das sind nur unzureichende Stichworte für die Breite und Tiefe der Veränderungen, die auch die SED erfaßt hatten. Das war ein schon längerer, teilweise unterschwellig ablaufender Prozeß.

Es war aufmerksam registriert worden, daß L. Corvalan, der Vorsitzende der Kommunistischen Partei Chiles, beim Eintritt in die vom Sozialisten Allende gebildete Regierung 1984 erklärt hatte, daß man die Macht wieder abgeben würde, wenn das Volk in parlamentarischen Wahlen anders entscheide. Ein Sakrileg. Mit großer Aufmerksamkeit waren die Reden und Veröffentlichungen der

Eurokommunisten auf der Weltkonferenz marxistischer Parteien 1986 in Berlin verfolgt worden, die in Grundfragen von der herrschenden Ideologie abwichen, z. B. die Rede von S. Carillo von der spanischen kommunistischen Partei, der die Politik und Ideologie der KPdSU mit dem Katholizismus verglich und Moskau als den Vatikan der kommunistischen Parteien bezeichnete. Das alles zeigte seine Wirkung. Schon lange diskutierte man völlig offen die Peinlichkeit der Wahlergebnisse der Nationalen Front mit über 99% Ja-Stimmen. Es wurde eingeschätzt, daß man bei demokratischen Wahlen ohne jeden Druck sicher 85 oder vielleicht auch nur 75% der Stimmen für die Nationale Front erreichen könnte, daß dies sogar eine größere demokratische Legitimation darstellen würde als die der Regierungsparteien westlicher Staaten, so z.B. auch in den USA, wo der Präsident oftmals nur von 30% der Wähler unterstützt wird.
Natürlich war das eine vereinfachte Betrachtungsweise, die von den konkreten und komplizierten politischen Verhältnisse an einer der Nahtstellen der beiden großen Weltblöcke abstrahierte, die aber die Richtung eines seit längerem in Bewegung geratenen Denkprozesses anzeigte.

Die Bandbreite, das Überstürzen der Ereignisse, die schnelle Entwicklung und Veränderung der Meinungen und Vorstellungen der politischen Kräfte werden aus der Verlautbarung der damals wichtigsten Oppositionskraft »Neues Forum« vom 8. Oktober deutlich, gerichtet an die Mitglieder der SED, in der es hieß: »Ihr bildet die größte und wichtigste Körperschaft in diesem Lande. Zu Euch gehört ein enormes Potential von Fachwissen und Leitungserfahrung, das für die Erneuerung unserer Gesellschaft dringend gebraucht wird. Ihr beansprucht die führende Rolle – übt sie aus! Führt die Diskussion in Euren Reihen; führt das Politbüro in die wirklichen Probleme der DDR ein, führt die Gesamtpartei zu einem konstruktiven, lebenswahren Kurs! ... Die Diskussion, die die SED selbst führen muß, ist ein wichtiger Teil der gesamtgesellschaftlichen Diskussion, die unser Land braucht.«[5]

Die Darstellung dieser Seite der damaligen Situation soll in keiner Weise das lange schon latente, in der zweiten Hälfte der achtziger Jahren zu einer Massenbewegung anwachsende Aufbegehren der Bürger der DDR gegen das verfehlte politische und Gesellschaftskonzept der SED, die mutigen Aktionen der Bürgerbewegungen, die schützende und Obdach gewährende Rolle der Kirchen, die Arbeit des Neuen Forums und das mutige und persönliche Nachteile und schlimme Konsequenzen nicht scheuende Engagement einzelner, wie Robert Havemann, Wolf Biermann, Bärbel Bohley und anderer schmälern, ob man mit deren Ansichten im einzelnen übereinstimmt oder nicht; sie waren die konsequent handelnden politischen Kräfte. Aber auch diese Seite gehört zur historischen Wahrheit. Man muß dieser Betrachtungsweise nicht unbedingt zustimmen, aber ohne richtige Beurteilung auch dieser Seite der Entwicklung ist der Verlauf und sind die Besonderheiten dieser Wende in der DDR nicht zu verstehen.

Welche Signale erreichten uns von den »Westdeutschen«? Unsere Blicke und unsere Hoffnungen richteten sich auf die SPD. Mit ihr war in langen Verhandlungen das Papier über eine neue, von gegenseitigem Respekt getragene Streitkultur erarbeitet worden. Mit großer Aufmerksamkeit hatten wir die Besuche von Helmut Schmidt, Herbert Wehner, Hans Jochen Vogel, Oskar Lafontaine und anderer in der DDR verfolgt und die nicht wenigen Fotos der – wie es schien – freundschaftlichen, zumindest aber von Respekt zeugenden Treffen mit Erich Honecker zustimmend zur Kenntnis genommen.
Jetzt hatten wir das Gefühl, daß es eine eigenartige Zurückhaltung gab. Was viele von uns damals empfanden, kam dem nahe, was Egon Bahr in seinen Erinnerungen über die Einstellung der Sozialdemokraten schreibt: »Die Älteren, oft Konservativeren, erblickten das Ziel ihrer Wünsche, die Einheit, während die Jüngeren, meist ›linkeren‹, sich als Patrioten der alten Bundesrepublik empfanden. Sie drängten nicht auf die Einheit, sondern nahmen an, daß der demokratische Sozialismus in der DDR nun eine echte Chance bekäme«.[6] Der staatsmännische, viele Gefühle bündelnde Ausspruch Willy Brandts: »Jetzt wächst zusammen, was zusammen gehört« entsprach auch unseren Intentionen. Aber entscheidend waren doch die Wege, auf denen dies geschehen sollte. Das war jedoch weithin unklar.

Die ganze Atmosphäre war von großer Unsicherheit und Ungewißheit erfüllt. Für politisch Interessierte gab es sehr verschiedenartige Signale. Das Kernproblem aber war: Würde sich die DDR »in Würde« mit der BRD vereinigen können? Daß es nur diesen Weg geben konnte, war klar; aber unter welchen Bedingungen? Man hörte zwar von der UdSSR und Gorbatschow, auch aus Mitteilungen von Gesprächen, die Modrow, Krenz, Gysi führten, beruhigende Botschaften. Aber die UdSSR war geschwächt, vor allem ökonomisch. Beunruhigend war, daß die Versorgung der Bevölkerung dieses großen Landes zunehmend von westlichen Lieferungen abhängig wurde.

Verschiedene Äußerungen Schewardnadses und anderer sowjetischer Politiker, darunter aus dem Umfeld von Gorbatschow, wie Portugalow oder Jakowlew, wiesen auf Differenzierungen in der Haltung zur DDR hin. Daß Großbritannien nicht für eine schnelle Aufgabe der DDR als deutscher Teilstaat war, wurde aus Äußerungen von Frau Thatcher deutlich. Der Besuch Mitterands, des französischen Präsidenten, am 21./22. Dezember in der DDR, und das Gespräch mit Modrow waren als verhaltenes Interesse an der Existenz der DDR interpretierbar.

Entsprechend der Regierungserklärung vor der 12. und 14. Tagung der Volkskammer sah die Modrow-Regierung ihre wichtigste Aufgabe darin, die Wirtschaft der DDR aus der Krise zu führen und die Stabilität der Versorgung der Bevölkerung sowie die Verflechtungsbeziehungen der Wirtschaft zu gewährleisten. Im IV. Quartal 1989 hatte sich ein scharfer Bruch in der wirtschaftlichen Entwicklung vollzogen. Ursache dafür waren die Zuspitzung der politischen Situation, der Vertrauensschwund der alten Führung auch ohne Honecker, Mittag und Hermann bei großen Teilen der Bevölkerung und die zunehmende Abwanderung von Arbeitskräften. Im 2. Halbjahr 1989 hatten rund 350.000 Personen die Republik verlassen. Das war mit dem Ausfall von ca. 220.000 Arbeitskräften verbunden, was etwa 3-4% der beschäftigten Arbeiter und Angestellten entsprach. Im IV. Quartal wurden je Arbeitstag 58 Mio. M weniger Erzeugnisse produziert als im Durchschnitt der ersten drei Quartale.[7]

In ihren Auswirkungen besonders spürbar war die Tatsache, daß die Produktionsziele bei 216 von 383, also bei 56% der zentral geplanten, volkswirtschaftlich wichtigen Haupterzeugnissen mit einem Gesamtvolumen von 4,8 Mrd Mark nicht erfüllt wurden; darunter Gußerzeugnisse, Industriegetriebe, Wälzlager, Ersatzteile, elektrische Groß- und Mittelgetriebe. Das führte zu einer bedeutenden Diskontinuität der Produktion, einem hohen operativen Aufwand und erforderte auch zusätzliche Importe aus der BRD und anderen westlichen Ländern, um flächendeckende Produk-

tionszusammenbrüche zu vermeiden. In der metallverarbeitenden Industrie sank die arbeitstägliche Produktion im November um 6,1% und im Dezember um 8,1% unter das Niveau der entsprechenden Vorjahresmonate. Im Werkzeugmaschinenbau betrugen die Rückgänge sogar 10%.
Durch den zum Teil chaotische Formen annehmenden Reiseverkehr im Zusammenhang mit der überraschenden Öffnung der Grenzen traten große Schwierigkeiten beim Gütertransport auf, die erst am Jahresende etwas nachließen.

Die Regierung Modrow leistete eine Titanenarbeit, um das Funktionieren der staatlichen Verwaltung und der Wirtschaft zu gewährleisten. Sofort in den ersten Tagen und Wochen ihrer Existenz hatte sie ein umfassendes Krisenmanagement zu bewältigen, das gleichzeitig mit der Herausarbeitung und Lösung von politischen Grundfragen verbunden werden mußte. Unter Leitung von Frau Prof. Luft, die als Stellvertreterin des Ministerpräsidenten für ökonomische Fragen berufen worden war, wurden wichtige Fragen der Entideologisierung der Wirtschaft, der Ausarbeitung einer Wirtschaftsreform und des Abschlusses von Joint Ventures, d. h. einer neuen Form der Zusammenarbeit von Kombinaten der DDR mit westlichen Firmen und Konzernen, in Angriff genommen.
Es war erstaunlich, daß in einer solchen Situation unberechenbarer Ereignisse das Staats- und Wirtschaftsleben weitestgehend normal funktionierte, daß Löhne, Gehälter, Renten, Stipendien ohne ausufernde Inflation pünktlich gezahlt und die Versorgung der Bevölkerung gesichert werden konnten. Von bisher vielleicht unterschätzter Bedeutung und Ausdruck der Reife der DDR-Bürger ist die Tatsache, daß die entschiedenen und Hunderttausende umfassenden Demonstrationen, Versammlungen, Bekundungen im wesentlichen außerhalb der Arbeitszeit stattfanden. Zum Mittel eines das Wirtschaftsleben möglicherweise erheblich beeinträchtigenden Streiks wurde nicht gegriffen.

Noch im IV. Quartal 1989 hatte die Regierung Entscheidungen für die Stabilität der wirtschaftlichen Entwicklung im I. Quartal 1990 getroffen. Schwerpunkte waren dabei die Sicherung der Bereitstellung von Rohstoffen, Zuliefererzeugnissen und Ersatzteilen sowie die Versorgung der Bevölkerung und außerdem Maßnahmen zur Sicherung der Energieversorgung im Winter.

Unter diesen Bedingungen war es nicht möglich, rechtzeitig – d.h. noch vor Beginn des Jahres – einen Plan für das Jahr 1990 auszuarbeiten. Entsprechend einer Festlegung der Regierung wurden von den Generaldirektoren der Kombinate Anfang Januar Planvorschläge für das erste Quartal 1990 eingereicht. Die Lage in den einzelnen Bereichen war differenziert. Insgesamt ergab sich, daß vor allem aufgrund der verminderten Anzahl an Arbeitskräften die Produktion im I. Quartal um mindestens 5% niedriger liegen würde als im gleichen Zeitraum des Vorjahres.

Die grundlegende Zielstellung der wirtschaftlichen Entwicklung für das Jahr 1990 war im »Bericht über die Lage der Volkswirtschaft und Schlußfolgerungen zur Stabilisierung« vom 23. Januar 1990[8], festgelegt. Er war ausgearbeitet vom Wirtschaftskomitee (ehemals Staatliche Plankommission), unter der Leitung von Prof. Grünheid und wurde den Abgeordneten der Volkskammer und den Teilnehmern am Runden Tisch übergeben. Es heißt darin: »Im Jahre 1990 muß das Funktionieren der Volkswirtschaft gewährleistet und der Beginn einer Stabilisierungsphase eingeleitet werden, die voraussichtlich auch die Jahre 1991 und 1992 umfassen wird.« Bemerkenswert an diesem Bericht waren vor allem die folgenden Feststellungen: »Durch die neue Wirtschaftspolitik, energische Schritte zur Verwirklichung der Wirtschaftsreform unter Beachtung einer sozial und ökologisch orientierten Marktwirtschaft, eine höhere Wirksamkeit des Leistungsprinzips, der Initiative und des Unternehmergeistes sowie durch Stärkung der materiellen Basis der Volkswirtschaft ... sind der Produktionsrückgang zu stoppen und die Voraussetzungen zur Wiedererlangung von Dynamik bei wachsender Effektivität zu schaffen ...

Für die Vorbereitungen volkswirtschaftlicher Strukturentscheidungen sind Varianten zu erarbeiten und vornehmlich mit Hilfe von marktgerechten Instrumentarien und Methoden zu verwirklichen ... Die Aufgaben zur weiteren Stabilisierung und Wiedererlangung von Wachstum und Dynamik der volkswirtschaftlichen Entwicklung ... sind untrennbar mit der zielstrebigen Verwirklichung der von der Regierung vorgeschlagenen radikalen Wirtschaftsreform verbunden. Das Ziel der radikalen Wirtschaftsreform besteht darin, mit dem bisherigen System der zentral-bürokratischen Verwaltungs- und Kommandowirtschaft zu brechen und statt dessen zu einer Marktwirtschaft mit entwickelten Ware-Geld-Beziehungen überzugehen.«

Das war ein ebenso eindeutiges wie eine neue Qualität ausdrückendes Wirtschaftsprogramm des organisierten, berechenbaren und konsequenten Übergangs zu einer sozial und ökologisch orientierten Marktwirtschaft. Es lag in der Logik eines solchen Programms, daß am Ende die Vereinigung der beiden deutschen Staaten stehen sollte.

Das Wirtschaftskomitee der Regierung Modrow hatte mit Datum vom 14. Februar 1990 ein Diskussionsmaterial für die wirtschaftliche Entwicklung im Jahre 1990 ausgearbeitet, das in der politisch brisanten Frage der Ausreise von Bürgern aus der DDR in die BRD von zwei Varianten ausging: Variante 1: Ausreise von 200.000 Personen; Variante 2: Ausreise von 400.000 Personen. Unter diesen Bedingungen wurde es für möglich gehalten, das weitere Absinken der Produktion im Zusammenhang mit energischen Maßnahmen zur Stabilisierung der Wirtschaft, der konsequenten Verwirklichung der Wirtschaftsreform und einer neuen Wirtschaftspolitik auf ca. 95% des Jahres 1989 zu begrenzen. Eine solche Entwicklung hätte jedoch die zustimmende und wohlwollende Begleitung und Unterstützung der Bundesrepublik, zur Sicherung der Stabilität der Währung der DDR besonders im Zusammenhang mit dem explosionsartig ansteigenden Anforderungen an die Bereitstellung von Reisezahlungsmitteln nötig gemacht. Angesichts der naheliegenden Perspektiven für die Wiedervereinigung der deutschen Nation auf der Grundlage des Übergangs der DDR zu einer sozial und ökologisch orientierten Marktwirtschaft und demokratischen Ordnung wurde ein solches Entgegenkommen für möglich gehalten.

Die Regierung, die um die Vertreter der neu formierten politischen Parteien mit den Herren de Maizière, Dr. Romberg sowie der Bürgerbewegungen mit den Herren Ullmann, Platzek und Frau Böhm erweitert worden war, strebte einen breiten Konsens an. Es gab nach anfänglichen Schwierigkeiten durch den persönlichen Einsatz von H. Modrow eine vertrauensvolle Zusammenarbeit mit dem zentralen Runden Tisch, der von Vertretern der Kirchen moderiert wurde; und es gab mit dem Beschluß über die Durchführung erster Wahlen am 18. März 1990 unter den Bedingungen der Parteienpluralität eine klare Perspektive für die Durchsetzung demokratischer Verhältnisse. Die Volkskammer hatte bereits am 1. Dezember die führende Rolle der SED aus der Verfassung gestrichen und andere Änderungen an der Verfassung vorgenommen. Am 12. Dezember war Krenz als Vorsitzender des Staatsrates zurückgetreten.

Natürlich vollzog sich ein solcher Prozeß der gesellschaftlichen Umgestaltungen nicht ohne Schwierigkeiten, Halbherzigkeiten, Rückfälle und Irrtümer; auch nicht ohne den negativen Einfluß der immer noch zahlreichen Vertreter der politischen Orthodoxie, die ein solches Konzept rundweg ablehnten. Ein Beispiel für solche Halbherzigkeiten und Schwankungen waren die Diskussion über das Gesetz zu sog. Joint Venture, d.h. der Kapitalbeteiligung ausländischer Unternehmungen an VEB, und die besonders unter dem Eindruck der Diskussion auf dem Sonderparteitag der SED-PDS festgelegte Sperrklausel bei 49%. Diese Sperrklausel wurde dann noch von der Regierung Modrow aufgehoben.

Eine wichtige Entscheidung des Modrowkabinetts war die Bildung der Treuhandanstalt für die Verwaltung des volkseigenen Vermögens im Februar 1990. Auf der einen Seite war ihre Bildung ein Ausdruck dafür, daß energische Schritte zur Umgestaltung des volkseigenen Vermögens und seiner Rolle im sozialökonomischen Gefüge beabsichtigt waren. Auf der anderen Seite gab es zu diesem Zeitpunkt keinerlei Klarheit, wie es in eine marktwirtschaftliche Ordnung zu integrieren sei.

Wenn man die ersten Schritte und das Konzept für die Transformation einer zentralgeleiteten Verwaltungswirtschaft in marktwirtschaftliche Strukturen in der DDR mit den entsprechenden Prozessen in anderen staatssozialistischen Ländern vergleicht, dann lassen sich zwei Feststellungen treffen. Erstens: Es ist bemerkenswert, mit welcher Folgerichtigkeit durch die Regierung Modrow und die sie tragenden Kräfte die Schlußfolgerungen aus dem Scheitern des realsozialistischen Wirtschaftsexperimentes in der DDR und anderen Ländern gezogen wurden, obwohl der dazu erforderliche wissenschaftliche und politische Vorlauf fehlte.
Zweitens: Es hatte sich besonders mit Beginn des Jahres 1990 ein vertrauensvolles Verhältnis zwischen allen Verantwortung tragenden demokratischen Kräften herausgebildet, das ein tragfähiges Fundament für die gemeinsame Bewältigung dieses Prozesses mit der klaren Zielstellung »Deutschland einig Vaterland« hätte sein können.

## Die Vorbereitung und Durchführung der Währungs-, Wirtschafts- und Sozialunion zwischen BRD und DDR

Die erste Etappe umfaßte den Zeitraum bis zu den Volkskammerwahlen am 18. März 1990. Im Dezember 1989 hatte in Dresden das Treffen des Bundeskanzlers Helmut Kohl mit dem Ministerpräsidenten der DDR, Hans Modrow, stattgefunden. Während seines Verlaufs wurde eine Vereinbarung über die Bildung eines Reisedevisenfonds für die Bürger der DDR in Höhe von 2 Milliarden DM getroffen. Es konnte jeder Bürger in den Besitz von 300 DM gelangen, in dem ihm 100 Mark der DDR 1:1 und 600 M 3:1 umgetauscht wurden. Zu diesem Zeitpunkt war weder von einer Währungsunion noch von einer Wirtschaftsgemeinschaft die Rede; geschweige denn von der Herstellung der deutschen Einheit etwa nach dem Artikel 23 oder auf einen anderen Weg. Es wurden erste Gedanken über eine engere wirtschaftliche Zusammenarbeit geäußert. Vom Ministerpräsidenten der DDR wurde in Dresden der Vorschlag zur Schaffung einer Vertragsgemeinschaft sowie konföderativer Strukturen unterbreitet, wozu jedoch keinerlei Vereinbarungen getroffen wurden. Detaillierte Vorschläge dazu wurden durch die Regierung der DDR am 25. Januar 1990 an die Regierung der Bundesrepublik übergeben.

Entsprechend der in Dresden getroffenen Absprache fand am 13. Februar in Bonn ein Arbeitstreffen zwischen dem Bundeskanzler der BRD und dem Ministerpräsidenten der DDR statt. Modrow war mit 17 Ministern angereist, von denen 8 vom Runden Tisch kamen. Im Mittelpunkt des Gesprächs standen Fragen des Prozesses der Herstellung der Einheit zwischen beiden deutschen Staaten einschließlich des Zusammenhangs dieses Prozesses mit der europäischen und internationalen Entwicklung. Die Situation und die Atmosphäre stellt Modrow in einer seiner Veröffentlichungen[9] wie folgt dar: »Der Kanzler und auch die anderen Gesprächspartner in Bonn verhielten sich uns gegenüber abweisend bis arrogant. Kohl sagte Hilfe nur unter der Bedingung zu, daß die Bundesregierung die Geldpolitik in der DDR bestimmen dürfte. Wir wiesen dieses Ansinnen geschlossen zurück, denn die Ausführung eines solchen Vorhabens wäre einer Unterwerfung und Annexion der DDR gleichgekommen. Bei allem dramatischen Ernst: Unsere Würde hatten wir noch nicht verloren ... Das einzig konkrete Resultat dieser ... Gespräche war die Verabredung, daß Unterhändler beider Seiten Bedingungen für eine Währungsunion und Wirtschaftsgemeinschaft ausarbeiten sollten. Von nun an war klar, wer die Bedingungen künftig diktieren würde ...«

Dem war am 10. Februar ein Treffen Kohls mit Gorbatschow in Moskau vorausgegangen. Kohl bezeichnete bereits auf dem Rückflug dieses Gespräch als entscheidend für die deutsche Einheit. Es gibt in den Archiven darüber auch ausführliche Gesprächsniederschriften. Die Haltung Gorbatschows zum Schicksal der DDR kann man am besten mit den Worten aus seinen Erinnerungen zum Gespräch mit Kohl wiedergeben: »Wir stimmten im wichtigsten Punkt überein: Die Deutschen selbst müssen ihre Entscheidung treffen.«[10]

In einem Beschluß des Ministerrats der DDR vom 25. Februar 1990 hieß es zu den Ergebnissen der Bonner Beratungen: »Das entscheidende Ergebnis des Arbeitstreffens am 13. Februar in Bonn war die Übereinstimmung, daß von beiden Seiten die baldige Vereinigung der DDR und der BRD in Form eines Bundesstaates angestrebt wird. Ein Zeitrahmen dafür ist nicht vorhersehbar. Es wird aber deutlich, daß die BRD-Seite unter Hinweis auf die Entwicklung in der DDR, insbesondere die anhaltende Abwanderung von DDR-Bürgern, von einer Beschleunigung des Vereinigungsprozesses ausgeht.«[11]

Damit wurde eine Entwicklung in Gang gesetzt, die bis dahin von führenden und maßgeblichen Persönlichkeiten und Experten noch völlig anders beurteilt wurde. »Eine künstlich aufgepfropfte Währungsunion mit der DDR«, hatte Bundesfinanzminister Waigel Anfang Februar noch erklärt, sei »nicht nur gefährlich«, sondern gebe auch »völlig falsche Signale für die Menschen in der DDR«.

In eine noch schwierigere Lage kam Bundesbankpräsident Karl-Otto Pöhl. Noch einen Tag vor der entscheidenden Sitzung des Bonner Kabinetts hatte er öffentlich zur Besonnenheit gemahnt. Bis zu einer Währungsunion zwischen der Bundesrepublik und der DDR werde es »sicher noch eine Weile dauern«. Auf einer Bundespressekonferenz in Bonn am 9. Februar sagte er dann wörtlich: »Ich habe in Berlin am Dienstag nach meinen Gesprächen mit dem Staatsbankpräsidenten der DDR und der Stellvertretenden Ministerpräsidentin und Wirtschaftsministerin, Frau Luft, erklärt, daß nach meiner Auffassung eine Diskussion über eine

Währungsunion verfrüht sei. Ich stand zu diesem Zeitpunkt unter dem Eindruck, daß es die Linie der Bundesrepublik sei, auf ein Stufenmodell zu bauen – etwa im Sinne des Dreistufenplans von Herrn Hausmann und im Sinne des Gutachtens des Sachverständigenrates. Also ein Stufenplan, bei dem die DDR ihre Währung schrittweise konvertibel macht, wobei die Bundesrepublik Deutschland einen Prozeß stufenweiser Reformen in der DDR nach Kräften unterstützen würde. Das schließt auch die Bundesbank mit ein.
Zweitens stand ich unter dem Eindruck, daß mir die Vertreter der DDR kategorisch erklärt haben, zur Hinnahme der weitreichenden Konsequenzen nicht bereit zu sein, die sich aus der Einführung der D-Mark als Währung in der DDR ergeben würden, und sie allenfalls nach den Wahlen in der DDR über ein solches Thema sprechen könnten.« Er fuhr fort, inzwischen sei eine neue Situation eingetreten, indem »der Bundeskanzler überraschend – auch für mich überraschend – den Vorschlag gemacht hat, mit der DDR in Verhandlungen einzutreten über die Schaffung einer Währungsunion. Man sollte präziser sagen: über die Einführung der Währung der Bundesrepublik in der DDR.«

In einem Interview mit dem Mitglied des Sachverständigenrates zur Begutachtung der gesamtwirtschaftlichen Entwicklung der Bundesrepublik, Rüdiger Pohl, in der »Wirtschaftswoche« vom 23.2.1990 las sich das so:
»Frage: Sie haben vor einer raschen Währungsunion mit der DDR, wie Bonn sie will, vergebens gewarnt. Wie läßt sich nun der Schaden begrenzen?
Antwort: Der Sachverständigenrat hat sich mit keinem Wort gegen die Währungsunion ausgesprochen. Aber zu einer Währungsunion gehören drei Dinge: Freier Handel, freier Kapitalverkehr und feste Wechselkurse. Ob in dieser Währungsunion dann der österreichische Schilling umläuft oder eine andere Währung, ist zweitrangig.
Frage: Warum stört es Sie dann, wenn in der DDR in Kürze die D-Mark umläuft?
Antwort: Unter den gegenwärtigen Bedingungen hätte die DDR durch eine schnelle Währungsunion viele Nachteile. Erstens sind die Betriebe der DDR dann schlagartig dem internationalen Wettbewerb ausgesetzt, dem sie nicht gewachsen sind. Es ist zu befürchten, daß sie von den Märkten weggefegt werden. Zweitens wird

sich die Nachfrage sofort massiv auf bundesdeutsche oder andere westliche Waren verlagern, die die DDR-Bürger bisher nicht kaufen konnten. Das führt zu einem Zusammenbruch großer Teile der Güternachfrage in der DDR. Drittens zwingen wir die Banken in der DDR dazu, statt derzeit dreieinhalb Prozent 8 Prozent und mehr Zinsen zu zahlen, sonst kommt es nach der Währungsumstellung auch noch zu einem Abfluß von Finanzkapital.
Frage: Wie läßt sich das verhindern?
Antwort: Dies ließe sich nur verhindern, indem den Unternehmen in der DDR eine Chance gegeben wird, ihre Preise selbst zu bestimmen und sich auf die veränderten Marktbedingungen einzustellen. Das alles ist in wenigen Wochen nicht zu schaffen. Dazu braucht die DDR eine Übergangszeit von ein bis zwei Jahren.
Frage: Die Währungsunion kommt aber wohl schon viel früher. Wer zahlt dann beispielsweise für die Arbeitslosen der DDR?
Antwort: Wenn in der DDR die D-Mark eingeführt wird und es zu dem beschriebenen Kaufkraftabfluß kommt, dann wird dieses Geld der DDR-Wirtschaft entzogen. Das heißt, die Währungsunion beschert der DDR nicht nur Arbeitslose, sondern entzieht der DDR-Wirtschaft außerdem die Kraft, ihre Arbeitslosen zu finanzieren. Das muß dann die Bundesregierung machen. Damit fangen die Fragen aber erst an ...«[12]

Lutz Hoffmann, damals Präsident des in Westberlin ansässigen Deutschen Instituts für Wirtschaftsforschung und Kritiker der vorgezogenen Währungsunion, hielt in Veröffentlichungen »2,5 bis 3 Millionen Erwerbslose in der DDR für durchaus möglich. Müßte Bonn für die DDR-Arbeitslosen je 500 DM zahlen, wären das schon 15 bis 18 Milliarden DM im Jahr«, so seine Prognose. »Wobei 500 Mark zum Lebensunterhalt kaum ausreichen, wenn die Preise drüben in Richtung Westniveau klettern«, so Hoffmann Anfang 1990.

Das waren – wie man heute mit größerem Abstand feststellen kann – zu den einzelnen Komplexen treffsichere Aussagen. Wie kompliziert solche Einschätzungen sind und welchen schnellebigen Veränderungen sie ausgesetzt waren, zeigt ein Interview des früheren Wirtschafts- und Finanzminister Karl Schiller in der »Wirtschaftswoche« vom März 1990. Er hatte bereits in einem Brief an Ministerpräsident Modrow vom 13. Januar 1990 (der Text des Briefes befindet sich im Anhang zu diesem Buch) seine »Gedanken zu der Idee einer Wirtschaftsgemeinschaft DDR – BRD« dargelegt. In diesem Interview[13] nur reichlich sechs Wochen später führt er aus: »Die Experten waren sich ziemlich einig. Erst sollte die Wirtschaftsunion kommen, und im Laufe des Integrationsprozesses, wenn die realwirtschaftlichen Bedingungen sich an unser System angepaßt hätten und der Kapitalstrom in Bewegung gekommen sei, die Währungsunion. Und dann hat die Regierung beschlossen, mit der Währungsunion zu beginnen ... Ich kann das verstehen ... Ich selbst habe Herrn Modrow auch erst geraten, zunächst die Wirtschaftsunion herbeizuführen und im weiteren Verlauf die Währungsunion zu schaffen. Wer in die DDR fährt, merkt aber auch, daß die Leute dort uns keine Zeit dazu geben. ... Die Bundesrepublik, die zu den reichsten Staaten der Welt gehört, ist doch in der Lage, die Wirtschaft der DDR wieder auf die Beine zu bringen ... und ich bin fest davon überzeugt, daß wir ein zweites Wirtschaftswunder erleben können. Sechzehn Millionen Landsleute in der DDR wollen doch anpacken.«

Das heißt, das dann tatsächlich ablaufende Szenario ist bereits damals ziemlich exakt beschrieben worden. Man muß fairerweise die Frage stellen, ob eine andere Entscheidung möglich war. War der Druck des Faktischen so groß, daß es tatsächlich nur den eingeschlagenen Weg gab? Die Abwanderung einer beträchtlichen Zahl von Menschen aus dem einen Staat in den anderen ging ungebrochen weiter. Im Januar 1990 waren es wieder ca. 80.000 Personen. Es hätte sicherlich außergewöhnlicher, vertraglich vereinbarter Maßnahmen beider Staaten bedurft, um eine solche Entwicklung zu kanalisieren und nicht explodieren zu lassen. Auch wenn es sich heute um eine theoretische Frage handelt, muß man feststellen, daß das Schicksal einer solchen Alternative – d.h. ihre Akzeptanz durch die Menschen – höchstwahrscheinlich genau so ungewiß und problematisch gewesen wäre, wie die Ungewißheiten, die Unwägbarkeiten und die Schwierigkeiten des eingeschlagenen Weges.

Es ist offensichtlich nicht richtig, diese Frage aus dem gesamten politischen Umfeld, insbesondere aus der weltpolitischen Situation herauszulösen. Es gab deutliche Anzeichen dafür, daß sich die Führung der USA für eine schnelle Vereinigung der deutschen Staaten entschieden hatte und sie als wichtigen Hebel nutzen wollte, um die UdSSR mit ihrem bedeutenden militärischen Potential aus Mitteleuropa hinauszudrängen. Das bezeugte insbesondere die Reise des amerikanischen Außenministers Anfang 1990 nach Moskau. Es wurde davon ausgegangen, daß das vereinigte Deutschland Mitglied der NATO bleibt. Zeitweise versuchte Gorbatschow, das zu verhindern. Die dann im Zwei-plus-Vier-Vertrag für eine Beschränkung des Natoeinflusses auf das Gebiet der DDR vereinbarten Formeln waren eine schlecht verkappte Form der Ausdehnung der NATO-Souveränität auf ganz Deutschland. Es war eine vollkommene Kapitulation.

Welche Rolle in diesem Prozeß die Emotionen der Menschen gespielt haben, zeigten die Botschaftsbesetzungen in Budapest, Prag und Warschau. Es gab niemanden, der dem emotionalen Druck der Menschen widerstand. Konnte dies dann Monate später in einem viel größeren Rahmen möglich sein? Dr. Romberg, Minister in der Regierung Modrow, Finanzminister in der Regierung de Maizière, sagte dazu in einem Interview: »Der gegangene Weg war nicht der einzig mögliche, so sehr das auch immer wieder beschworen wird. Ökonomisch zweifellos für alle Seiten vernünftiger wäre ein stufenweiser Prozeß – womöglich über eine Konföderation – gewesen. ... So wie sich die innen- und außenpolitischen Bedingungen 1989/90 darstellten, war das jedoch nicht möglich.«[14] Frau Prof. Luft stellte in diesem Zusammenhang fest: »1990 war nicht das Jahr der Ökonomen, sondern das der Politik. Alle Alternativen, die wirtschaftlich vernünftiger und sozial gerechter gewesen wären, waren politisch nicht durchsetzbar; und zwar auf beiden Seiten nicht.«[15] Das heißt, nicht die Tatsache der schnellen Währungsunion ist heute noch erörternswert und für das Nachdenken über die heutigen Probleme des Vereinigungsprozesses relevant, sondern die Modalitäten, die Formen und Methoden ihrer Verwirklichung.

Am 15. Februar gab Bundeskanzler Helmut Kohl im Bundestag eine »Regierungserklärung zu seinen Gesprächen mit Generalsekretär Gorbatschow und zum Besuch von Ministerpräsident Modrow« ab. Bemerkenswerte und entscheidende Punkte waren vor allem folgende Passagen: »Am vergangenen Sonnabend wurden in Moskau in meinem Gespräch mit Generalsekretär Gorbatschow die Weichen gestellt. Ich habe meine Überzeugung ausgedrückt, daß auch bei vernünftiger Würdigung der Sicherheitsinteressen der Sowjetunion ein künftiges geeintes Deutschland

nicht neutralisiert oder entmilitarisiert werden darf – dies ist, kurz gesagt, ›altes Denken‹ –, sondern ins westliche Bündnis eingebunden bleiben soll.
Ich habe Ministerpräsident Modrow das Angebot unterbreitet, sofortige Verhandlungen zur Schaffung einer Währungsunion und Wirtschaftsgemeinschaft aufzunehmen.
Beide Seiten sind übereingekommen, zu diesem Zweck eine gemeinsame Kommission zu bilden, die ihre Arbeit unverzüglich beginnt.
Dieses Angebot besteht im Kern aus zwei Teilen:
1. Zu einem Stichtag wird die Mark der DDR als Währungseinheit und gesetzliches Zahlungsmittel durch die D-Mark ersetzt.
2. Zeitgleich müssen von der DDR die notwendigen rechtlichen Voraussetzungen für die Einführung einer Sozialen Marktwirtschaft geschaffen werden.«[16]

Wie recht hatte H. Modrow mit seiner Bemerkung Anfang Februar: »Was gemacht wird ab diesem Zeitpunkt, bestimmte Bonn«; und zwar mit Rückendeckung Gorbatschows.

Durch die Wahlen zur Volkskammer der DDR am 18. März 1990 wurden neue politische Bedingungen geschaffen. Es erhielt diejenige Partei die meisten Stimmen, die die Währungsunion und damit die schnelle Einführung der D-Mark zu einem Kernpunkt ihres Wahlprogramms gemacht hatte – die »Kanzlerpartei« CDU. Besonders hoch war ihr Stimmenanteil in den industriellen Ballungsgebieten von Sachsen und Thüringen. Natürlich müssen dabei die Rolle und Wirkung solcher Losungen bedacht werden, wie: »Wir bringen Euch die stabilste Währung der Welt« und: »Niemandem wird es schlechter gehen«; vorgetragen vom Kanzler selbst auf Wahlveranstaltungen eines anderen, noch immer selbständigen, souveränen Staates. Wer konnte dem nach entbehrungsreichen Aufbaujahren, Zahlung der Reparationen für ganz Deutschland, Fehlentwicklungen und vielen damit verbundenen Entsagungen widerstehen? Dabei hat zweifellos die elementare Wechselwirkung zwischen der faktischen Entwicklung und der emotionalen Beeinflussung eine wesentliche Rolle gespielt. Damit ist auch die Frage, ob eine Alternative real war, endgültig entschieden worden. Spätestens ab diesem Zeitpunkt gab es nur noch diesen einen Weg. Ich erinnere mich noch sehr deutlich an eine Fernsehübertragung einer Wahlkundgebung im Fernsehgerätewerk Staßfurt, auf der Oskar Lafontaine sprach. Die Kamera hatte sein Gesicht in Großaufnahme eingefangen, als er auf seine Frage: Würdet Ihr denn CDU wählen, wenn sie Euch die schnelle Einführung der D-Mark verspricht? die klare Antwort erhielt: Ja! Es war ein nachdenklich-erstauntes Gesicht, das diese Antwort der zahlreich versammelten Arbeiter nicht recht glauben wollte. Es war auch eine Antwort auf die Frage, welches Vertrauen man zum sog. Mainstream in einer emotional aufgeheizten Atmosphäre haben kann.

Da es zur Vorbereitung der Währungs-, Wirtschafts- und Sozialunion und den dabei auftretenden Problemen und ihren mehr oder weniger guten Lösungen verhältnismäßig wenig systematisch aufgearbeitete Literatur gibt und auch das von Theo Waigel und Manfred Schell dazu herausgegebene Buch unter dem anspruchsvollen Titel »Tage, die Deutschland und die Welt veränderten«[17] nur die westdeutsche Sicht enthält – als wenn es nicht eine intensive und mit großem Einsatz geleistete gemeinsame Arbeit gegeben hätte –, soll auf diesen wichtigen Abschnitt des Vereinigungsprozesses etwas ausführlicher eingegangen werden.

Bereits am 20. Februar 1990 kamen in Berlin die beiden Verhandlungsdelegationen der Expertenkommission zu ihrer ersten Beratung zusammen. Sie standen seitens der BRD unter Leitung des Staatssekretärs im Bundesfinanzministerium, Dr. Köhler, seitens der DDR unter Leitung des Ministers der Regierung Modrow, Dr. Romberg. Zur Delegation der BRD gehörten der Staatssekretär im Bundeswirtschaftsministerium, von Würzen, der Staatssekretär im Ministerium für Arbeit und Sozialordnung, Jagoda, der Stellvertreter des Präsidenten der Bundesbank, Prof. Schlesinger. Zur Delegation der DDR gehörten u. a. der Minister und Vorsitzende des Wirtschaftskomitees Prof. Grünheid, der amtierende Minister der Finanzen, Siegert, der Präsident der Staatsbank, Kaminsky, der Stellvertreter des Ministers für Arbeit und Soziales, Noack. Außerdem nahmen von beiden Seiten Experten teil. In dieser ersten Sitzung wurden vor allem grundsätzliche Erklärungen ausgetauscht und die Formen der weiteren Arbeit vereinbart. Die Delegation der DDR legte ihre Standpunkte auf der Grundlage einer »Konzeption für die Verhandlungen mit der Regierung der BRD zur Vereinbarung einer Währungsunion und Wirtschaftsgemeinschaft« dar. Dr. Köhler erläuterte die Grundgedan-

ken der Regierungserklärung von Bundeskanzler Kohl. Er verwies darauf, daß man zunächst von einem Stufenplan ausgegangen sei. Dabei wäre jedoch die D-Mark zu einer Parallelwährung geworden. Durch die schnelle Einführung der D-Mark werde ein Signal gesetzt und eine klare, greifbare Perspektive eröffnet. Man solle nicht davon ausgehen, daß es nur Ängste in der DDR gäbe; auch auf BRD-Seite gäbe es Risiken und Ängste, besonders, was das Schicksal der D-Mark betreffe.
Nach einem ausführlichen Meinungsaustausch wurden vier Arbeitsgruppen gebildet: Währung; Wirtschaft und Wirtschaftsreform; Finanzen, Haushalt und Steuern sowie soziale Absicherung. Am Ende dieses ersten Beratungstages wurden von den beiden Delegationsleitern noch zwei interessante Gedanken besonders hervorgehoben. Dr. Köhler verwies darauf, daß der Begriff Währungsunion in der Regierungserklärung von Bundeskanzler Kohl geprägt worden sei und meinte, gemeinsames Währungsgebiet und Wirtschaftsgemeinschaft wäre möglicherweise treffender. Dr. Romberg unterstrich, daß zu den grundlegenden Rahmenbedingungen die soziale Seite unbedingt hinzu gehöre. In bezug auf das Bild des bevorstehenden Übergangs zur Marktwirtschaft sei es doch wohl so, daß in dieses kalte Wasser ein Kräftiger springe, sowie einer, der dieses Wasser überhaupt noch nicht kennt. Ohne Schwimmweste gehe das nicht; und die Schwimmweste müßte vorher angelegt sein.[18]
Es wurden die nächsten Sitzungen der Expertenkommission für den 5.3. in Bonn und für den 13.3. in Berlin festgelegt. Die gebildeten Arbeitsgruppen sollten in der Zwischenzeit die Problemfelder intensiv durcharbeiten und der Kommission ihre Ergebnisse und Vorschläge vorlegen.

Im Anschluß an diese erste Beratung wurden sowohl in den Arbeitsgruppen als auch in den beiden Plenartagungen eine intensive Arbeit geleistet und umfangreiche Materialien ausgetauscht. Zugleich war offensichtlich, daß sich die Arbeit der Kommission in einer Vorbereitungsphase befand und daß Entscheidungen mit den Vertretern einer anderen als der Regierung Modrow nach den Volkskammerwahlen am 18. März verhandelt und entschieden würden. Das Klima war höflich und kooperativ. Nein, auf dieser Ministerialebene war nichts zu spüren vom »abweisend bis arroganten Verhalten«, wie H. Modrow von seinen Gesprächspartnern während der Regierungsverhandlungen am 13. und 14. Februar in

Bonn berichtet hatte. Es handelte sich zunächst noch um ein gegenseitiges Abtasten. Aber in den Diskussionen und an den aufgeworfenen Fragen wurde überdeutlich sichtbar, wie wenig man eigentlich voneinander wußte, wie schwer es werden würde, die Probleme des anderen ausreichend zu verstehen, um in kurzer Zeit richtige Entscheidungen in solch höchst komplizierten Fragen wie Währung, Wirtschaft und Soziales vorschlagen zu können.
Es entstand der Eindruck, daß für die Mehrheit der westdeutschen Verhandlungspartner die DDR bis dahin ein terra incognita gewesen ist. Wir verfolgten schon seit Honeckers Zeiten das Westfernsehen aufmerksam und verfügten über ein ziemlich genaues Bild des Lebens und der Probleme dort – schon deshalb, weil es ein Tor zur Welt war, die man ja nicht selbst hatte bereisen können. Aber wer von den Westdeutschen unterzog sich dem Ostfernsehen? In welchem kleinen Teil der BRD war das überhaupt möglich? An der Diskussion einzelner Fragen wurde von Anfang an deutlich, wie schwer es werden würde, sachgemäße, von der notwendigen Kenntnis über ein Minimum an Fakten getragenen Entscheidungen in der zur Verfügung stehenden Zeit vorzubereiten.

Zwei Fragen nahmen in der Diskussion nicht nur in den Arbeitsgruppen, sondern auch im Plenum einen besonders breiten Raum ein: Das war einmal die Notwendigkeit einer Strukturanpassungsphase für die Wirtschaft der DDR, und das waren zweitens die Probleme der Währungsumstellung, die das Leben jedes einzelnen Bürgers vor allem der DDR und seiner materiellen Existenz berührten. Die Frage der Strukturanpassung für die Wirtschaft der DDR wurde von Anfang gestellt und begründet. Zur Gewährleistung einer möglichst emotionslosen Charakterisierung dieses zentralen Problems in Bezug auf Zeitpunkt und Authentizität soll in diesem Zusammenhang ein Material vom 2. März 1990 zitiert werden, das im Wirtschaftskomitee ausgearbeitet worden war und der BRD-Seite anläßlich der Beratung der Kommission am 3. März in Bonn übergeben wurde. Es trug den Titel: »Die Notwendigkeit einer Strukturanpassungsphase für die Wirtschaft der DDR bei der Schaffung einer Währungsunion und Wirtschaftsgemeinschaft.«
Es heißt dort: »Alle internationalen Erfahrungen und Beispiele belegen, daß man zwei in Jahrzehnten nach völlig unterschiedlichen Prinzipien gewachsene Wirtschaften nicht von einem Tag zu anderen den ökonomischen Bedingungen und Gesetzen eines dieser Wirtschaftsbereiche unterwerfen kann.

Wir müssen davon ausgehen, daß die volkswirtschaftliche Arbeitsproduktivität der DDR um 40 – 50 % niedriger liegt als in der BRD. Das ist natürlich nach Zweigen differenziert.
Der Zustand der Grundfonds ist mit einem Verschleißgrad in der Industrie von 54 %, im Bauwesen von 67 % und im Verkehrswesen von 52 % wesentlich ungünstiger als in der BRD. Entsprechend niedriger ist die Effektivität der Produktion und damit der Betriebe und Unternehmungen.
Berechnungen zu den Bedingungen der Einführung der D-Mark, der Preise der BRD und damit des internationalen Marktes führen zu dem Schluß, daß etwa 70 % der Unternehmungen bei einem ›Wurf in das kalte Wasser‹ in eine Konkurslage kommen. Das würde die Arbeitsplätze von 2-2,5 Mio. Menschen betreffen.
Wir gehen davon aus, daß
– der schnelle Übergang zur Marktwirtschaft,
– die Beseitigung aller Hemmnisse für den Strom von Kapital aus der BRD und anderen Ländern in die DDR,
– die umfassende Entwicklung der Privatinitiative, die Schaffung günstiger Voraussetzungen für die Neugründung von Existenzen vor allem im Klein- und Mittelbetrieb-Bereich sowie bei Dienstleistungen gleichzeitig neue Arbeitsplätze schafft ... Trotzdem wäre das, abgesehen von den notwendigen umfangreichen Umschulungsmaßnahmen, für mehrere Jahre mit einer Arbeitslosigkeit in Höhe von 1,5 bis 2 Mio Menschen verbunden. Das entspräche einer Arbeitslosenquote von 20 bis 30 %, bezogen auf die Berufstätigen insgesamt.
Eine solche Situation würde genau zum Gegenteil dessen führen, was mit der Schaffung einer Währungsunion und Wirtschaftsgemeinschaft beabsichtigt ist. Der Strom der Ausreisenden würde nicht gestoppt, sondern in bedeutendem Maße angereizt. Man muß dabei berücksichtigen, daß auch die Arbeitslosen in der Bundesrepublik besser als in der DDR gestellt sind.
Selbst bei der Lösung des damit verbundenen Problems der Bereitstellung von Mitteln für die Arbeitslosenunterstützung würde dies zu unkalkulierbaren politischen Konsequenzen führen. Die Mittel für die dann erforderliche Arbeitslosenunterstützung wären Investitionen in die falsche Richtung ...
Ein solcher Anpassungsprozeß kann sich jedoch nicht in Tagen und Wochen vollziehen.«

Rückblickend kann man feststellen, daß es sich bei dieser Einschätzung um eine sehr offene und realistische Analyse sowohl des Zustandes der DDR-Wirtschaft als auch der voraussichtlich eintretenden Lage gehandelt hat. Es war das Szenario des ungeschützten Absturzes einer in Jahrzehnten nach völlig anderen Prinzipien und Zielstellungen und unter völlig anderen Bedingungen entwickelten Wirtschaft in das kalte Wasser des Marktes.

In dem Material des Wirtschaftskomitees der DDR hieß es weiter: »Wir müssen deshalb mit allem Ernst die Frage einer Strukturanpassungsphase für den Übergang zur internationalen Konkurrenzfähigkeit unserer Betriebe und Unternehmungen für einen Zeitraum von mindestens 3-4 Jahren stellen.

Wir halten das für ein Kernstück der Schaffung einer Währungsunion und Wirtschaftsgemeinschaft zwischen unseren beiden Ländern ... Auch internationale Erfahrungen – hier wäre der Marshall-Plan zu nennen, die Erfahrungen in der EG oder die Vereinigung des Saarlandes mit der Bundesrepublik – beweisen, daß es hierfür ein Konzept geben muß, in dem die Schritte des Übergangs ohne soziale Eruptionen und in diesem Falle ohne die Entvölkerung der DDR festgelegt werden müssen. ... Wir stimmen auch dem von Bundeskanzler Helmut Kohl auf einer Wahlkundgebung in der DDR verwendeten Begriff von der ›Anschubfinanzierung‹ zu. Dabei kann es sich doch aber nicht um die Hilfe bei Arbeitslosenunterstützung oder Renten handeln, sondern um den Anschub der Wirtschaft zu höherer Arbeitsproduktivität und Effizienz.

Die dafür erforderlichen Unterstützungen müssen ein Grundbestandteil der gemeinsam zu vereinbarenden Maßnahmen zur Schaffung einer Währungsunion und Wirtschaftsgemeinschaft sein. Wir sind für strenge und zeitlich eng begrenzte Konditionen. Wir gehen auch davon aus, daß dieser Übergang in einem bestimmten Maße mit der Schließung von Betrieben und damit auch mit Arbeitslosigkeit verbunden sein wird. Dieser Prozeß muß aber politisch und sozial beherrschbar bleiben. Es kann keinen Zweifel geben, daß das beiderseits vitale Interessen sind, oder es könnte alles gefährdet werden.

Wir schlagen deshalb vor, im Rahmen der Arbeitsgruppe einen gesonderten Vorschlag zu den ›Grundsätzen und Modalitäten einer solchen Strukturanpassungsphase für die Wirtschaft der DDR‹ auszuarbeiten. Dazu gehören auch solche Komplexe mit sehr spezifischen Bedingungen, wie die Entwicklung auf dem Gebiet der

Landwirtschaft und die Weiterführung des Handels mit den RGW-Staaten.« Der vollständige Text dieser Erklärung befindet sich im Anhang.

Diese Einschätzung stand in Übereinstimmung mit einer im Februar im damaligen Wirtschaftskomitee gemeinsam mit dem Ministerium der Finanzen der DDR und den wichtigsten Kombinaten erarbeiteten Expertise »Zur Rentabilitätslage von Wirtschaftsbereichen der DDR unter den Bedingungen der Einführung der D-Mark als einheitliche Währung«.[19] Die Berechnungen waren schwierig und mußten von einer Reihe von Annahmen ausgehen. Es wurde eingeschätzt: Unter Berücksichtigung der Weltmarktpreise werden ca. 10 % der Unternehmen rentabel weiter produzieren können. Ca 40 % der Unternehmen werden zunächst mit Verlust arbeiten, aber in einem absehbaren Zeitraum von ca. zwei Jahren die Rentabilitätsgrenze erreichen können. 50 % der Unternehmen, besonders der Schwerindustrie, der Chemie, des Maschinenbaues und der Leichtindustrie müssen bei ihrem gegenwärtigen Produktionsprofil mit erheblichen Verlusten rechnen. In diesen Bereichen sind grundlegende Umstrukturierungsmaßnahmen bzw. auch die Schließung von Produktionsstätten notwendig. Dabei war zum damaligen Zeitpunkt noch von der Fortführung des Osthandels ausgegangen worden.

Diese Erklärung und die ihr zugrunde liegende Analyse hätte die Grundlage und der Ausgangspunkt einer wirtschaftspolitisch orientierten Strukturkonzeption zur Erhaltung aussichtsreicher Branchen und Unternehmungen sowie von Maßnahmen zur zielgerichteten Sanierung mit kurzen Übergangsfristen sein können und sein müssen. Für solche Überlegungen fanden sich jedoch auf westdeutscher Seite keine Partner. Diese Fragen hätten unter den gegebenen Umständen vom gesamtwirtschaftlichen Standpunkt, oder wie Marx sich einmal ausdrückte, dem des »ideellen Gesamtkapitalisten« diskutiert und ausgearbeitet werden müssen. So z.B. wie der Markt für den Absatz der Kombinate und Betriebe der DDR zeitweise geschützt oder wie der Markt der alten Bundesländer z.B. für Zulieferungen durch Betriebe der DDR geöffnet werden konnte. Für solche, zugegebenermaßen, weitreichenden wirtschaftspolitischen Überlegungen fand sich keine Anlaufstelle. Das hing sicher auch damit zusammen, daß die Verhandlungen von westdeutscher Seite von Anfang an, und nach der Wahl vom 18. März in verstärktem Maße, unter die Regie des Bonner Finanzministeriums gestellt und auf die Probleme und Maßnahmen des Geldumtausches konzentriert wurden. Damit dominierte die fiskalische, haushälterische Betrachtungsweise. Unter dem zeitlichen Druck des Abschlusses der Währungsunion wurden, wie der weitere Verlauf der Verhandlungen zeigte, die wirtschaftlichen Fragen zurückgestellt. Sie wurden in der Arbeit der Treuhandanstalt nicht wieder aufgenommen bzw. in die falsche Richtung »abgewickelt«. In den Verhandlungen zur Währungsunion selbst wurden sie immer wieder gestellt und auch diskutiert. Aber Dr. Romberg hat Recht, wenn er in dem bereits zitierten Interview feststellt: »Der dann vereinbarte Formelkompromiß verzichtete auf eine verbindliche politische Regulierung der Strukturanpassung.«

Weitere intensive Diskussionen gab es während der Beratung der Regierungskommissionen am 5. 3. 1990 in Bonn. Es ging hier um grundsätzliche Fragen des Zusammenwachsens, z.B. nach Artikel 23 des Grundgesetzes oder auf anderen Wegen. Als Reaktion auf die DDR-seitig von fast allen gewichtigen politischen Kräften vertretenen Meinung: »Kein Anschluß unter dieser Nummer« (gemeint war nach Artikel 23 des GG, der einen Beitritt vorsah), brachte Staatssekretär Dr. Köhler, zunächst zurückhaltend, zum Ausdruck, daß man den Weg nach Artikel 23 nicht tabuisieren solle. Es wurde auch hervorgehoben, daß eine Währungsunion nur mit dem Ziel der Vereinigung der beiden deutschen Staaten denkbar sei. Von beiden Seiten wurde über die Notwendigkeit von Übergangsregelungen auf wirtschaftlichen Gebiet gesprochen. Bemerkenswert war die Meinung der BRD-Seite, daß die soziale Marktwirtschaft ein offenes System sei, das für neue Fragen auch neue Antworten bereithält und daß zur sozialen Marktwirtschaft keine Alternativen entwickelt werden sollten.

Das waren schon eindeutige Antworten auf die von der DDR-Seite dargelegten Anmerkungen, daß in den Verhandlungen auch eine Rolle spielen sollte, was die DDR an Positivem einzubringen habe und daß es auch in der Gesellschafts- und Wirtschaftsordnung der BRD Verbesserungsbedürftiges gibt. Von Vertretern der BRD-Delegation wurde zu diesem Zeitpunkt hinsichtlich des Währungsumtausches zum Ausdruck gebracht, daß ein Verhältnis von 1:1 eine Illusion sei. Auf dem Gebiete der Außenwirtschaft betrage dieser Umtauschsatz 4,4:1. Daraus solle ein gewogener Wechselkurs entwickelt werden.

Einen breiten Raum in der Diskussion nahm die Frage ein, welche Form und welchen Inhalt das zu Papier zu bringende Ergebnis der Beratungen der Expertenkommission haben solle. Die Vorschläge der Vertreter der BRD reichten von einem Staatsvertrag bis zu einer Art Leitsätzegesetz, so wie es von Prof. Erhardt bei der Einführung der sozialen Marktwirtschaft 1948 gehandhabt worden sei.
Im Ergebnis der Diskussion wurde die Ausarbeitung einer Zwischenbilanz der Beratungen in der Expertenkommission vereinbart, die folgende Teile enthalten sollte: Erstens eine wirtschaftliche und finanzielle Bestandsaufnahme; zweitens den Stand der inhaltlichen Diskussion, wobei insbesondere ein Bericht über die notwendigen Rechtssetzungsmaßnahmen gegeben werden sollte; drittens die Darstellung der Hauptfragen, die der vertieften Erörterung bedürfen, wobei Probleme der Übergangsphase eine wichtige Rolle spielen sollten. In diesem Zusammenhang wurde auch zum ersten Mal der Begriff »Währungsunion mit Wirtschafts- und Sozialgemeinschaft« ins Spiel gebracht, und damit die soziale Komponente als dritte Säule der auszuarbeitenden Maßnahmen hervorgehoben.

Die Beratung der Expertenkommission am 13.3. in Berlin wurde dadurch gekennzeichnet, daß die Volkskammerwahlen am 18. März vor der Tür standen. Der Leiter der BRD-Delegation hob denn auch hervor, daß seine Seite nicht befugt sei, Entscheidungen zu treffen. Im Ergebnis dieser Beratungen wurde ein Zwischenbericht für die beiden Regierungen fertiggestellt. Dieser Zwischenbericht, der einschließlich von fünf Anlagen 36 Schreibmaschinenseiten umfaßte, ist ein interessantes Dokument des Erkenntnisprozesses und der Standpunkte zur Herausarbeitung der Bedingungen, Modalitäten und Wege bei der Schaffung der Währungs-, Wirtschafts- und Sozialunion. Er enthält bemerkenswerte Nuancen zur Einschätzung wichtiger Fragen dieses Prozesses und der Veränderung der Standpunkte der beiden Verhandlungspartner. Er enthielt folgende wesentliche Aussagen:
»Von Seiten der DDR bestehen folgende Überlegungen:
– Umstellung der Ersparnisse der Bevölkerung und der Kredite an die Bevölkerung im Verhältnis 1:1, wobei eine zeitweilige Blockierung und differenzierte Freigabe hoher Spargthaben entsprechend der Marktlage in Erwägung gezogen werden könnte.«
»Die DDR-Seite unterstrich, daß ihre Wirtschaftsreform darauf

gerichtet ist, die Herausbildung einer leistungsfähigen Marktwirtschaft zu gewährleisten, für die der demokratische Rechtsstaat wirtschaftliche, rechtliche und andere Rahmenbedingungen im Interesse wachsender Effektivität, ökologischer Erfordernisse und sozialer Gerechtigkeit festlegt ...«
»Aus der Sicht der bundesdeutschen Seite können nur bei marktwirtschaftlichen Reformen ohne Wenn und Aber im Sinne der sozialen Marktwirtschaft zukunftsträchtige Perspektiven für die Bevölkerung entstehen.«
Im Kapitel 4. dieses Abschnitts wurde folgendes festgehalten:
»Um zwei in Jahrzehnten nach völlig unterschiedlichen Prinzipien gewachsene Wirtschaften zusammenzuführen, ist eine Übergangsperiode nötig. Die DDR-Seite hält eine solche Übergangsperiode für ein Kernstück der Schaffung einer Währungsunion und Wirtschaftsgemeinschaft. Während der Anpassungsphase muß zugunsten der Unternehmen die Möglichkeit bestehen, die dafür erforderlichen Maßnahmen zu ergreifen und Unterstützung zu gewähren. Diese Frage bedarf der weiteren Vertiefung ...
Außerdem ist zu prüfen, wie den Unternehmen durch steuerliche Maßnahmen und Kredite in der DDR geholfen werden kann. Dabei sollten Maßnahmen zur Investitionsförderung im Vordergrund stehen.«[20]
In einer Anlage 3 waren die Bereiche Investitionszulagen und -zuschüsse, steuerliche Sonderabschreibungen, Gewinnrücktrag und Verlustvortrag, Steuersenkungen, zinsgünstige Kredite und unmittelbare Hilfen aus dem Staatshaushalt (Finanzhilfen) aufgeführt.
Der Standpunkt der Bundesregierung dazu war im Zwischenbericht nur allgemein beschrieben. Eine quantifzierte Aussage dazu gab es nicht. Damit wurde die Linie fortgesetzt, sich zu den substantiellen Fragen nicht festzulegen.

Der Zwischenbericht wurde wenige Tage vor den Wahlen zur Volkskammer der DDR fertiggestellt. Es war klar, daß aus diesen ersten parlamentarisch-demokratischen Wahlen nach dem Muster der Bundesrepublik eine neue Regierung hervorgehen wird. Die Ergebnisse sind bekannt. In den südlichen Teilen der DDR erhielt die CDU Stimmenanteile bis zu 50%. Die aus der SED hervorgegangene und sich in einem quälenden Erneuerungsprozeß befindliche PDS wählten 17% der Wähler. Folgerichtig ergab sich daraus die Regierungsbildung unter Leitung des Vorsitzenden der CDU in der DDR, Lothar de Maizière.

Im Ergebnis dieser Entwicklung wurde die Tätigkeit der Expertenkommission zur Vorbereitung einer Währungs-, Wirtschafts- und Sozialunion auf eine neue Grundlage gestellt. Es trat eine Pause in den Beratungen ein. In den Arbeitsgruppen wurde mit unterschiedlicher Intensität die Arbeit zu Sachfragen fortgeführt. Entscheidungen und Festlegungen waren jedoch nicht möglich.

Die zweite Etappe der Beratungen der Expertenkommission zum Staatsvertrag über eine Währungsunion mit Wirtschafts- und Sozialgemeinschaft – wie man zwischenzeitlich formulierte – zwischen der BRD und der DDR durch eine sog. Vorberatung am 25. April 1990 in Berlin in Anwesenheit des neuen Ministerpräsidenten de Maizière eröffnet. Die grundlegenden Veränderungen im politischen Umfeld kam dadurch zum Ausdruck, daß beide Seiten neue Leiter an die Spitze der Delegationen gestellt hatten. Für die DDR war das der parlamentarische Staatssekretär beim Ministerpräsidenten, Günther Krause; seitens der Bundesrepublik Deutschland der Bundesbankdirektor und persönliche Beauftragte des Bundeskanzlers, Hans Tietmeyer. Auf DDR-Seite waren die Mitglieder des alten Ministerrats der DDR ausgeschieden.
Nach grundsätzlichen Erklärungen des Ministerpräsidenten de Maizière sowie der beiden Delegationsleiter wurden in der anschließenden Beratung Meinungen zu einzelnen Sachfragen ausgetauscht. Die Vertreter der Bundesrepublik übergaben zur Behandlung in der nächsten Sitzung ein »Arbeitspapier für die Gespräche mit der DDR für einen Vertrag über die Schaffung einer Währungs-, Wirtschafts- und Sozialunion zwischen der Bundesrepublik Deutschland und der Deutschen Demokratischen Republik«.

Am 27. April, der ersten offiziellen Gesprächsrunde der neu gebildeten Regierungskommission, wurden inhaltliche Hauptfragen diskutiert, und es erfolgte ein erster Durchgang des Vorschlags der BRD-Seite zu einem Staatsvertrag, wozu die DDR-Seite Veränderungs- und Ergänzungsvorschläge ausgearbeitet hatte.
Um den Stand der Verhandlungen und die zu diesem Zeitpunkt bestehenden unterschiedlichen Auffassung nicht nur aus DDR-Sicht darzustellen, sei nachfolgend aus den bemerkenswert sachlichen Erinnerungen des Leiters der BRD-Delegation, H. Tietmeyer zitiert:[21] »In der zweiten Gesprächsrunde am 27. April 1990 (ebenfalls in Ostberlin) kam es dann zu einer ersten Lesung des von uns als Arbeitspapier vorgelegten Vertragsentwurfes. Günther

Krause erklärte zu Anfang des Gesprächs, daß die DDR-Seite diesen Entwurf als Grundlage für die Verhandlungen akzeptieren könne, jedoch eine Reihe von Änderungen für erforderlich halte. Hierzu legte er seinerseits ein Arbeitspapier mit entsprechenden Textvorschlägen vor. Bereits in dieser ersten Lesung konnten wir uns über eine Reihe von Änderungen verständigen. Das begann schon damit, daß auf Wunsch der DDR-Seite neben den Begriffen Währungs- und Wirtschaftsunion auch der Begriff Sozialunion in den Vertragstitel aufgenommen wurde. Darüber hinaus einigten wir uns auch in einer Reihe anderer Punkte relativ schnell auf neue bzw. geänderte Formulierungen. Vor allem aber nahmen wir zur Kenntnis, wo die DDR-Delegation in wichtigen Punkten weitergehende Wünsche oder sachliche Einwände zu dem von uns vorbereiteten Textentwurf hatte. Diese betrafen z.B. den Wunsch nach ausdrücklicher Anerkennung von ›Gemeineigentum in verschiedenen Formen‹, da dies den DDR-Realitäten entspreche, eine Vorstellung, die für uns nicht akzeptabel war und uns deswegen auch in späteren Gesprächsrunden noch mehrfach beschäftigte. Darüber hinaus zögerte man – offenbar mit Rücksicht auf die in der DDR laufenden Gespräche über eine neue Verfassung – im Zusammenhang mit dem im Vertragsentwurf vorgesehenen Bekenntnis zur freiheitlichen, demokratischen und sozialen Grundordnung mit einer ausdrücklichen Bezugnahme auf das Grundgesetz. Von DDR-Seite wurde auch Wert darauf gelegt, daß der Vertrag nicht nur eine Anpassung von Rechtsvorschriften in der DDR vorsehe, sondern auch Änderungen in der Bundesrepublik festschreibe. Ferner sprach sich die DDR-Delegation – wie zuvor schon Herr de Maizière mir gegenüber – dafür aus, bei der Regelung der Währungszuständigkeiten auch die Staatsbank einzuschalten beziehungsweise ihr eine eigene Exekutivfunktion zu geben. Besonders deutlich wurde schon in dieser Gesprächsrunde, daß die Vorstellungen im Bereich der Sozialunion sowie hinsichtlich der Regelungen der Finanzfragen noch weit voneinander abwichen. Die Erörterung der Währungsumstellungssätze und Modalitäten fand allerdings nicht in dieser größeren Runde statt. Günther Krause und ich hatten uns schon vor dieser zweiten Gesprächsrunde darüber verständigt, diese Diskussion im Rahmen der nächsten, nunmehr in Bonn vorgesehenen Gesprächsrunde nur im kleinsten Kreis der Notenbankvertreter und Staatssekretäre (ohne Mitarbeiter) zu führen.«

Der Währungsumtausch war eines der schwierigsten Probleme. Die Ermittlung der Kaufkraftparitäten zwischen der Mark der DDR und der D-Mark waren deshalb schwierig, weil sich Preisniveau und Preisrelationen der beiden Währungen für Waren der Bevölkerungsversorgung auf der einen Seite sowie für Waren und Leistungen des Produktionsverbrauches, der gesellschaftlichen Konsumtion und dem Außenhandel auf der anderen Seite wesentlich voneinander unterschieden. Ursache dafür waren die in der DDR über Jahrzehnte eingefrorenen niedrigen Preise für den Grundbedarf der Bevölkerung und die damit durch bedeutende Subventionen miteinander verbundenen, verschiedenen Preissysteme für die Bevölkerung und die Wirtschaft.

Die DDR-Seite vertrat zu dieser komplexen Problematik nach anfänglichen Diskussionen einen festen Standpunkt, der in einem internen Arbeitspapier vom 12.4.1990 zum Ausdruck gebracht wurde. Die DDR-Seite blieb für die sog. Fließgrößen (Löhne, Gehälter, Renten, Stipendien, Mieten) und den Spareinlagen bei einem Umtauschkurs von 1:1. Für die Guthaben und Kredite im Bereich der Wirtschaft wurde unter Berücksichtigung des Produktivitätsunterschiedes ein Umbewertungssatz von 2:1 als Diskussionsgrundlage angesehen.

Maßgebend waren dabei folgende Überlegungen: Der durchschnittliche Bruttolohn eines Beschäftigten in der Industrie der DDR von rd. 1.300 DDR-Mark entsprach einem Nettolohn von 960 DDR-Mark. Bei einer Umstellung der Löhne und Gehälter im Verhältnis 2:1 hätte der monatliche Nettolohn 480 Mark betragen. Das hätte um ein Mehrfaches unter dem Nettolohn eines in gleicher Weise Beschäftigten in der BRD und auch noch unter dem Sozialhilfesatz gelegen. Abgesehen davon, daß sich das Familieneinkommen in der DDR nicht wie in der BRD nur aus dem Einkommen des Mannes (Modell einer statistischen Durchschnittsfamilie in der BRD), sondern zusätzlich aus dem Arbeitseinkommen der in der Regel berufstätigen Ehefrau und den Subventionen für Waren des Grundbedarfs speiste – wodurch sich die Differenz also verringerte –, wäre die trotzdem noch bestehende große Differenz keine Basis für eine Vereinigung oder den später erfolgten Anschluß der DDR an die BRD gewesen. Er entsprach auch nicht dem tatsächlich bestehenden Produktivitätsunterschied.

An dieser Stelle ist eine Einfügung aus aktueller Sicht erforderlich:
Anläßlich des zehnten Jahrestages der Währungsunion konnte man viele Interviews und Erklärungen mehr oder weniger kompetenter Politiker, Ökonomen und auch unmittelbar daran Beteiligter lesen und hören. Ein Grundtenor, der sich in vielen Beiträgen wiederfand, war die Feststellung, daß der Währungsumtausch im Verhältnis 1:1 nicht den ökonomischen Gegebenheiten entsprochen hätte und leider eine nicht zu vermeidende politische Entscheidung gewesen sei. Dies sei eine der Hauptursachen für den Zusammenbruch der industriellen Struktur und die dadurch entstandene Arbeitslosigkeit sowie die heute bestehenden Schwierigkeiten.
Dazu sind folgende Klarstellungen dringend nötig.

Erstens: Die Währungsumstellung 1:1 bezog sich nur auf die sog. Flußgrößen, d.h. die laufenden Zahlungen der Löhne, Gehälter usw. Schon hinsichtlich der etwa 160 Milliarden Mark Spargelder der Bevölkerung der DDR bezog sich dieses Umtauschverhältnis nur auf die pro Kopf umtauschbaren Limite in Höhe von 2.000 /4.000/6.000 Mark, je nach dem Lebensalter. Nach überschlägigen Rechnungen waren das etwa 60 Milliarden Mark. Einhundert Milliarden Mark wurden im Verhältnis 2:1 umgetauscht. Dieses schwer erarbeitete und im Verhältnis zu dieser Größe der Altbundesbürger viel kleinere ersparte Vermögen wurde mit der Währungsunion halbiert, um 50% entwertet.

Zweitens: Das gesamte beträchtliche produktive und sonstige volkseigene bzw. staatseigene Vermögen sowie das der landwirtschaftlichen Produktionsgenossenschaften einschließlich der vorhandenen finanziellen Fonds wurde im Verhältnis 2 : 1 umgewertet. Allein das mit etwa 1.200 Milliarden Mark der DDR ausgewiesene Anlagevermögen der produktiven Bereiche wurde dadurch auf etwa 600 Milliarden D-Mark abgewertet. Das war eine Entwertung in einem immensen Umfang. Eine gewisse ökonomische Begründung findet dies allerdings in der Tatsache, daß die volkswirtschaftliche Arbeitsproduktivität bzw. die wirtschaftliche Leistungsfähigkeit (Bruttoinlandsprodukt pro Kopf) etwa halb so hoch war wie in der Bundesrepublik und die Preise für Güter des Produktivvermögens höher lagen.

Drittens: Es muß in diesem Zusammenhang noch einmal festgestellt werden, daß es im konkreten Fall der DDR schlichtweg falsch ist, als Maßstab für den Währungsvergleich das Kursverhältnis der Mark der DDR zur D-Mark oder zum Dollar, also ausschließlich zu Währungen der westlichen Welt, zugrundezulegen. Das daraus abgeleitete Kursverhältnis 4,4:1 bezog sich nur auf die ökonomischen Beziehungen zu diesem Teil der Welt. Mit ihm wickelte die DDR bekanntlich nur etwa ein Drittel ihres Außenhandels ab. Es ist auch bekannt, unter welch schwierigen Bedingungen die DDR auf den westlichen Märkten agieren mußte, wo oftmals nur mit Dumpingpreisen Einbrüche in die Domänen der großen Konzerne und Trusts der westlichen Welt möglich waren. Im Verhältnis zur UdSSR und den anderen Ostblockstaaten war die Mark der DDR eine starke Währung. Die Benachteiligung der DDR im innerdeutschen Handel ist u.a. bereits anhand der Protokolle des Schalck-Untersuchungsausschusses; und zwar nach dem Zeugnis westdeutscher Institute und sogar des damaligen Wirtschaftsministers der BRD, höchst offiziell nachgewiesen. Diesen Kurs als Ausdruck des ökonomischen Rückstandes der DDR-Wirtschaft insgesamt heranzuziehen, ist nicht begründet. Diese Betrachtungsweise beruht entweder auf Denkfehlern oder soll der Delegitimierung der DDR dienen.

Oskar Lafontaine sagte in seinem Interview mit der Berliner Zeitung anläßlich des zehnten Jahrestages der Währungsunion:[22] »Es gibt ein einfaches, unumstößliches Gesetz: Eine Währung muß der Produktivität folgen.« Und er kommt auf einen Umrechnungskurs von 3:1, den er noch in diesem Interview als für damals notwendig vertritt. Es ist aber mittlerweile nachgewiesen, daß die volkswirtschaftliche Arbeitsproduktivität bzw. Leistung pro Kopf – der in diesem Zusammenhang allein brauchbaren Basis – höchstens einen Umrechnungsfaktor von 2:1 begründet. Es ist deshalb auch bedauerlich, daß er in dem besagten Interview einem geachteten Mitprotagonisten der Wende die Worte in den Mund legt: »Diesen Kurs (3:1) hätten wir mit Kußhand genommen.« Sowohl die Grundlage als auch die Schlußfolgerung aus dieser Überlegung ist grundsätzlich falsch. Man wird unwillkürlich an den Aphorismus von G. Ch. Lichtenberg erinnert: »Die gefährlichsten Unwahrheiten sind Wahrheiten, mäßig entstellt.«

Man muß sich das einmal vorstellen: Ein Industriebeschäftigter mit einem Durchschnittslohn von rd. 1.300 Mark der DDR hätte nach der Einführung der Währungsunion noch ca. 300 bis 400

D-Mark ausgezahlt bekommen. Selbst wenn man die riesigen, in der DDR gezahlten Subventionen für den Grundbedarf der Bevölkerung, für Verkehrsleistungen und Mieten weiter aufrecht erhalten hätte, wäre dies ein Absturz in eine unvorstellbare Armut gewesen, wie er von allen Ostblockstaaten nur in Rußland eingetreten ist.

Abgesehen davon: Wenn man das Preisniveau der DDR beibehalten hätte, wäre dies nur unter der Bedingung der Aufrechterhaltung einer scharf bewachten Zollgrenze möglich gewesen. Damit wäre das Konzept der Währungsunion ad absurdum geführt worden. Man hätte sich für den von H. Modrow vorgeschlagenen Stufenplan entscheiden müssen; für ein Verfahren, wie es in der EU bei Aufnahme von Ländern mit einem niedrigeren ökonomischen Niveau selbstverständlich ist und beim Beitritt des Saarlandes mehrere Jahre praktiziert wurde.

Viertens: Auch wenn man akzeptiert, daß es sich um komplexe und komplizierte Zusammenhänge handelt und vereinfachende Schlüsse allein aus ausgewählten Fakten fragwürdig sind, so ist die Tatsache, daß das renommierte Deutsche Institut für Wirtschaftsforschung in Berlin-West festgestellt hat, daß die Mark der DDR in ihrer Binnenkaufkraft der D-Mark etwa 1:1 entsprach, die Mark eines Rentners sogar 1:1,5, ein bedeutsames Indiz dafür, daß der Umtauschkurs zumindest für die sog. Fließgrößen (Löhne, Gehälter usw.) von 1:1 auch *ökonomisch* begründet war.

Von diesem Standpunkt aus kann man den Umtausch von etwa der Hälfte der Spareinlagen durchaus als eine ungerechtfertigte Enteignung des persönlichen Vermögens der Bürger der DDR betrachten. Natürlich muß man berücksichtigen, daß es sich dabei infolge der eingefrorenen Preise für den Grundbedarf der Bevölkerung, Verkehrsleistungen und Mieten in der DDR um zwei grundverschiedene Preis- und Einkommensverhältnisse gehandelt hat. Aber die ca. 60 Milliarden Subventionen, die der Staat dafür bereitstellte, waren in der volkswirtschaftlichen Gesamtrechnung der DDR enthalten. Lediglich die Verschuldung gegenüber den Westwährungsländern ist ein nicht selbst erarbeitetes Produkt gewesen. Nach dem bereits zitierten offiziellen Abschlußbericht der Deutschen Bundesbank zur Zahlungsbilanz der DDR vom August 1999 war diese Verschuldung 1989 jedoch noch nicht existenzgefährdend.

Fünftens: Es ist zweifellos richtig, daß die Umstellung der Löhne und Gehälter von heute auf morgen ohne jegliche flankierende Maßnahmen die Unternehmen der DDR vor komplizierte, kaum zu überwindende Schwierigkeiten gestellt hat. Das hat aber nur zum Teil seine Ursache in diesem Umstellungsverhältnis. Ein entscheidender Grund liegt in der Fehlkonstruktion des Transformationsprozesses, bei dem man sogar von seinen eigenen, in der EG erprobten Methoden und Instrumenten abwich. Diese Fehlkonstruktion, diese sträfliche Vernachlässigung ökonomischer Zwangsläufigkeiten hat bis heute den selbsttragenden Aufschwung der Wirtschaft in den neuen Bundesländern verhindert. Das wird sich auch nicht ändern, so lange man nicht an die Wurzel dieses Problems herangeht.

Um es deutlich auszusprechen: Der selbsttragende Aufschwung wird sich nur einstellen, wenn erstens die völlig ungenügende Kapitalausstattung der ostdeutschen Unternehmen verändert wird, und wenn zweitens die erforderliche Rationalisierung der verbliebenen industriellen Unternehmungen durch Investitionszuschüsse zur Angleichung des Produktivitätsniveaus nachgeholt wird. Das erfordert, den Finanztransfer West – Ost auf absehbare Zeit nicht nur nicht zu senken, sondern weiter zu erhöhen. Diese Kapital- und Investitionszuschüsse könnten auf längere Zeit als staatliche Anteile in diesen Unternehmungen geführt werden. Es wären also keine verlorenen Zuschüsse, sondern sie könnten nach Eintreten des sich selbst tragenden Aufschwungs zurückgezahlt werden.

Das wären keine Almosen oder unverdiente Geschenke. Das wäre ein Teil des eigentlich berechtigten Lastenausgleichs dafür, daß die Ostdeutschen z.B. die Reparationen an die UdSSR allein bezahlt haben und vierzig Jahre mit dieser Situation u.a. durch Konsumverzicht fertig werden mußten. Diese Kriegsfolgen müssen nun endlich von allen getragen werden. Diese Transferleistungen sind sicher ein geringeres Volumen als die Transferierung von 85 % des industriellen Vermögens der DDR an Eigentümer in den alten Bundesländern und die Bereicherung der westdeutschen Wirtschaft durch die Übernahme eines Marktes von sechzehn Millionen Einwohnern sowie die Inanspruchnahme des Löwenanteils der für Ostdeutschland gedachten Förderprogramme (Steuersparmodelle usw.) Aber das erfordert wohl solche staatsmännische und weitreichenden Entscheidungen, wie sie der Lastenausgleich nach dem Krieg für die Flüchtlinge aus den ehemaligen deutschen Ostgebieten und der CSSR darstellten. Wenn das politisch nicht durchsetzbar ist, wie manchmal selbst von einsichtsvollen Persönlichkeiten gesagt wird, dann sollten diese Probleme wenigstens ehrlich und offen ausgesprochen werden.

Das Arbeitspapier der BRD-Seite zum Staatsvertrag enthielt keine Festlegungen zu den Fragen einer Anpassungs- bzw. einer Übergangsphase für die Wirtschaft. Da die Vertreter der DDR dies für unverzichtbar hielten, wurde vorgeschlagen, im Artikel 10 »Wirtschaftspolitische Grundlagen« einen neuen Absatz 5 mit folgendem Text aufzunehmen: »Ausgehend von der Notwendigkeit einer Strukturanpassung der Unternehmen in der Deutschen Demokratischen Republik kann die Regierung der DDR im Einvernehmen mit der Regierung der BRD während einer Übergangszeit von 3 Jahren Maßnahmen ergreifen, die strukturelle Anpassung der Unternehmen an die neuen Marktbedingungen erleichtern«. Das war ein Schritt in die richtige Richtung. Aber würde es in drei Jahren überhaupt noch eine Regierung der DDR geben?
Dieser Vorschlag wurde der grundlegenden Bedeutung dieser Frage in keiner Weise gerecht. Die Verteter der DDR hielten es für notwendig und schlugen deshalb vor, in einer Anlage zum Staatsvertrag detaillierte Festlegungen zu konkreten Maßnahmen der Strukturanpassung der Wirtschaft der DDR zu formulieren. Dazu konnte in dieser Sitzung keine Übereinstimmung erzielt werden. In diesem Zusammenhang wandte sich die BRD-Seite noch einmal prinzipiell gegen alle Gedanken der Errichtung einer Wirtschafts- und Zollgrenze im einheitlichen Währungsgebiet der D-Mark. Es wurde auch argumentiert, daß die Einführung von Lieferkontingenten für westdeutsche Waren in das Gebiet der DDR ohnehin durch die Freizügigkeit der Menschen und die einheitliche Währung gegenstandslos seien. Diese Argumente besaßen eine bestimmte Berechtigung.
Aber selbst im einheitlichen Markt der BRD gab es Hoch- und Niedrigpreiszonen, deren Existenz keine Gefahr für die soziale Marktwirtschaft darstellen. Das ganze EG-Recht basiert auf der Anerkennung sehr unterschiedlicher regionaler ökonomischer Bedingungen. Ein schwer kalkulierbarer Faktor war dabei jedoch die Reaktion und das Verhalten der Menschen. Jede Einschränkung der neu gewonnen Freizügigkeit, auch auf ökonomischem

Gebiet, war ein Reizthema und wurde, z.B. durch Abgeordnete der DSU, einer neu gegründeten Partei mit CSU-Nähe, auch in der Volkskammer politisch artikuliert.

Es schlossen sich weitere Beratungen der Regierungskommissionen am 30.4. und 1.5. in Bonn an. Ein wesentliches Ergebnis war die Veröffentlichung einer Erklärung der beiden Regierungen über Zeitpunkt und Grundsätze der Einführung der Währungsunion, die gleichzeitig in Bonn und Berlin am 2. Mai veröffentlicht wurde. Es hieß dort: »Die Regierung der Deutschen Demokratischen Republik und die Regierung der Bundesrepublik beabsichtigen in Wahrnehmung der gemeinsamen Aufgabe der beiden deutschen Staaten und auf dem Wege zur deutschen Einheit, einen Staatsvertrag zur Einführung der Währungs-, Wirtschafts- und Sozialunion zu schließen. Dieser Vertrag soll am 1. Juli 1990 in Kraft treten.«

Diesem Ziel dienten die Beratungen am 3. und 4.5. sowie am 10.5. in Berlin.
In diesen Tagen wurde gemeinsam mit dem Entwurf des Staatsvertrages das »Gemeinsame Protokoll über Leitsätze« erarbeitet, das in Ergänzung des Vertrages Grundsätze zur Gestaltung der Währungs- und Wirtschaftsunion sowie Leitsätze für einzelne Rechtsgebiete enthielt. Gleichzeitig wurden insgesamt neun Anlagen zum Staatsvertrag fertiggestellt; darunter die bedeutsame Anlage IX: »Möglichkeiten des Eigentumserwerbs privater Investoren an Grund und Boden sowie an Produktionsmitteln zur Förderung gewerblicher, Arbeitsplatz schaffender Investitionen«. Sie wurde erst zum Schluß, im Ergebnis intensiver Beratungen erarbeitet und in den Vertragstext aufgenommen. Sie war auch auf DDR-Seite bis zum Schluß umstritten, wurde dann aber von der Realität schnell überholt.

Eine nach wie vor intensive Diskussion wurde zu den Fragen einer Übergangs- und Strukturanpassungsphase für die Wirtschaft, darunter auch die Landwirtschaft der DDR geführt. In den Entwurf des Staatsvertrages vom 2. Mai 1990 war auf Drängen der DDR-Seite ein neuer Artikel 13 »Strukturanpassung der Unternehmen« aufgenommen worden. Gleichzeitig wurde aufgrund des beharrlichen Drängens der DDR-Seite im Auftrage der Regierungsdelegationen in einer gesonderten Arbeitsgruppe aus Vertretern der beiden Wirtschaftsministerien ein Vorschlag zu »Methoden und Instrumenten, die während einer Übergangszeit die strukturelle Anpassung der Unternehmen an die Bedingungen der sozialen Marktwirtschaft erleichtern« sollen, erarbeitet.

Durch Mitarbeiter des Wirtschaftsministeriums sowie des Finanzministeriums war erneut eine Einschätzung der Rentabilitätslage der Betriebe/Unternehmungen der DDR unter den Bedingungen der abrupten Einführung der D-Mark und der marktwirtschaftlichen Ordnung ausgearbeitet worden. Sie besagte, daß bereits bei Eliminierung einer Anzahl konkursgefährdeter und nicht erhaltenswerter Betriebe im zweiten Halbjahr 1990 Liquiditätsprobleme in Höhe von 30 bis 35 Milliarden DM und im Jahre 1991 mindestens in Höhe von 35 bis 40 Milliarden DM entstehen werden und deshalb in dieser Höhe Strukturanpassungsmittel bereitgestellt werden müßten.

Als die oben genannten Zahlen zu notwendigen Strukturanpassungsmaßnahmen und Liquiditätshilfen sowie zu der voraussichtlichen Entwicklung der Zahl der Arbeitslosen in Höhe von ca. zwei Millionen vom Vertreter des DDR-Wirtschaftsministeriums in der Beratung der Regierungsdelegationen dargelegt wurden, bezeichnete Herr Tietmeyer sie scharf abweisend als ein »Horrorszenarium«, in dem die stimulierenden Wirkungen der Einführung der sozialen Marktwirtschaft völlig unterschätzt würden. Es wurde darauf verwiesen, daß man Ludwig Erhard bei der Einführung der sozialen Marktwirtschaft ähnliche Rechnungen vorgelegt habe, die durch die Wirklichkeit widerlegt worden seien. Man übergab uns sogar eine Ausarbeitung Ludwig Erhards zu dieser Frage, die wir genau studieren sollten.
Inzwischen hat die tatsächliche Entwicklung eine eindeutige Antwort gegeben. Das »Hinwegfegen der Betriebe der DDR vom Markt« durch die übermächtige Konkurrenz der Konzerne und Unternehmungen in den alten Bundesländern hat sich in einem weit größeren Ausmaß vollzogen, als damals eingeschätzt werden konnte. Die Zwei-Millionen-Marke bei Arbeitslosen wird nur deshalb nicht ausgewiesen, weil sie durch Umschulungs-, ABM- und andere Maßnahmen reduziert wird. Außerdem ist zu berücksichtigen, daß die Binnenwanderung aus den neuen Ländern in die alten angehalten hat und weiterhin anhält und im Zeitraum 1990 bis 2000 eine Größenordnung von mehr als 1,4 Millionen Perso-

nen angenommen hat. Außerdem gibt es einen beträchtlichen Arbeits-Pendler-Überschuß.

Die gesondert vereinbarte Ausarbeitung »Methoden und Instrumente für die Strukturanpassung« enthielt Maßnahmen zur allgemeinen Investitionsförderung, gezielte Maßnahmen für förderungswürdige, sanierungsfähige Unternehmungen, Maßnahmen zur Umschulung, Aus- und Fortbildung, Maßnahmen zum Aufbau einer wirtschaftsnahen Infrastruktur, zur Gestaltung des öffentlichen Auftragswesens sowie handelspolitische Maßnahmen. Die eingeschätzte Gesamtsumme der sich daraus ergebenden Fördermittel belief sich nach der damaligen Einschätzung im Jahre 1990 (zweites Halbjahr) auf rund 4 Milliarden und 1991 auf 15 bis 16 Milliarden DM.

Zu diesen Vorschlägen der gesonderten Arbeitsgruppe gab es in der Regierungskommission seitens der BRD-Vertreter zu zwei Punkten Einsprüche. Einmal zu dem Vorschlag für eine Investitionszulage bei Ausrüstungsgütern mit dem Argument, daß dies besser durch eine drastische Steuererleichterung zu realisieren sei. Bekanntlich wurden im späteren Ablauf die Investitionszulagen als ein sehr wirksames Instrument aufrechterhalten und weiter ausgebaut, während die Steuersparmodelle nicht der Wirtschaft in den neuen Bundesländern, sondern hauptsächlich westdeutschen Kapitalanlegern zugute kamen.
Zweitens wurden Einwände erhoben gegen die in der gemeinsamen Arbeitsgruppe zum zeitweiligen Schutz der Produktion der Betriebe der DDR und der Unterstützung des Absatzes ihrer Produkte nach dem Muster von entsprechenden Regelungen in der Europäischen Gemeinschaft vorgeschlagenen Erhebung einer Sondersteuer auf ausgewählte Konsumgüter festzulegen. Die gemeinsame Arbeitsgruppe hatte vorgeschlagen, eine solche Sondersteuer in Höhe von 11% bis 31.12.1990 und von 6% bis 31.3.1991. Nach dem Verzicht auf die zeitweise Aufrechterhaltung einer Wirtschafts- oder Zollgrenze war dies die einzige Möglichkeit eines bestimmten Schutzes bzw. einer Präferenz für die Produktion der DDR-Betriebe. Wie uns westdeutsche Teilnehmer in der Arbeitsgruppe berichteten, setzte dazu vor allem eine intensive Lobbytätigkeit der großen Kaufhausketten und Versandhäuser gegen eine solche Regelung bis hinein in den Bundestag ein. Sie standen für das Überschwemmen des DDR-Marktes schon in den Startlöchern.

Zu diesem Vorschlag gab es auch in der BRD-Delegation differenzierte Meinungen. Der Vorschlag zielte u.a. darauf ab, besonders solche Produktionen zu schützen, die in regionale Kreisläufe eingebunden waren und – wie z.B. in der Nahrungsgüterindustrie – einheimische landwirtschaftliche Produkte verarbeitete, wodurch traditionell gewachsene Produktionsketten hätten unterstützt werden können. Herr Tietmeyer schreibt dazu in seinen »Erinnerungen«: »Trotz aller offenkundig dagegen sprechenden Argumente hielt ich den hinter dem Vorschlag einer befristeten Importsteuer stehenden Grundgedanken durchaus nicht für abwegig ...«
Heute muß man sagen, daß die dafür in Aussicht genommenen Zeiträume für die umfassende Wirksamkeit einer solchen Steuer zu kurz waren. Die Verwirklichung einer solchen Schutzmaßnahme hätte jedoch ein Signal sein können, das zusammen mit den für den Bereich Land- und Nahrungsgüterwirtschaft vorgeschlagenen Maßnahmen einen bestimmten Wall gegen die ungehemmte Überflutung und schlagartige Verdrängung von einheimischen Produkten hätte bilden können. Auch die Fürsprache von Staatssekretär Krause konnte die Mehrheit der neugewählten Volkskammer nicht davon abhalten, diese Regelung im August 1990 ersatzlos aufzuheben.

In den Maiberatungen wurde der Standpunkt der BRD-Seite mitgeteilt, daß diese Maßnahmen zur Strukturanpassung der Wirtschaft aufgrund der Unsicherheit der damit zusammenhängenden Einschätzung zur Rentabilitätslage der Betriebe und notwendigen Fördermitteln nicht als eine Anlage zum Staatsvertrag ausgefertigt werden könne, sondern die konkrete Ausgestaltung der »Maßnahmen« zwischen den Regierungen der beiden vertragsschließenden Parteien gesondert vereinbart werden solle. Eine entsprechende Formulierung wurde in den Staatsvertrag aufgenommen.

Von der im Rahmen der Regierungsdelegationen gesondert gebildeten Arbeitsgruppe zu Fragen der Strukturanpassung der Industrie wurde am 9. Mai folgende Erklärung zur Aufnahme in das Protokoll vorgelegt: »Die Vertreter der Deutschen Demokratischen Republik weisen darauf hin, daß sich nach ihren jüngsten Feststellungen die Rentabilitäts- und Liquiditätslage der Betriebe und Unternehmen der bisherigen zentral geleiteten Kombinate zum Zeitpunkt der Währungsumstellung außerordentlich prekär darstellt. In der notwendigen Frist wird aus eigener Kraft der betroffenen Unternehmungen keine adäquate Lösung gesehen. Die Vertreter der DDR halten es für dringend, dieses Problem im Zusammenhang mit den Gesprächen über die Umgestaltung der Treuhandanstalt möglichst rasch zu behandeln und dabei auch die Frage der Kreditaufnahmemöglichkeiten der Treuhandanstalt oder einer anderen Institution zugunsten der Finanzierung sanierungsfähiger Betriebe zu lösen«. Aber das waren eigentlich nur noch Rückzugsgefechte, die auch nur halbherzig unterstützt wurden.

In den Beratungen der Regierungskommissionen zur Vorbereitung einer Währungs-, Wirtschafts- und Sozialunion spielte die weitere Ausgestaltung der Arbeit und die Rolle der bereits unter der Regierung Modrow gebildeten Treuhandanstalt für das volkseigene Produktivvermögen eine zunehmende Rolle. Die BRD-Seite stellte die Privatisierung des Produktionsvermögens der Wirtschaft und den Verkauf von Grund und Boden unmittelbar in Beziehung zur Finanzierung der strukturellen Anpassungsförderung der Industrie, der Förderung der Landwirtschaft und der Sicherung der Staatsausgaben. Es wurde schon hier erklärt: Das erfordere die Umstellung der Arbeit der Treuhandanstalt von der Funktion des Bewahrens von Staatseigentum auf die Bewirtschaftung von Kapital, insbesondere die verstärkte Privatisierung. Die weitere Behandlung der Rolle der Treuhandanstalt erfolgte dann außerhalb der Regierungskommission für die Währungsunion zwischen Beauftragten der Wirtschafts- und Finanzministerien beider Staaten sowie des Bundeskanzleramtes.

Einen bedeutenden Platz nahm in den abschließenden Beratungen der Regierungskommissionen die Erörterung der Fragen der Land- und Nahrungsgüterwirtschaft ein, die zunächst auch in gesonderten Beratungen vorbereitet worden waren. Eine besondere Problematik ergab sich daraus, daß es sich bei der Landwirtschaft der DDR um eine Großraumwirtschaft auf der Basis genossenschaftlichen Eigentums handelte, die mit der Nahrungsgüterproduktion auf das Engste verflochten war. Die Ergebnisse der Erörterungen schlugen sich in Artikel 15 des Staatsvertrages nieder. Darin war festgelegt, daß »die DDR ein Preisstützungs- und Außenschutzsystem entsprechend dem EG-Marktordnungssystem einführen« kann, und daß »bis zur rechtlichen Integration

der Agrar- und Ernährungswirtschaft der DDR in den Agrarmarkt bei sensiblen Agrarerzeugnissen im Handel zwischen den Vertragsparteien spezifische mengenmäßige Regelungsmechanismen möglich sind.«
Trotz großer Anstrengungen der Regierung de Maizière zur Nutzung der im Staatsvertrag getroffenen Vereinbarungen, u.a. durch Bildung einer Anstalt für landwirtschaftliche Marktordnung, hielten auch diese Festlegungen dem freien Strom der Waren und Erzeugnisse nach Einführung der DM als einheitliche Währung nicht stand.

Eine der wichtigsten Fragen, die im Zusammenhang mit der Währungs-, Wirtschafts- und Sozialunion eine fast schicksalhafte Bedeutung erlangte, war die Behandlung der in der Zeit von 1945 bis 1949 in der sowjetischen Besatzungszone vorgenommenen Enteignungen einerseits, sowie der nach 1949 nach DDR-Recht erfolgten Vermögensbeschlagnahmungen, die schließlich der verhängnisvollen Formel *Rückgabe vor Entschädigung* unterworfen wurden. In Anbetracht der prinzipiellen Bedeutung dieser Fragen und der Tatsache, daß sie auch heute – 10 Jahre nach Anschluß der DDR an die BRD – Gegenstand heftiger Diskussionen und Versuche zur Korrektur sind, soll ihr Zustandekommen außerhalb der Tätigkeit der Regierungsdelegationen zur Vorbereitung des Staatsvertrages zur Währungsunion anhand des authentischen Berichts[23] von Herrn Tietmeyer festgehalten werden: »Für den folgenden Tag (9.Mai) hatte der Bundeskanzler zu einem ausführlichen Koalitionsgespräch eingeladen. Anhand eines von Herrn Dr. Ludewig und mir vorbereiteten Papiers wurden alle wesentlichen noch offenen Fragen und der weitere Zeitplan besprochen ...
Herr Kinkel macht zunächst deutlich, daß die DDR-Regierung auf keinen Fall bereit sei, die durch sowjetisches Besatzungsrecht in der Zeit von 1945 bis 1949 vorgenommenen Enteignungen rückgängig zu machen. Maßgebend seien dabei einerseits die Interventionen der sowjetischen Regierung und andererseits die Sorge um den Rechtsfrieden in der DDR in Anbetracht der inzwischen entstandenen neuen Eigentumsstrukturen und ihrer Nutzung. Trotz einiger Einwände – insbesondere aus den Reihen der FDP – betonte Kinkel, daß er keine Möglichkeit für die Veränderung dieser Position sehe.
Was die nach 1949 unter DDR-Recht zustandegekommenen Ent-

eignungen angehe, so vertrat er mit großem Nachdruck den Grundsatz ›Restitution anstelle von Kompensation‹. Hier dürfe es trotz möglicher wirtschaftlicher und politischer Probleme in der DDR keine andere Lösung geben. Herr Kinkel fand mit dieser Position die Zustimmung der Koalition.«
In Anbetracht der gegenwärtig laufenden Angriffe, auch in Form juristischer Prozesse, gegen die Entscheidungen zu den Eigentumsveränderungen 1945 bis 1949, darunter besonders der Bodenreform, wo es um beträchtliche und wertschwere Ländereien geht, ist es notwendig, die Grundlagen festzuhalten. Die rücksichtslose Durchsetzung des Grundsatzes ›Rückgabe vor Entschädigung‹ ist noch immer eine schwärende Wunde, die selbst führende Politiker der Altbundesrepublik auch heute noch für eine grundlegende Fehlentscheidung halten. Gleichzeitig wird durch diesen sachlichen Bericht deutlich, welche politischen Kräfte diesen gewaltigen und heute noch anhaltenden Vermögens- und Eigentumstransfer von Ost nach West zugunsten der schon Besitzenden und zu Lasten der in der Nachkriegsgeschichte Deutschlands von Anfang an Benachteiligten vertraten und durchsetzten.

Die abschließenden Beratungen zum Staatsvertrag fanden am 11. und 12. Mai in Bonn statt. Der Entwurf des Vertrages und die damit im Zusammenhang stehenden Fragen wurden erneut detailliert beraten und die Formulierungen im wesentlichen einvernehmlich vereinbart. Ausgeklammert und den beiden Regierungen zur besonderen Entscheidung vorgelegt wurden vier Fragenkomplexe:
– Festlegungen zum Eigentum (später in der Anlage IV geregelt)
– Prüfung der Nachbesserungen für niedrige Renten und Stipendien
– Erforderliche Aufwendungen für die Strukturanpassung der gewerblichen Industrie
– Ausgleichszahlungen für die Strukturanpassung der Land- und Ernährungswirtschaft

Diese noch nicht endgültig entschiedenen Fragen wurden zu Beginn der darauffolgenden Woche in einer Beratung des Finanzministers der BRD, Waigel, und des Finanzministers der DDR, Romberg, im Zusammenhang mit der Gesamteinschätzung des notwendigen Finanzausgleichs für 1990/91 behandelt.
Die letzten Entscheidungen wurden in einer Beratung des Bundeskanzlers der Bundesrepublik Deutschland, Kohl, und des Mini-

sterpräsidenten der DDR, de Maizière, im Zusammenhang mit Beratungen über den Fonds Deutsche Einheit bzw. den Fonds für die Ausgleichs- und Anschubfinanzierung getroffen.

Der Vertrag über die Schaffung einer Währungs-, Wirtschafts- und Sozialunion wurde noch in der gleichen Woche – am Freitag, dem 18. Mai 1990 – in einem festlichen Akt der beiden Regierungen durch die Finanzminister, Dr. Waigel und Dr. Romberg, unterzeichnet. Er erhielt anschließend durch Beschlußfassung der beiden Parlamente Gesetzeskraft.

In diesem Zusammenhang sei dem Verfasser eine persönliche Bemerkung gestattet:
Ich wurde als Mitglied der Verhandlungsdelegationen gemeinsam mit dem Staatssekretär im Finanzministerium, Walter Siegert, dem Stellvertreter des Präsidenten der Staatsbank, Prof. Stoll, und einigen anderen zum Abschluß des Vertrages über die Währungs-, Wirtschafts- und Sozialunion am 18. Mai 1990 nach Bonn eingeladen. In einem Flugzeug der Bundeswehr flogen wir mit den Mitgliedern der Regierung de Maizière von Berlin-Schönefeld nach Köln-Bonn, mit Hubschraubern von dort direkt in den Garten des Bundeskanzleramtes. Es war ein wunderschöner Tag. Die Hubschrauber flogen nicht sehr hoch den Rhein entlang. Auf der einen Seite tauchte das Hotel Petersberg auf, schon fast ein vertrautes Bild aus den Fernsehberichten über hohe Staatsbesuche. Mir drängte sich die Frage auf: Was hast du hier zu suchen? Nun gut, du hast als Experte deine Arbeit nach bestem Wissen und Gewissen gemacht. Du fühltest dich auch aufgrund deiner früheren Tätigkeit und nach dem eindeutigen Votum der Bürger in der Märzwahl dazu verpflichtet. Ob sie als erfolgreich eingeschätzt werden kann, ist zweifelhaft. In Flugzeugen der Bundeswehr transportiert zu werden war vor kurzem noch eine unvorstellbare Angelegenheit. Was würden deine Kollegen, Freunde, Bekannten und Verwandten sagen, wenn sie dich hier sehen könnten? Mir war hundeelend zumute. War das Verrat an dem, wofür ich 40 Jahre, fast die ganze Zeit meines bewußten Lebens, gearbeitet hatte? Wir, die meisten meiner Kollegen und Freunde, wollten aus Überzeugung eine andere Gesellschaft als die, die den Ersten Weltkrieg hervorgebracht und mit Faschismus und Zweitem Weltkrieg erneut unermeßliches Elend, Leid und Tod für Millionen Menschen verursacht hatte. Das war die Frage, die schon zu Beginn der Verhandlungen auftauchte: Mußt du da mitarbeiten? Bist du

überhaupt geeignet dafür? Klar war, der Versuch, etwas anderes, Neues zu schaffen, war gescheitert, war mit zu vielen Mängeln und Fehlern behaftet. Die Mehrheit der Mitbürger hatte sich von ihm abgewandt. Während der intensiven Verhandlungen wurde diese Frage im hektischen Ablauf der Arbeit immer wieder verdrängt. Es blieb einfach nicht die Zeit, sich damit zu beschäftigen. Die drängenden Aufgaben mußten gelöst werden.
Da waren die sich überstürzenden Ereignisse in Deutschland, aber auch international, die Verhandlungen Gorbatschows mit dem amerikanischen Präsidenten auf Malta, mit Helmut Kohl im Kaukasus. Der Besuch Gorbatschows in Bonn im Sommer 1989 hatte schon das Gefühl vermittelt, daß die DDR für die Sowjetunion nur noch eine, vielleicht sogar etwas lästige, Nebenrolle spielte. Es war schwer, die sich überstürzenden Ereignisse auf den verschiedenen Ebenen überhaupt geistig zu erfassen und zu verarbeiten. Und gleichzeitig mußten in den Verhandlungen auf Fragen Antworten gefunden werden, die bisher nie gedacht waren.

Am Nachmittag des 18. Mai fand die feierliche Unterzeichnung des Staatsvertrages zur Währungs-, Wirtschafts- und Sozialunion im Palais Schaumburg in Bonn statt. An ihr nahmen die Mitglieder der Bundesregierung unter Bundeskanzler Helmut Kohl sowie die Mitglieder der Regierung der DDR unter Leitung von Ministerpräsident de Maizière teil; außerdem alles, was Rang und Namen hatte – so schien es – im öffentlichen Leben der Bundesrepublik. Der Bundeskanzler und der Ministerpräsident tauschten Reden aus, die dem feierlichen Anlaß angemessen waren. Ich suchte mir einen Platz in der hintersten Stuhlreihe.

### Die Abwicklung der Wirtschaft der DDR und die Rolle der Treuhandanstalt

Es ist gut, sich zu erinnern, daß als Geburtsstunde der Treuhandanstalt der Satz von Wolfgang Ullmann, gesprochen am 12.2.1990 am Runden Tisch in Berlin, bezeichnet werden kann, mit dem er »die umgehende Bildung einer Treuhandanstalt zur Wahrung des Anteilsrechts der Bürger mit DDR-Staatsbürgerschaft am Volkseigentum der DDR«[24] vorschlug. Ein schriftlich ausgearbeiteter Vorschlag wurde dem Vertreter der Modrow-Regierung, Herrn Dr. Peter Moreth, übergeben. Also: die Geburtsstunde der Treuhandanstalt war verbunden mit der klaren Überzeugung, daß das bedeutende volkseigene Vermögen der DDR den Bürgern dieses Staates gehörte und auch weiterhin gehören sollte. Wenn man von der vorliegenden dokumentierten Wertschätzung des DDR-Produktivvermögens in Höhe von 1,2 bis 1,5 Billionen Mark der DDR ausging und diese durch die 16 Millionen Bürger teilte, dann kam man auf eine Summe von 100.000 DDR-Mark pro Kopf. Und dieses Eigentum wollte man den Bürgern dieses Staates erhalten. Es war schließlich das, was sie aus den Trümmern des Zweiten Weltkrieges übernommen und durch harte Arbeit und unsägliche Entbehrungen erhalten und vermehrt hatten.

Etwa zeitgleich zum Vorschlag des Runden Tisches legte der Staatssekretär Wolfram Krause bei der Stellvertretenden Ministerpräsidentin der DDR, Prof. Christa Luft – die zugleich das sog. Wirtschaftskabinett der Modrow-Regierung leitete –, ein Konzept zur »Gründung einer Anstalt zur treuhänderischen Verwaltung des Volkseigentums« vor. Dieses Modell ließ aber zunächst noch vieles offen. Vor allem enthielt es keine entschiedenen Bestimmungen, wie das ehemalige Volkseigentum tatsächlich – ganz oder teilweise – in das Eigentum der Bürger dieses Staates überführt werden könnte. Es gab in dieser Zeit einen ungeheuren Vorschlagswirrwarr. Gebetene und ungebetene Ratgeber, Experten, wissenschaftliche Einrichtungen, ein Sondergutachten der fünf Wirtschaftsweisen, Unternehmensberatergruppen wie die des Grafen Matuschka aus München oder Roland Berger – und hochrangige Bankenvertreter unterbreiteten Vorschläge; mehr oder weniger aufdringlich.

Die Situation in dieser Zeit der sich überstürzenden Ereignisse wird gut in der Vorlage 12/29 des Runden Tisches charakterisiert. Es hieß dort: »Offenbar ist statt einer deutschen Fusionslösung eine baldige Angliederung der DDR an die Bundesrepublik Deutschland wahrscheinlich geworden. Damit vierzig so schrecklich fehlgeleitete Lebensjahre voller Arbeit und Mühen nicht gänzlich ergebnislos bleiben, wird der oben genannte Vorschlag unterbreitet. Durch die sofortige Schaffung der oben genannten Kapital-Holding – Treuhandgesellschaft als neues Rechtssubjekt – würde dafür Sorge getragen werden, daß das im Volksbesitz befindliche Eigentum – soweit es sich als demokratisch legitimiert bzw. durch Kriegsergebnisse zustandegekommen erweisen wird – in der DDR nicht herrenlos wird und einfach verlorengeht.«

Die Entwicklung nahm gerade diesen Verlauf. Nur: dieses Eigentum wurde nicht herrenlos. Es wurde von einer Treuhandanstalt, die im Auftrag des Bundesfinanzministeriums tätig wurde, zielgerichtet privatisiert, man könnte auch sagen: zu 95% an Nicht-DDR-Bürger verscherbelt.
Wie kam das?

Am 1.3.1990 wurde von der Regierung Modrow »die Gründung einer Anstalt zur treuhänderischen Verwaltung des Volkseigentums (Treuhandanstalt)« beschlossen, und am 15.3. verkündete der DDR-Ministerrat ein Statut der THA.
Die Volkskammerwahlen am 18. März standen bevor. Mit Sicherheit würden sie zu einer anderen politischen Konstellation in der Volkskammer und damit der Leitung des Staates und auch der Poltik der Treuhand führen. Und es kam so: Dr. Moreth als Chef der ersten treuhänderischen Einrichtung wurde abgelöst und zunächst durch seinen Stellvertreter, Wolfram Krause, ersetzt. Das Schiff »Wirtschaft der DDR« schlingerte. Auflösungserscheinungen der alten Strukturen wurden immer deutlicher. Gleichzeitig wurde intensiv an der bald durchzuführenden Währungsunion gearbeitet. Am 17. Juni wurde von der neugewählten Volkskammer das von der Regierung de Maizière vorgelegte Treuhandgesetz als »Gesetz zur Privatisierung und Reorganisation des volkseigenen Vermögens« beschlossen.

Inzwischen war klar geworden, daß die Übernahme der Währung der D-Mark die Kombinate und Betriebe der DDR vor immense Schwierigkeiten stellen würde.
Günther Krause, Wissenschaftler, früher Funktionär in der Block-Partei CDU (der DDR), damals Staatssekretär in der Regierung de Maizière und verantwortlich für die Vorbereitung der Währungsunion, erklärte in der Debatte zum Treuhandgesetz in der Volkskammer unmißverständlich: »Nach Lage der Dinge ist der Verkauf, d.h. die Privatisierung vorhandenen Volks- bzw. Staatseigentums durch die Treuhandanstalt Hauptquelle für die Abdeckung der Finanzierung der eingeschätzten Verluste.« In einer längeren Beratung des Wirtschaftsausschusses machte Ministerpräsident de Maizière den immer noch die Erhaltung des Volkseigentums für die Bevölkerung anmahnenden Vertretern – wie Frau Prof. Christa Luft und Wolfgang Ullmann – klar, daß die Privatisierung eine unverrückbare Forderung aus Bonn an die

Beitrittswünschenden darstelle und eine andere Konzeption nicht durchsetzbar sei.

Demzufolge heißt es im § 1 des Treuhandgesetzes ganz eindeutig: »(1) Das volkseigene Vermögen ist zu privatisieren. Volkseigenes Vermögen kann auch in durch Gesetz bestimmten Fällen Gemeinden, Städten, Kreisen und Ländern sowie der öffentlichen Hand als Eigentum übertragen werden. Volkseigenes Vermögen, das kommunalen Aufgaben und kommunalen Dienstleistungen dient, ist durch Gesetz den Gemeinden und Städten zu übertragen.« Bereits mit diesem ersten Satz des Paragraphen 1 und noch vor Inkrafttreten der Währungsunion zum 1.7.1990 sowie dem eigentlichen Beitritt der DDR zur BRD wird der Traum von einer Beteiligung der Bürger der DDR an ihrem in vierzig Jahren erarbeiteten und gewachsenen Produktivvermögen rigoros zerstört. Bedeutungsschwer war jedoch auch der Satzteil: »... sowie der öffentlichen Hand als Eigentum übertragen werden.« In den folgenden Jahren zeigte sich, daß es sehr darauf ankam, wie man diese Festlegung interpretierte.

Und noch ein Paragraph dieses Gesetzes war in vorliegendem Zusammenhang von Bedeutung, wurde jedoch später der Vergessenheit anheimgegeben. In § 5, Absatz 2, hieß es: »Nach einer Bestandsaufnahme des volkseigenen Vermögens und seiner Ertragsfähigkeit sowie nach seiner vorrangigen Nutzung für die Strukturanpassung der Wirtschaft und für die Sanierung des Staatshaushaltes wird nach Möglichkeit vorgesehen, daß den Sparern zu einem späteren Zeitpunkt für den bei der Umstellung von Mark der DDR auf D-Mark im Verhältnis 2:1 reduzierten Betrag ein verbrieflichtes Anteilsrecht am volkseigenen Vermögen eingeräumt werden kann.« Man spürte fast körperlich, wie die vielen eingebauten Hürden auf die Verhinderung dieses Gedankens zielten. Es war nicht mehr als eine Beruhigungspille.

Wenn man vom Vorspiel und der 33tägigen Präsidentschaft des ehemaligen Chefs der Bundesbahn, Rainer Maria Gohlke, absieht, wurde die Arbeit der Treuhand durch den Hoesch-Vorstandschef Dr. Detlev Rohwedder bestimmt, der am 29.8.1990 zum Präsidenten berufen wurde. Seine Poltik wird wohl am besten durch folgenden von ihm geprägten Satz charakterisiert: »Zügig privatisieren – entschlossen sanieren – behutsam abwickeln.« In diesen Satz ist viel hineininterpretiert worden.

Dr. Rohwedder hatte den Ruf, ein exzellenter Sanierer zu sein, was er auch als Vorstand des Hoesch-Konzerns nachgewiesen hatte. Man sagte ihm nach, daß er – im Interesse der Erhaltung ostdeutscher Industriestandorte – von einem längere Zeit bestehenden Sektor öffentlichen Eigentums in privater Rechtsform ausging. Anläßlich des zehnten Jahrestages der Währungsunion bekräftigte dies der Finanzminister der Regierung de Maizière, Dr. Romberg, in einem Presseinterview mit den Worten: »Der einstige Treuhandchef Rohwedder hatte mir noch im August 1990 gesagt, er rechne damit, daß es noch in zehn Jahren Staatsbetriebe in großem Umfang gibt.«[25] Nicht außer acht bleiben darf aber auch ein Brief von ihm vom 26.11.1990, in dem es hieß: »Es kann und darf nicht die Erwartung geben, ehemals volkseigene Betriebe könnten in der Obhut der Treuhandanstalt und eines öffentlichen Eigentümers bleiben.«[26]

In seinem letzten Brief vom März 1991 – dem sog. Osterbrief, der an alle Mitarbeiter versandt wurde –, hieß es dann, es gehe um »schnelle Privatisierung, entschlossene Sanierung, behutsame Stillegung«. Dem war eine Erklärung des Finanzstaatssekretärs Horst Köhler vorausgegangen, der auf einer Sitzung des Treuhandpräsidialausschusses am 21.1.1991 im Kölner Hotel Excelsior verlangt hatte, es müsse in der ehemaligen DDR-Industrie »auch mal gestorben« werden, Blut müsse fließen. Das nahm Dr. Rohwedder laut Protokoll zur Kenntnis; mehr nicht.[27]

Am 1.4.1991 wurde Detlev Rohwedder in seinem Haus in Düsseldorf erschossen. Sehr schnell wurde bekanntgemacht, daß sich die Rote-Armee-Fraktion zu dem Anschlag bekenne. Der damalige Bundespräsident v. Weizsäcker zitierte in seiner Trauerrede folgenden Satz zur Charakterisierung der Person des Ermordeten und seiner Einstellung zu seiner letzten großen Aufgabe: »Die Treuhandanstalt ist verpflichtet, unternehmerisch zu handeln – aber nicht im Eigeninteresse. Ihre Aufgabe ist Dienstleistung für das ganze Volk.«[28] Und dem Thüringer Landesbischof hatte D. Rohwedder auf eine Zuschrift geantwortet, er wolle die »Menschen nicht die Treppe herunterstoßen, sondern vorsichtig herunterführen«.

Der Mord an Rohwedder hatte zweifellos etwas mit der von der Treuhand verfolgten Politik zu tun. Die Bundesanwaltschaft ging davon aus, daß der Mörder im Auftrag der Rote-Armee-Fraktion handelte. Es gab oder gibt jedoch auch andere Versionen. In einer

Anfang 1998 ausgestrahlten Sendung des WDR[29] wurde die These aufgestellt, daß »Rohwedder von einem Profikiller der Stasi umgebracht wurde«.
Dazu wurde in einem Beitrag der Berliner Zeitung schon einen Tag später folgendes geschrieben: »Der Journalist Gerhard Wisnewski, der mit zwei Kollegen bereits vor zweieinhalb Jahren in dem Buch ›Das RAF-Phantom‹ die Hintergründe des Rohwedder-Mordes analysiert hatte und zu dem Schluß kam, daß die RAF als Täter ausscheide, sieht seine These in dem Film bestätigt. Er sagte zu dem Beitrag des WDR: ›Es ist bemerkenswert, daß die Autoren vom WDR zu dem Schluß kommen, daß ein Geheimdienst hinter dem Anschlag steckt.‹
Allerdings glaube er, daß ein westlicher Geheimdienst involviert sei. Mit der Stasi-Version sind die Autoren einer gezielt ausgelegten Spur deutscher Geheimdienste aufgesessen.«[30]
In diesem Zusammenhang ist eine Bemerkung des bekannten Porzellanfabrikanten und ehemaligen Bundestagsabgeordneten der SPD, Phillip Rosenthal, in einem Interview in der Berliner Zeitung vom Mai 1993 in mehrfacher Hinsicht interessant: »Detlev Rohwedder – dem Chef der Treuhandanstalt – machte ich den Vorschlag, allen ostdeutschen Arbeitern 10 bis 15% ihrer Firma abzugeben. Das hätte ungeheuer motivierend wirken können. Rohwedder schrieb zurück, er sei absolut meiner Meinung. Tage später wurde er ermordet.«[31]
Wie lautet die uralte juristische Frage: Wem nützt es? Die Übergabe eines Teils des Produktivvermögens der DDR in die Hände derjenigen, denen es eigentlich gehören sollte, ist heute schon eine fast vergessene Variante und war eine reale, zumindest eine Teilmöglichkeit der Privatisierung dieses Vermögens.

Ähnlich erging es einer Idee – die auch als ›Management by out‹ bzw. ›by in‹ (MBO/MBI) bezeichnet wurde – zur Übernahme vorhandener Betriebe und Einrichtungen durch die dort tätigen leitenden Angestellten und Mitarbeiter, eventuell unterstützt durch Kapitalgeber von außen. Es klingt wie Hohn, daß die Belegschaften und ihre leitenden Angestellten ihre Betriebe kaufen sollten: Leute, die bisher nie hatten Vermögen ansammeln können. Dazu hätte es massiver und gezielter Unterstützung durch die Treuhand bedurft und Kreditbürgschaften gegenüber Banken, die in diesen Fragen – gelinde gesagt – einfach die kalte Schulter zeigten. Um diese Idee in der Breite zum Tragen zu bringen, zu-

mindest in solchen dafür besonders geeigneten Bereichen wie der Nahrungs- und Genußmittelindustrie, dem Textilbereich und bei Konsumgütern des täglichen Bedarfs, hätte es vor allem auch der Unterstützung beim Absatz dieser Erzeugnisse durch übergreifende wirtschaftliche Rahmenbedingungen bedurft. Es wäre doch keine Beeinträchtigung einer vernünftig gestalteten Marktwirtschaft gewesen, wenn die Großmarkt-, Kaufhallen- und Kaufhausketten z. B. verpflichtet worden wären, einen Teil des ihnen ohne eigenes Zutun zufallenden Umsatzsprungs mit Erzeugnissen von Betrieben aus den neuen Ländern zu realisieren – zumindest in den neuen Bundesländern. Sie wurden jedoch nicht gezwungen, sich einer solchen Festlegung zu unterwerfen, die ja als Gegenleistung einen exorbianten Umsatzsprung anbot. Was war das für ein quälender Prozeß – und ist es teilweise heute noch –, bis solche Waren »aus der Region« »gelistet« wurden. Trotzdem gibt es eine ganze Reihe von Beispielen für die erfolgreiche Entwicklung solcher Unternehmen wie die Florena-Kosmetik GmbH, die überstrapazierte Rotkäppchen-Kelterei, ausgegliederte Betriebsteile von Maschinenbaukombinaten u. a.
Im Abschlußbericht des Vorstandes der Treuhand wird von 3000 ostdeutschen Bürgern gesprochen, die durch Beteiligung (MBO/MBI) an der Privatisierung mitgewirkt haben. Tropfen in einem Ozean.
Im Gegensatz zu den großzügigen Konditionen bei der Übernahme von Betrieben der DDR durch westdeutsche und ausländische Investoren – besonders Großinvestoren – wurden den meisten dieser ostdeutschen Privatisierer die »Altschulden« nicht erlassen und keine Möglichkeiten einer kostengünstigen Pacht von Grund und Boden eingeräumt.

Ein charakteristisches Beispiel für die Gesamtsituation ist die Geschichte des ehemaligen Berliner Kosmetikkombinates. Das war ein mit moderner Technik, vornehmlich aus westlichen Ländern ausgestattetes Unternehmen. Es wurde von einem Amerikaner übernommen, sogar einschließlich der fähigen ehemaligen Generaldirektorin, die auch von der Belegschaft akzeptiert wurde. In der Berliner Zeitung konnte man in regelmäßigen Abständen nachlesen, daß der amerikanische Eigentümer mit der Motivation und Leistungsbereitschaft der Belegschaft zufrieden war, daß er aber immer wieder scheiterte an der Blockade (oder Unbeweglichkeit?) der Abnehmer in Gestalt der großen Han-

delsketten, bis er schließlich das Handtuch warf und das Unternehmen wieder abstieß.
Zufall? Kommt vor in den Turbulenzen eines solchen großen Prozesses? Nein. Wenn man Absicht bestreitet, dann kann man das nur noch mit Überforderung, ungenügender geistiger Beherrschung und/oder Schlamperei bezeichnen.

Frau Birgit Breuel, die Nachfolgerin von D. Rohwedder an der Spitze der Treuhandanstalt, faßte ihre Philosophie in die griffige Losung: »Privatisierung ist immer noch die beste Sanierung.« Wenn man die Dinge so nimmt, wie sie da stehen, dann war das nicht nur eine Nuancenänderung gegenüber dem Credo von Rohwedder. Seine Konzeption ruhte auf drei gleichberechtigten Säulen: Privatisierung-Sanierung-Stillegung. Bei Frau Breuel wurde die Sanierung in Privatisierung »transformiert«. Frau Breuel, die vorher in Niedersachsen als Finanzministerin abgewählte CDU-Politikerin, steuerte die Treuhand in frappierender tatsächlicher oder gespielter Ahnungslosigkeit mit eiserner Hand in die Richtung des überstürzten Verkaufs ostdeutschen Produktivvermögens.
Das war eine strategische Korrektur und erwies sich als Todesurteil für den Hauptteil der Industrie der DDR. Diese Orientierung wurde auch als Antwort auf Kritiker und Ratgeber formuliert, die eine größere Rolle der Sanierung anmahnten, wie z.B. Prof. Hickel. Es war, als wenn man in einem Angstrennen nur auf einen einzigen Punkt zulief: schnelle Privatisierung. Nur schnell abwickeln, alles loswerden. Oft wurden für große Unternehmungen nur eine symbolische Mark verlangt und den Übernehmern dazu noch angebliche Altlasten erstattet, Investitionsbeihilfen und Verlustausgleichsbeträge gezahlt. Viele Käufer wurden hinsichtlich ihrer Solidität und voraussichtlichen Absichten nicht einmal einer normalen kaufmännischen und personellen Routinekontrolle unterzogen. Das Buch von M. Jürgs »Die Treuhändler« mit dem bezeichnenden Untertitel »Wie Helden und Halunken die DDR verkauften«[32] listet Dutzende solcher Beispiele auf: Die Unternehmer-Ernst-Affäre, GRW Teltow für eine Mark verkauft, die Außenstelle der Treuhand(-Niederlassung) Halle jahrelang von Kriminellen beherrscht.

Die Privatisierung der Betriebe der DDR durch westdeutsche Unternehmen vollzog sich fast immer im Stile einer »feindlichen

Übernahme« und gezielt einzig auf die Interessen und den Gewinn der westdeutschen Unternehmen.

Der Höhepunkt der Privatisierung durch die Treuhand und ihrer Nachfolgeeinrichtung, der Bundesanstalt für vereinigungsbedingte Sonderaufgaben (BvS) lag in den Jahren 1991/92. Bezogen auf die Anzahl der Verträge verdeutlichen das folgende Zahlen:

| | | |
|---|---|---|
| 1990 | 1.422 | |
| 1991 | 12.476 | |
| 1992 | 11.576 | |
| 1993 | 6.214 | |
| 1994 | 3.568 | alles THA |
| 1995-1998 | 4.370 | alles BvS |

Warum diese Eile? Ein oft vorgebrachtes Argument lautet; Man hätte viele dieser Betriebe zumindest zeitweise subventionieren müssen. Subventionen in diesen Größenordnungen widersprächen marktwirtschaftlichen Prinzipien und wären schwer wieder zu beseitigen. Das stimmt. Aber sind die Kosten der Arbeitslosigkeit und der Entwertung eines großen Umfangs produktiven Vermögens nicht viel größer als sie bei einer straff geführten Sanierung mit dem Ziel der Werterhaltung aufgetreten wären? Abgesehen von den menschlichen und gesellschaftlichen Erschütterungen, der Vernichtung von Lebensoptimismus und dem Brachlegen von persönlichen kreativen und arbeitsbereiten Potentials?

Um die Privatisierung zu beschleunigen, flossen erhebliche öffentliche Mittel in Form von direkten Beihilfen, Verlustübernahmen, Entschuldung und Freistellung von ökologischen Belastungen der Immobilien an westdeutsche und ausländische Unternehmen. Nach Darstellung der »Frankfurter Allgemeinen Zeitung« sind etwa 80 % der ehemaligen VEB bei der Privatisierung von den sog. »Altschulden« entlastet worden. Diese wurden von der Treuhandanstalt, also dem Bund, übernommen. Durch Übernahme in den Erblastentilgungsfonds müssen sie – einschließlich der Zinsen – vom Steuerzahler beglichen werden. Gewinner sind die Banken, die laut Rechnungshof im September 1995 Ausgleichsforderungen gegenüber dem Bund in Höhe von 98 Mrd. DM hatten.

Ein Beispiel für die Arbeit der Treuhand, das wie viele andere noch lange nach deren Auflösung Gerichte und Presse beschäftigt, ist der Fall des traditionsreichen ehemaligen volkseigenen Betriebes Wärmeanlagenbau Berlin (WBB); nach der Wende in eine GmbH umgewandelt. WBB wurde im Februar 1991 für 2 Millionen DM an das Schweizer Kleinunternehmen Chematec AG verkauft. Auf Anforderung der Treuhandprivatisierer hat der Kaufinteressent (!) eine Liquidationsprognose für WBB erstellt und darin ein negatives Ergebnis in zweistelliger Millionenhöhe ausgewiesen. Die Inhaber der Chematec AG übernahmen die Geschäftsführung und höhlten das Unternehmen aus, bis es – aufgegliedert auf einzelne Firmen – Ende 1994 zusammenbrach. Im September 1997 (!) erhob die Berliner Staatsanwaltschaft Anklage gegen fünf beteiligte Personen wegen Betrugs und Untreue und bezifferte den angerichteten Schaden auf etwa 150 Millionen DM. Einer der Hauptverdächtigen, der frühere Babcock-Manager und spätere WBB-Chef Michael Rottmann, war seit 1995 auf der Flucht. Die Nachfolgerin der Treuhandanstalt – die Bundesanstalt für vereinigungsbedingte Sonderaufgaben (BvS), hatte bereits im Juni 1995 Strafantrag gestellt, da die Treuhand über den wahren Wert des Objektes getäuscht worden sei.(!) Ein Wirtschaftsprüfergutachten hatte allein den Liquidationswert auf 55 Millionen DM beziffert. Die 9. Zivilkammer des Berliner Landgerichts hatte bereits früher die Anklage zurückgewiesen, weil »nicht mehr festzustellen war, ob und mit welchen Ergebnissen die Unterlagen beim Verkauf von der Treuhand geprüft worden waren«.

Ein weiteres Beispiel für Qualität, Atmosphäre und Stil der Arbeit der Treuhand ist die Anfang 2000 bekannt gewordene Affäre um die Tagebücher des früheren Treuhandvorstandes Klaus Schucht, später Wirtschaftsminister im Land Sachsen-Anhalt. In einer Ausgabe der Berliner Zeitung liest sich das so: »Der Vorsitzende des Parlamentarischen Untersuchungsausschusses zur CDU-Spendenaffäre, Volker Neumann (SPD), verlangt Einblick in das geheimnisvolle Tagebuch des früheren Treuhandvorstandes Klaus Schucht (SPD). Neumann hatte sich mit Manfred Schüler, Vorsitzender des Verwaltungsrates der Treuhand-Nachfolgerin BvS bereits grundsätzlich über die Auslieferung von Schuchts umfangreichen Aufzeichnungen über den Verkauf früherer DDR-Firmen geeinigt. Der inzwischen pensionierte Schucht hatte im Jahr 1991 auch den Milliardendeal mit Elf/Aquitaine zusammen mit zwei großen amerikanischen Investbanking- und Consultant-Firmen gemanagt. Der inzwischen 69-Jährige hatte nach eigenen Angaben Ende 1994 zwei Exemplare seines 1400 Seiten starken Tagebuches über seine Treuhandtätigkeit dem Koblenzer Bundesarchiv überlassen. Bedingung: Selbst seine Erben sollten erst zehn Jahre nach seinem Tod Einblick erhalten. Er hat auf den Schutz seiner Privatsphäre und auf von ihm bei Veröffentlichung zu verantwortende beleidigungswürdige Tatbestände verwiesen. So habe er beispielsweise den einen oder anderen der West-Manager, die wie die Seeräuber über das ehemalige DDR-Vermögen hergefallen seien, als ›Arschloch‹ tituliert. Um die Tonlage bei den Geschäften im Dunstkreis der Vereinigung einzufangen, hielt Schucht auch das Urteil eines hochrangigen ausländischen Partners über die Treuhandverkäufer fest: Faschisten. Im Herbst vorigen Jahres – die Korruptionsgerüchte verdichteten sich – wurde dem BvS-Verwaltungsratchef Schüler die Ware dann doch zu heiß. Ohne sich endgültig mit Schucht zumindest über den künftigen Zugang des Parlaments zu dem gereinigten öffentlich-rechtlichen Teil geeinigt zu haben, gab Schüler den Rücktransport der Aufzeichnungen nach Koblenz frei.«[33]

Im Jahre 1991 übernahm Carl Zeiss Oberkochen für 1 DM 51% des Kapitals und die unternehmerische Führung der Carl Zeiss Jena GmbH und erhielt dafür 587 Mio. DM »Starthilfe«, darunter 110 Mio. DM Eigenkapitalausstattung und 447 Mio. DM als Ausgleich für »unvermeidliche Anlaufverluste und Aufholinvestitionen der Übergangszeit«. Die restlichen 49% übernahm Zeiss Oberkochen 1995 von der damals noch landeseigenen Jenoptik ebenfalls für 1 DM, die dafür von ihrer Verpflichtung zum Verlustausgleich im laufenden Geschäftsjahr freigestellt wurde. 1991 verpflichtete sich Zeiss zur Übernahme von 2950 Beschäftigten, 1998 waren es noch ca. 1500.

Ein Paradebeispiel machte über Jahre Furore und deckte immer neue, in einem zivilisierten Land nicht für möglich gehaltene Seiten krimineller Energie und beamtenmäßiger Vertuschung auf: 1992 bzw. 1993 übernahm die Bremer Vulkan Verbund AG die MTW Meerestechnik Schiffswerft Wismar, die Volkswerft Stralsund, die Neptun Industrie Technik Rostock und das Dieselmotorenwerk Rostock. Dafür flossen Zahlungen der Treuhandanstalt in Höhe von insgesamt 3472,8 Mio. DM an den Verbund. Inzwischen ist der Verbund in den Konkurs gegangen. Im Rahmen des sogenannten »zentralen Cash-Managements« waren 854 Mio. DM aus den für die ostdeutschen Werften bestimmten Beihilfen in den westdeutschen Teil der Vulkan geflossen. Dieses Geld ist mangels Konkursmasse unwiederruflich verloren. Seit wann wußten THA/

BvS von dem Beihilfemißbrauch, und warum reagierten sie nicht rechtzeitig? Die Europäische Kommission hat die Bundesregierung beschuldigt, zumindest fahrlässig Subventionsmißbrauch zugelassen zu haben. Inzwischen sind die Werften in Stralsund und Wismar sowie die Neptun Industrie Rostock – verbunden mit erneuten Arbeitsplatzverlusten – wieder an ausländische bzw. westdeutsche Investoren privatisiert. BvS und das Land Mecklenburg-Vorpommern mußten noch einmal knapp 1,2 Mrd. DM »nachschießen«.

Das Dieselmotorenwerk Rostock wurde von der Ostseebeteiligungsgesellschaft (51% BvS, 49% Land) übernommen; eine erneute Privatisierung ist bisher nicht gelungen. Die Rückforderung von 118,35 Mio. DM unzulässiger (»wettbewerbsverzerrender«) Beihilfen durch die EU-Kommission im April 1999 bedroht die Existenz des DMR mit seinen mehr als 300 Beschäftigten in Rostock und Bremen. Für September 1999 war ein Prozeß vor dem Bremer Landgericht gegen den ehemaligen Vulkan-Vorstandsvorsitzenden Hennemann und drei ehemalige Vorstandsmitglieder angekündigt. Die Bremer Staatsanwaltschaft ermittelt in diesem Zusammenhang auch gegen leitende Mitarbeiter der Treuhandanstalt und deren Nachfolgerin BvS, schrieb die Berliner Zeitung vom 15.6.1999.

Im Jahre 1993 übernahm die BASF-Tochter Kali & Salz AG die Mehrheitsbeteiligung (51%) und die Geschäftsführung der Mitteldeutschen Kali AG (MDK); die BvS behielt 49% der Anteile. Verbunden war dies mit der Stillegung ostdeutscher Produktionsstätten, darunter Bischofferode in Thüringen. Die THA leistete eine Bareinlage von 1044 Mio. DM für Investitionen, Reparaturen und Planverluste der Jahre 1993-1997. Weitere 270 Mio. DM wurden für die »Bereinigung der Bilanz der MDK« gezahlt (»Altlasten«-Entschuldung). Die EU hatte 1993 insgesamt Beihilfen der THA in Höhe von 1,5 Mrd. DM genehmigt. 1996 wurden Verhandlungen über den Verkauf des BASF-Anteils an die Kanadische Potash Corporation (PCS) bekannt, die wegen Wettbewerbsbeschränkung 1997 vom Bundeskartellamt und später auch vom damaligen Bundeswirtschaftsminister Rexrodt untersagt wurden. (Der Vertrag in Höhe von 250 Mio. DM war bereits unterschrieben!) Danach verkaufte BASF 25% seiner Anteile an K+S an »eine Reihe von Finanzinvestoren«, so daß der BASF-Anteil an der börsennotierten Holding Kali- und Salz-Beteiligungs AG Kassel auf knapp unter 50% sank, der durch weitere Verkäufe noch gesenkt werden soll. Die K+S erwarb im Juli 1998 den 49%-Anteil der BvS rückwirkend zum 1.1.1998 für 250 Mio. DM. Bereits 1997 war die Gewinnschwelle erreicht. Erstmals seit 1984 zahlte die K+S ihren Aktionären wieder eine Dividende – die Ergebnissteigerung sei maßgeblich auf den Wegfall der Gewinnanteile der BvS als bisherige Mitgesellschafterin zurückzuführen, schreibt die FAZ vom 12.3.1999. Schon früher war bekannt geworden, daß die K+S einen erheblichen Teil der Bareinlagen der BvS nicht für Investitionen in ostdeutschen Betriebsstätten, sondern für zinsgünstige Geldgeschäfte am Kapitalmarkt nutzt. Allein für 1995 wurden Zinseinnahmen von knapp 20 Mio. DM genannt. Von den 15.000 ostdeutschen Beschäftigten vor der Fusion sind noch 3.000 übriggeblieben. Anfang 1999 hat die EU-Kommission ein Verfahren gegen die BvS eröffnet, ob der o. g. Verkaufspreis von 250 Mio. DM dem Marktwert entspricht, da das Finanzhaus Goldman Sachs einen Preis von 400 Mio. DM ermittelt habe.

Einzelbeispiele? Mitnichten!

Im Jahre 1994 erhielten der ehemalige Chef des Arbeitgeberverbandes Gesamtmetall, Hans-Joachim Gottschol, und sein Bruder, die Rackwitzer Aluminium GmbH und das Folienwerk Merseburg. Dafür wurde eine »Anlaufhilfe« von weit über 150 Mio. DM für die Errichtung eines Alufolienwerkes gewährt. Ende 1996 mußte Gottschol für die Stammgesellschaft in Ennepetal/Westfalen und Rackwitz Konkurs beantragen. Rackwitz ging Ende 1997 – verbunden mit einer wesentlichen Reduzierung der Beschäftigungszahl (von noch 390 auf 130 – zu DDR-Zeiten waren es 2100) – an den norwegischen Konzern Norsk Hydro.

»Privatisierungshilfen« in jeweils dreistelliger Millionenhöhe wurden auch für die Übernahme der Heckert Werkzeugmaschinenbau GmbH Chemnitz durch die Schwäbische Traub AG sowie der Niles Werkzeugmaschinen GmbH Berlin-Weißensee durch die Rothenberg AG-Tochter Fritz Werner Werkzeugmaschinen AG in Berlin-Marienfelde gewährt. In beiden Fällen sind die westdeutschen »Mütter« inzwischen in Konkurs gegangen. Die ostdeutschen Unternehmen gingen nach erneut drastischer Reduzierung der Arbeitsplätze an die Startag AG aus Rohrschaden/Schweiz bzw. an die Coburger Kapp GmbH.

Zum Teil wurden für die Sanierung ostdeutscher Unternehmen vorgesehene Beihilfen und Fördermittel von den neuen Eigentümern in die westdeutschen Mütterhäuser umgeleitet bzw. in den Sand gesetzt. In solchen Fällen besteht der begründete Verdacht, daß der Erwerb der ostdeutschen Unternehmen nur mit dem Ziel erfolgte, Fördermittel zu erhalten und zugleich unliebsame Konkurrenz auszuschalten bzw. verlängerte Werkbankkapazitäten zu besitzen, mit denen man – je nach Konjunktur – »arbeiten« kann; bis zur Schließung im Osten, aber bei Erhalt der Produktionsstätten in den alten Bundesländern.

Ein weiterer Fall – der »Spiegel« spricht von einem »offenbar generalstabsmäßig geplanten Wirtschaftskrimi« – ist die Werkstoff-Union GmbH Lippendorf bei Leipzig. Das Unternehmen wurde 1991 auf dem Gelände des abgewickelten Treuhandbetriebes Ferrolegierungswerk Lippendorf von dem Schweizer Kaufmann Gerhard Fischer und seiner Firma Intercept mit dem Ziel gegründet, Europas modernstes Metallverarbeitungswerk zu errichten. Im März 1996 wurde Antrag auf Gesamtvollstreckung gestellt. Inzwischen waren 225 Mio. DM staatliche Beihilfen in Form von Fördermitteln und Bürgschaften geflossen. Der »Spiegel« spricht von 336 Mio. DM, die die Staatsanwaltschaft Leipzig sucht, wobei sie davon ausgeht, daß der Investor nie vorgehabt hat, die Werkstoff-Union in Betrieb zu nehmen.

Auch im Handel war die Privatisierung in einem offenbar breiten Umfang mit persönlicher Bereicherung verbunden. Im Mai 1995 berichteten Medien über einen »Millionen-Betrug« bei der HO-Abwicklung. Insgesamt 6 Führungskräfte der Treuhandanstalt standen im Verdacht, 2,4 Mio. DM veruntreut zu haben. Verhaftet seien Wolf-Rüdiger Fink – im September 1991 zum Geschäftsführer der Exho-Immobilien-Verwaltungsgesellschaft mbH berufen, die mit der Vermarktung von rd. 4.300 HO-Immobilien beauftragt war, und bis zu seiner fristlosen Entlassung Ende März 1995 Leiter der Rechtsabteilung der Treuhandliegenschaftsgesellschaft (TLG) –, sowie Werner Simianer, ehemaliger Ministerialdirigent im Bonner Ministerium für Familie und Senioren, dann ab September 1991 Geschäftsführer der FREHO-Immobilien-Verwaltungsgesellschaft mbH, die rd. 1 400 nicht betriebsnotwendige HO-Grundstücke zu verkaufen hatte, und schließlich Controler in der Privatisierungsbehörde. Im Januar berichteten die Medien erneut – diesmal ohne die Nennung von Namen: Die Berliner Staatsanwaltschaft habe gegen beide Anklage wegen Millionen-Untreue zum Nachteil der Treuhandanstalt erhoben. Bei einem Monatsgehalt von 17.000 DM habe der frühere Ministerialdirigent – also Simianer – veranlaßt, daß ihm 790.000 Mark an überhöhten Geldern gezahlt wurden. »Bei Fink geht es um 771.000 Mark. Den ›Rest‹ teilten sich vier weitere Mitglieder der Unternehmensleitung.« Im Juni 1998 fand vor dem Berliner Landgericht der Prozeß statt. Die Staatsanwaltschaft forderte Haftstrafen von jeweils 4 Jahren wegen Untreue in Millionenhöhe. Das Gericht sprach jedoch beide vom Vorwurf der Untreue frei. Nach Überzeugung der Richter hatten beide Anspruch auf ihre selbstgenehmigten Honorare.

Nebenbei bemerkt: Es ist wohl ein einmaliger Vorgang, daß ein Liquidator eines solchen »Unternehmens« wie der Wirtschaft der DDR – vor allem, wenn er sich Treuhänder nennt – ständig die Waren, die er zu akzeptablen Konditionen verkaufen soll, lautstark mit Begriffen wie »marode«, »veraltet«, »am Markt nicht gefragt«, »unkalkulierbare Altlasten« herunter redet.
Die von ihren bisherigen Leitern – man könnte nach westdeutschem Sprachgebrauch auch sagen: der Elite, die man verteufelte, verdächtigte, auswechselte – entblößten Wirtschaftsunternehmen wurden den mächtigen, erfahrenen und nur den Gesetzen des Profits folgenden Konkurrenten praktisch zum Fraß vorgeworfen. Hier galten weder das Brüder-und Schwestern-Gerede noch irgendwelche »patriotischen Erwägungen«. Die Motorradsparte von BMW fusionierte mit Motorradproduzenten in Österreich und Italien, während die MZ-Werke in Sachsen versuchten, Käufer in Südostasien zu finden und heute praktisch nicht mehr existieren. Der potente Kühlschrankproduzent in Scharfenstein (Sachsen), der nach der Wende den ersten FCKW-freien Kühlschrank entwickelte und vor der Wende bedeutende Lieferungen an Quelle durchgeführt hatte, wurde durch raffinierte Kniffe ins Abseits manövriert und als Konkurrent ausgeschaltet.
Frau Breuel fuhr zu Werbeveranstaltungen nach New York, eröffnete in Tokio ein Büro und unternahm weltweite Reisen, um Betriebe der ehemaligen DDR irgendwie an den Mann zu bringen. Aber hier in diesem nun angeschlossenen Land das Wüten der blinden Gesetze des Marktes wenn schon nicht auszuschalten, so doch zu kanalisieren und damit die aufgrund der Blindheit der

*Das alles war möglich, weil man längst erkannt hatte, wie blöd die „Arbeiterklasse" ist*

Marktgesetze unvermeidbaren Fehlentwicklungen zu verhindern, dazu wurde wenig oder fast nichts getan. Dazu hätte es einer durchdachten, längerfristig angelegten Strategie bedurft. Das ist die eigentliche Ursache des »Schuldenberges« der Treuhandanstalt.

Daß es auch einen anderen Weg gab, haben Beispiele wie Jenoptik Jena oder die erfolgreiche Erhaltung und sogar der weitere Ausbau eines solchen großen, dafür überhaupt nicht prädestinierten Eisen- und Stahlunternehmens wie EKO in Eisenhüttenstadt bewiesen. Dazu waren aber 6 bis 7 Jahre unternehmerische Begleitung, unternehmerische Beratung und zeitweilige Unterstützung erforderlich; zeitweise wahrscheinlich auch die Übernahme von Eigentümerfunktionen durch den Bund und die Länder. Eine solche strategische Alternative war u.a. von Wolfgang Thierse bereits im Juni 1991 zur Diskussion gestellt worden: »Wo im Moment keine Privatisierung geht, müssen Unternehmen in Bundes- oder Landeseigentum übergehen«.[34]

Das wäre die eigentliche Aufgabe der Treuhandanstalt gewesen. Das entsprach dem Profil eines Mannes wie D. Rohwedder und seinen von Zeitzeugen nachgewiesenen Intentionen. Unter B. Breuel wurde die Treuhandanstalt zu einem unprofessionell und schlampig geleiteten Verkaufsbüro.

Die grundlegende Fehlkonstruktion dieses in Deutschland einmaligen Transformationsprozesses kommt auch darin zum Ausdruck, daß dieser Prozeß durch die Unterstellung der Treuhandanstalt unter den Finanzminister hauptsächlich nach fiskalischen Gesichtspunkten abgewickelt wurde. Ihm fehlte die wirtschaftspolitische Begründung und Ausrichtung, wie sie für die Steuerung der blinden Gesetze der Marktwirtschaft selbst von solchen bürgerlichen Ökonomen wie Walter Eucken, Böhm-Bawerk, Müller-Armack, teilweise schon in den 30er Jahren entwickelt und nach dem Zweiten Weltkrieg in den westlichen Besatzungszonen von Ludwig Erhardt gefordert und verwirklicht worden waren. An warnenden Stimmen und konzeptionellen Vorschlägen hat es nicht gefehlt. Sehr klar ausgesprochen und auf den Punkt gebracht hat das der Chefredakteur der »Wirtschaftswoche«, Professor Wolfram Engels. Er schrieb in dem bereits in anderem Zusammenhang zitierten Interview vom Februar 1995: »Dieses ganze Vermögen (das gesamte Staatsvermögen, S. W.) hat die Bundesrepublik mit dem Beitritt geerbt – fast die ganze

Industrie, beträchtliche Teile des Wohnungsvermögens, der land- und forstwirtschaftlichen Flächen. Die Verwertung dieses Vermögens (durch die Treuhandanstalt) hat allerdings keinen Überschuß erbracht, sondern weit über eine viertel Billion Zuschuß erfordert. Da sei eben alles Schrott gewesen, wird heute behauptet. Daran ist eines richtig: Die Produktionsanlagen waren nach westlichen Vorstellungen veraltet, nicht weil sie technisch nicht brauchbar gewesen wären, sondern weil die Technik arbeitsintensiver war als die im Westen. Eine Selfaktor-Spinnerei in Sachsen produzierte ein qualitativ hochwertiges Garn, allerdings mit der drei- bis vierfachen Bedienungsmannschaft wie in einer Kammgarnspinnerei im Westen. Durch die Umstellung der Löhne im Verhältnis 1:1 und die anschließenden Lohnrunden konnte man solche technisch einwandfreien Betriebe nicht mehr wirtschaftlich betreiben. Die Produktionsapparate wurden schlagartig entwertet. Hätte man den Betrieben vorübergehend Lohnbeihilfen gezahlt – so wie das von der Akerlof-Gruppe und anderen vorgeschlagen wurde –, so hätte man den Wert des Produktionsvermögens erhalten und auch die Arbeitsplätze, und das mit einem Bruchteil des Aufwandes, der der Treuhandanstalt und dem Staat mit ihrer Brechstangenmethode entstanden sind. Die Betriebe hätten Zeit gehabt, mit neuen Investitionen allmählich zu gesunden. Allein diese Verschwendung liegt in der Größenordnung des Zehnfachen der 65 Milliarden, die jetzt so großes Aufsehen erregen.

Der Bundesfinanzminister hatte 1990 damit gerechnet, daß die neuen Bundesländer eine Anschubfinanzierung von 115 Milliarden Mark brauchen würden. Heute wenden wir das Doppelte pro Jahr auf, und diese Transfers sinken nicht, sie steigen – insbesondere wenn man sie pro Kopf rechnet. Ein Ende ist nicht abzusehen. Da mögen Bürgermeister unsinnig investiert haben, da mag so manche Milliarde im Schlendrian vertan worden sein. Die großen Summen sind das nicht. Die große Verschwendung rührt aus dem politischen Mißmanagement des Vereinigungsprozesses, und dieses Mißmanagement dauert immer noch an.«[35]

Der schnelle Abschluß und die Auflösung der Treuhandanstalt erscheinen heute wie ein Schuldeingeständnis. Es existiert niemand mehr, den man für seine Fehler verantwortlich machen kann. So erscheint auch die schnelle Berufung von Frau Breuel als Generalsekretärin des Bundes für die EXPO in Hannover wie eine Flucht aus einem Debakel.

Man muß denjenigen, die bei diesem schwierigen Werk »im Auge des Taifuns« agiert haben, subjektiv Gerechtigkeit widerfahren lassen. Von außen und/oder im nachhinein ist es leichter, Urteile zu fällen, Situationen und Entscheidungen einzuschätzen. Die Aufarbeitung auch dieses Zeitabschnittes ist aber dringend nötig, vor allem wenn Fehlentwicklungen und schmerzhafte negative Ergebnisse aus ideologischen und parteipolitischen Erwägungen heraus anderen in die Schuhe geschoben werden sollen.

Noch eine Bemerkung zu den Verantwortlichen der THA und ihren Mitarbeitern. Die »Belegschaft« der THA umfaßte nach Zeugnis von Frau Breuel zeitweise 3000 Leiter und Mitarbeiter. Das waren mehr, als im zentralen Organ der Wirtschaftsplanung, der Staatlichen Plankommission der DDR, je gearbeitet hatten. Zweifellos haben sich eine beträchtliche Anzahl westdeutscher Verantwortlicher und Mitarbeiter mit großem Engagement und in der besten Absicht, einen Beitrag zum Zusammenschluß der beiden deutschen Teilstaaten zu leisten, eingesetzt. Sie kamen in ein Land, in ungewohnte gesellschaftliche Verhältnisse, die die meisten von ihnen nur vom Hörensagen kannten. Sie mußten sich mit einer Materie beschäftigen, die den meisten von ihnen fremd war, und mit Problemen, für die es keinen gedanklichen Vorlauf gab. Das verdient Respekt unabhängig davon, wie man zu Sinn und Ziel einer solchen Arbeit steht. Man kann ein bestimmtes, begrenztes Verständnis dafür haben, daß in einer solchen Mammutorganisation unter Zeitdruck auch gescheiterte Existenzen, Glücksritter, Abzocker und Menschen mit kriminellen Absichten eingeschlüpft sind. Daß dies aber die vertretbaren Maße beim Aufbau und in der Tätigkeit der Treuhandanstalt weit überschritt, hat M. Jürgs nicht nur anhand von nachprüfbaren Einzelbeispielen deutlich gemacht. Er verweist darauf, daß die – insbesondere die auf der Grundlage von Beraterverträgen unter Verletzung der primitivsten Personalüberprüfungsregeln – angeheuerten Privatisierer unkontrollierten Lobbyismus im Auftrage westdeutscher Unternehmen, Abzockereien und private Bereicherung betrieben. Für die Situation charakteristisch war das Bekenntnis einer Studentin aus Münster in Westfalen, die sich wie eine nicht geringe Anzahl anderer in der THA ein nicht gerade kleines Zubrot verdiente. Im entspannten Gespräch erklärte sie, daß ihnen in der Schule mehr über den brasilianischen Regenwald beigebracht worden sei als über die DDR. Sie habe erst jetzt erfahren, daß nicht Helgoland, sondern Rügen die größte Insel Deutschlands sei.

Es stimmt, daß auch Mitarbeiter ehemaliger zentraler Staatsorgane der DDR in der Treuhandanstalt beschäftigt wurden. In einem Schub wurden kurz vor dem 3. Oktober 1990 etwa 60 Mitarbeiter des damaligen Wirtschaftsministeriums der DDR übernommen. Mit wenigen Ausnahmen durften sie jedoch keine gehobenen Positionen bekleiden. Es stimmt auch, daß mit W. Krause und Prof. Schmidt zwei erfahrene und kompetente Vertreter längere Zeit auch in verantwortlichen Positionen der Treuhand tätig waren. Frau Breuel bezeichnete sie einmal als »Vorzeige-Ossis«. Es stimmt auch, daß es verbissene Gegner der DDR gab, die die Leitung der Treuhand dafür immer wieder kritisierten. Man muß jedoch bemerken, daß diese Mitarbeiter mit dem ausgesprochenen oder unausgesprochenen Hinweis auf ihre frühere Tätigkeit auf Distanz gehalten und in eine unterwürfig devote Haltung gedrängt wurden.

*Zu welchen Ergebnissen hat der Transformationsprozeß in Deutschland bis heute geführt?*

Nach dem Zweiten Weltkrieg wurde der Vorkriegsstand der Produktion sowohl in West- als auch in Ostdeutschland in etwa fünf Jahren wieder erreicht. Nach dem Anschluß der DDR an die Bundesrepublik ist das Produktionsniveau von 1989, obwohl weder Kriegszerstörungen noch Reparationen eine Rolle spielten, nach zehn Jahren nicht einmal annähernd erreicht.

Läßt man die Tatsachen sprechen, so zeigt sich folgendes Bild:[36]

|      | Rückgang des Bruttoinlandsprodukts (BIP) | Rückgang der Industrieproduktion (IP) |
| --- | --- | --- |
| 1990 | 17,9 % | 28,7 % |
| 1991 | 22,9 % | 55,7 % |

Das bedeutet, das BIP war Ende 1991 innerhalb von nur zwei Jahren auf 63,4 % des Niveaus von 1989 abgesunken. Die Industrieproduktion verringerte sich auf ein Drittel.

Es stimmt, daß ab 1992 die Jahreszuwachsraten des BIP in den neuen Bundesländern beträchtlich waren:

1992        + 7,8%
1993        + 9,3%
1994        + 9,6%[37]

Ende 1994 wurde trotz dieser hohen Steigerungsraten in den vorhergehenden Jahren beim BPI erst rd. 82% des Niveaus von 1989 erreicht.

Dazu sind jedoch zwei Bemerkungen nötig .
Erstens müssen diese beachtlichen Zuwachsraten vor dem Hintergrund des totalen Einbruchs in den Jahren 1990/1991 gesehen werden, der in der Industrie, dem eigentlichen Träger der Wirtschaftsentwicklung, eine Schrumpfung auf ein Drittel zur Folge hatte.
Zweitens muß man berücksichtigen, daß das BIP entsprechend der westlichen Berechnungsmethode die Summe aller registrierten Leistungen umfaßt, also auch die Leistungen aller Verwaltungsangestellten, Rechtsanwälte, Steuerberater, Werbefachleute und -unternehmen u. a., also des gesamten nichtmateriellen Bereichs, der praktisch keine materielle Wertschöpfung darstellt, sondern davon partizipiert. Es kommt hinzu, daß in dieses BIP auch alle Leistungen einfließen, die von Abrißfirmen getätigt werden. Da nach der Wende in den neuen Bundesländern unter der Überschrift »Altes abreißen, um Neues aufzubauen« im großen Stil vorhandene Gebäude und Einrichtungen abgerissen wurden, erhöhte dies den Ausweis des BIP in beträchtlichen Maße. So wurden z.B. zur Errichtung der neuen Friedrichstadt-Passagen in Berlin die bereits im Rohbau fertiggestellten Gebäude einschließlich der aufgrund des schwierigen Baugrundes errichteten Kellergeschosse komplett abgerissen.
Da unter den veränderten gesellschaftlichen Bedingungen neue Nutzungskonzepte galten, wurden und werden immer noch umfangreiche Werte rigoros vernichtet, deren Abriß und Beseitigung den Ausweis des Bruttosozialproduktes erhöht. So erhöhen auch die Asbestsanierung des Palastes der Republik auf dem ehemaligen Marx-Engels-Platz – heute wieder Schloßplatz – und sein höchstwahrscheinlicher Abriß das Bruttosozialprodukt. Auch die ungesunde Baukonjunktur, die in eine Depression umgeschlagen ist, hat den günstigeren Ausweis des BIP bewirkt. Der Kern der wirtschaftlichen Leistung, die Industrieproduktion, verharrte nach 1995 etwa auf der damals erreichten Talsohle von einem Drittel

des Niveaus von 1989. Die Entwicklung der Zuwachsraten des BIP und der Anzahl der Arbeitslosen *in den neuen Bundesländern* über den gesamten Zeitraum zeigen folgendes Bild: [38]

|      | Jährlicher Zuwachs des BIP (in Preisen von 1991) | Registrierte Arbeitslose im Jahresdurchschnitt in 1000 | Arbeitslosenquote |
|------|---|---|---|
| 1992 | 7,8% | 1.170 | |
| 1993 | 9,3% | 1.149 | |
| 1994 | 9,6% | 1.142 | |
| 1995 | 4,4% | 1.047 | 14% |
| 1996 | 3,2% | 1.169 | 15,7% |
| 1997 | 1,7% | 1.364 | 18,1% |
| 1998 | 2,1% | 1.375 | 18,2% |
| 1999 | 1,5% | 1.344 | 18,2% |

D. h. der jährliche Zuwachs der wirtschaftlichen Leistung verringerte sich 1995 rasant; ab 1997 lag er auch unter dem im internationalen Vergleich niedrigen Zuwachs in den alten Bundesländern. Bereits 1996, d. h. fünf Jahre nach dem Beitritt, schätzte die damalige Bundesregierung in ihrem »Bericht zur Lage in den neuen Bundesländern« die Hauptursachen dieser Entwicklung ernüchternd ein:

»Die industrielle Basis in den neuen Ländern ist nach wie vor zu schmal. Während die Industrie 1995 in Westdeutschland 26,4% der gesamten Bruttowertschöpfung erwirtschaftete, lag die entsprechende Quote in Ostdeutschland bei 14%.« Dazu kommt »die vielfach noch zu geringe Betriebsgröße insbesonderte in der Industrie. Etwa zwei Drittel aller Betriebe mit etwa 31% der Beschäftigten liegen in der Betriebsgröße von 20 bis 100 Beschäftigte, die in den alten Ländern weniger Gewicht hat ... Die Betriebe mit über 1000 Beschäftigten hatten 1994 in Westdeutschland einen Anteil von 1,9% (Anteil an den Beschäftigten 33,3%), in Ostdeutschland von 0,9% (Anteil der Beschäftigten 18,3%) ...«

»Der Gesamtumfang der FuE-Aktivitäten (Forschung und Entwicklung, S. W.) ist noch zu klein ... viele Unternehmen haben eigene FuE-Aktivitäten aus Kosten- und Größengründen nicht weitergeführt ... Viele Unternehmen sehen sich ... erheblichen Finanzschwierigkeiten gegenüber ... Der Bauboom der ersten Jahre läßt nach.« Die Zahl der Unternehmensinsolvenzen steigt. Nun heißt es im Sprachgebrauch der Bundesregierung: »Die Zeit der Sonderkonjunktur Ost ist allerdings vorbei.«[39]

Diese Situation hat sich bis 1999 nicht wesentlich geändert. Die Ende 1999 und gegenwärtig verstärkt wiederholten Versprechungen von einem beginnenden Aufschwung der Industrieproduktion, der z. Zt. lediglich vom immer noch anhaltenden Rückgang der Bauproduktion überdeckt würde, müssen ihre Solidität erst noch beweisen.
Der neugewählte Bundeskanzler Gerhard Schröder hat zwar den Aufbau Ost »zur Chefsache« erklärt. Aber grundlegend neue wirtschaftspolitische Entwicklungslinien und Instrumente sind bis jetzt nicht zu erkennen. Also wird es auch keinen grundlegenden Wandel in der wirtschaftlichen Entwicklung der neuen Länder geben. Im Gegenteil: gegenwärtig zeichnet sich immer mehr eine Abkopplung der neuen Länder von der anspringenden Konjunktur in den alten Bundesländern und in den wichtigsten Staaten Europas ab. Es gibt kein wirtschaftspolitisches Konzept. Es wird weitergewurstelt auf dem erschreckenden Niveau der deutschen Wiedervereinigung. Es wird über Transferleistungen und Finanzausgleiche debattiert, also die fiskalische Dominierung des wirtschaftlichen Einigungsprozesses weiter zugelassen, anstatt den Mut zu haben, durch ein die besten Traditionen der deutschen Wirtschaftswissenschaft und Wirtschaftspolitik fortführendes geschlossenes und fundiertes wirtschaftspolitisches Konzept für die erfolgreiche Verwirklichung eines historisch einmaligen Transformationsprozesses auszuarbeiten und umzusetzen.

Findet man zu keiner Änderung der gegenwärtigen Situation, werden sich folgende Voraussagen als noch zu optimistisch herausstellen: Der frühere Bundeswirtschaftsminister Rexrodt sagte, der Aufschwung Ost dauere länger als erwartet. Die »Aufholjagd der ostdeutschen Wirtschaft« werde noch 10 bis 15 Jahre dauern.[40]
Der Sonderbeauftragte der Bundesanstalt für vereinigungsbedingte Sonderaufgaben (BvS), Klaus von Dohnanyi, forderte von den »Menschen in Ostdeutschland ... die Geduld ..., die 10 bis 25 Jahre durchzustehen, die für den Aufbau Ostdeutschlands mindestens noch nötig sind.«[40]
Lothar Späth, Vorsitzender des Vorstands der JENOPTIK AG, stellte angesichts der sinkenden Wachstumsraten fest: »Die Kluft zwischen alten und neuen Ländern vergrößert sich damit wieder,

der Angleichungsprozeß wird zurückgeworfen.« Bei einem jährlich durchschnittlichen Wachstum von 5% in den neuen und 2% in den alten Ländern wären »reichlich 20 Jahre« nötig, um einen Stand von 80% des westdeutschen Produktivkapitals zu erreichen. »Niedrigeres Wachstum im Osten und höheres im Westen verlängert den Zeitraum.«[41]

Die reale Situation wird dadurch charakterisiert, daß sich inzwischen die Hauptbereiche des produzierenden Gewerbes bei einer Gegenüberstellung der Jahre 1998 zu 1987 in den alten Bundesländern wie folgt entwickelt haben:

     Kraftwagen     + 49%,
     Büromaschinen  + 48%,
     Schienenfahrzeuge + 39%,
     Mineralöl      + 34%.

Selbst wenn man in Rechnung stellt, daß im Rahmen des Strukturwandels das Produktionsvolumen anderer Bereiche zurückgegangen ist: im Bauhauptgewerbe –11%, Bergbau –15%, Bekleidung –15%, macht – bei allen Abstrichen – diese Betrachtungsweise die Differenz in der ökonomischen Entwicklung zwischen den alten und neuen Bundesländern und die sich daraus ergebende Problematik sichtbar.

Heute, zehn Jahre nach der Vereinigung, zählt die Europäische Union die ostdeutschen Länder zu den ärmsten Regionen Europas, weil das Pro-Kopf-Einkommen nur rund 65% des europäischen Durchschnitts erreicht.

Einem ausgewiesenen Wissenschaftsmaterial, dem Sozialreport 1999 des Sozialwissenschaftlichen Zentrums Berlin-Brandenburg, kann man folgende Angaben entnehmen:
Das Bruttovermögen je ostdeutschem Hauhalt betrug 1997 etwa 40% desjenigen westdeutscher Haushalte. Seither hat sich dieses Verhältnis nicht wesentlich verändert. Die Nettoverdienste erreichen 86,1% des Westniveaus. Das eigentliche Problem besteht aber darin, daß von 1990 bis 1995 zwar ein begrüßenswerter Anstieg – von 41,1 auf 82,4% stattgefunden hat. Man muß berücksichtigen, daß die Preise für Waren und Dienstleistungen, Verkehrstarife, Mieten u.a. in West und Ost im wesentlichen auf einheitlich hohem Niveau liegen; seit dieser Zeit jedoch mit 84,7% 1996, 85,4% 1997 und 86,1% 1998 eine Stagnation einge-

treten ist. Das steht in Übereinstimmung mit der Stagnation des Wirtschaftswachstums.

Die Mängel und der Stillstand in der »strukturellen Integration« sind vor allem mit der massiven Ausgrenzung Erwerbsfähiger aus dem Erwerbsleben verbunden. In dieser und anderen Untersuchungen wird eingeschätzt, daß in den neuen Bundesländern 2,3 Millionen Arbeitsplätze fehlen. Das ist, bezogen auf die beschäftigten Arbeitnehmer, eine Unterbeschäftigungsquote von 42 %. Dem steht nach der gleichen Einschätzung in den alten Bundesländern eine Größe von 19,2 % gegenüber; die sich mit dem gegenwärtigen Konjunkturaufschwung ständig verringert, während sie in Ostdeutschland bestenfalls gleich hoch bleibt.[42]

Die Treuhandanstalt und ihre Nachfolgeeinrichtungen hatten bis Ende 1997 nach eigenen Angaben, bezogen auf einen Bruttostand von 12 354 Unternehmen,

| | | |
|---|---|---|
| 6546 = | 53,0 % | vollständig (6321) oder mehrheitlich (225) privatisiert |
| 1588 = | 12,9 % | vollständig reprivatisiert |
| 265 = | 2,1 % | vollständig kommunalisiert |
| 45 = | 0,4 % | Besitzeinweisungen vorgenommen |
| 3718 = | 30,1 % | in die Liquidation/Gesamtvollstreckung geschickt (157 abgeschlossen, 3561 in Bearbeitung) |
| 192 = | 1,5 % | befanden sich Ende 1994 noch im Nettobestand[43] |

Dieser Prozeß war verbunden mit einer Deindustrialisierung, wie es sie in der Neuzeit in vergleichbarem Ausmaß nicht gegeben hat. Was übriggeblieben – »erhalten« worden – ist, war und ist immer noch im wesentlichen eine »Filialökonomie« westdeutscher Mutterhäuser. Das drückt sich auch darin aus, daß das Forschungs- und Entwicklungspotential, also die im besonderen Maße wertsteigernde Seite der Produktion, auf 17 % gegenüber dem Stand in der DDR absank.

Besonders schockierend und eigentlich das Hauptergebnis der Arbeit der Treuhandanstalt ist die Tatsache, daß innerhalb von fünf Jahren – 1990 bis 1995 – drei Millionen Arbeitsplätze vernichtet wurden. Nach einer unverdächtigen Quelle, dem Institut für Arbeitsmarkt- und Berufsforschung (IAB) der Bundesanstalt für Arbeit entwickelte sich die Anzahl der Beschäftigten in Treuhandunternehmen und Ex-Treuhandfirmen wie folgt (in Tsd. Personen)[44]:

|  | Treuhand-unternehmen | Ex-Treuhand-firmen | Gesamt |
| --- | --- | --- | --- |
| Januar 1990 | 4080 | - | 4080 |
| Juli 1990 | 3500 | - | 3500 |
| Oktober 1994 | 115 | 980 | 1096 |
| Oktober 1995 | 36 | 950 | 986 |

Das ganze Ausmaß des dramatischen Umsturzes der Arbeits- und Lebenswelten der Bürger in den neuen Bundesländern seit der Wende, also innerhalb des kurzen Zeitraums von 8 bis 10 Jahren, wird daran deutlich, daß heute nur noch 30% der Erwerbstätigen die gleiche Tätigkeit ausüben wie 1990. Für 42% änderte sich die Erwerbstätigkeit grundlegend. Es ist dabei auch zu berücksichtigen, daß bei allen Mängeln und Problemen die DDR-Betriebe nicht nur Orte der Erwerbstätigkeit, sondern zugleich gesellschaftliche und individuelle Kommunikationszentren waren. Die Arbeitslosigkeit in den neuen Bundsländern wird offiziell mit etwa 20% ausgewiesen. Wenn man jedoch die Unterbringung von Arbeitssuchenden in Weiterbildungs- und AB-Maßnahmen berücksichtigt, beträgt sie 32%. In keinem Land der EU gibt es eine solche Arbeitslosenrate. Selbst in Polen, der CSR und Ungarn werden nur 8 bis 15% ausgewiesen.

Was ist geblieben vom Gerede der Wirtschaftsweisen, »daß der Staat nicht besser wissen könne, was der Markt weiß«? Die von der Deutschen Bundesbank in ihrem Bericht vom Juli 1998 untersuchten Unternehmungen in den neuen Bundesländern wiesen 1996 »per Saldo« einen Verlust aus; d.h. die Wirtschaft in den neuen Bundesländern ist als Ganzes eine Verlustwirtschaft. Eine Hauptursache ist fehlendes Eigenkapital. Wo soll dieses aber herkommen, wenn das vorhandene Produktivvermögen zu 95% an westdeutsche und ausländische Eigentümer via Privatisierung »transferiert« wurde? Die Ursache ist die Fehlkonstruktion der Transformationspolitik, die verfehlte Strategie der überhasteten Privatisierung.

Heute kann man rückblickend wohl sagen: Das Fehlen durchdachter Strategien für einen solchen gewaltigen Transformationsprozeß ist der entscheidende Auslöser für den dramatischen Rückgang der Produktion, für die plötzliche »Entwertung« eines wesentlichen Teils des Volksvermögens der DDR. Es ist zumindest unredlich, die sich aus diesen globalen Zusammenhängen ergebenden Wertverluste der Wirtschaft und des Volksvermögens der DDR ausschließlich dem realsozialistischen System bzw. der Leistungsbereitschaft der dort wohnenden Menschen anzulasten.

Fragt sich, was die Ursachen einer solchen völlig verfehlten Vorgehensweise waren und noch sind. War es Arroganz, Ignoranz; war es einfach Nichtwissen und beamtenmäßige Abneigung, sich in intensiver Arbeit in eine solche völlig neuartige Problematik einzuarbeiten? War es Angst vor der nachwirkenden Sprengkraft sozialistischer Ideen – so unausgereift sie auch waren – gegenüber den Wolfsgesetzen der marktwirtschaftlich-kapitalistischen Ordnung?
Offensichtlich spielten alle Faktoren zusammen. Es kam hinzu, daß aus ideologischen Gründen die gesamte »Elite«, wie es im westlichen Sprachgebrauch heißt, Personen mit Hoch- und Fachschulbildung, die notwendigerweise auch unter realsozialistischen Bedingungen in den Führungspositionen des Staates und der Gesellschaft tätig waren, ab der untersten Führungsebene (Abteilungsleiter) aufgrund einer verbindlichen Weisung aus Bonn spätestens mit dem Inkrafttreten des Staatsvertrages II zur Herstellung der deutschen Einheit, aus ihren Positionen entfernt wurden. Dadurch wurden natürlich Sachverstand, Erfahrungen und geistiges Potential in Größenordnungen eleminiert. Während in der marktwirtschaftlichen Ordnung der Bundesrepublik die Führungspositionen in Staat und Gesellschaft hauptsächlich von Juristen, Volks- und Betriebswirten ausgeübt werden, wurden sie in den neuen Ländern vor allem von Pfarrern, Kinderärztinnen und -ärzten, Tierärzten besetzt. Das ging bis zu den Bürgermeisterinnen und Bürgermeistern kleiner Gemeinden. So kam es z. B., daß in vielen Gemeinden den neuen Verantwortlichen durch Vertreter und Lobbyisten völlig überdimensionierte Wasserversorgungs- und Abwassersysteme aufgeschwatzt wurden und dadurch Hunderte Millionen DM in den Sand gesetzt oder die Verschuldung von Gemeinden mit Zinsen und Rückzahllast in die Höhe getrieben wurden. Das ist heute nicht mehr zu ändern.

Es stellt sich die Frage, ob es überhaupt noch sinnvoll ist, diese

Fakten und eine solche Betrachtungsweise festzuhalten. Das ist deshalb von Bedeutung, weil die nunmehr für die gesamte Bevölkerung der BRD erwachsenden enormen Kosten diesem Mißmanagement zugeordnet werden müssen. Das ist deshalb von Bedeutung, weil es auch mit der gerechten Würdigung der Lebensleistungen der Menschen in der DDR zusammenhängt, die unter schwierigen Umständen hart gearbeitet haben und im vorurteilslosen internationalen Vergleich trotz der gegenüber der BRD ungemein ungünstigeren Ausgangs- und Entwicklungsbedingungen anerkennenswerte Leistungen vollbracht haben. Die sachliche und faire Bewertung dieser historischen Umstände und Ergebnisse hat sehr viel mit der Mauer in den Köpfen zu tun, die zu einem guten Teil durch die ideologisch begründeten Verfälschung dieser Grundzusammenhänge begründet ist.

Wenn man den Weg der Transformation in Deutschland rückblickend analytisch betrachtet, dann drängt sich über die unmittelbaren Erkenntnisse hinaus noch eine weitere, sehr weitreichende Schlußfolgerung auf: Wenn es überhaupt noch eines Beweises bedurft hätte, daß der »Markt«, die Gesetze des Profits, »shareholder value« ohne Kontrolle, ohne ordnungspolitischen Rahmen, Chaos, Zerstörung ökonomischer und menschlicher Werte produzieren, dann ist dieser Beweis mit dem Verlauf des Jahrhundertereignisses – der Transformation der realsozialistischen Wirtschaft der DDR in die Marktwirtschaft der Bundesrepublik – endgültig erbracht.
Andere Reformländer verwirklichen offensichtlich intelligentere Lösungen für die Transformation ihrer Volkswirtschaften. Während in der DDR in der Industrie, dem Kern der Wirtschaft, nur 20% der Arbeitsplätze erhalten werden konnten, sind es in Tschechien 68%, in Ungarn 76,8% und in Polen 85%. Dort, wo dieser Niedergang in Grenzen gehalten wurde – wie in der Tschechischen Republik und in Polen – wurde dies vor allem dank der Erhaltung des inneren Marktes bei gleichzeitiger schrittweiser kontrollierter Öffnung sowie dem behutsamen Übergang zur Marktwirtschaft und einer schrittweisen, überlegten Privatisierung gewährleistet. Das wird auch aus nachfolgender Tabelle über die Entwicklung der realen Industrieproduktion in den europäischen Reformländern und im Vergleich der ersten fünf Jahre nach der Wende ersichtlich:

Entwicklung der realen Industrieproduktion
(in vH gegenüber dem Vorjahr, 1989=100[45]

| Land | 1990 | 1991 | 1992 | 1993 | 1994 | 1995 [a] | 1995 zu 1989 |
|---|---|---|---|---|---|---|---|
| Polen | -24,2 | -11,9 | 3,9 | 7,3 | 11,9 | 9,4 | 91,1 |
| Ungarn | -10,2 | -16,6 | -9,7 | 4,0 | 9,6 | 6,5 | 82,4 |
| Slowenien | -10,5 | -12,4 | -13,2 | -2,8 | 6,4 | 4,2 | 73,3 |
| Tschechien | -3,3 | 24,4 | -7,9 | -5,3 | 2,1 | 9,5 | 71,3 |
| Slowakei | -4,0 | -24,7 | -13,8 | -10,6 | 6,4 | 8,9 | 64,6 |
| Rumänien | -19,0 | -22,8 | -22,9 | 1,3 | 3,3 | 9,4 | 55,2 |
| Bulgarien | -16,7 | -22,2 | -15,9 | -10,9 | 8,5 | 4,6 | 54,7 |
| Ostdeutschland/DDR [b] | (-28,7) | (-55,7) | -5,7 | 7,2 | 16,3 | 8,5 | 40,3 |

[a] Schätzung   [b] Bergbau und verarbeitendes Gewerbe

Worin bestehen die Hauptursachenkomplexe für diese Situation, die sich daraus ergebenden Probleme und die gewaltigen Kosten dieses Transfromationsprozesses?

*Die Logik der Marktwirtschaft und die Rolle des inneren Marktes*

Eine wichtige Ursache des »Werteverfalls« des Produktivvermögens erklärt sich aus den Gesetzen der Marktwirtschaft, denen die Wirtschaft der DDR gnadenlos und ohne jede Übergangsfrist unterworfen wurde.

In der Betriebswirtschaftslehre der Marktwirtschaft gehört zu den entscheidenden Bewertungsgrundsätzen von Vermögensgegenständen und ganzen Unternehmen das sog. Goin-concern-Prinzip; d.h. eine normale Bewertung des vorhandenen Vermögens setzt die Fortführung des Unternehmens voraus. Ist dies nicht gewährleistet, sinkt der Wert des Vermögens eines solchen Unternehmens beträchtlich. »Räumungsverkauf«, »Versteigerung« u.ä. heißen dann die nach außen sichtbaren Ankündigungen.

Das »Unternehmen DDR« wurde nicht forgeführt, sondern seine Wirtschaft ohne flankierende Maßnahmen in das kalte Wasser der Marktwirtschaft geworfen.

Es besteht eine bestimmte marktwirtschaftliche Logik darin, wenn man sagt, daß Unternehmungen und Betriebe in einer solchen Situation nicht zum »Substanzwert«, sondern nur zum »Ertragswert« verkauft werden können. Wenn es für in solchen Unternehmungen produzierte Produkte keine Absatzmöglichkeiten gibt, dann ist der Ertragswert gleich Null. Das hätten doch aber vor allem die gelernten Marktwirtschafter wissen und bei der Auswahl der Methoden der Transformation berücksichtigen müssen. Es wären Überlegungen und Maßnahmen notwendig gewesen, um diesen unter frei waltenden marktwirtschaftlichen Bedingungen eintretenden »Substanzverlust« zu begrenzen und möglichst gering zu halten.

Das entscheidende Problem bestand und besteht in folgendem: Der natürliche Absatzmarkt eines großen Teils der Betriebe der DDR, d. h. die Versorgung von 16,5 Millionen Menschen dieses Gebietes wurde von den aufgrund der gesamten geschichtlichen Entwicklung wesentlich potenteren westdeutschen Konzernen, Kaufhausketten, Banken, Versicherungsgesellschaften u. a. ungehindert und ungesteuert besetzt und in einem beispiellosen Verdrängungswettbewerb übernommen. Die Inbesitznahme eines solchen Marktes von heute auf morgen war bisher nur nach gewonnenen Kriegen oder Eroberung von Kolonien möglich.

Daß der vergleichsweise geringe Absatz der DDR-Industrie auf den westlichen Märkten in den Turbulenzen des Transformationsprozesses nicht aufrechterhalten werden konnte, war vorauszusehen und nicht das Problem. Das Entscheidende waren die Aufrechterhaltung der Präsenz auf dem inneren Markt, den sie bisher bedient hatten, und die pflegliche Behandlung des Osthandels, mit dem mehr als ein Drittel der Kapazitäten und Arbeitsplätze verbunden waren. Die Verantwortlichen für die Leitung eines solchen einmaligen Transformationsprozesses mußten sich doch darüber im klaren sein, daß aufgrund der geschichtlichen Entwicklungsbedingungen, der unterschiedlichen Größenordnungen, der völlig unterschiedlichen Erfahrungswelten sich die westdeutschen Konzerne, Unternehmungen, Banken und Versicherungen – besonders durch den zu diesem Zeitpunkt nicht beabsichtigten, fast zufälligen Mauerfall und die Währungsunion zunächst ohne staatliche Einheit – in einer extremen Vorzugsposition gegenüber den Betrieben der DDR befinden würden, die jeden Gedanken an eine faire Konkurrenz zur Farce werden ließ.

Gelegentlich wird angedeutet und auch ausgesprochen, es sei doch Schuld der Ostdeutschen selbst gewesen, daß sie von heute auf morgen keine Trabis, Wartburgs, Kühlschränke aus Scharfenstein und Fernsehgeräte aus Staßfurt mehr kaufen wollten, weil sie endlich einmal das, was sie jahrelang in der Werbung des westdeutschen Fernsehens als die Spitze der Technik und Kundenfreundlichkeit angepriesen bekamen, nun auch einmal selbst kennenlernen wollten. Natürlich muß man mit einem solchen psychologischen Effekt rechnen. Gerade hier auf die Gesetze des Marktes zu setzen, war entweder Dummheit oder verschlagenes Kalkül oder einfach Lobby-Arbeit für die westdeutsche Wirtschaft. Das war die entscheidende Ursache dafür, daß sich der innerdeutsche Warenverkehr von einer fast ausgeglichenen Größenordnung 1989 dramatisch zugunsten der Lieferer aus den alten Bundesländern veränderte.

Innerdeutscher Warenverkehr 1989 bis 1995 (in Mrd. DM)[46]

| Jahr | Bezüge der neuen BL | Lieferungen der neuen BL | Saldo |
|---|---|---|---|
| 1989 (2. Halbjahr) | 8,1 | 7,2 | 0,9 |
| 1990 | 71 | 8 | 63 |
| 1991 | 203 | 24 | 179 |
| 1992 | 235 | 32 | 203 |
| 1993 | 246 | 38 | 208 |
| 1994 | 271 | 50 | 221 |
| 1995 (Waren und Dienstleistungen) | 311 | 83 | 228 |

Ab 1996 wurden diese Warenströme durch das Statistische Bundesamt nicht mehr erhoben. In den Jahren nach 1995 hat sich die Situation nicht wesentlich verändert. Der Saldo kann gleichzeitig auch als ein Maßstab dafür herangezogen werden, wieviel vom Verbrauch in den neuen Bundesländern nicht selbst erarbeitet wird, sondern die dafür erforderlichen Geldmittel durch Transferzahlungen ausgeglichen werden müssen.
Es ist richtig, daß die Treuhand und auch Vertreter der Bundesregierung dieses Problem erkannt haben und mehrfach »Einkaufsoffensiven« westdeutscher Unternehmen in den neuen Bundesländern vorgeschlagen, angemahnt und in verschiedenen Programmen mit den Spitzen der Wirtschaft auch vereinbart haben. Besonders Herr von Dohnanyi, ein herausragender Experte der Treuhandgesellschaft, hat diese Frage aufgegriffen. Das hat aber die Situation in den ersten vier Jahren kaum berührt und auch in

der Folgezeit änderte sich diese dramatische Lage nicht grundlegend, weil ihre Ursache in einem Konstruktionsfehler des Transformationsprozesses zu suchen ist.

Wie bereits behandelt, wurde ausgehend von Praktiken in der EU gemeinsam zum zeitweiligen Schutz der Produktionsbetriebe in den neuen Ländern ein Preisaufschlag für Warenlieferungen aus den alten Bundesländern vereinbart. Diese bereits abgesprochene Vereinbarung wurde im August 1990 nach einer Debatte in der Volkskammer ersatzlos aufgehoben.

Im übrigen schufen sich in dieser Frage die Hauptakteure selbst die für die Übernahme des Verbrauchermarktes von 16 Millionen Menschen erforderlichen Bedingungen. Ein großer Teil der Kaufhallen und Kaufhäuser sowie die bedeutenden Konsumgenossenschaften wechselten noch vor der staatlichen Einheit in wenigen Monaten den Besitzer. Die noch vorhandenen beträchtlichen Warenlager wurden zu Schleuderpreisen teilweise in den Lagern selbst und teilweise in Turnhallen verramscht – »feindliche Übernahme«. Die in anderen Bereichen üblichen aufwendigen Verhandlungen über Sanierungsaufwand, mangelhafte Infrastruktur, Altlasten und Eigentumskomplikationen wurden auf diesem Gebiet im Eilverfahren erledigt. Es wurden Fakten geschaffen, teilweise mit aktiver, aber nicht immer selbstloser Unterstützung ehemals verantwortlicher Leiter.

*Der Osthandel*

Für das Schicksal der Wirtschaft in der ehemaligen DDR besaß aufgrund der geschichtlichen und machtpolitischen Bedingungen der Osthandel eine entscheidende, substanzbestimmende Rolle.

Im Statistischen Jahrbuch der DDR ist für das Jahr 1988 ein Außenhandelsumsatz in Höhe von 177,3 Milliarden Mark (effektive Preise) angegeben. Davon betrug der Anteil des Handels mit den sozialistischen Ländern 122,5 Milliarden Mark, das entspricht 69 % des gesamten Umsatzes. Man muß dabei berücksichtigen, daß 45 bis 50 % des Nationaleinkommens der DDR über den Außenhandel ausgetauscht wurde, die DDR war also ein außenhandelsintensives Land. Der Anteil vertraglich spezialisierter Erzeugnisse an den Ausfuhren in die RGW-Länder betrug dabei 42 %, in die UdSSR sogar 49 %.

Verschiedene Näherungsangaben besagen, daß 30 % der industriellen Warenproduktion und etwa 35 % der Arbeitsplätze der Industrie unmittelbar mit dem Außenhandel verbunden waren. Durch die mit dem Abschluß der Währungsunion abrupte Einführung der D-Mark als verbindliche Währung, als Zahlungs- und Abrechnungsmittel der DDR mit den RGW-Ländern ist der Osthandel der DDR faktisch zusammengebrochen. Wenn man schon mit D-Mark bezahlen mußte, bezog man die gewünschten Waren doch lieber bei den Lieferern, die – ob berechtigt oder nicht – angaben, die Spitze des wissenschaftlich-technischen Niveaus, des Kundenservices und günstiger Zahlungsbedingungen bieten zu können. Natürlich gab es hierbei eine Reihe vernünftiger Übergangsregelungen, wie den Einsatz von Hermesbürgschaften. Bestimmte Liefervereinbarungen wurden zu Ende geführt. Die umfangreichen und differenzierten Lieferverflechtungen lösten sich jedoch auch aufgrund der Reformmaßnahmen in den anderen ehemals sozialistischen Reformländern schnell auf.
Auch diesen gewaltigen Absatzmarkt haben die Unternehmen der Bundesrepublik von und zu Lasten der Wirtschaftskapazitäten der DDR übernommen. So stellte der Bundeswirtschaftsminister Rexrodt bei der Begründung des sogenannten »Transform«-Beratungsprogramms Anfang 1996 fest, daß im Jahre 1995 der Außenhandelsumsatz mit den Reformländern Mittel- und Osteuropas 9 % betragen hat. Allein 1995 war eine Zunahme von 13 % zu verzeichnen.

Heute kann man feststellen, daß nicht Liefer- und Zahlungsprobleme schlechthin, sondern die kurzfristige, völlig unvorbereitete Umstellung der Außenhandelsbeziehungen auf westliche Valuta die Hauptursache des Zusammenbruches der Wirtschaftsbeziehungen zwischen den ehemaligen sozialistischen Ländern war.
Widersinnigerweise wurde die Umstellung der Außenhandelsbeziehungen zwischen den staatssozialistischen Ländern auf westliche Valuta vom damaligen Vorsitzenden des Ministerrates der UdSSR, Ryshkow, im RGW beantragt und Anfang 1990 beschlossen. Die praktische Verwirklichung eines solchen Beschlusses hätte aber bei der Stabilität ökonomischer Beziehungen und den damit verbundenen schmerzhaften Konsequenzen sicher längere Zeit in Anspruch genommen.
Aufgrund der kurzfristigen Verwirklichung der Währungsunion

zwischen BRD und DDR zum 1. Juli 1990 und der Einführung der DM als alleinige Währung in der DDR, einem Haupthandelspartner aller sozialistischen Länder, erfolgte diese Umstellung und damit die Auflösung der in Jahrzehnten entstandenen Wirtschaftsbeziehungen praktisch über Nacht. Die kurzfristige Währungsunion steuerte de facto die Zerstörung der Wirtschaftsbeziehungen zwischen den ehemaligen sozialistischen Ländern – zum Wohle der westlichen Konzerne und potenten Unternehmen, hauptsächlich der deutschen.

Gorbatschow sagt dazu in seinen »Erinnerungen«: »Wie die weitere Entwicklung zeigte, war der gleichzeitige Übergang zur Verrechnung in freikonvertierbarer Währung in den Handelsbeziehungen mit den osteuropäischen Ländern unüberlegt. Weder erhielten wir noch sie dadurch mehr Devisen, dafür kam es zu einer Desorganisierung der Wirtschaftsbeziehungen.«[47] Dabei spielte besonders der Übergang der DDR auf die D-Mark eine entscheidende Rolle, und gleichzeitig wirkten die Währungsumstellungsmaßnahmen in den Reformländern verheerend auf die Betriebe der DDR zurück.

Man kann es drehen und wenden, wie man will. Mit dem Abschluß der Arbeit der Treuhandanstalt war auch die Deindustrialisierung der Wirtschaft in den neuen Bundesländern abgeschlossen; zu einem großen Teil durch die bereits geschaffenen Fakten. Für den Rest waren die Weichen unveränderbar gestellt. Klaus von Dohnanyi, ein Hauptberater und intimer Kenner der Arbeit der Treuhand und zugleich aufgrund seiner mehrjährigen Tätigkeit als Aufsichtsratsvorsitzender der Takraf Schwermaschinenbau AG und der Deutschen Waggonbau AG profunder Experte, sagte auf einer Diskussionsveranstaltung in der TU Dresden bereits im September 1995: Der Aufbau Ost kann auch scheitern. Der Industrialisierungsgrad der neuen Länder betrage nur 30-50% dessen, was für einen selbsttragenden Aufschwung nötig sei. Die alten Bundesländer forderte der Politiker auf, nicht nur Geld zu überweisen, sondern auch Märkte zu teilen.[48] Und das war zu einer Zeit, als die Wachstumsraten der Produktion umjubelte 10% betragen haben. 1994 wuchs das Bruttoinlandsprodukt noch einmal um 9,2%, bevor es auf 1-2% abstürzte und gegenwärtig niedriger als in den alten Bundesländern liegt. Die nachfolgenden Jahre haben die Einschätzung v. Dohnanyis bestätigt, und sie wird leider noch lange Gültigkeit besitzen.

W. Thierse brachte es bereits in der vierten Augustwoche 1995 auf den Punkt, als er in einem Beitrag für die Berliner Zeitung feststellte: »Die Transformation einer ehemals sozialistischen Planwirtschaft in die Marktwirtschaft ist in Deutschland gescheitert.«

Angesichts dieser objektiven, unwiderlegbaren Fakten kann man der Aussage des Sprechers der SPD-Bundestagsfraktion im Unterausschuß DDR-Vermögen, Friedhelm Julius Beucher, nur zustimmen, wenn er feststellt: »Zu schnelle Privatisierung, mangelnde Aufsicht durch Bundesfinanzministerium und Treuhandanstalt haben zu erheblichen Vermögensschäden geführt ... Gemessen an der Summe dessen, was durch diese oft nachlässige, schlampige, oberflächliche Aufsicht zum Schaden der Bundesrepublik geschehen ist, gehört es zu einem ordentlichen Rechtsstaat, daß da auch Köpfe rollen.« [49]
Dem aber ist vorgebeugt. Durch einen Brief des damaligen Bundesfinanzministers Theo Waigel »im Einvernehmen mit dem Herrn Bundeskanzler« war die Treuhandanstalt bis 30.6.1991 von der Haftung durch grobe Fahrlässigkeit freigestellt. Die Haftung für leichte Fahrlässigkeit wurde jeweils in Briefen des Ministers bis 31.12.1994, also dem offiziellen Ende der THA verlängert. Sarkastisch könnte man sagen: Gegenüber den durch schlampige Arbeit, mangelnde Aufsicht und kriminelle Machenschaften verursachten Schäden der Treuhand sind die vom Baulöwen Schneider zu verantwortenden Verluste, wofür er mehrere Jahre Gefängnis erhielt, ein Klacks.

*Das größte Konjunkturprogramm der neueren Geschichte*

Im Vollzug des Beitritts der DDR zur BRD wurden die Inbesitznahme eines Marktes von 16 Millionen Menschen und die konkreten Formen, Methoden und Instrumente des Anschlußprozesses zu einem gewaltigen Konjunkturprogramm der westdeutschen Wirtschaft, das hauptsächlich aus von der ganzen Bevölkerung aufgebrachten Steuermitteln finanziert wurde. Die Ausgestaltung insbesondere der Investitionsförderung und die außergewöhnlichen Abschreibungsmodelle mehrten das Vermögen insbesondere westdeutscher Kapitalbesitzer und reduzierte ihren Anteil am Steueraufkommen des Staates exorbitant. Das sprunghafte Ansteigen der Verschuldung des Staates kam nicht in erster Linie dem notwendigen Aufbau Ost, sondern den westdeutschen Vermögenden und der westdeutschen Wirtschaft zugute.

Hamburgs ehemaliger Bürgermeister Henning Voscherau sagte es am Jahresende 1996 so: »In Wahrheit waren fünf Jahre Aufbau Ost das größte Bereicherungsprogramm für Westdeutsche, das es je gegeben hat«.[50]

Der damalige Wirtschaftsminister und heutige Ministerpräsident Mecklenburg-Vorpommerns, Harald Ringstorff, hatte bereits Anfang April 1996 festgestellt, daß die Förderung der ostdeutschen Wirtschaft zu 80% an Unternehmen und Unternehmer im Westen zurückfließt.[51]

An welchen Fakten läßt sich das festmachen?
Nach Angaben der Deutschen Bundesbank lag der Anteil der Wachstumsimpulse aus den neuen Bundesländern im 2. Halbjahr 1990 bei ca. 40% und im 1. Halbjahr 1991 bei 55% des Wachstums des gesamten Bruttoinlandsprodukts der alten Bundesländer.[52]

Im Zusammenhang mit der aktuellen Diskussion zu den innerdeutschen Transferleistungen stellt die Deutsche Bank Research im September 1996 fest, »... daß die westdeutsche Wirtschaft insbesondere in den Jahren 1990 bis 1992 stark von der Maueröffnung und der deutschen Vereinigung profitieren konnte. Der transferfinanzierte Einigungsboom bescherte den alten Bundesländern im Durchschnitt dieser Jahre eine reale Wachstumsrate von gut 4% ... Das starke Wachstum in den alten Bundesländern trug wesentlich dazu bei, daß sich die Anzahl der Erwerbstätigen in Westdeutschland im Zeitraum 1990/1992 um fast 1,8 Mio. erhöhte. Die deutsche Vereinigung führte damit in den alten Bundesländern infolge der Wachstumsgewinne zu erheblichen Steuermehreinnahmen und Minderausgaben, die den vereinigungsbedingten Belastungen gegenzurechnen sind.«[53]

Die westdeutschen Unternehmen profitierten also vom ostdeutschen Markt. Der konjunkturelle Abschwung in Westdeutschland (BIP-Wachstum gegenüber dem Vorjahr 1992: + 1,8%, 1993: -2,0%, 1994: + 3,4%) wäre ohne diese Lieferungen noch stärker ausgefallen.

1993 schrieb der Präsident des DIW, Lutz Hoffmann: »Da die Transferzahlungen überwiegend durch Verschuldung des Staates finanziert wurden und in Form von Käufen bei westdeutschen

Unternehmen weitgehend wieder nach Westdeutschland zurückfließen, hatte der Aufbau dieses Transferprogramms die Wirkung eines gewaltigen Keynesianischen Konjunkturprogramms, das der westdeutschen Wirtschaft in der Phase eines weltweiten Konjunkturrückgangs überdurchschnittlich hohe Wachstumsraten bescherte.«[54]
Im Jahresarbeitsmarktbericht Ostdeutschland 1995/96 der SPD-Bundestagsfraktion heißt es: »Allein die westdeutschen Lieferungen nach Ostdeutschland haben 1994 eine zusätzliche Produktion bzw. Beschäftigung in den westdeutschen Ländern in einer Größenordnung von 5-7% des Bruttoinlandsproduktes bzw. 1,4 bis 1,9 Millionen Arbeitsplätze gesichert.«[55]

Ebenfalls im Oktober 1996 legte das Institut für Wirtschaftsforschung Halle eine bemerkenswerte Berechnung über die Höhe des westdeutschen »Vereinigungsgewinns« vor:
»Die gesamtwirtschaftliche Produktion in Westdeutschland hat nach der deutschen Vereinigung einen deutlichen Niveauschub erzielt; dieser kann auf eine Größenordnung von nominal rd. 200 Mrd. DM im Jahr veranschlagt werden. Vor der deutschen Vereinigung folgte das westdeutsche Bruttoinlandprodukt einem Wachstumstrend, der die Produktion von rd. 1570 Mrd. DM im Jahre 1970 auf gut 2320 Mrd. DM im Jahre 1998 ansteigen ließ. (Trendwerte, gerechnet in konstanten Preisen von 1991.) Im Jahre 1997 wird das westdeutsche Bruttoinlandprodukt um rund 7% über dem Wert liegen, der sich bei Fortschreibung der Trends 1979/89 ergeben hätte. Dies ist in wirtschaftlicher Betrachtung der Vereinigungsgewinn für Westdeutschland. Der Vereinigungsgewinn übersteigt die Transferzahlungen, die Westdeutschland zugunsten Ostdeutschlands leistet (Größenordnung 150 Mrd. DM).«[56]
Zum gleichen Zeitpunkt zitierte das »Handelsblatt« den ehemaligen VW-Chef Carl H. Hahn, daß schätzungsweise über eine Million Arbeitsplätze in Westdeutschland ihren Ursprung der deutschen Wiedervereinigung verdanken.[57]

Sowohl die Übernahme des Binnenmarktes für 16,6 Mio. Menschen als auch des Osthandels der DDR war und ist noch auf längere Zeit ein erheblicher und begünstigender Faktor für die ökonomische Entwicklung der Unternehmen in den alten Bundesländern – ein Markt, der ihnen faktisch in den Schoß gefallen ist.

Der Siemens-Vorstand v. Pierer, Leiter des größten Elektronikkonzerns Europas, bestätigte dies in einem »Spiegel«-Gespräch mit folgenden Worten: »In Deutschland haben wir Anfang der 90er Jahre vom Boom durch die Wiedervereinigung profitiert. Da herrschte in den USA noch Rezession. Uns ging es gut, die Notwendigkeit von Veränderungen wurde nicht überall rechtzeitig erkannt.[58]

Im »Spiegel«, Heft 46/1997, hieß das Titelthema: »Fehlsteuer Ost – Mit dem größten Steuergeschenk aller Zeiten wollte der Staat den Aufbau Ost fördern und mehrte stattdessen das Vermögen cleverer Westler.«

Die Rede ist von der Sonderabschreibung Ost. Alle, die im Osten investierten, konnten bereits im ersten Jahr 50% davon abschreiben, während die normale Abschreibung bei länger genutzten Anlagen in Abhängigkeit von der Lebensdauer 4 bis 10% betragen darf. Man glaubte, (wenn man nicht andere – Vermögen begünstigende – Absichten unterstellt), damit einen Investitionsstrom in den Osten lenken zu können. Abschreibungen sind aber Kosten. Und diese Kosten aus den Investitionen Ost verminderten den Ausweis des Gesamtgewinns des Kapitalgebers, den er aus seiner Kapitalanlage oder seinem Vermögen in den alten Bundesländern zog. Der Gewinn ist wiederum die Grundlage für die Steuerveranlagung des Betreffenden oder der Unternehmens-Gesellschaft. Vermindert sich der Gewinn wie oben beschrieben, hat das zwei katastrophale Auswirkungen. Erstens: das Volumen der Einkommensteuer, die u.a. von Selbständigen und Freiberuflern zu zahlen ist, sank zugunsten dieser Vermögensbesitzer von 41,5 Milliarden DM 1991 auf sage und schreibe 5 Milliarden im Jahre 1997. Die Körperschaftssteuer, d.h. die Einkommensteuer juristischer Personen (Kapitalgesellschaften) reduzierte sich von 36,4 Milliarden DM 1990 auf 29,4 Milliarden DM, obwohl die Gewinne in dieser Zeit explodiert sind. Zweitens: Die tatsächlich einsetzenden Investitionsströme flossen aufgrund der bestehenden Unsicherheiten hinsichtlich Absatz und Konkurrenz nicht in den produktiven und wirtschaftsnahen Bereich der neuen Länder, sondern hauptsächlich in Bürogebäude, Supermärkte, Wohnungsbauten, Gewerbeparks u.a. Repräsentationsobjekte, die wie Pilze aus dem Boden schossen. Selbst die sich bald abzeichnenden Überkapazitäten schreckten die Investoren zunächst nicht ab, denn 50% dieser Aufwendungen konnten sie bereits im ersten Jahr von ihrem zu versteuernden Gewinn absetzen. Das war unter dem Strich und mit der Hoffnung auf künftige Gewinne immer noch lukrativer als die Abführung an die Steuer.

In dieser Zeit erschienen unter der Überschrift: »Satte Steuervorteile« in der FAZ Anzeigen mit dem Slogan: »Zahlen Sie keine Steuern mehr – die nächsten zehn Jahre.« Die Hauptprobleme des Ostens – die Stärkung der unzureichenden industriellen Basis und das fehlende Eigenkapital – wurden durch diese Hauptform der Fördermaßnahmen nicht gelöst, sondern die Verzerrungen wesentlich verschärft und auf neue Bereiche ausgedehnt. Maximal ein Drittel der privaten Gelder floß in Firmen.[59]

Diese Fehlanlage der Abschreibungsfördermodelle beeinträchtigte auch die Wirkung der aus Steuergeldern finanzierten staatlichen Investitionszuschüsse, die zeitweise 10, 15 und 20 Prozent betrugen bzw. leiteten sie falsch. Es kam auf den geförderten Gebieten zu bedeutenden Leerständen; z.B. bei Bürokapazitäten von 20%. Der Wohnungsleerstand betrug 1998 in den neuen Bundesländern 13,2% mit steigender Tendenz; in einzelnen Orten, darunter größeren Städten, 20%, der sich interessanterweise im gleichen Maße auf Innenstädte wie auf die sog. Plattenbauten der Satellitenstädte und -siedlungen verteilt.[60] Aber selbst die daraus resultierenden Verlustausfälle können als »steuertechnische Verluste« von der Steuer abgesetzt werden. Man erinnert sich an das Wort von der »Selbstregulierungskraft des Marktes«. In diesem Falle hat diese Selbstregulierung zugunsten der schon Vermögenden so elementar gewirkt, daß er die Steuerkassen des Staates leergefegt hat und die Verschuldung des Bundes, der Länder und Gemeinden beängstigend ansteigen ließ. Dies ist aber nur ein, allerdings in seinen negativen Auswirkungen sehr schmerzhaftes Beispiel des allgemeinen Förderdschungels, der kaum noch übersehbar war und vor allem für die ostdeutschen Interessenten und Bedürftigen ein Buch mit sieben Siegeln blieb.

Ob mit Absicht oder aus Dummheit – es wurde ein Bereicherungsprogramm für die westdeutschen Vermögenden. Die damit verbundenen Ziele wurden in keiner Weise erreicht. Offensichtlich liegen darin die tieferen Ursachen dafür, daß sich das bereits atemberaubende Geldvermögen in der Bundesrepublik in den neunziger Jahren, d.h. in nur zehn Jahren. auf 6,75 Billionen DM fast verdoppelt hat.[61] Man fragt sich, wie in einer modernen Gesellschaft eine solche gigantische Fehlkonstruktion entstehen und über Jahre trotz verschiedener Reparaturarbeiten bestehen konnte. Es fällt schwer, gut ausgebildeten, erfahrenen Beamten mit dem damaligen Finanzminister an der Spitze Blauäugigkeit und Ahnungslosigkeit zugute zu halten.

Warum gibt es nicht eine breite Diskussion über die völlig berechtigte Frage, ob die hier angesprochenen Extragewinne aus dieser Markterweiterung nicht zugunsten der Finanzierung der Kosten der Einheit abgeschöpft werden können?
Diese Extragewinne waren doch nicht Verdienst der Manager. Das ist ihnen und ihren Unternehmungen wegen der besonderen Form des deutschen Transformationsprozesses als »arbeitsloser Gewinn« zugefallen. Daraus ließe sich ein beträchtlicher Teil des nunmehr notwendigen West-Ost-Transfers finanzieren.

Und noch eine weitere Schlußfolgerung ist zu ziehen: Die Gier und die erfahrene und trickreiche Energie der von der Geschichte schon immer Bevorteilten, die Vermögen und Eigentum vor allem auch durch die blauäugigen Regelungen des Vereinigungsprozesses ankauften (Rückgabe vor Entschädigung, Steuergeschenke für die verlängerten Werkbänke der Westunternehmen, Rückfluß eines wesentlichen Teils der Transferzahlungen und Hilfen für die neuen Länder als Konjunkturprogramm West, Aufweichungen der Regelungen zu den Enteignungen der Bodenreform), sollten durch staatliche Regelungen gezügelt werden, damit sie nicht noch mehr Scheiben aus dem verbliebenen kargen Lebensumfeld der Ostdeutschen herausreißen können.

Bleibt die Frage, welchen Anteil das gescheiterte sozialistische System am Zurückbleiben der ökonomischen Leistungsfähigkeit der DDR hinter der drittgrößten Wirtschaftsmacht der Welt gehabt hat. Nach einer vorurteilslosen Berücksichtigung aller Umstände kommt man auch von diesem Standpunkt aus zu dem Schluß, daß dieses mit Mängeln behaftete Wirtschaftssystem in Anbetracht der ungünstigen Ausgangs- und Entwicklungsbedingungen im internationalen Vergleich respektable Ergebnisse erreicht hat, die teilweise über den Ergebnissen marktwirtschaftlich dominierter Länder Europas liegen. Man kann noch weiter gehen. Das marktwirtschaftliche System wäre nicht imstande gewesen, mit diesen aufgrund der historischen Entwicklung gegebenen außerordentlich ungünstigen Umständen ohne tiefe soziale Verwerfungen für die Mehrheit der Bevölkerung fertigzuwerden – wie das die Entwicklung in Rußland und den Staaten der GUS, aber z. B. auch in Lateinamerika augenfällig zeigt. Das ist gegenüber der herrschenden und immer wieder neu verbreiteten Meinung für viele sicher ein überraschender und unglaublicher Schluß. Aber je mehr man in einer vorurteilslosen Analyse in den Zusammenhang und die verschiedenen Ebenen dieser Problematik eindringt, desto mehr drängt sich dieser Schluß auf.

Ist es also gerechtfertigt, den Ostdeutschen – nachdem sie bereits zwei Generationen lang diese Last getragen und ertragen haben – vom Gipfel der Wohlhabenheit aus, der unter geschichtlich außergewöhnlich günstigen Umständen und nicht nur aus eigener Kraft erreicht wurde, in selbstgerechter Art und Weise vorzuschreiben, daß sie diese angeblich selbstverschuldeten Nachteile weitere zwei bis drei Generationen auf sich nehmen müssen? Ist es demgegenüber nicht an der Zeit, deutlich auszusprechen, daß diese Situation in Ostdeutschland Kriegsnachfolgelasten des gesamten ehemaligen deutschen Reiches sind und daß es nach nunmehr fünfzig Jahren höchste Zeit ist, den historisch und logisch begründeten Lastenausgleich vorzunehmen, wie es führende westdeutsche Politiker wie R. v. Weizsäcker und Egon Bahr und führende Wissenschaftler wie Prof. Peters u.a. deutlich erklärt und ausgesprochen haben?

Geht es dabei nur um das Interesse der Ostdeutschen? Wenn man nichts ändert, wird sich nach der katastrophalen Deindustrialisierung eine unaufhaltsame Entvölkerung der neuen Länder vollziehen. Seit 1990 sind mehr als 1,4 Millionen Menschen aus den neuen Bundesländern in die alten abgewandert. Daß man eine solche Abwanderung verhindern wollte, war damals die Begründung für die übereilte Durchführung der Währungsunion. Diese Entwicklung macht die neuen Bundesländer immer mehr zu »Süditalien in Deutschland«.
Die reichen alten Bundesländer – Bayern, Württemberg und Hessen – wettern gegen die Transferströme in die neuen Bundesländer und den Finanzausgleich zwischen den Ländern. Die Logik dieser »Nadelstichpolitik« ist ebenfalls in Italien zu erkennen; die Bildung einer separatistischen »Partei«, wie der Lega Nord, um sich von den Armutsgebieten abzugrenzen.

*Durch die unterschiedl. Löhne werden alle jungen ungebildeten Kräfte nach West gelockt Ostdeutschland geht daran zugrunde*

All diese Fragen sind durchaus reale und nicht leicht zu lösende Probleme, die nicht unterschätzt und mit billigen Argumenten abgetan werden können. Man sollte aber wenigstens den Mut finden, den Menschen in den alten Bundesländern die Wahrheit zu sagen. Erstens: ihr Reichtum, ihre Wohlhabenheit und die friedliche Wiedervereinigung der beiden deutschen Teilstaaten ist in einem nicht unbeträchtlichen Maße begründet auf dem, worauf die Menschen im östlichen Teil im Verlaufe von vierzig Jahren verzichten mußten. Und zweitens: deren Zurückbleiben im ökonomischen Niveau ergibt sich nicht hauptsächlich aus dem Scheitern eines alternativen Gesellschaftsmodells, sondern aus der völlig unterschiedlichen historischen Situation, den diametral entgegengesetzten Ausgangs- und Entwicklungsbedingungen.

Man spricht von einer Billion DM Transferleistungen, die angeblich seit 1990 in den Osten geflossen sind. Sowohl die alte als auch die neue Bundesregierung haben erklärt, daß dies eine Bruttosumme ist, die Teile des Steueraufkommens und den Solidarbeitrag aus dem Beitrittsgebiet sowie Leistungen aus dem Steueraufkommen des Bundes, die allen Ländern zufließen, unberücksichtigt läßt – so daß maximal ein Nettofluß von ca. 500 Milliarden DM zugrundegelegt werden kann.

Auch das ist eine anerkennenswerte Leistung. Aber selbst ein Mehrfaches dieses Betrages kann nicht wettmachen, was den Ostdeutschen über vierzig Jahre hinweg, d. h. für zwei Generationen, nicht beschieden war und worin eine wirkliche Vorleistung für die Wiedervereinigung unseres Volkes besteht. Und nun erklärt man blauäugig und geschichtsvergessen, mit der Attitüde kluger und erfahrener Politiker, das müsse 20 Jahre und länger so fortgehen. Das ist die wirkliche Mauer in den Köpfen, die Widerstand, Resignation und Verweigerung hervorruft.

Damit an dieser Stelle aber keine falschen oder einseitigen Schlußfolgerungen gezogen werden:
Der bedeutende Mitteltransfer aus den alten Bundesländern in das Gebiet der ehemaligen DDR soll nicht heruntergeredet werden. Damit wurden gewaltige und bleibende Leistungen vollbracht: die Umwandlung eines völlig unterentwickelten Telefonsystems in eines der weltweit modernsten, die Rekonstruktion und fast durchgängige Grundsanierung der Autobahnen, die Erneuerung des Fernstraßennetzes, die zielstrebige Modernisierung des Schienennetzes und des öffentlichen Personenverkehrs, die Modernisierung

des Wohnungsbestandes. Die überdurchschnittliche Erneuerungsbedürftigkeit auf diesen Gebieten war entstanden, weil in der DDR aufgrund der dargestellten geschichtlichen Bedingungen und Benachteiligungen gegenüber der Bundesrepublik andere Prioritäten gesetzt werden mußten. Man muß in diesem Zusammenhang auch die bedeutenden sozialen Transferleistungen würdigen, die aufgrund der gewählten Schocktherapie des währungs- und wirtschaftspolitischen Anschlusses und die dadurch eintretende Deindustrialisierung nötig wurden und ohne die in den neuen Ländern ein sehr viel tieferer wirtschaftlicher und sozialer Absturz eingetreten wäre als in den anderen ehemals sozialistischen Ländern.

Übrigens: der »Abschlußbericht« der Treuhandanstalt erinnert daran, daß die im Einigungsvertrag (Staatsvertrag Nr. II) vorgesehene Aufstellung einer Vermögensbilanz der DDR zum Zeitpunkt ihres Beitritts bis heute noch nicht vorgelegt wurde. Es ist offensichtlich sehr schwer, die Umwandlung eines produktiven Vermögens von 600 Mrd. DM – oder auch nur von 300 Mrd. DM – auf einen Schuldenberg von 264 Mrd. DM nachvollziehbar zu erklären. Bei einem solchen gewaltigen gesellschaftlichen Umbruch kann es sich dabei selbstverständlich nicht um eine rein kaufmännische oder betriebswirtschaftliche Vermögensaufstellung mit Soll und Haben handeln. Aber gerade weil die Vereinigung zweier völlig unterschiedlich gewachsener und strukturierter Landesteile ein Prozeß ist, der das Leben eines ganzen Volkes und auch fast jedes einzelnen berührt und die Diskussion über die dabei entstandenen und zu bewältigenden Kosten, ihren Charakter und ihre Ursachen eine große Rolle spielen, sollte zumindest der Versuch einer solchen Bilanz und der dabei wirkenden objektiven und subjektiven, der quantifizierbaren und nichtquantifizierbaren Faktoren gemacht werden.

### Was war die DDR 1989 ökonomisch wert?

Konzentriert man sich bei dem Versuch der Beantwortung dieser Frage auf die ökonomische Grundsubstanz, also auf das produktive Vermögen oder den Kapitalstock der Volkswirtschaft, dann ergibt sich folgendes:
Der Grundmittelbestand allein in den produktiven Bereichen der Volkswirtschaft betrug im Jahr 1988 1,2 Billionen Mark der DDR.

Davon

| | |
|---|---:|
| in der Industrie | 767,0 Mill. M |
| im produktiven Handwerk | 5,0 Mrd. M |
| in der Bauwirtschaft | 28,0 Mrd. M |
| in der Land- und Forstwirtschaft | 170,5 Mrd. M |
| in Verkehr, Post und Fernmeldewesen | 159,0 Mrd. M |
| im Binnenhandel | 44,5 Mrd. M |
| sonst. produzierende Zweige | 27,7 Mrd. M |
| **Summe** | **1200,0 Mrd. M** [62] |

Legt man den Umtauschsatz der Währungsunion für die Bestandsgrößen 2:1 zugrunde, kommt man auf eine Größe von 600 Mrd. DM. Diese Größe bezieht sich auf die »Grundmittel«, enthält also nicht den Grund und Boden, dessen Hauptanteil volkseigen war und deshalb nur einen symbolischen Preis hatte. Noch 1990 wurden Grund und Boden an Privat zu 1 DM je m² verkauft.
In der Marktwirtschaft ist der Grund und Boden ein ganz entscheidender Wertfaktor. Es kann sich nur um eine grobe Schätzung handeln, wenn man den von der Treuhand übernommenen Grund und Boden der volkseigenen Betriebe mit rund 400 Mrd. annimmt. Rechnet man den Wert der Grundmittel und den von Grund und Boden zusammen, ergibt das 1 Billion D-Mark.

D. Rohwedder als Präsident der Treuhand hat die Vermögenswerte der Treuhand 1990 mit 600 Mrd. DM beziffert: »Das ist der ganze Salat Ost«[63], sagte er 1990 etwas leger in einem Vortrag vor der Handelskammer Wien.
Es ist richtig, daß dieser Grundmittelbestand infolge der verfehlten Honeckerschen Wirtschaftspolitik, die zu einer niedrigen Akkumulationsrate und damit zur Begrenzung der Investitionen für Erneuerung und Modernisierung führte, im Durchschnitt überaltert war. Das war aber kein Geheimnis. Das war dokumentiert und veröffentlicht. Trotzdem wies dieser Kapitalstock eine beträchtliche Differenzierung auf. Er umfaßte zum Teil auch moderne, dem wissenschaftlich-technischen Höchststand entsprechende Produktionsabschnitte und ganze Betriebe. Zu ihnen gehörten aber auch völlig veraltete und heruntergekommene Produktionslinien und auch ganze Betriebe und sogar Branchen.
Zu den Produktionsbereichen mit z. T. modernen Ausrüstungen zählten die Erdöl- und Erdgasverarbeitung, Produktionslinien

der Chemie, der Walzstahlverarbeitung, der Elektronik, des Schwermaschinenbaus, des Schiffbaus, des Werkzeugmaschinenbaus, der gehobenen Konsumgüterindustrie und Teile der landwirtschaftlichen Großproduktion. Völlig veraltete Grundfonds gab es im Gießereiwesen, in der Aluminiumproduktion, in der Lebensmittelindustrie, im Verkehrswesen, bei Post und Fernmeldewesen und auch im Gesundheitswesen.

Im Bericht der Treuhand per 31.12.1994 wurde im Ergebnis ihrer vierjährigen Tätigkeit zur Transformation des ehemaligen Produktiveigentums der DDR folgende Abrechnung vorgelegt:

*Aufkommen*
73 Mrd. DM Privatisierungserlöse
264 Mrd. DM Kreditaufnahme auf dem Kapitalmarkt
**337 Mrd. DM insgesamt**

*Verwendung*
101 Mrd. DM Altkredite (dar. 26 Mrd. DM Zinsen)
44 Mrd. DM ökologische Sanierung
154 Mrd. DM unternehmerisch-finanzielle Sanierung
    (einschließlich Übernahme der Kosten bei Stillegung
    und Privatisierung aus der Abwicklung)
38 Mrd. DM sonstige Kosten
**337 Mrd. DM insgesamt** [64]

Das heißt: aus dem Kapitalstock der Volkswirtschaft der DDR – unabhängig davon, ob man ihn mit 1 Billion oder 600 Milliarden DM (Rohwedder) annimmt, wurde im Ergebnis der Tätigkeit der Treuhandanstalt unter Leitung von Birgit Breuel ein Schuldenberg von rd. 260 Mrd. DM! Es ist der entscheidende Teil des sog. »Erblastentilgungsfonds«, der insgesamt mit rd. 400 Mrd. DM angegeben wurde.

Das zweite Debakel von grundsätzlicher Dimension bei dieser Transformation einer staatssozialistischen Wirtschaft in die Marktwirtschaft ist die Tatsache, daß nach vorliegenden Analysen 85 % dieses ehemaligen »volkseigenen« – oder staatseigenen – Produktivvermögens im Zuge der Privatisierung an westdeutsche Eigentümer, 10 % an Ausländer und nur ganze 5 % an Ostdeutsche gingen. Die Angaben variieren etwas. Daß sie aber nicht aus der Luft

gegriffen sind, wird aus dem im Dezember 1997 bekannt gemachten »Deutschland-Papier« des Willy-Brandt-Kreises deutlich. Es heißt dort: »Das Produktivvermögen, d.h. der Wert des Kapitalstocks, den die DDR hinterlassen hat, beträgt nach seriösen Schätzungen etwa 450 Mrd. DM. Der Anteil in ostdeutscher Hand sei sehr niedrig. Nach einer Expertenbefragung des Treuhand-Untersuchungsausschusses des Bundestages seien bis Ende 1993 (in Arbeitsplätzen ausgedrückt) bezogen auf den Unternehmensbestand    87% an westdeutsche,
            7% an ausländische und nur
            6% an ostdeutsche Investoren
verkauft worden.
Bei heute durchschnittlich 50% der westdeutschen Kapitalausstattung würde die Eigentumsquote der Ostdeutschen am Produktivvermögen ganze 3% betragen.«[65]

*Es war nicht einmal möglich, einen Campingplatz zu übernehmen*

Nüchtern betrachtet, handelt es sich um eine gigantische Enteignung der Bevölkerung der DDR. Ihr wurde das auf ihrem Gebiet befindliche, zu ihr gehörende und in 40 Jahren durch harte Arbeit geschaffene und vermehrte produktive Vermögen entzogen.
Eine besondere Delikatesse dieser Abrechnung sind die »sonstigen Ausgaben« in Höhe von 38 Mrd. DM. Das entspricht mehr als der Hälfte des gesamten Privatisierungserlöses. Wodurch eine solche Größenordnung entstehen kann, ist ausführlich auch in dem bemerkenswerten Buch »Die Treuhändler« von M. Jürgens und in anderen Veröffentlichungen nachgewiesen.

*Die „Arbeiterklasse" hat dabei zugesehen!!*

Es gibt außerdem eine Reihe von Eigentumskomplexen, die außerhalb des von der Treuhandanstalt verwalteten industriellen und sonstigen Produktivvermögens liegen, deren Wert nicht oder nur unzureichend erfaßt und deren Verwertung und Anrechnung ungenügend geregelt ist. Trotz mehrfacher parlamentarischer Anfragen, insbesondere der Bundestagsgruppe der PDS, hat die Regierung Kohl äußerst unwillig und ausweichend – mehr verschleiernd als erhellend – geantwortet, so daß klare Abrechnungen dazu bis heute fehlen.

Das betrifft insbesondere:
– *den ehemals volkseigenen Grund und Boden*. Im Herbst 1990 übernahm die Treuhandanstalt nach eigenen Angaben 40% der Fläche der DDR = 1,6 Millionen Hektar Agrarflächen und 1,7 Millionen

Hektar Wald. Dazu gehörten 512 volkseigene Güter mit 300.000 Hektar Flächen und 720 Forstwirtschaftsbetriebe.[66] Nach mehrfachem Zuständigkeitswechsel ist nunmehr die Bodenverwaltungs- und Verwertungsgesellschaft mit der Privatisierung dieser Flächen beauftragt. Vorsichtig geschätzt handelt es sich um einen Marktwert in Höhe von 20 Milliarden DM. Die Privatisierung soll nach einem »mehrphasigen Privatisierungskonzept« vollzogen werden, das »langfristige Verpachtungen« und ein »Flächenerwerbsprogramm« (wohl richtiger ein Flächenverkaufsprogramm) einschließt.[67]

– Mit dem Einigungsvertrag ging zugleich ein umfangreicher *Bestand an volkseigenen Grundstücken und Gebäuden als Verwaltungs- und Finanzvermögen* in das unmittelbare Eigentum des Bundes über.
Verwaltungsvermögen ist das für die Erfüllung der Verwaltungsaufgaben notwendige Vermögen: z.B. Rathäuser, Verwaltungsgebäude usw.; Finanzvermögen ist alles übrige Vermögen.
Die Art und Weise der Behandlung dieser Eigentumskomplexe wird aus der Antwort der Bundesregierung auf eine Anfrage der PDS-Bundestagsfraktion deutlich, in der es heißt: »Angaben über eine gesonderte Erfassung der Gesamtheit der in das Eigentum des Bundes übergegangenen Sach- und Geldwerte einschließlich der Rechte und Forderungen der ehemaligen DDR können ... nicht getroffen werden. Die einzelnen Ressorts überarbeiten im Rahmen ihrer Verwaltungstätigkeit die in ihren Zuständigkeitsbereich fallenden Vermögenszugänge und -abgänge; dabei wird das in dieser Zeit übernommene Vermögen der ehemaligen DDR einbezogen.«[68] Nach Angaben des Bundesamtes zur Regelung offener Vermögensfragen vom 30.9.1996 wurden der Bundesvermögensverwaltung insgesamt 13.930 Liegenschaften mit 342.173 Hektar Fläche zugeführt. Unter Verwendung bruchstückhaft angeführter Verkaufserlöse repräsentieren diese Liegenschaften einen Wert von 180 Milliarden DM.[69]

– Zum *Auslandsvermögen der DDR*: Die Frankfurter Allgemeine Zeitung hatte seinen Wert 1994 auf eine Milliarde DM geschätzt. Daß dies eher zu niedrig liegt, ergibt sich aus der Feststellung im Jahresbericht der Bundesregierung 1997. Dort heißt es: »Im Rahmen der Wiedervereinigung sind in erheblichem Umfang Auslandsliegenschaften der ehemaligen DDR Bundesvermögen geworden.« Ein beträchtlicher Teil dieses Vermögens ist in die Nutzung und Verwaltung des Auswärtigen Amtes übergegangen, das sich jedoch einer exakten Bewertung und Offenlegung nicht zugänglich zeigt.

– Ein besonderes Kapitel ist das *Vermögen der Nationalen Volksarmee* der DDR und seine Verwertung. Übereinstimmend wird davon ausgegangen, daß es sich um eine moderne, hoch ausgerüstete Armee gehandelt hat, deren Ausrüstungen und Liegenschaften in nicht unbeträchtlichen Ausmaß verwertbar waren und von der Bundesregierung auch verwertet wurden. Dafür gibt es zwei Anhaltspunkte.

Erstens: In der sog. Kategorie I (moderne Ausrüstungen, die für die Bundeswehr nutzbar sind) wurde folgendes aufgeführt:
- 24 Kampfflugzeuge MIG-29
- 3 Aufkl.-Leitstation-Startrampen 1S 91 M2(KUB) (SA-6)
- 3 Start/Leitst. OSA-AK (SA-8)
- 75 Abschußvorrichtungen IGLA
- 2 komplette Fla-Rak-Komplexe SA-5 einschl. 132 Raketen und 24 Rampen
- 892 Schützenpanzer BMP-1
- 87 Transporthubschrauber MI-8
- 6 Transporthubschrauber MI-8S
- 25 Transporthubschrauber MI-2
- 8 Transporthubschrauber MI-9
- 4 Transportflugzeuge L-410 S
- 12 Transportflugzeuge AN -26
- 2 Transportflugzeuge TU-154
- 3 Transportflugzeuge IL-62
- 1.890 tragbare Fla-Raketen STR 2ELA sowie
- 347 MP SKORPION (7,65 mm)

Zweitens: Bekannterweise wurden von 1991 bis 1993 an Indonesien verkauft:
- 16 UAW-Schiffe
- 12 MSR-Schiffe des Typs 89.2
- 9 MSR-Schiffe des Typs 89.1
- 8 Landungsschiffe mit Werfern
- 4 Landungsschiffe ohne Werfer
- 2 Gefechtsversorger

Einen gewissen Aufschluß über die übernommenen Liegenschaften der Armee gibt eine Antwort der Bundesregierung auf eine kleine parlamentarische Anfrage im Jahre 1997, in der es heißt: »Die Bundeswehr hatte am 3. Oktober 1990 insgesamt 2.100 ehemalige NVA-Liegenschaften übernommen. Hiervon nutzt sie nur noch 382 Liegenschaften. 1321 Liegenschaften wurden restituiert oder anderen Gebietskörperschaften zugeordnet. Der Rest wurde dem Allgemeinen Grundvermögen bzw. der THA übergeben.«[70] Insgesamt ermittelten kompetente Insider einen Wert des Sachvermögens der NVA in Höhe von 200 Milliarden DM. Dabei sind Hafenanlagen der Volksmarine, Flugplätze, Werkstätten – die durch die Volksmarine übernommen wurden – sowie stationäre Nachrichtenanlagen, stationäre Medizintechnik u. a. nicht enthalten.

Alles in allem handelt es sich bei diesen nicht oder nicht vollständig erfaßten Vermögenskomplexen um einen Wert von etwa einer dreiviertel Billion D-Mark, der zum Territorium der neuen Länder gehört, der von den Menschen hier erarbeitet worden ist.
Nur zur Verdeutlichung: Das ist etwa das Doppelte der bisher für den sog. »Erblastenfonds« genannten Summe. Allein diese Positionen haben einen größeren Umfang als die Nettogröße aller bisherigen Transferleistungen. Auf ihre Erfassung und Abrechnung sollte im Interesse der Fairness gegenüber den Ostdeutschen und der allgemeinen Gerechtigkeit nicht verzichtet werden.

### Legenden und Tatsachen zu den Transferzahlungen von West nach Ost

Kaum eine Erscheinung im Vereinigungsprozeß der beiden deutschen Teilstaaten hat eine solche medienpolitische und emotionale Rolle gespielt wie der Umfang der Finanztransfers von West nach Ost. Da machte 1998/1999 die Zahl von einer Billion DM die Runde, die angeblich seit 1990 aus den alten in die neuen Bundesländer geflossen sein sollen. Da ist von einem »Tropf« die Rede, an dem die neuen Bundesländer hingen. Da wird von Opfern der Menschen aus den alten Bundesländern gesprochen, die man langsam wieder abbauen müßte.

Es wird aber immer deutlicher, daß viele der genannten Zahlen, mit denen solche Meinungen begründet werden, auf Mißver-

ständnissen und falschen Zuordnungen beruhen; daß man von den sogenannten »Bruttoleistungen« die sogenannten »Rückflüsse«, d.h. Steuer- und Verwaltungseinnahmen des Bundes in den neuen Ländern abziehen muß; daß Steuer- und Verwaltungseinnahmen des Bundes aufgrund der Finanzverfassung dieses Staates an alle Länder fließen und nicht nur an die Ostdeutschen. Es wird oftmals verdrängt, daß der Solidarbeitrag zur Finanzierung der Kosten der deutschen Einheit nicht nur von den Westdeutschen, sondern in gleicher prozentualer Höhe – bezogen auf die Einkommenssteuer – auch von den Ostdeutschen geleistet wird.
Aber diese – aufgrund der sehr komplizierten Finanzverfassung dieses Staates – auch immer etwas schwer zu durchschauenden Fragen werden in der Öffentlichkeit und in den Medien weit weniger intensiv behandelt und erörtert.

Das Bundesministerium für Wirtschaft und Technologie publizierte 1998 folgende Angaben:[71]

*Finanztransfers in die neuen Bundesländer (Mrd. DM)*

|  | 1991 | 1992 | 1993 | 1994 | 1995 | 1996 | 1997 | 1998 | 1999 | Summe 1991 bis 1999 |
|---|---|---|---|---|---|---|---|---|---|---|
| Bruttoleistungen | 139 | 151 | 167 | 169 | 185 | 187 | 183 | 189 | 194 | 1564 |
| Rückflüsse | 33 | 37 | 39 | 43 | 45 | 47 | 47 | 48 | 50 | 389 |
| Nettoleistungen | 106 | 114 | 128 | 126 | 140 | 140 | 136 | 141 | 144 | 1175 |

Aber auch die dort ausgewiesenen sog. »Nettoleistungen« bedürfen der differenzierten Betrachtung. Es muß nämlich untersucht werden, was davon spezielle Förderleistungen für die neuen Länder sind, die über den Durchschnitt der für alle Länder in dieser Position geleisteten Zahlungen des Bundes hinausgehen. Arbeitslosenhilfe, Sozialversicherung und Kindergeld sowie Straßenbauplanmittel werden z. B. für alle Länder gezahlt. Eine spezielle Förderleistung für die neuen Länder stellt lediglich der überproportionale Teil solcher Zahlungen dar. Wenn z.B. in einem Jahr 48% aller Bundesmittel für den Straßenbauplan in die neuen Länder geflossen sind, so ist dies in Bezug auf die Bevölkerungsanzahl eine überproportionale Unterstützung.

Diese Beispiele machen zugleich deutlich, wie schwierig die Ermittlung solcher Zahlen ist und warum die Angaben selbst seriöser

Quellen und auch der Bundesregierung zu verschiedenen Zeitpunkten häufig voneinander abweichen.
Im Monatsbericht der Deutschen Bundesbank vom Oktober 1996 ist dazu folgendes zu lesen:
»Die vorgestellten Transferbilanzen erfassen Leistungsströme zwischen öffentlichen Haushalten und den neuen Bundesländern, ohne nach dem Grund der Leistungen zu unterscheiden. Im Rahmen einer differenzierteren Betrachtung könnte versucht werden, die speziellen ›Begünstigungen‹ der neuen Bundesländer im Vergleich zum früheren Bundesgebiet zu erfassen und von den Leistungsströmen zu trennen, die sich aus der Ausdehnung der Finanzverfassung und der allgemeinen Staatstätigkeit auf die neuen Länder ergeben. Den spezifischen Leistungen für die neuen Länder wären auch die speziellen Begünstigungen für die westdeutschen Regionen gegenüberzustellen, wie die Subventionierung der Steinkohle oder die Sonder-Bundesergänzungszuweisungen an Bremen und an das Saarland.«

In einem Sechs-Thesen-Papier kamen die Finanzminister der neuen Bundesländer 1996 in Bezug auf die finanz- und wirtschaftspolitische Situation zu folgenden Feststellungen: »Es wird deutlich, daß die jährlichen Transfers, bereinigt um gesetzliche Leistungen und reine Bundesaufgaben, nur etwa die Hälfte der ausgewiesenen Bruttotransfers ausmachen ... Die Behauptung, der jährliche Transfer für den Osten belaufe sich auf 200 Mrd. DM ist damit entkräftet, da sie weder die Rückflüsse aus den neuen Ländern noch eine differenzierte Betrachtung der Bruttotransfers berücksichtigt.«

Selbst die alte Bundesregierung mußte – allerdings nur als Fußnote – in der Antwort auf eine parlamentarische Anfrage zu einer Tabelle bekennen: »In einer Belastungsrechnung wären einigungsinduzierte Steuermehreinnahmen im Westen und der Abbau leistungsbedingter Ausgaben gegenzurechnen. Mit wachsendem zeitlichen Abstand lassen sich diese Effekte nicht mehr quantifizieren.«[72]

Umfassend und eindeutig erklärte sich dazu auch der Sachverständigenrat der Bundesregierung in seinem Jahresgutachten 1997/1998 vom November 1997: »Eine Berechnung des Gesamtbetrages der Transfers stößt auf Zurechnungsschwierigkeiten bei der Bemessung der als Gegenposten anzusetzenden Steuereinnahmen aus den neuen Bundesländern, aber auch schon bei den Ausgaben des Bundes zur Erfüllung seiner verfassungsmäßigen Aufgaben. Offensichtlich ist es nicht sinnvoll, in den neuen Bundesländern anfallende Ausgaben für Bundeswehr und Bundesgrenzschutz als Transfers zu zählen. Bei Investitionen zum Ausbau des Verkehrsnetzes scheint die Zurechnung schon eher begründbar zu sein, da sie der Verbesserung der wirtschaftsnahen Infrastruktur dienen; aber auch hier läßt sich argumentieren, daß es nichts mit Transfers in die neuen Bundesländer zu tun hat, wenn die Verkehrsverbindungen der Bundeshauptstadt mit allen Teilen des Landes verbessert werden. Gesamtberechnungen für die Transfers stehen häufig im Zusammenhang mit der Unsitte, einerseits wegen angeblich zu geringer Leistungen für die neuen Bundesländer Vorwürfe zu erheben, andrerseits vorzurechnen, wieviel tatsächlich geleistet wird. Solche Auseinandersetzungen sind nutzlos, und Zahlenangaben über die Gesamthöhe der Transfers beruhen unvermeidlich auf problematischen Zurechnungen. Auch im früheren Bundesgebiet hat es stets erhebliche Transfers an einzelne Bundesländer gegeben, ohne daß deswegen Veranlassung gesehen wurde, Gesamtbeträge auszurechnen und damit in der Öffentlichkeit zu argumentieren. Worauf es heute ankommt, ist, daß den neuen Bundesländern eine klare und verläßliche Perspektive dafür gegeben wird, nach welchen Regeln künftige Transfers über die dafür vorgesehenen Kanäle zustande kommen werden.«[73]

Ein Nachteil dieser Stellungnahme ist, daß in ihr eine quantifizierte Angabe vermieden wird. Da dazu Zahlen in die Welt gesetzt sind, die Gegenstand heftiger Diskussionen sowie ausgesprochener und unausgesprochener Vorwürfe und Beschwerden sind, muß man versuchen, die tatsächliche Höhe der speziellen Fördermaßnahmen in Größenordnungen zu bestimmen.

Die Deutsche Bundesbank kommt in ihrem bereits zitierten Monatsbericht vom Oktober 1996 zu folgender Feststellung: »Insgesamt dürfte sich der Umfang der speziellen Leistungen für die neuen Bundesländer 1995 auf eine Größenordnung von 50 Mrd. DM belaufen haben.« Von den in der Tabelle der Bundesregierung für das Jahr 1995 ausgewiesenen 140 Milliarden DM »Nettoleistungen« verbleiben also etwa ein Drittel.

Das Deutsche Institut für Wirtschaftsforschung (DIW) kommt für das Jahr 1998 zu der Aussage, daß »grob geschätzt von den Finanztransfers (EU-Hilfe eingeschlossen) etwa 35-40 Milliarden DM auf echte Sonderleistungen Ost entfallen.« Dieser Aussage stehen in der Tabelle der Bundesregierung für 1998 141 Mrd. DM gegenüber.

Das Institut für Wirtschaftsforschung Halle, eine nach der Wende aus wirtschaftswissenschaftlichen Kapazitäten der DDR hervorgegegange, inzwischen renommierte Einrichtung, die sich speziell mit den neuen Ländern beschäftigt, stellt fest, daß »die Leistungen für Ostdeutschland nur zu einem geringen Teil als ›Sonderleistungen‹ anzusehen« sind. »Vielmehr werden die meisten Zahlungen aufgrund von bundeseinheitlich geltenden Rechtsvorschriften geleistet. Mittel in Höhe von 43 Mrd. DM (24 vH der Bruttotransfers insgesamt) stellen nach dieser Abgrenzung besondere Leistungen für Ostdeutschland dar, die in dieser Form in Westdeutschland nicht anfallen.«[74]

Mager/Voigt kommen in ihrer fundierten Ausarbeitung »Transferleistungen im geeinten Deutschland« auf der Grundlage der Analyse der Wertschöpfungsströme sowie der Gewinnrückflüsse in die Unternehmen der alten Bundesländer zu der Schlußfolgerung, »daß ein spezifischer Mehraufwand für die neuen Länder in Höhe von rund 40 Milliarden DM für das Jahr 1994 gegeben ist.«[75]

Den in die Diskussion gebrachten ominösen 1 Billion DM Finanztransfers von West nach Ost stehen im Zeitraum 1990 bis 2000 real ca. 400 Milliarden DM gegenüber, die als spezielle Hilfen für die neuen Länder angesehen werden können. Das ist eine bedeutende Summe. Die historische Wahrheit gebietet aber auch auszusprechen, daß dies bisher erst etwa die Hälfte dessen ist, was Prof. Peters und mehr als ein Dutzend Wissenschaftler in ihrem bereits zitierten Memorandum an die Bundesregierung als gerechtfertigten Lastenausgleich dafür bezifferten, was die DDR als Reparationslast gegenüber der UdSSR für ganz Deutschland allein getragen hat.

[1] E. Bahr, Zu meiner Zeit, Siedler, 1998, S. 572
[2] Zitiert b. H. Modrow, Die Perestroika, wie ich sie sehe, edition ost, 1998, S. 127

[3] H. Modrow, a. a. O. S. 105
[4] Gysi/Falkner, Sturm auf das große Haus, Edition Fischerinsel, 1990
[5] zitiert in Sturm auf das große Haus, S. 53/54
[6] E. Bahr, Zu meiner Zeit, S. 579
[7] Aus dem »Stabilisierungsprogramm der wirtschaftlichen Entwicklung und zur Gewährleistung der Funktionsfähigkeit der Wirtschaft« vom 10.1. 1990, das von der Regierung Modrow beschlossen worden war.
[8] BArch-DC 20
[9] H. Modrow, Die Perestroika, wie ich sie sehe, S. 116
[10] M. Gorbatschow, Erinnerungen, btb, S. 717
[11] Beschluß des Ministerrats der DDR vom 15.2.1990 – 14/1b/90 BArch-DC 20
[12] R. Pohl. Wirtschaftswoche Nr 9 v. 23. 2. 1990
[13] K. Schiller, Wirtschaftswoche Nr. 10 v. 2. 3. 1990, S. 32
[14] Neues Deutschland v. 1./2. 7. 2000, S. 17
[15] ebenda, S. 18
[16] Pressemitteilung, herausgegeben vom Presse- und Informationsdienst der Bundesregierung, Nr 69/90 v. 15. 2. 1990
[17] Tage, die Deutschland und die Welt veränderten, edition ferenczy. 1994
[18] Aus Notizen eines Teilnehmers der Beratung.
[19] BArch-DE 1
[20] BArch-DE 20
[21] Tage, die Deutschland und die Welt veränderten, a.a.O. S. 76
[22] Berliner Zeitung Nr. 151 v. 1./2. /. 2000, S. 5
[23] H. Tietmeyer in Tage, die Deutschland und die Welt veränderten, a. a. O. S. 93
[24] zitiert bei M. Jürgs, »Die Treuhändler«, Listverlag 1997
[25] Neues Deutschland, 1./2.7.2000, S. 17
[26] ebenda
[27] M. Jürgs, »Die Treuhändler«, List-Verlag, 1997, S. 262
[28] ebenda
[29] Sendung des WDR vom 19.2.1998
[30] Berliner Zeitung vom 20.3.1998
[31] Berliner Zeitung vom 22./23.5. 1993, S. 25?
[32] List Verlag, 1997
[33] Berliner Zeitung vom 23.2.2000
[34] SPD-Vize Wolfgang Thierse, zitiert in Berliner Zeitung v. 31.12./1.1.1995, S. 2
[35] Wolfram Engels, Wirtschaftswoche Nr. 9, 23.2.1995, S. 188
[36] Statistisches Bundesamt
[37] Statistisches Bundesamt, Bundesministerium für Wirtschaft und Technologie, Wirtschaftsdaten neue Länder
[38] Bericht der Bundesregierung zur Entwicklung in den neuen Ländern v. 25.9.1996, BMWJ-Dokumentation Nr. 407
[39] Berliner Zeitung v. 4.12.1996
[40] ND v. 19.12.1996
[41] L. Späth, »Die Lage der ostdeutschen Wirtschaft«, Sonderdruck der Thüringer Landeszeitung, S. 8
[42] zitiert in: Berliner Zeitung vom 28.10.1999

43 zitiert in: Mager/Voigt, Transferleistungen im geeinten Deutschland, S. 34
44 Institut für Arbeitsmarkt- und Berufsforschung (IAB) der Bundesanstalt für Arbeit, Nürnberg, Umfrage 19/1995, S. 16
45 Antworten des Instituts für Wirtschaftsforschung Halle vom 3.5.1996 auf Fragen des Bundestagsausschusses für Wirtschaft für eine öffentliche Anhörung zum Thema: »Fünf Jahre deutsche Einheit – Zwischenbilanz und Perspektiven der wirtschaftlichen Entwicklung in den neuen Bundesländern«, S. 8
46 Kuhn in: »Vereinigungsbilanz«, VSA-Verlag Hamburg
47 Gorbatschow, Erinnerungen, btb 1996, S. 992
48 K.v. Dohnanyi, zitiert in Berliner Zeitung, 23./24.9.1995, S. 12
49 Neues Deutschland v. 2.4.1998
50 Die Welt, 4.12.1996
51 Handelsblatt, 3.4.1996
52 Deutsche Bundesbank, Monatsbericht Nr. 10/1991
53 Deutsche Bundesbank, Research, Aktuelle Themen Nr. 28, 25.9.1996
54 Lutz Hoffmann, Eine ostdeutsche Bilanz, Transfer Verlag 1993, S. 29
55 in Neues Deutschland, 2.4.1994
56 IWH, Wirtschaft im Wandel, Heft 13/96, S. 2
57 Handelsblatt v. 29.10.1996
58 Der Spiegel, Nr. 20, 1996
59 siehe »Der Spiegel«, Heft 46, 1997, S. 34
60 J. Steinert, Präsident des Bundesverbandes deutscher Wohnungsverbände, in der Berliner Zeitung vom 20.6.2000 sowie Neues Deutschland vom 30.10.2000.
61 Monatsbericht Mai 2000 der Deutschen Bundesbank
62 Statistisches Jahrbuch der DDR 1989, S. 107
63 D. Rohwedder am 22.10.1990 vor der Handelskammer Wien
64 Bericht der Treuhand per 31.12.1994
65 Deutschland-Papier des Willy-Brandt-Kreises, Dez. 1997
66 Birgit Breuel, Treuhand intern 1993, S. 357/58)
67 Der Aufbau in den neuen Ländern, herausgegeben vom Bundeskanzleramt im Januar 1997
68 Bundesdrucksache 12/5040 vom 25.5. 1993
69 R. Mager/M. Voigt, a.a.o. S. 60/61
70 Deutscher Bundestag; Drucksache 13/9357 vom 2.12. 1997
71 Bundesministerium für Wirtschaft und Technologie; Wirtschaftsdaten Neue Länder, November 1998
72 Deutscher Bundestag, Drucksache 13/10809 v. 27.5.1998, S. 32
73 Sachverständigenrat zur Begutachtung der gesamtvolkswirtschaftlichen Entwicklung, Jahresgutachten 1997/1998, November 1997, S. 348/349
74 IWH, Wirtschaftliche Strukturdaten für die neuen Länder, 2/1998, Sonderheft
75 R. Mager/M. Voigt, »Transferleistungen im geeinten Deutschland«, Berlin 1999, S. 10/11

# Kapitel III
# Zu einigen Fragen des Gesellschafts- und Wirtschaftssytems der DDR

## Grundmängel

Dieses Gesellschaftsmodell ging aus von der Notwendigkeit der Umwandlung des Privateigentums an Produktionsmitteln in gesellschaftliches Eigentum, begründet von Marx und Engels im »Kommunistischen Manifest« von 1848. Es beruhte auf der Überzeugung, daß die blinden Gesetze des Marktes die Ursache grundlegender ökonomischer und gesellschaftlicher Fehlentwicklungen sind, die nur durch die Beseitigung der kapitalistischen Ordnung selbst und ihres Regelmechanismus für überwindbar gehalten wurden. Das marktwirtschaftliche Grundmuster sollte in den staatssozialistischen Ländern durch die Vergesellschaftung der Produktionsmittel und durch die zu einem Gesetz erhobene planmäßig-proportionale Entwicklung der Volkswirtschaft ersetzt werden. Das Hauptinstrument hierfür war der alle wesentlichen wirtschaftlichen und gesellschaftlichen Bereiche umfassende Plan. Das führte zwangsläufig zum Typ einer zentral geleiteten Verwaltungswirtschaft.

Ein solches Modell hat sich auch nach Auffassung führender Weltökonomen wie Galbraith[1] und Hobsbawm[2] als brauchbar und funktionsfähig erwiesen hinsichtlich der Lösung ökonomischer und sozialer Grundaufgaben. Sie verweisen auf die Bewältigung der Industrialisierung eines solch riesigen Landes wie der UdSSR, die Schaffung einer schwerindustriellen Basis und die Überwindung der schweren Schäden des Krieges in den osteuropäischen Ländern ohne fremde Hilfe.

Es erwies sich jedoch, daß nach der Lösung solcher Grundaufgaben und der damit einhergehenden Steigerung des ökonomischen Niveaus die Beherrschung der ständig zunehmenden Vielfalt, besonders im konsumtiven Bereich, mit Hilfe einer administrativen, verwaltungsmäßigen Planung kompliziert ist und immer schwieriger wurde.

Gleichzeitig muß man in diesem Zusammenhang energisch Auffassungen widersprechen, die diesen ersten Versuch zur Schaffung einer alternativen Gesellschaft als eine »bürokratisch zentralisierte Befehlswirtschaft«[3] oder als »bürokratische Produktionsweise mit einem monopolistischen Überbau« bezeichnen, die mit den Marxschen Sozialismusvorstellungen nichts gemein gehabt hätten.

Erstens: Niemand kann bestreiten, daß das bestimmende Motiv der Entwicklung von Wirtschaft und Gesellschaft nicht das Profitinteresse von Privateigentümern an Produktionsmitteln war, sondern die Erhöhung von Produktivität und Leistungsfähigkeit der Wirtschaft mit dem Ziel der Verbesserung der Lebensbedingungen der Bevölkerung.

Zweitens: Die Kräfte des Marktes waren durch das Anstreben der planmäßig-proportionalen Entwicklung auf der Grundlage des vergesellschafteten oder verstaatlichten Eigentums an Produktionsmitteln weitgehend ausgeschaltet.

Drittens: Es konnte ein zwar stark egalitär geprägtes, aber mehr oder weniger in sich geschlossenes System der sozialen Sicherheit geschaffen werden, das solche Auswüchse der kapitalistisch-marktwirtschaftlichen Ordnung wie Arbeitslosigkeit, Obdachlosigkeit, Kinderarmut, Bettelei nicht kannte.

Das gesellschaftliche Eigentum an den Produktionsmitteln war von der Idee her die unabdingbare Voraussetzung einer gesamtgesellschaftlichen Planwirtschaft, die die blinden Kräfte des Marktes ersetzen und deren Fehlleistungen, wie die extreme soziale Differenzierung bis hin zu Armut und Obdachlosigkeit, die Verschwendungen und Fehlleitungen natürlicher und gesellschaftlicher Ressourcen vermeiden sollte. Von der Idee her stellt die Planwirtschaft einen Versuch dar, die einzelwirtschaftliche Rationalität kapitalistischer Unternehmungen auf die gesamte Volkswirtschaft zu übertragen. Diese Konzeption eines Wirtschaftssystems, die das erste Mal durch Lenin angedacht wurde, orientierte sich an der deutschen Kriegswirtschaft 1914-1918 und am amerikanischen technologischen Fortschritt in Form des Taylorismus und der exakten, tiefgründigen und bis ins Detail gehenden wirtschaftlichen Rechnungsführung in den USA.

Das zweite wichtige Gestaltungsprinzip des realsozialistischen Wirtschaftsmodells in der DDR war die Verwirklichung des Prinzips des sog. »demokratischen Zentralismus«, den Lenin in seiner Schrift »Was tun?« als Grundprinzip des Aufbaus und der Funk-

tionsweise einer kommunistischen Partei, die die sozialistische Revolution in einem einzelnen Lande verwirklichen sollte, entwickelt hatte. Dieses Prinzip war aber nach der Oktoberrevolution in Rußland 1917 als ein Grundprinzip des gesamten Gesellschafts-, Staats- und Wirtschaftsaufbaus, als eine Form der Diktatur des Proletariats verwirklicht worden. Das Prinzip des demokratischen Zentralismus wurde dementsprechend auch zum Grundmuster der Entwicklung der Wirtschaftsplanung in ihrer Weiterentwicklung zur sozialistischen Planwirtschaft. Sein Kernstück war die unbedingte Verbindlichkeit der Beschlüsse der höheren für die unteren Organe. Dieses Prinzip galt in vollem Umfang auch für die infolgedessen hierarchisch aufgebaute Wirtschaft.
Lenin ahnte offenbar die Gefahren, die in der Verwirklichung dieses Prinzips des demokratischen Zentralismus liegen, als er in seiner Arbeit »Ursprünglicher Entwurf des Artikels: Die nächsten Aufgaben der Sowjetmacht«[4] schrieb: »Wir sind für den demokratischen Zentralismus, und man muß sich eindeutig darüber klar werden, wie sehr sich der demokratische Zentralismus einerseits vom bürokratischen Zentralismus, andererseits vom Anarchismus unterscheidet ... der Zentralismus, in wirklich demokratischem Sinne verstanden, setzt die zum ersten Mal von der Geschichte geschaffene Möglichkeit völliger und unbehinderter Entwicklung nicht nur der örtlichen Besonderheiten, sondern auch der örtlichen Initiative, der Mannigfaltigkeit der Wege, Methoden und Mittel des Vormarsches zu gemeinsamen Zielen voraus.«
Das Prinzip des demokratischen Zentralismus wurde von Stalin extrem auf seine zentralistische Seite festgelegt, als eine Methode der Durchsetzung der Diktatur des Proletariats und der führenden Rolle der Partei. Als Begründung dafür dienten die besonderen Gegebenheiten des Aufbaus des Sozialismus unter den Bedingungen der kapitalistischen Umkreisung.
Der demokratische Faktor verkümmerte.

Aus der führenden Rolle der marxistischen Parteien in den staatssozialistischen Ländern ergab sich zwangsläufig, daß die Wirtschaftsplanung, die Bestimmung der wirtschaftlichen Entwicklung, d. h. die Ökonomie dem Primat dieser Art Politik unterworfen war. Lenin sagte in seiner Arbeit »Noch einmal über die Gewerkschaften«: »Die Politik hat notwendigerweise das Primat gegenüber der Ökonomik. Anders argumentieren heißt das ABC des Marxismus vergessen.«[5]

Damit war dem Subjektivismus, den von Wunschdenken getragenen Entscheidungen in diesem Modell der sozialistischen Gesellschaft das Tor geöffnet.
Bestimmte Abwandlungen, wie die Ersetzung des Begriffs der Diktatur des Proletariats durch den Begriff Volksdemokratie oder volksdemokratische Ordnung, die Zulassung anderer Parteien, änderte nichts am Grundmangel dieses praktizierten staatssozialistischen Gesellschaftsmodells. Andere Parteien, die es im Unterschied zur Sowjetunion in den sozialistischen Ländern Europas bekanntlich gegeben hat, konnten nur existieren, wenn sie die führende Rolle der marxistischen Partei anerkannten und sich damit dem Prinzip des demokratischen Zentralismus unterwarfen.

Wirtschaftsplanung in diesem Sinne bedeutete die Vorausbestimmung der wirtschaftlichen Entwicklung für eine bestimmte Periode mit der Absicht, die von der Parteiführung festgelegten Ziele zu erreichen. Die Hauptorientierung der Wirtschaftsplanung in der DDR bestand davon ausgehend in der Erreichung eines höchstmöglichen Wachstums der Produktion, weil dies als Voraussetzung für die Verwirklichung aller anderen Ziele des Aufbaus des Sozialismus sowjetischer Prägung betrachtet wurde.
An dieser Zielstellung änderte sich auch dadurch nichts, daß in den 70er Jahren in der DDR vom extensiven Typ zum hauptsächlich intensiven Weg der Wirtschaftsentwicklung übergegangen wurde. Dies war zweifellos eine bedeutungsvolle, qualitative Fortentwicklung der Wirtschaftspolitik, die den veränderten, objektiven Bedingungen und Anforderungen der Ökonomie Rechnung trug.

Die grundlegenden Mängel, die »genetischen« Fehler des staatssozialistischen Gesellschaftsmodells waren auch die entscheidenden Schwächen des sozialistischen Systems der Leitung und Planung. Man sagte: »Volkseigentum ist niemandes Eigentum« oder, wie Hans Modrow schrieb: »Alles gehörte dem Staat und damit niemandem.«[6] Das als Volkseigentum bezeichnete Staatseigentum an den Produktionsmitteln blieb für den Einzelnen wie für die Kollektive weitgehend anonym. Es bestand kein subjektives Eigentümerbewußtsein und damit auch nur ungenügend Eigentümerverantwortung.
Die Grundleistungsantriebe der Marktwirtschaften kamen nicht

zur Wirkung. Ihr Ersatz durch Ideologie und plakative Losungen beraubte den Sozialismus dieser Epoche um eine Haupttriebkraft für Leistung, Effektivität und Motivation, die in der Marktwirtschaft als persönliches Interesse bis in die feinsten Verästelungen des wirtschaftlichen Geschehens wirkten und das einzelne Individuum vom Bewußtsein bis zum Instinkt ansprechen, sein Handeln lenken und beeinflussen. Der Berater des amerikanischen Präsidenten Carter, Brzezinski, fand in seinem Buch »Macht und Moral«[7] die bedenkenswerten Worte: »Der entscheidende Zusammenhang zwischen Kreativität und Schaffung von Reichtum wurde völlig falsch eingeschätzt. Der Kommunismus durchtrennte die Nabelschnur zwischen Produktivität und Eigennutz. Die Abschaffung des Privatbesitzes (an Produktionsmitteln, S. W.) führte zu wirtschaftlicher Lethargie und schließlich zur Leistungsschwäche des Systems.«

Wie die Analyse zeigt, ist offensichtlich nicht die Planung oder das Planungsprinzip als solches falsch und störend. In der Marktwirtschaft wird in Unternehmungen, Betrieben und Einrichtungen häufig detaillierter, umfassender und aufwendiger geplant, als dies in staatssozialistischen adäquaten Wirtschaftseinheiten geschah. Und darüber hinaus: Auch die Haushaltspläne der BRD oder die gesetzlich festgelegte Ausarbeitung und Beschlußfassung von Regierung und Bundestag über den Staatshaushaltsplan und die Finanzpläne der Länder und Kommunen für zwei bzw. für fünf Jahre im voraus beruhen auf makroökonomischen Wachstumsmodellen der gesamtvolkswirtschaftlichen und regionalen Entwicklung.

Das Problem lag in dem Unfehlbarkeitsanspruch der Zentrale, der Partei und Staatsführung und letztlich des führenden Mannes, des Generalsekretärs; in der administrativen zentralen Vorherbestimmung des Aufkommens und der Verteilung des wirtschaftlichen Potentials bis hin zur individuellen und gesellschaftlichen Konsumtion des einzelnen Menschen und der Erhebung dieser Vorgabe zu einer Doktrin, zu einem Gesetz, zu einer »unter allen Bedingungen« zu verwirklichenden Parteilinie.
Zwangsläufig mußte das zu einer bürokratischen Zentralverwaltungswirtschaft führen. Der Anspruch der führenden Rolle der Partei, die Unterordnung der Ökonomie unter eine solche Politik machte die Bahn für Subjektivismus und Voluntarismus frei.

Dieses Politiksystem, der sozialistische Anspruch, die Entwicklung der Wirtschaft und des einzelnen von der Unterordnung unter »das Profitstreben des privaten Eigentums am Kapital« zu befreien, die spontanen Wirkungen von Gewinn und Geld auszuschalten, führte gleichzeitig zur bewußten und unbewußten Mißachtung des Wertgesetzes mit besonders schädlichen Wirkungen auf die Preisbildung und die allgemeine Rolle des Geldes als Wertmaßstab und als Vermittlungsäquivalent. Damit wurde der Zusammenhang zwischen materiellen und finanziellen Prozessen und ihre gegenseitige Beeinflussung empfindlich gestört.

Bekanntlich erfuhr der Typ der Zentralverwaltungswirtschaft auch in der Kriegswirtschaft des Dritten Reiches unter Leitung von A. Speer eine ungeheure Perfektionierung, so daß in amerikanischen Veröffentlichungen Speer als einer der Begründer des modernen Managements bezeichnet wird. Dabei wurde unter Speer sogar das private Eigentum an den Produktionsmitteln beibehalten, jedoch die Verfügung darüber im Rahmen der sog. »Rüstungsringe« in einer hierarchisch aufgebauten Verwaltung streng und verbindlich koordiniert und zentralisiert. Das gilt auch für die Kriegs- und Nachkriegswirtschaft der UdSSR auf der Basis vergesellschafteten Eigentums an Produktionsmitteln, die der bedeutende sowjetische Ökonom Wossnesenski beschrieb.[8]
D. h. eine Verwaltungswirtschaft, auch eine zentrale, muß nicht a priori funktionsfähig und ineffizient sein.
Natürlich entstehen dabei Störungen und Reibungsverluste. Aber erstens treten solche Störungen und vor allem Reibungsverluste auch in der Marktwirtschaft in nicht unbeträchtlichem Maße auf. Zweitens liegen die Ursachen der Störungen und Reibungen nicht hauptsächlich im System selbst, sondern vielmehr in fehlerhaften Ansätzen der zu erreichenden Ziele, vor allem, wenn sie von Wunschdenken, unrealen Prämissen und Hoffnungen geprägt sind.

Das eigentliche Problem liegt in der Vielfalt der sich unter friedlichen Bedingungen ständig vertiefenden Differenzierung der Bedürfnisse und der Möglichkeiten ihrer Befriedigung. Während dieses Problem in der Marktwirtschaft auf einer ersten Stufe durch die Selbstregulierungskräfte des Marktes gelöst wird, erfordert dies in einer wie immer gearteten Verwaltungswirtschaft entweder eine ständige Zunahme administrativer Verwaltungsakte, was letzten Endes in eine Sackgasse führt, oder eine ständige Vergrößerung der Selbständigkeit der wirtschaftenden Einheiten und damit praktisch das Wirksamwerden von marktwirtschaftlichen Elementen.

Diese Entwicklungstendenz führte an die Frage der Konvergenz dieser beiden scheinbar diametral entgegengesetzten Organisationsformen der Wirtschaft heran. Die Verbindung von Plan und Markt gewinnt angesichts der gerade gegenwärtig immer deutlicher werdenden Einsichten, daß die Selbstregulierungskräfte des Marktes nicht imstande sind, die herangereiften strukturellen Probleme der Marktwirtschaften zu lösen, offenbar an Bedeutung. Die Abwehrreaktion von Honecker und Mittag zu dieser Frage, man könne nicht »halbschwanger« sein, war eine primitive Vereinfachung eines herangereiften Problems, ohne dessen Anerkenntnis und Lösung man auch die sich immer mehr vertiefenden Schwierigkeiten des marktwirtschaftlichen Systems als Ganzes und ihrer Ausprägung in den einzelnen Ländern nicht in den Griff bekommen wird. Deshalb ist die allgemeine Verteufelung bzw. die pauschale Ablehnung des sozialistischen Planungssystems, der objektiven Analyse seiner Fehler und Schwächen bei gleichzeitiger Anerkenntnis seiner brauchbaren und teilweise sogar besseren Lösungen für Fragen der wirtschaftlichen und gesellschaftlichen Entwicklung unklug und kurzsichtig.

Man könnte hier viele Beispiele anführen.
Als über die Rolle und Maßnahmen von Herrn Lopez im Volkswagenwerk ausführlich in der Presse berichtet wurde, hob man als eine Neuerung hervor, daß er großen Wert darauf lege, die Motivation der Arbeitnehmer umfassender und vor allem schneller zur Wirkung zu bringen, indem er ihre Vorschläge zum Arbeitsablauf usw. in kürzester Frist verwirkliche und die Trennung und Fremdheit zwischen Produktionsbasis und leitendem ingenieurtechnischen Personal überwinden wolle. Ähnliche Töne hörte man als überraschende Neuerungen von der Einweihung des Mercedes-Werkes in den USA.

Es muß nicht die beste Lösung gewesen sein, daß es in der DDR schon in den sechziger Jahren in allen mittleren und großen Produktionsbetrieben und Einrichtungen als feste Institution Büros für Erfindungswesen und Neuerertätigkeit gab. Jeder Vorschlag eines Arbeiters mußte nachweisbar bearbeitet und dem Betreffenden eine Antwort gegeben werden. Am Jahresende mußte

gegenüber den Arbeitskollektiven und der Leitung darüber Bericht erstattet werden. Brauchbare Vorschläge wurden nach einem festen System prämiert. Gewiß, manches war dabei bürokratisiert und ritualisiert. Aber daß solche Erfahrungen ein bedeutender Quell von Erkenntnissen sein kann, ist doch wohl unbestritten.
Ein weiteres Beispiel. In den letzten Jahren wurden in der DDR jährlich ca. 100.000 Wohnungen neu gebaut. Die materielle Basis hierfür war eine hochproduktive Plattenbauindustrie. Inzwischen haben westdeutsche Experten und auch Ministeriable anerkannt, daß diese hochrationelle Plattenbauweise ebenso brauchbar ist wie andere Formen; daß man damit variieren, Eintönigkeit und Tristesse vermeiden kann. Natürlich muß man sie genauso erhalten und instandsetzen wie andere Formen, und ebenso natürlich entsprechen die ersten Schritte in diese Richtung heute nicht mehr den Normalanforderungen.
Warum mußte erst Prinz Charles nach Berlin-Hellersdorf gehen, um sich ein für ihn sozial und ökologisch interessantes Projekt – weil ressourcen-, grund- und bodensparend – anzusehen? Das war ein grundlegend anderes Konzept als die ständig zunehmende Zersiedelung der Landschaft, die die Bodenpreise in die Höhe treibt und die Arbeitsstellen für viele nur noch mit dem Pkw erreichbar macht. Der in diesem Zusammenhang ins Feld geführte, gegenwärtig erfolgende Abriß von Plattenbauten wird dadurch relativiert, daß die aktuellen Meldungen aus den Ländern die gleichmäßige Verteilung von Abrissen auf Platten- und auf Altbauten nachweisen[9], was hauptsächlich mit der Abwanderung von fast 10% der Bevölkerung in die alten Länder seit der Wende oder mit Standortproblemen zusammenhängt.
Weiter: Auf dem Gebiet des Gesundheitswesens gab es neben den Krankenhäusern in allen größeren Wohngebieten und in den Zentren auf dem Lande ein System der Polikliniken, zu einem großen Teil nach rationellen einheitlichen Rastern neu gebaut. Sie vereinigten an einer auch für ältere Menschen leicht erreichbaren Stelle allgemeine und Fachärzte mit der entsprechenden Technik in einem Haus. Auch viele westdeutsche Experten hielten dieses System für beispielhaft. Es wurde zerschlagen, die Gebäude verkamen teilweise. Schon der Begriff wurde zu einem roten Tuch. Viele Ärzte mußten sich vereinzeln, oft unter Inkaufnahme hoher Schulden; über Vierzigjährige bekamen oftmals nicht einmal mehr Kredite von den Banken und sahen sich ihrer Existenz beraubt. Als man sich den offensichtlich nicht widerlegbaren Argumenten

nicht mehr verschließen konnte, ließ man die Schaffung von sog. Ärztehäusern bzw. Arztetagen zu.

Im Negativsog, in der Herabsetzung und Verteufelung all dessen, was unter staatssozialistischen Bedingungen geschaffen wurde, ging eine Vielfalt guter Lösungen unter, wurde »wertlos« gemacht. Die Kosten soll man aber nicht dem sozialistischen System anlasten; bestenfalls kann man sie der Unwissenheit, dem Nicht-zur-Kenntnis-nehmen-wollen der jetzt Bestimmenden zuschreiben. Dann soll man sie fairerweise als »vous frais«, falsche Kosten, wie die Ökonomen sagen, abbuchen.

*Das Werk von Pastorentöchtern!*

### Zur Rolle des Planungssystems in der DDR

*Hauptlinien seiner Herausbildung*

An der Wiege der Wirtschaftsplanung in der DDR standen die Produktionsbefehle der sowjetischen Besatzungsmacht, die darauf gerichtet waren, die Wirtschaft nach dem Zusammenbruch des Hitlerregimes wieder in Gang zu setzen und die umfangreichen, auf den Konferenzen in Jalta und Potsdam genannten Reparationen an die Sowjetunion zu gewährleisten. Damit wurde eine Entwicklung eingeleitet, die auf den Aufbau einer Wirtschaftsplanung entsprechend den Grundprinzipien und der Grundstruktur des sowjetischen Modells einer sozialistischen Planwirtschaft gerichtet war.

Am 21. Juli 1945 erließ die sowjetische Militäradministration in Deutschland (SMAD) den Befehl Nr. 9 über die Wiederingangsetzung der Produktion, der durch weitere Befehle (Nr. 43 und Nr. 67) ergänzt wurde. In ihnen wurde den Wirtschaftsabteilungen der Landes- und Provinzialverwaltungen die Aufgabe gestellt, für die wichtigsten Wirtschaftszweige Produktionspläne aufzustellen. Die Planauflagen waren natural- und wertmäßig bestimmt. Der Planhorizont umfaßte in der Regel Monate oder auch Quartale. Die Planung basierte im bestimmten Maße, jedoch nicht total, auf Produktionsbefehlen der sowjetischen Besatzungsmacht. Sie unterlag darüber hinaus deren Mitwirkung und Kontrolle.

Die Wirtschaft wurde in dieser ersten Etappe nach Kriegsende hauptsächlich durch die einzelnen Landesverwaltungen geleitet.

Sie sorgten für die Produktionsaufnahme der Industriebetriebe und organisierten die Wirtschaftsbeziehungen im jeweiligen Land und zwischen den Ländern. Auf der Grundlage des Befehls Nr. 32 der SMAD wurde im Juni 1947 die Deutsche Wirtschaftskommission (DWK) für die sowjetische Besatzungszone geschaffen. Ihr wurden die Zentralverwaltungen unterstellt, die für einzelne Bereiche nach dem Zusammenbruch länderübergreifend, aber ohne administrative Weisungsbefugnis, gebildet worden waren. Ihre erste Aufgabe bestand in der Ausarbeitung eines die gesamte Wirtschaft der sowjetischen Besatzungszone umfassenden Planes für das zweite Halbjahr 1948.

Die auf der Grundlage der Enteignung der Kriegs- und Naziverbrecher entstandene volkseigene Industrie wurde reorganisiert. Die wichtigsten Betriebe wurden in zentralgeleiteten »Vereinigungen volkseigener Betriebe« (VVB) nach Industriezweigen zusammengefaßt und die Betriebe von örtlicher Bedeutung in entsprechende Vereinigungen im Ländermaßstab organisiert.
Neues gesellschaftliches Eigentum wurde in Form der staatlichen Handelsorganisation (HO) für den Einzelhandel geschaffen. Auf dem Gebiete des Groß- und Außenhandels entstand in Form der Deutschen Handelsgesellschaft (DHG) ein gemischtwirtschaftliches Organ, in dem staatliches Eigentum mit privaten Großhändlern zusammengeschlossen war.
Eine bedeutende Rolle bei der Ausgestaltung der Planung spielte die Einführung der Finanzplanung in der volkseigenen Wirtschaft durch die DWK im zweiten Halbjahr 1948. Dies war das erste Gebiet der Planung, das in den Betrieben systematisch organisiert wurde. Die ersten Finanzpläne der volkseigenen Betriebe umfaßten die Abschreibungen, den Gewinnplan und die Höhe der Produktionskosten. Im Jahre 1949 wurde diese um die Planung der Selbstkosten, der Investitionen und Generalreparaturen sowie die Richtsätze für Umlaufmittel vervollständigt.

Für die Jahre 1949 und 1950 wurde durch die DWK ein Zweijahresplan zur Wiederherstellung der Volkswirtschaft ausgearbeitet. In die Zeit der Durchführung des Zweijahrplanes fiel die Gründung der DDR, nachdem die Bundesrepublik Deutschland für das Gebiet der drei westlichen Besatzungsmächte ausgerufen worden war. Die eingeleitete Entwicklung fortsetzend, hieß es in der ersten Verfassung der DDR von 1949, Artikel 15: »Die Arbeitskraft

wird vom Staat geschützt. Das Recht auf Arbeit wird verbürgt. Der Staat sichert durch Wirtschaftslenkung jedem Bürger Arbeit und Lebensunterhalt.« Und im Artikel 21 hieß es: »Zur Sicherung der Lebensgrundlagen und zur Steigerung des Wohlstandes seiner Bürger stellt der Staat durch die gesetzgebenden Organe, unter unmittelbarer Mitwirkung seiner Bürger, den öffentlichen Wirtschaftsplan auf.«[10]
Bereits damit und zu einem Zeitpunkt, als die gesellschaftliche Ordnung der DDR in Abgrenzung von einer sozialistischen Ordnung noch offiziell als antifaschistisch-demokratisch charakterisiert war, wurde also die Wirtschaftsplanung und ein »öffentlicher Wirtschaftsplan« in den Rang einer Verfassungsbestimmung erhoben. Mit der Ausarbeitung des Zweijahrplanes wurden die Methoden der Planung wesentlich ausgestaltet. Um alle Zweige der Volkswirtschaft und die einzelnen Gebiete der Reproduktion aufeinander abzustimmen, wurde erstmalig in umfassender Weise die Bilanzmethode angewendet. Die Planausarbeitung für die einzelnen Zweige und Gebiete erfolgte auf der Grundlage von Verwaltungsanweisungen.[11]

Im Frühjahr 1950 hatte die Industrieproduktion der DDR den Vorkriegsstand im wesentlichen erreicht. Die rund 6000 volkseigenen Betriebe und die anstelle von vorgesehenen Demontagen in sowjetische Aktiengesellschaften umgewandelten Unternehmungen erzeugten die Hälfte des gesellschaftlichen Gesamtproduktes und Dreiviertel der industriellen Bruttoproduktion.[12]
Dies war die Ausgangslage für den Übergang zur längerfristigen Planung. Die neue Etappe der Ausgestaltung des Planungssystems wurde mit der erstmaligen Ausarbeitung eines Fünfjahrplanes der DDR für den Zeitraum 1951 bis 1955 eingeleitet. Im Juli 1950 hatte der III. Parteitag der SED die Direktive zur Ausarbeitung dieses Planes durch die Staats- und Wirtschaftsorgane beschlossen. Diese Direktive enthielt bereits alle grundlegenden Zielstellungen und Kennziffern der wirtschaftlichen Entwicklung für diesen Zeitraum. Die Staats- und Wirtschaftsorgane hatten damit eine verbindliche Marschroute, denn jedes Mitglied der Partei war für die vorbehaltlose Durchführung dieser Beschlüsse in seiner Funktion und auf seinem Arbeitsplatz verantwortlich. Damit wurde ein entscheidender Schritt zur Verwirklichung eines Planungssystems sowjetischer Prägung vollzogen.

Als Hauptziele des Fünfjahrplans wurden hervorgehoben: Die durch die Aufteilung Deutschlands in Interessensphären der Großmächte entstandenen schmerzhaften Disproportionen der Wirtschaftsstrukturen zu mildern, eine eigene metallurgische Basis zu schaffen, den Schwermaschinenbau als Grundlage hierfür und zur Entwicklung der erforderlichen Energiebasis, die ebenfalls praktisch aus dem Nichts heraus entstehen mußte, aufzubauen, und eine eigene Handelsflotte zu schaffen. Dieses mit den materiellen Voraussetzungen nicht in Übereinstimmung stehende Konzept ergab sich aus der Tatsache, daß der innerdeutsche Handel, insbesondere die Lieferungen an Roheisen, Walzstahl, Steinkohle und Koks, deren Produktionskapazitäten fast ausschließlich im Westen Deutschlands angesiedelt waren, durch die Regierung der Bundesrepublik ständig verringert wurde und auch bereits abgeschlossene Verträge kurzfristig gekündigt worden waren.

Dieses Konzept wurde untermauert und weitergeführt durch den Beschluß der SED auf ihrer 2. Parteikonferenz im Jahre 1952, »in allen Bereichen planmäßig die Grundlagen des Sozialismus zu schaffen«.[13]
Es zeigte sich jedoch, daß solche weitreichenden Ziele angesichts der ökonomischen Ausgangs- und Entwicklungsbedingungen, insbesondere der sowjetischen Reparationspolitik, darunter der anhaltenden Entnahmen aus der laufenden Produktion, nicht realisierbar waren.
Die verstärkte Vergesellschaftung privater Betriebe und der Versuch, die strukturellen Disproportionen der Wirtschaft mittels Leistungsdruck und Beschneidung des Lebensniveaus der Bevölkerung zu mindern, wurden durch die Massenproteste wichtiger Teile der Arbeiter (17. Juni 1953) vereitelt. Die Ziele des ersten Fünfjahrplans mußten inhaltlich-strukturell zugunsten der Konsumtion korrigiert werden. Die Entwicklung der Wirtschaft 1953 bis 1955 erfolgte auf der Grundlage operativer Jahrespläne.

Insgesamt wurden in der DDR seit 1950 acht Fünfjahrpläne ausgearbeitet, von denen einer, und zwar der für den Zeitraum 1959 bis 1965, als Siebenjahrplan konzipiert war. Das hing vor allem mit sich in diesem Zeitraum abspielenden tiefgreifenden, teilweise gegenläufigen politischen Ereignissen zusammen. Dazu gehörten die Erhebung von wesentlichen Teilen der ungarischen Gesellschaft gegen das herrschende Regime der Kommunistischen Partei in Ungarn 1956; die in diesem Zusammenhang stehende Entscheidung der Sowjetunion, ab 1957/58 die Versorgung der fast ausschließlich verarbeitenden Industrie der DDR mit den wichtigsten Rohstoffen zu Lasten ihres eigenen Bedarfs zu übernehmen; die Aufhebung der immer noch bedeutenden Teile der aus der Kriegszeit stammenden Rationierung des Bevölkerungsbedarfs; das Ansteigen der Abwanderung von Personen über die offene Grenze in die BRD sowie der Bau der Mauer in Berlin und die Schließung der Staatsgrenze der DDR im August 1961, nachdem von 1946 bis 1961 über 2 Millionen Personen der DDR den Rücken gekehrt hatten.

Mit dem Übergang zur Ausarbeitung von Fünfjahrplänen war das Gerippe des Planungssystems, seine Struktur im wesentlichen festgeschrieben. Es bestand aus:
– Jahresplänen, die nach Monaten, später zeitweise auch nach Dekaden untergliedert waren,
– Fünfjahrplänen, die nach Jahresabschnitten gegliedert, und
– Längerfristigen Plänen für 15 bis 20 Jahre, die jedoch nur selektiv für ausgewählte Bereiche wie Energiewirtschaft, Förderung von Rohbraunkohle, Chemisierung, und technologische Schwerpunkte wie Mikroelektronik als konzeptionelle Zielstellung ausgearbeitet wurden.

Verschiedentlich wurden in Beschlüssen der SED sowie in wissenschaftlichen Publikationen[14] die Fünfjahrpläne als das Hauptsteuerungsinstrument der sozialistischen Planwirtschaft bezeichnet. Das waren sie zu keinem Zeitpunkt. Die wirtschaftliche Entwicklung für längere Zeit in dem zugrundegelegten Detaillierungsgrad vorauszubestimmen ist real kaum möglich. Eine solche Vorstellung abstrahiert von den schwer voraussehbaren Einflüssen, die von außen auf eine moderne und stark außenhandelsabhängige Volkswirtschaft einwirken, wie sie sich z. B. aus extremen Witterungsverläufen für die Ernteergebnisse oder den Energiebedarf ergeben. Aber es wurde immer wieder versucht.

Ein bedeutender Schritt zur Verbesserung der Wirtschaftsorganisation und Planung war die Beseitigung des dreistufigen Leitungssystems der Wirtschaft, wie es seit der Bildung der »Deutschen Wirtschaftskommission« 1948 in der DDR bestanden hatte. Ende der 70er, Anfang der 80er Jahre wurde die Umwandlung in das zweistufige Leitungssystem vollzogen, in dem die bis dahin vorhandenen Vereinigungen volkseigener Betriebe aufgelöst und juristisch und wirtschaftlich selbständige Kombinate als Hauptwirtschaftseinheiten, vergleichbar mit Konzernen in marktwirtschaftlichen Ländern, geschaffen wurden. Sie waren nach Wirtschaftsbereichen gegliedert, direkt den Ministerien unterstellt bzw. ihnen zugeordnet. Die Vereinigungen volkseigener Betriebe waren vorher im wesentlichen administrative Leitungsorgane gewesen.

In den 80er Jahren gab es 11 nach Branchen gegliederte, wirtschaftsleitende Ministerien der Industrie, so z. B. die Ministerien für Kohle und Energie, für Erzbergbau, Metallurgie und Kali, für Chemische Industrie, für Glas und Keramik, für Schwermaschinen- und Anlagenbau, für Allgemeinen Maschinen-, Landmaschinen- und Fahrzeugbau, Werkzeug- und Verarbeitungsmaschinenbau, für Elektrotechnik/Elektronik, für Leichtindustrie, für Geologie, für Bezirksgeleitete und Lebensmittelindustrie. Ministerien gleichen Charakters waren die Ministerien für Land-, Forst und Nahrungsgüterwirtschaft sowie für Bauwesen. Dazu kamen weitere mit der Wirtschaft verbundene Ministerien wie die Ministerien der Finanzen, für Wissenschaft und Technik, für Materialversorgung, für Handel und Versorgung und für Außenhandel.

Den wirtschaftsleitenden Ministerien der Industrie unterstanden etwa 130 zentral geleitete Kombinate. Daneben gab es noch ca. 90 sog. Bezirksgeleitete Kombinate, d. h. Kombinate, die den Wirtschaftsräten der 15 Bezirke zugeordnet waren. Den Kombinaten unterstanden in der Industrie 3.400 juristisch selbständige Betriebe, die auch ihren Namen behielten.

Das Verhältnis zwischen Kombinaten und Betrieben entsprach etwa dem einer Konzernstruktur. Die Betriebe waren juristisch selbständig, aber wirtschaftlich vom Kombinat dominiert, in das Kombinat integriert, wobei die Betriebe eigene Pläne und Bilanzen aufstellten. Der wirtschaftlich bedeutendste Betrieb war zugleich der sog. »Stammbetrieb« des Kombinats und stellte die Kombinatsleitung.

Partner des Kombinatsdirektors war der Minister; d. h. es sollte nach dem Prinzip des Einliniensystems geleitet werden. In den Kombinaten sollten in sich geschlossene Reproduktionskreisläufe geschaffen werden und damit eine effektive Leitung des wirtschaftlichen Prozesses von der angewandten Forschung über die Entwicklung zur Produktion und bis zum Absatz erreicht werden.

Die Bildung der Kombinate war aber zugleich der Versuch, die immer wieder auftretenden Mangelerscheinungen hinsichtlich fehlender Zulieferungen, Bereitstellung an Instandhaltungs- und Rationalisierungsmitteln u. a. einzuschränken. In diesem Zusammenhang wurden immer mehr mittlere und kleinere Betriebe den Kombinaten unterstellt und damit die gesellschaftliche Arbeitsteilung als wesentlicher Faktor der Steigerung der Arbeitsproduktivität nicht gefördert, sondern eingeschränkt. In der letzten Zeit wurden etwa 20 % aller Investitionsausrüstungen der Industrie durch eigene Rationalisierungsmittelabteilungen, teilweise auf der Grundlage handwerklicher Fertigungsmethoden durch die Kombinate selbst produziert. Es gab umfassende Kampagnen, daß alle Produktionsmittel erzeugenden Betriebe 10 % ihrer industriellen Gesamtproduktion in Form von Konsumgütern bereitzustellen hatten. So kam es, daß Konsumgüterproduktion neu und teilweise ohne jeden Zusammenhang zur eigentlichen Produktion des Kombinates aufgebaut werden mußte. Es ist klar, daß eine solche, eindeutig politisch determinierte, ökonomisch nicht begründete Entscheidung, die zur Beherrschung der Versorgungsmängel und zum Abbau des Geldüberhanges beitragen sollte, eine der Ursachen für den Rückstand in Produktivität und Effektivität der volkseigenen Betriebe und Kombinate darstellte.

Das eigentliche Problem der ökonomischen Situation und Rolle der Kombinate bestand jedoch in einer anderen Frage. Es wurde viel von der »wirtschaftlichen Rechnungsführung« als einem wichtigen Prinzip der Leitung der selbständigen wirtschaftlichen Einheiten Kombinat und Betrieb gesprochen.

Es wurden natürlich auch finanzielle Kennziffern erarbeitet, mit dem Plan beauflagt und abgerechnet, wie z. B. Gewinn, Produktionsverbrauch, Kosten, Kredite, Zinsen u. a. Diese Kategorien und die Arbeit mit ihnen war aber mit deutlichen Mängeln behaftet: Sie waren im wesentlichen eine Widerspiegelung der grundlegenden Verzerrungen und Verwerfungen, die es generell im Wert- und Preisgefüge gab. Das Industriepreissystem wurde zwar Ende der 70er/Anfang der 80er Jahre schrittweise den Weltmarktpreisen angenähert. Das geschah jedoch mit einem großen verwaltungsmäßigen Aufwand und permanentem Zeitverzug. Ein

Durchwirken dieser Industriepreise auf den Endverbraucher gab es jedoch nicht, da die Preise für den Grundbedarf der Bevölkerung, für Verkehrs- und Dienstleistungen sowie für Wohnungsmieten im wesentlichen auf dem Niveau der Stoppreise aus der Kriegszeit festgehalten wurden.

Der zweite wesentliche Mangel bestand darin, daß das Prinzip der Eigenerwirtschaftung der Mittel, also die Gegenüberstellung von Aufwand und Ertrag, praktisch aufgehoben war. Besonders die Verteilung der Investitionen, auch der Erhaltungsinvestitionen, also die Verwendung der Abschreibungen, erfolgte zentral und wurde bestimmt von den jeweiligen wirtschaftspolitischen Schwerpunkten, die das Politbüro festlegte. Die von den selbständig wirtschaftenden Einheiten über Abschreibungen und Gewinne erwirtschafteten Investitionsmittel wurden rigoros umverteilt. Sie wurden dorthin gelenkt, wo schnell neue Kapazitäten geschaffen werden sollten, wie etwa in den Aufbau der Mikroelektronik, oder zu Beginn der 80er Jahre für Heizölablösung eingesetzt.

Das Prinzip der wirtschaftlichen Rechnungsführung und die ökonomischen Kategorien konnten so ihre Funktion nicht erfüllen – selbst wenn es gewollt gewesen wäre. Sie waren als ökonomische Kategorie nur sehr eingeschränkt wirksam.

*Zum Funktionsmechanismus der zentral geleiteten Verwaltungswirtschaft*

Eine der Hauptfragen einer sinnvollen, ausgewogenen, d. h. proportionalen wirtschaftlichen Entwicklung ist zweifellos das Anstreben und Erreichen eines Gleichgewichts zwischen Bedarf und den Möglichkeiten seiner Deckung. In der Marktwirtschaft wird das durch die Marktkräfte, durch Angebot und Nachfrage, Konkurrenz und vor allem über den Preis bewirkt.

In der Wirtschaftsplanung sowjetischen Typs, wo diese Kräfte nur rudimentär und nur auf untergewichtigen Teilgebieten zur Wirkung kommen konnten, sollte dieses Gleichgewicht »planmäßig-proportional« wie es in der Theorie hieß, durch die Bilanzmethode, durch die Gegenüberstellung von Aufkommen und Verwendung, gewährleistet werden. Die Bilanzierung wurde als die Hauptmethode der Planung, die Bilanzen als das Gerüst des Planes bezeichnet. Es wurde dabei vom Prinzip einer Bilanzpyramide ausgegangen.

In den letzten 10 bis 15 Jahren hatte sich ein relativ stabiles Gerüst einer solchen Bilanzpyramide herausgebildet. Dabei wurde von der Annahme ausgegangen, daß mit 700 bis 800 zentral geplanten Hauptpositionen von Materialien, Ausrüstungen, Konsumgütern und wichtigen Zulieferungen, über ihre Verzweigung und Verflechtung in den dem Zentrum nachgeordneten Wirtschaftsorganen bis zu den Betrieben die vielgestaltigen arbeitsteiligen Beziehungen erfaßt und mit Hilfe einer sich ständig nach unten vergrößernden Anzahl von Bilanzen aufeinander abgestimmt und entwickelt werden können.

Mit 300 Staatsbilanzen für volkswirtschaftlich bedeutsame Roh- und Werkstoffe, Maschinen und Ausrüstungen sowie ausgewählten Konsumgüter entschied der Ministerrat der DDR direkt über die Struktur der Produktion, des Aufkommens und der Verwendung nach Erzeugnisgruppen für etwa 50% der wertmäßigen Warenproduktion, etwa 60% des Ex- und Imports sowie etwa 45% des Warenfonds zur Versorgung der Bevölkerung. Der Untersetzung dieser Staatsplanbilanzen sowie der weiteren Spezialisierung und Präzisierung der Planung der Produktion und Versorgung dienten rund 600 Bilanzen, die von den Ministerien ausgearbeitet und von der Staatlichen Plankommission bestätigt wurden, sowie weitere 3.500 Sortiments- und Einzelbilanzen, auf deren Grundlage die Generaldirektoren der Vereinigung volkseigener Betriebe bzw. die Direktoren der Kombinate und Betriebe ihre volkswirtschaftliche Verantwortung unter sich eigenverantwortlich wahrnehmen sollten.

Das Problem bestand dabei in der weit darüber hinausgehenden Vielfalt des differenzierten Einzelbedarfs und der damit verbundenen arbeitsteiligen Beziehungen in Produktion, Verteilung und Konsum. Die Statistische Zentralverwaltung der DDR erfaßte und definierte in einem zentralen Artikel- und Leistungskatalog etwa 100.000 verschiedene Positionen. Ein noch darüber hinausgehender zentraler Artikelkatalog vom 14. Juni 1979, der jedem Erzeugnis eine Kennummer zuordnete, enthielt etwa 100 Mio. verschiedene Erzeugnisse.

Die sinnvolle Entwicklung dieser Vielfalt in Übereinstimmung mit dem Bedarf ist planerisch und verwaltungstechnisch, auch auf der Grundlage der Bilanzpyramide, eine schwierige Aufgabe.

Sie ist ja zugleich verbunden mit solchen Entscheidungen wie Investitionslenkung und der Planung von strukturellen Inhalten wie der Aufteilung des Nationaleinkommens in Akkumulation und

Konsumtion, der Kontrolle und Beeinflussung der Geldmenge u. a. Es gab dazu brauchbare Instrumentarien, makroökonomische Bilanzen, die in der Plankommission mit relativ hohen Aussagewert erarbeitet wurden. Auch in der Marktwirtschaft werden Methoden der makroökonomischen Steuerung angewandt wie z. B. die Festlegung von Leitzinsen, die Geldmengensteuerung oder das ökonomische Steuerinstrumentarium generell, die bis in die Unternehmungen hinein wirken. Beide Methoden sind realisierbar; und offensichtlich sind beide mit Reibungsverlusten und dem Problem der »relativen Knappheit« verbunden, für das sie jedoch grundlegend unterschiedliche Lösungen vorschlagen.

Es erscheint nicht richtig, im Zusammenhang mit kritischen Analysen des Planungssystems der DDR von einem »Versagen des Bilanzsystems als tragendes Gerüst des Planes«[15] zu sprechen. Es gibt Hinweise, daß Walther Rathenau, der langjährige Chef der AEG und spätere Außenminister der Weimarer Republik, in seinem Konzern erste Arbeiten zur Herausarbeitung eines Systems materieller Bilanzen während des ersten Weltkrieges hat durchführen lassen. Es wäre meines Erachtens auch verfehlt, davon zu sprechen, daß ein Verwaltungswirtschaftssystem auf der Basis einer gutgegliederten Bilanzpyramide und volkswirtschaftlichen Gesamtbilanzen kein funktionstüchtiges System für die Leitung und Entwicklung der Wirtschaft sein kann.

Ein wesentlicher, aber vermeidbarer Mangel des planwirtschaftlichen Systems der DDR bestand darin, daß das Vertragssystem, eigentlich der Abschluß und die Grundlage des Funktionierens der Bilanzpyramide, der Abschluß von rechtsverbindlichen Verträgen zwischen den selbständigen Wirtschaftseinheiten über die abgestimmten Lieferungen und Bezüge, nie die ihm zukommende Rolle gespielt hat. Auf diese Weise wären die »Löcher« in den Bilanzen deutlich und entscheidbar geworden. Möglicherweise wurde gerade deshalb darauf verzichtet. Dabei gab es in der DDR sogar ein zentrales Staatliches Vertragsgericht, das jedoch zu einem Schattendasein verurteilt war oder erst viel zu spät reagieren konnte.

Worin bestand der Mechanismus der Planausarbeitung? Deckt der Begriff Befehls- oder Kommandowirtschaft das System der Wirtschaftsplanung in der DDR ab?

Das Hauptsteuerungsinstrument der Wirtschaftsplanung der DDR war trotz manch anderer Festlegungen und Erklärungen der Jahresplan.

Das Konzept für einen Jahresplan wurde gewöhnlich im Januar/Februar eines laufenden Jahres für das nächstfolgende Jahr erarbeitet. Grundlagen waren die Analyse des Wirtschaftsablaufs im vergangenen Jahr sowie die Einschätzung des Plananlaufs für das laufende Jahr, vor allem des Ablaufs des Winters, da die DDR bei ihrer hohen Braunkohleabhängigkeit im Tagebau besonders klimaempfindlich war.

So konnte von der Staatlichen Plankommission zunächst im Rahmen der Hauptkennziffern der volkswirtschaftlichen Gesamtrechnung und für die Hauptbereiche der Wirtschaft ein Plankonzept von relativ hoher Realitätsnähe in gemeinsamer Arbeit mit den wirtschaftsleitenden und mit anderen Ministerien erarbeitet werden. Ein solches Planprojekt war ein makroökonomisches Verflechtungsmodell, das von einer als angespannt, aber noch realistisch eingeschätzten Steigerung der Produktion und der Leistungen der produktiven Bereiche entsprechend den verfügbaren Ressourcen an Rohstoffen und Materialien sowie an Arbeitskräften bei einer bestimmten Erhöhung der Arbeitsproduktivität ausging. In der SPK wurde hierfür ein Koordinierungs- und Effektivitätsmodell ausgearbeitet und angewandt, das die Grundlage der volkswirtschaftlichen Gesamtrechnung bildete. Es war eine realistische Schätzung der Entwicklung des gesellschaftlichen Gesamtproduktes sowie des auf dieser Grundlage zur Verfügung stehenden Nationaleinkommens, vergleichbar dem Nettoinlandsprodukt entsprechend den unterschiedlichen Systemen SNA (»System of National Accounts« der Bundesrepublik) bzw. MPS (»Material-Produkt-System« der DDR).

Davon ausgehend wurde unter Berücksichtigung der wirtschaftspolitischen Zielstellung das Konzept für die Entwicklung von Akkumulation und Konsumtion entworfen. Damit waren die Ausgangsdaten für Investitionen und für die mögliche Entwicklung der Geldeinnahmen der Bevölkerung, d. h. für die Entwicklung des Lebensstandards und möglicher sozialökonomischer Maßnahmen gesetzt. Das wurde erfaßt in der Bilanz des Nationaleinkommens, der Bilanz der Geldeinnahmen und -ausgaben der Bevölkerung, der Finanzbilanz des Staates und der Eckdaten des Staatshaushaltsplanes. Diese Makrobilanzen wurden bereits in diesem frühen Stadium untersetzt durch etwa 600 Bilanzen des Auf-

kommens und der Verteilung der wichtigsten Rohstoffe, Materialien, Ausrüstungsgüter und Konsumgüter jeweils untergliedert nach eigenem Aufkommen, Export, Import und Inlandsbereitstellung.
Ein solches Plankonzept war das Ergebnis einer engen Zusammenarbeit der Staatlichen Plankommission besonders mit den Ministerien für Finanzen, für Wissenschaft und Technik, für Außenhandel sowie für Materialwirtschaft. Dabei spielte seit 1976 die Anwendung der elektronischen Rechentechnik sowie von volkswirtschaftlichen Verflechtungsbilanzen nach der vom amerikanischen Nobelpreisträger sowjetischer Herkunft, Leontieff, entwickelten Input-Output-Methode eine zunehmende Rolle. Die Plankommission verfügte über ein leistungsfähiges Großrechnerzentrum mit modernster Technik.

Das erarbeitete Plankonzept mußte der Parteiführung vorgelegt werden, die bereits zu diesem Zeitpunkt ihre Wunschvorstellungen vorgab und deren Berücksichtigung forderte. Da jedoch klar war, daß es in jeder Hinsicht noch viele Unwägbarkeiten gab, ging die Parteiführung von der Annahme aus, daß man noch Gelegenheiten haben und nehmen werde, die Planaufgaben entsprechend seinen Wünschen festzulegen. Auf dieser Grundlage wurden sog. staatliche Aufgaben vom Ministerrat beschlossen, an die Minister und durch diese an die Kombinate und von diesen an die Betriebe als Grundlage für eine mehrwöchige Plandiskussion weitergegeben.
Das fand etwa im Mai-Juli des laufenden Jahres für das kommende Jahr statt. Natürlich entsprachen die Zahlen über die Beteiligung der Arbeiter an diesen Diskussionen mit 75 und 80% nicht der Wirklichkeit. Es wäre aber falsch, anzunehmen, daß es zu den mit den staatlichen Aufgaben übergebenen Produktionsorientierungen keine Diskussion, Auseinandersetzungen und Beratungen gegeben hätte. In jedem Fall beteiligte sich das wirtschaftsleitende Personal an diesen Beratungen. Es wurden häufig offen und kontrovers Probleme aufgeworfen, auf Disproportionen hingewiesen und deren Beseitigung gefordert. Der Begriff Befehls- oder Kommandowirtschaft ist dafür zu eng.

Die Achillesverse dieses Systems bestand in folgendem: Da die sog. moralische und materielle Interessiertheit der Betriebe und Kombinate an die Übererfüllung der Planziele gebunden war, wurde ein sich ständig verstärkender Negativeffekt der zentralen Verwaltungswirtschaft generell wirksam. Die Planvorgaben hatten zur Konsequenz, daß man bestrebt war, möglichst niedrige, »weiche Pläne« zu erhalten, die man leicht übererfüllen konnte, entweder um dadurch die mit der Planübererfüllung verbundenen Prämien zu erhalten oder überhaupt für hohe Leistungen gelobt, gefördert und anerkannt zu werden. Das war die Kehrseite dieses wichtigen Prinzips der materiellen Interessiertheit. So war auch der einzelne Arbeiter an niedrigen Arbeitsnormen und Arbeitsaufgaben interessiert, anstatt Reserven für hohes Wachstum aufzuspüren und nutzbar zu machen. Dieser Negativeffekt verfestigte sich in dem Maße, wie unter dem Druck des Wachsens der Geldeinnahmen als sichtbarer Ausdruck sozialpolitischen Fortschritts, die Anreize für die Planübererfüllung verstärkt wurden. Darin lag eine wesentliche Ursache für Ineffizienz und Wachstumsschwäche – obwohl es erklärtermaßen unter sozialistischen Bedingungen und nach der ständig propagierten Ideologie hätte genau umgekehrt sein müssen. Im Laufe der Zeit bildeten sich auf beiden Seiten feststehende Erfahrungen heraus; in den Betrieben, um welche Größe die Planangebote zunächst unter den offiziellen Vorgaben liegen sollten; in der Zentrale, um welche Größe man die Planangebote, ohne die Realität wesentlich zu verfehlen, nach oben korrigieren konnte.

Auf der Grundlage der Planentwürfe von unten gab es im allgemeinen im September/Oktober zu den Plankennziffern des folgenden Jahres eingehende Diskussionen der Staatlichen Plankommission, der Ministerien für Finanzen, für Materialversorgung, Wissenschaft und Technik auf der einen und mit den wirtschaftsleitenden Ministerien auf der anderen Seite, die einen eigenen Standpunkt zu den Vorschlägen ihrer Kombinate zu erarbeiten hatten. An diesen Beratungen nahmen auch die Vorsitzenden und leitende Vertreter der Industriegewerkschaften und Gewerkschaften teil. Das war durchaus zu vergleichen mit Hearings und Anhörungen oder auch »konzertierten Aktionen«, wie sie in marktwirtschaftlichen Ländern praktiziert werden.
Es gab konträre Diskussionen und auch ernsthafte Auseinandersetzungen. Die Ergebnisse mußten von der Plankommission dem Politbüro vorgelegt werden, und hier wurden dann Entscheidungen getroffen, die oftmals vom Wunschdenken dieses Gremiums bestimmt wurden. Es war nicht selten, daß die Vorschläge der Plan-

kommission zwei bis dreimal zurückgewiesen wurden mit dem Auftrag, »Reserven zu mobilisieren«, stärker auf »die Initiative der Arbeiterklasse zu vertrauen« und den Parteibeschlüssen entsprechende Pläne vorzulegen. So wurden oft unreale Pläne beschlossen, die dann durch Selbstverpflichtungen noch überboten werden sollten.

In diesem Zusammenhang ergibt sich die Frage, wie die SED ihre »führende Rolle«, ihr Machtmonopol im Geflecht von Partei, Staatsaufbau und Gewerkschaften verwirklichte. Wie funktionierte das im Konkreten? Die führende Rolle der SED war nicht nur im Parteistatut, sondern auch in der seit 1968 gültigen Verfassung der DDR als Verfassungsgrundsatz verankert. Die führende Rolle der SED wurde aber nicht schlechthin deklariert, sondern über jedes einzelne Parteimitglied und seine strikte Unterwerfung unter die Parteidisziplin bis in die kleinsten Poren der Gesellschaft verwirklicht.
Eine Abweichung von diesem Prinzip war gleichbedeutend mit Sanktionen bis zum Ausschluß des Betreffenden aus der Partei. Welche Stellung diesem Prinzip zugemessen wurde, geht auch aus folgendem hervor: Obwohl unter Honecker das erste Mal die Möglichkeit eines freiwilligen Austritts aus der Partei im Parteistatut festgeschrieben wurde und Honecker das erste Mal die Feststellung verwendete: »Nicht das Volk ist für die Partei da, sondern die Partei hat dem Volke zu dienen«, wurde unter seiner Leitung in vielen Beschlüssen und Veröffentlichungen der Grundsatz postuliert: »Die Beschlüsse der Partei sind unter allen Umständen zu verwirklichen.« Jedes Parteimitglied war verpflichtet, auf seinem Tätigkeitsgebiet diese Beschlüsse in Gesetze, Verordnungen, Anweisungen usw. rechtlich und staatlich verbindlich umzusetzen.
Die wohl wichtigste Feststellung hinsichtlich des konkreten Mechanismus der Verwirklichung der führenden Rolle der SED besteht darin, daß die Partei Interessengegensätze oder Meinungsverschiedenheiten nicht in Form der Konfrontation der Organe oder Institutionen löste, sondern gerade dies ängstlich und schon in den Ansätzen vermied. Die Durchsetzung ihres Machtmonopols erfolgt über die Disziplinierung der einzelnen Parteimitglieder und Parteiorganisationen auf allen Ebenen. Dieses System ließ zwar konträre Diskussionen und Aussprachen zu, aber es kam nie oder nur selten zu einer institutionellen Konfrontation, die das Bild der sog. monolithischen Einheit, der Überein-

stimmung der Auffassungen, gestört hätte und unter Umständen auch zu gesellschaftlichen Erschütterungen hätte führen können. Deshalb auch diese fast traumatische Angst vor Streiks und ungesteuerten Aktionen der Arbeiter, die immer schon im Ansatz, oftmals durch Zugeständnisse beigelegt wurden.

*die Marxsche Dialektik wurde untergraben*

*Zum Entstehen und zum Abbruch des Neuen ökonomischen Systems der Planung und Leitung der Volkswirtschaft (NÖS)*

Eine bemerkenswerte Erscheinung in der Ökonomie der DDR und der Ausgestaltung des realsozialistischen Wirtschaftssystems war in der ersten Hälfte der 60er Jahre die Ausarbeitung des »Neuen ökonomischen Systems der Planung und Leitung der Volkswirtschaft«.

Die Mängel und Schwächen des zentralgeleiteten Systems einer sozialistischen Verwaltungswirtschaft waren im täglichen Leben spürbar und im Vergleich mit der Entwicklung des »Wirtschaftswunders« in der BRD auch immer deutlicher sichtbar. Viele kluge Menschen, darunter auch solche auf politischer Ebene und verantwortliche Leute in der Wirtschaftsverwaltung sowie in den Betrieben machten sich darüber Gedanken. Fast vergessen ist die Tatsache, daß bereits im Jahre 1956 Professor F. Behrens, Leiter der statistischen Zentralverwaltung der DDR und A. Bernary von der Deutschen Akademie der Wissenschaften in Berlin eine Broschüre veröffentlichten unter dem Titel »Zur ökonomischen Theorie und ökonomischen Politik der Übergangsperiode«. In ihr wurde u.a. die These vertreten: »Es ist deshalb unumgänglich, von der Leitung der Wirtschaft durch zentrale Weisung zur ökonomischen Leitung – d. h. zu einer Leitung mit einem Mindestmaß zentraler Anweisungen und einem Höchstmaß an Initiative und Selbständigkeit von unten auf der Grundlage der Ausnutzung der ökonomischen Gesetze, insbesondere des Wertgesetzes – überzugehen.«[16]

Diese Überlegungen, die das Kernstück der Gestaltung des realsozialistischen Wirtschafts- und Gesellschaftssystems, das Prinzip des demokratischen Zentralismus und damit die »führende Rolle der Partei« trafen, wurden damals als eine prinzipielle Abweichung von der Parteilinie in einer die ganze Partei umfassenden Kampagne ausgewertet und die Verfasser aus ihren Funktionen entfernt.

Es erscheint deshalb wichtig, das NÖS nicht isoliert zu betrachten, sozusagen als eine außergewöhnliche oder Einzelerscheinung, die aufgetaucht ist und nach ihrem Scheitern spurlos verschwand. Es verkörpert, hineingestellt in die Gesamtentwicklung von Ökonomie, Wirtschaftswissenschaft und Wirtschaftspraxis der DDR, ein Konzept, das durchaus der Entwicklungslogik des praktizierten Wirtschaftssystems nicht nur in der DDR, sondern auch in anderen sozialistischen Ländern entsprach; etwa in Polen vertreten durch Oskar Lange, in Ungarn durch die Diskussion über eine sozialistische Marktwirtschaft, in Bulgarien, vertreten durch die Thesen von Shiwkow und selbst in der UdSSR mit den Arbeiten von Libermann.

Unter dem Patronat von E. Apel, damals Kandidat des Politbüros der SED und Vorsitzender der Wirtschaftskommission des Politbüros, sowie des Sekretärs dieser Kommission, G. Mittag, wurden in den Jahren 1962 und 1963 Grundzüge eines neuen ökonomischen Systems der Planung und Leitung der Volkswirtschaft von einer Gruppe Wirtschaftswissenschaftlern, darunter den Professoren H. Wolf und H. Koziolek, ausgearbeitet.

Gedrängt von seinen Beratern, darunter W. Berger, setzte sich erstaunlicherweise Ulbricht an die Spitze der »Reformer« und kündigte auf dem VI. Parteitag der SED im Januar 1963 das NÖS offiziell an. Es wurde formuliert, daß die Ausarbeitung und vor allem die Erfüllung der Planaufgaben vorwiegend mit Hilfe eines »in sich geschlossenen Systems ökonomischer Hebel« gewährleistet werden müsse. Die materielle Interessiertheit solle so gestaltet werden, daß jede Vereinigung volkseigener Betriebe, jeder Betrieb, jeder Werktätige ökonomisch daran interessiert ist, die Aufgaben der Planung durch Erreichung eines hohen Nutzeffektes zu erfüllen. Auf diese Weise sollte die Leitung der Wirtschaft auf der Grundlage des Planes vorwiegend mit ökonomischen Mitteln erfolgen. Durch das in sich geschlossene System ökonomischer Hebel sollte das Prinzip durchgesetzt werden, was der Gesellschaft nutzt, muß auch jedem Einzelnen nutzen; und umgekehrt, was der Gesellschaft schadet, muß auch jedem Einzelnen materielle Nachteile bringen.

Im Juni 1963 tagte in Berlin eine Wirtschaftskonferenz des Zentralkomitees der SED und des Ministerrates und beschloß das »Neue ökonomische System der Planung und Leitung der Volkswirtschaft«. Das NÖS war ein Konzept für die Umwandlung des vorwiegend administrativen Systems, in eine gewinn- und rentabilitätsorientierte, entbürokratisierte Wirtschaft mit leistungsbegründeter materieller Interessiertheit.

Ein entscheidender Grund für das Scheitern des NÖS war die Tatsache, daß seine Grundideen mit der Hauptdoktrin des Gesellschaftsmodells, wie es sich mit der Oktoberrevolution herausgebildet und entwickelt hatte, d. h. mit der führenden Rolle der Partei, in Kollision kam.

Die Anerkennung der objektiven Wertkategorien und die Erhöhung der Eigenverantwortlichkeit und größeren wirtschaftlichen Selbständigkeit der Betriebe und Kombinate und die Delegierung der Entscheidungen auf selbständige wirtschaftliche Einheiten standen dem Prinzip des demokratischen Zentralismus, wie es die SED verstand und praktizierte, und der führenden Rolle der Partei, ihrer ständigen kleinlichen Einmischung in die Einzelheiten der ökonomischen Vorgänge entgegen. Das trug den Keim in sich, nicht nur die Grundlagen des ökonomischen, sondern auch des bestehenden politischen Systems ins Wanken zu bringen. In dem Maße, wie der Gewinn, die Reproduktionserfordernisse und die ökonomische Effektivität selbständiger wirtschaftlicher Einheiten zu den entscheidenden Kriterien geworden wären, konnten es nicht mehr die Parteibeschlüsse sein. Diese Problematik registrierten die Vertreter der Orthodoxie mit seismologischer Empfindlichkeit. Dort hatte das NÖS seine erbittertsten Feinde. Sie wurden unterstützt vom Kern der Führung in Moskau; sie konnten sich darauf stützen; aber die entscheidende Kraft für das Scheitern des NÖS war Moskau nicht.

Ein Kernstück des in sich geschlossenen Systems ökonomischer Hebel sollten die langfristigen Normative der Eigenwirtschaftung der Mittel sein. Über sie sollte hauptsächlich gesteuert werden. Das war die Hauptvoraussetzung, um die administrative Lenkung und Planung mit ihren zentral festgelegten Kennziffern zu ersetzen. Aber die Ausarbeitung dieser Normative wurde weder in der ersten Phase des NÖS noch in der zweiten zum Abschluß gebracht. Insofern war das NÖS als System auch bis Ende der sechziger Jahre noch nicht voll ausgestaltet.

Das Tragische am Scheitern des NÖS war neben der Gegnerschaft der Parteiorthodoxen die Tatsache, daß es von seinen Hauptprotagonisten selbst ausgehebelt wurde.

Der Wendepunkt bestand darin, daß Ulbricht in der zweiten Hälfte der sechziger Jahre einen wirtschaftspolitischen Kurs einschlug, der mit den Grundideen des NÖS nicht vereinbar war. In Verfolg der an sich richtigen Idee, die neue Stufe der wissenschaftlich-technischen Revolution in der DDR möglichst schnell zu erreichen, wurden ständig neue, alle Proportionen sprengende Aufgaben nebeneinander und zusätzlich zum Plan begonnen. Die Direktive der Partei zum Fünfjahrplan 1966 bis 1970 wurde erst 1967, also fast eineinhalb Jahre nach seinem Beginn, beschlossen. Auf die schon begonnenen Vorhaben des damaligen Fünfjahrplanes wurden beträchtliche zusätzliche Aufgaben draufgesattelt. Zu erinnern ist hier an die Festlegung von 40 Automatisierungsvorhaben zusätzlich zum Plan, an die ständige Umprofilierung von Produktionskapazitäten, manchmal innerhalb kurzer Frist sogar zweimal. Es war die Zeit, in der Ulbricht zwar in zwölf Stadtzentren »Leuchttürme«, wie das Uni-Hochhaus in Leipzig, die Kongreßhalle und das Hochhaushotel in Karl-Marx-Stadt, jetzt wieder Chemnitz, in Gera, Suhl usw. errichten ließ, aber gleichzeitig der Wohnungsbau, und zwar nicht nur der Neubau, sondern auch die Erhaltung, auf ein unerträglich niedriges Niveau zurückgeführt wurde.

Die Verwirklichung dieser Wirtschaftspolitik erforderte höchste Zentralisierung; nicht nur in der Leitung, sondern vor allem der zur Verfügung stehenden materiellen Fonds.

Die unvollendeten Investitionen nahmen ein unerträgliches Ausmaß an. Es wurden das Prinzip der von oben festgelegten »Vorrangigkeit« eingeführt und immer mehr neue Vorhaben begonnen, während sich die Realisierungszeiten ständig weiter hinausschoben.

Es war, als wenn es die umfangreichen Diskussionen und Schulungen zum NÖS, zur erhöhten Eigenverantwortung, zur Eigenerwirtschaftung der Mittel nicht gegeben hätte. Apel war 1965 durch Selbstmord aus dem Leben geschieden. Es war vor allem Mittag, in der Hierarchie an die Stelle von Apel getreten, der in vorauseilender Anbiederung die Linie seines Chefs in das Unerträgliche überzog.

Auf die Hinweise, daß dies zu Disproportionen führt, die die volks-

wirtschaftliche Effektivität als Ganzes zerstören, wurde geantwortet, daß man dies zeitweise in Kauf nehmen müsse, wenn man zur Spitze vorstoßen wolle. Ende der sechziger Jahre reifte ökonomisch tatsächlich eine Krisensituation heran. Das war die Zeit, als man Ulbricht die Worte in den Mund legte: Wenn die Pharaonen ihre Haushofmeister gefragt hätten, ob man die Pyramiden bauen könne, dann hätten die das bestimmt auch abgelehnt. Mitte der sechziger Jahre schrieb Ulbricht in einem Artikel im »Neuen Deutschland«, man müsse die Bilanzen brechen, um die Aufgaben der wissenschaftlich-technischen Revolution zu lösen.
Manchmal wird gesagt und auch heute noch geschrieben, daß diese Orientierung auf die Meisterung der wissenschaftlich-technischen Revolution schon richtig gewesen sei. Dazu gibt es keine Meinungsverschiedenheiten. Wenn aber die Dimensionen dieser an sich richtigen Politik in einem solch extremen Ausmaß überzogen werden, daß Disproportionen nicht nur zwischen Zuliefer- und Finalproduktion eintreten, sondern zunehmend auch Ausfall an dringend benötigten Endprodukten und Leistungen und ein Zerbröseln der materiellen Basis eintritt, dann kann man diese Politik nicht entschuldigen. Eine solche Wirtschaftspolitik war eine Fehlleistung. Vor allem aber beerdigte sie die Grundideen des NÖS.

Es ist offensichtlich nicht richtig zu formulieren: Das NÖS kam nicht zum Zuge; es sei schlechthin gescheitert. Vordergründig sah das so aus. Aber nach der jahrelangen Diskussion, der Tätigkeit Dutzender Arbeitsgruppen von Wissenschaftlern, Wirtschaftsleitern, zahlreichen Schulungen auf allen Ebenen blieb nichts, wie es war.
Allein die öffentlich vertretene These von Libermann, den Gewinn zum Hauptkriterium der Leistungsbewertung zu machen, bedeutete eine Revolution im Denken. Fragen der Rentabilität, der leistungsbezogenen Stimulierung, der Eigenerwirtschaftung spielten in der Zusammenarbeit der Staats- und Wirtschaftsorgane mit den Kombinaten eine ständig wachsende Rolle.
Vor allem die Durchführung der Industriepreisreform, auch unter Berücksichtigung der Entwicklung der Weltmarktpreise, die Umbewertung der Grundmittel und die Reform der Agrarpreise waren wichtige Fortschritte in der Annäherung der entscheidenden ökonomischen Kategorien an ihren objektiven Gehalt und damit für ihre Wirksamkeit bei der Gestaltung der Ökonomie.

Auch die Diskrepanz zur Grunddoktrin des staatssozialistischen Modells, der führenden Rolle der Partei und ihres Ausschließlichkeitsanspruches, trat zunehmend ins Bewußtsein.

Die Ausarbeitung des NÖS war eine wichtige Etappe in einem Lernprozeß zur Gestaltung eines alternativen Wirtschaftssystems, der leider nicht zu Ende geführt werden konnte.

Manchmal wird die Meinung vertreten, daß es nach dem Ausheben des NÖS einen geradlinigen Absturz in die Finsternis schlimmster Planbürokratie und rein administrativ-verwaltungsmäßiger Planung gegeben habe. Das ist nicht richtig. Ein Beleg dafür ist die in der Planungsordnung der achtziger Jahre festgelegte Konzentration auf vier verbindliche Plankennziffern gegenüber den Kombinaten – entscheidend für den materiellen Anreiz sowie die Abrechnung der Planerfüllung: Produktion (später Nettoproduktion), Gewinn, Export, Leistung für die Bevölkerung. Es blieben allerdings immer noch 200 Kennziffern pro Kombinat, die orientierend übergeben und statistisch erfaßt und abgerechnet wurden. Der Wahnwitz der Dekadenplanung- und Abrechnung der achtziger Jahre hatte mit der eigentlichen Wirtschaftsleitung und Planung nichts zu tun. Sie war politisch motiviert – und wurde widersinnigerweise von einem ehemaligen Hauptvertreter des NÖS, nämlich Mittag, entgegen allen vernünftigen Einwänden rigoros durchgesetzt.

Bemerkenswerte und interessante Erscheinungen der Ökonomie der DDR waren die zeitweilige Integration privater und halbstaatlicher Betriebe in ein zentralisiertes Planwirtschaftssystem und die Umwandlung einer zersplitterten einzelbäuerlichen Wirtschaftsstruktur in eine moderne Großlandwirtschaft. Bekanntlich vollzog sich die Herausbildung des beherrschenden Staatseigentums in der DDR nicht auf der Grundlage einer generellen Enteignung des privaten Eigentums an Produktionsmitteln, sondern schrittweise, ausgehend von der Enteignung der Kriegs- und Naziverbrecher, über die forcierte Stärkung dieses Sektors und die zeitweise Beschränkung der Entwicklungsmöglichkeiten des verbliebenen privaten Produktiveigentums. Insofern gab es in dieser Frage tatsächlich einen »besonderen deutschen Weg zum Sozialismus«. Diese Entwicklung wird durch folgende Angaben charakterisiert:

Anteil privater Eigentumsformen am gesellschaftlichen Bruttoprodukt (in Prozent)[17]

|  | Industrie u. prod. Handwerk | Bauwirtschaft | Land- u. Forstwirtschaft | Groß- u. Einzelhandel |
|---|---|---|---|---|
| 1950 | 29,3 | 68,4 | 87,4 | 97,9 |
| 1955 | 21,1 | 44,0 | 75,0 | 16,2 |
| 1960 | 9,0 | 14,4 | 26,0 | 8,8 |

Auf ihrer 3. Parteikonferenz 1956 hatte die SED besorgt festgestellt, daß in der DDR noch mehr als 13.000 private Industriebetriebe bestanden, in denen etwa ein Viertel aller Arbeiter und Angestellten beschäftigt waren.[18] In der zweiten Hälfte der fünfziger Jahre wurde eine neue, in bestimmter Hinsicht originäre Form der Eingliederung privater Betriebe in die realsozialistische Entwicklung eingeführt: Die staatliche Beteiligung an privaten Betrieben. Dies sollte ein Weg zur »Vergesellschaftung« des privaten Sektors, zur Eingliederung des privaten Eigentums an Produktionsmitteln in das realsozialistische Wirtschaftssystem sein.
Die rechtliche Seite bestand in der Umwandlung des privaten Einzelbetriebes in eine Kommanditgesellschaft (KG), im allgemeinen geleitet vom früheren Alteigentümer als Komplementär (Vollhafter) und dem staatlichen Gesellschafter als Kommanditisten (Teilhafter).
Interessant ist hierbei auch, daß für diese Betriebe eine rechtliche Form aus dem seit dem 1.1.1900 geltenden traditionellen Handelsgesetzbuch gewählt wurde. Im Jahre 1958 waren bereits 29 Prozent der privaten Industrieunternehmen Betriebe mit staatlicher Beteiligung. Gemessen an den in der Industrie Beschäftigten insgesamt stieg der Anteil der Betriebe mit staatlicher Beteiligung 1962 auf 8 Prozent, während der Anteil der privaten Betriebe von 12,3 auf 5,1 Prozent zurückging. D.h. der Anteil der privaten und halbstaatlichen Betriebe in der Industrie betrug noch 1962 13 Prozent.
Im Jahre 1970 wurde in einem für die Versorgung der Bevölkerung so wichtigen Sektor wie der Leicht- und Lebensmittelindustrie noch 28 Prozent der Bruttoproduktion durch halbstaatliche und 13 Prozent durch private Betriebe, also 41 Prozent außerhalb des ausschließlichen Staatseigentums erzeugt.[19] Die Besitzer privater und die Komplementäre halbstaatlicher Betriebe waren in der damals von Ulbricht propagierten »sozialistischen Men-

schengemeinschaft« geachtete, gut verdienende Bürger, von denen nicht wenige in die Volkskammer und in die Bezirks- und Kreistage gewählt wurden.

Die Überführung der bestehenden privaten und halbstaatlichen Betriebe der DDR »in Volkseigentum« wurde nach der Übernahme der Führung der SED durch Honecker im Jahre 1972 in einer konzentrierten Aktion durchgeführt. Das wurde damit begründet, daß sich Ende der sechziger/Anfang der siebziger Jahre »der Widerspruch zwischen den sozialistischen Produktionsverhältnissen und der zunehmenden Vergesellschaftung der Produktion in der DDR einerseits und den Eigentumsverhältnissen in den Privatbetrieben, Betrieben mit staatlicher Beteiligung und industriell produzierenden Produktionsgenossenschaften des Handwerks andererseits immer mehr ausgeprägt« hätte.[20]

Unterschwellig wurden auch bestimmte Neidkomplexe angesprochen, die gegenüber diesen, teilweise erheblich bessergestellten privaten Besitzern vorhanden waren. Es handelte sich dabei nicht um eine entschädigungslose Enteignung. Es erfolgte eine mehr oder weniger freiwillige »Auszahlung« der Eigentümer, die oftmals als Leiter der dann volkseigenen Betriebe in gehobener Position weiterbeschäftigt wurden, soweit sie ohnehin nicht schon das Rentenalter erreicht hatten.

Eine zwingende ökonomische Notwendigkeit für einen solchen Eigentumswechsel bestand nicht. Im Gegenteil, die privaten und halbstaatlichen Betriebe fügten sich fast reibungslos in den Rahmen der gesamtstaatlichen Planung ein – und verloren trotzdem nicht ihre individuelle Motivation, die oftmals nicht nur auf die Erzielung überdurchschnittlicher Einnahmen, sondern auch auf die Möglichkeiten der Selbstverwirklichung, der Freude an kreativer Tätigkeit, der Anerkennung ihrer Arbeit durch die Bevölkerung und der gesellschaftlichen Öffentlichkeit gerichtet war. Ihre Überführung in »Volkseigentum« ergab sich aus der ideologischen Doktrin der SED.

Die Existenz, die erfolgreiche und geachtete Entwicklung der privaten und halbstaatlichen Betriebe der DDR vermittelt die wesentliche Erkenntnis, daß selbst in einer hypertrophierten zentralen Planungs- und Verwaltungswirtschaft privater Besitz an Produktionsmittel seine spezielle Motivation nicht verliert und sich bei Gewährleistung entsprechender Rahmenbedingungen im Interesse gesamtvolkswirtschaftlichen Wachstums, hoher Produktivität und Effektivität entwickeln kann.

Auch diese Erfahrungen zeigen: Die von den Marktfundamentalisten bekämpften volkswirtschaftlichen Rahmenbedingungen und Regulierungsmaßnahmen zur Beschränkung der negativen Seiten der Marktwirtschaft – selbst in der extremen Form sozialistischer Gesamtplanung – töten die private Initiative nicht, sondern können geeignet sein, günstige Bedingungen für eine geordnete und mit dem gesellschaftlichen Wohl in Übereinstimmung stehende Entwicklung des privaten Eigentums an Produktionsmitteln zu schaffen. Andererseits zeigt sich, daß das private Eigentum an Produktionsmitteln, zumindest in Form von Klein- und Mittelbetrieben, und sein Agieren am Markt den gesamtgesellschaftlichen Interessen nicht entgegenwirkt, sondern organischer Bestandteile einer rationalen, am gesellschaftlichen Wohl orientierten Wirtschaftsweise sein kann.

Ein zweites Gebiet, auf dem bedeutende, qualitative Eigentumsveränderungen vor sich gegangen sind, ist die Landwirtschaft der DDR. Bekanntlich beseitigte die Bodenreform 1945/46 die Reste der feudalabsolutistischen Eigentumsverhältnisse auf dem Land, die besonders in Preußen und Mecklenburg-Vorpommern noch über starke Position verfügten. In wenigen Monaten wurden 3,2 Mio. ha Grund und Boden einschließlich Maschinen und Gebäuden und damit etwa 72.000 Grundbesitzer und 4.500 als Kriegsgewinnler eingestufte Bodenbesitzer enteignet und ihr Eigentum in die Hände von Landarbeitern, von Klein- und Mittelbauern überführt.
Diese Umwälzung vollzog sich unter den Bedingungen großer Kriegszerstörungen und des nur schrittweise möglichen Wiederaufbaus. Der Maschinenbesatz war gering. Für die große Zahl Neubauern waren 1950 nur erst die Hälfte der erforderlichen Produktions- und Wirtschaftsgebäude errichtet. Nur 57 Prozent der Kleinbauernbetriebe besaßen Pferde. Es entstanden vor allem unter den Kleinbauern Bestrebungen, zur Gemeinschaftsarbeit und zum genossenschaftliche Zusammenschluß überzugehen, denen die SED bis 1952 zunächst ablehnend gegenüberstand.
Erst mit der 2. Parteikonferenz und der Ankündigung, die »Grundlagen des Sozialismus schaffen« zu wollen, wurde der genossenschaftliche Zusammenschluß der Klein- und Mittelbauern von ihr forciert; bis im Ergebnis einer in mehreren Etappen verlaufenden Entwicklung 1961 praktisch alle einzelbäuerlichen Betriebe in Produktionsgenossenschaften zusammengeschlossen waren.

Dies erfolgte auf der Grundlage dreier Mustertypen, differenziert nach dem Grad der gemeinschaftlichen Arbeit. In den landwirtschaftlichen Produktionsgenossenschaften (LPG) Typ I gingen die Bauern zur gemeinschaftlichen Bodenbewirtschaftung über; Tiere, Maschinen und Gebäude blieben in persönlicher Nutzung. Die Vergütung der Arbeit zur Bewirtschaftung des Bodens erfolgte mindestens zu 60 Prozent nach der geleisteten Arbeit und bis zu 40 Prozent nach dem eingebrachten Boden. In der LPG Typ II wurden neben dem Boden auch die Maschinen und Zugtiere eingebracht. In den LPG Typ III wurden sowohl pflanzliche als auch die tierische Produktion genossenschaftlich durchgeführt. Die Vergütung erfolgte zu 80 Prozent nach der geleisteten Arbeit und zu 20 Prozent nach dem Umfang des eingebrachten Bodens. Die Typen I und II waren Übergangsformen zum vollgenossenschaftlichen Zusammenschluß.

Die Entwicklung der landwirtschaftlichen Produktionsgenossenschaften in der DDR war zeitweilig mit Schwierigkeiten und Rückschlägen verbunden. In relativ kurzer Zeit wurden sie jedoch zu einer Erfolgsgeschichte. Die Ernteerträge bei Getreide stiegen z. B. von 6,3 Mio. t 1960 auf durchschnittlich 11 Mio. t in den achtziger Jahren. Die Produktion tierischer Erzeugnisse wuchs bei Schlachtvieh von 1.363 Tt 1960 auf 2.800 Tt 1988. Die Landwirtschaft sicherte die Eigenversorgung der Bevölkerung der DDR bei allen selbst erzeugbaren Nahrungsgütern und einen wachsenden Export, besonders von Schlachtvieh. Die schrittweise Verstärkung der Leitung des landwirtschaftlichen Reproduktionsprozesses auf der Grundlage ökonomischer Kriterien, die die selbständige Rolle der Genossenschaften respektierten, wurde mit der wachsenden Anwendung von Elementen der wirtschaftlichen Rechnungsführung bis zur exakten Kostenrechnung und Kostenkontrolle verbunden. Es entstand ein starkes genossenschaftliches Eigentümerbewußtsein, das durch die grundlegende Umgestaltung der gesamten Arbeits- und Lebensverhältnisse auf den Dörfern in einer überschaubaren Zeit von ca. 30 Jahren, was der Hälfte des Lebensweges einer Generation entsprach, untermauert und ausgeprägt wurde. In der DDR war eine Großraumlandwirtschaft, fußend auf modernen Produktionsverhältnissen, verwirklicht. Die pflanzliche und tierische Erzeugung wurde in spezialisierten Genossenschaften organisiert und in überschaubaren Produktionseinheiten fest mit dem Leben der Bauern in den Dörfern verbunden.

Im Jahre 1988 hatte sich die Anzahl der Genossenschaften in einem klug und sensibel geleiteten Prozeß von 19.345 1969 auf 3.855 verringert, darunter 1.159 spezialisiert auf pflanzliche und 2.696 spezialisiert auf tierische Produktion. Außerdem bestanden über 200 zwischenbetriebliche Einrichtungen als Gemeinschaftsbetriebe mehrerer LPG. Das waren vor allem spezialisierte agrochemische Zentren, Meliorationsgenossenschaften sowie zwischenbetriebliche Bauorganisationen und Kreisbetriebe für Landwirtschaft. Übrigens ist das auch einer der Gründe dafür, daß in der Landwirtschaft der DDR ein wesentlich höherer Arbeitskräftebesatz je ha landwirtschaftlicher Nutzfläche ausgewiesen wurde als für die BRD.

Fälschlicherweise war und ist das teilweise heute noch ein Argument, um eine angeblich niedrigere Produktivität der landwirtschaflichen Produktion der DDR gegenüber der der BRD »nachzuweisen«. Die Produktionsgenossenschaften schufen sich selbst auf der Grundlage der in der eigentlichen landwirtschaftlichen Produktion freigesetzten Arbeitskräfte ein industrielles (z. B. Mischfutterproduktion) und bauwirtschaftliches Umfeld (spezialisierte Baubetriebe bis zum Wohnungsbau), das fest mit dem Agrarzyklus und den Dörfern verbunden war. Die landwirtschaftlichen Produktionsgenossenschaften der DDR unterschieden sich hinsichtlich ihrer Entstehung, der Formen des Eigentums an Grund und Boden, Viehbestand, Maschinen und Einrichtungen wesentlich von den Kollektivwirtschaften sowjetischen Typs und auch von der Gestaltung landwirtschaftlicher Produktionsverhältnisse in anderen sozialistischen Ländern. China ging mit der Einführung marktwirtschaftlicher Verhältnisse in der Landwirtschaft in den achtziger Jahren einen grundsätzlich anderen Weg. Das hängt offensichtlich auch damit zusammen, daß in China der Grund und Boden vergesellschaftet wurde. Es bleibt die Tatsache, daß China auf diese Weise die Ernährung von 1,2 Milliarden Menschen gewährleistet, aber zugleich vor großen sozialen Problemen steht.

Unter europäischen Verhältnissen hat sich der genossenschaftliche Weg in der DDR als überaus erfolgreich erwiesen. Es gehört zu den großen, unentschuldbaren Fehlern der wirtschaftlichen Wiedervereinigung der beiden deutschen Staaten, die Entwicklungsbedingungen der landwirtschaftlichen Großbetriebe der DDR durch vielfältige Maßnahmen wie ungerechtfertigte Rückzahlung früher aufgenommener Kredite und insbesondere durch die Infragestellung der Bodenreform zu gefährden. Aber das hat wohl etwas damit zu tun, daß bei ungehinderter Entwicklung der landwirtschaftlichen Großbetriebe der DDR die Überschußproduktion der alten Bundesländer den ostdeutschen Markt nicht hätte so überschwemmen können, wie das nach 1990 erfolgte und heute noch stattfindet.

Es ergibt sich die Frage, wie die Landwirtschaft der westeuropäischen Länder den Weg zu einer konkurrenzfähigen, dem Stand der modernen Produktivkräfte angepaßten Entwicklung finden kann. Die gegenwärtig im Zusammenhang mit der Agenda 2000 der EWU geführte Diskussion über die horrende Subventionierung der Landwirtschaft mit gegenwärtig etwa 70 Mrd. DM jährlich, wodurch etwa die Hälfte des EU-Haushaltes beansprucht wird, macht diese Problematik überdeutlich. Offenbar führt in der weiteren Zukunft kein Weg am landwirtschaftlichen Großbetrieb mit industriellen Produktionsmethoden vorbei.

Hierfür scheint es nur die Alternative zu geben: Entweder kapitalistischer Großbetrieb bei bedeutenden Arbeitskräftefreisetzungen, die gegenwärtig und in der Zukunft die Massenarbeitslosigkeit vergrößern würden, oder genossenschaftlicher Zusammenschluß. Der letztere Weg ist in der DDR mit Erfolg beschritten worden. Die privatkapitalistische Alternative in den west-, aber auch in den osteurpoäischen Ländern wird dazu führen, daß die Quelle der Massenarbeitslosigkeit aus Industrie, Bauwesen, Verkehr um eine weitere Säule ergänzt wird: Die Landwirtschaft. In diesem Zusammenhang gewinnen die Erfahrungen der DDR sowohl für die westeuropäischen als auch für die osteuropäischen Länder sogar zunehmende Bedeutung; so z. B. für Polen, wo bisher eine ausgeprägte einzelbäuerliche Agrarstruktur erhalten wurde.

### Planwirtschaft gleich Mangelwirtschaft?

Zu den unangenehmsten Erscheinungen in der planwirtschaftlichen Ökonomie zählten die ständig auftretenden Mangelerscheinungen an Konsumgütern für die Versorgung der Bevölkerung, an Rohstoffen, Materialien und Zulieferteilen für die Produktion sowie an den verschiedensten Leistungen.

Objektiv ergaben sie sich aus dem Mißverhältnis zwischen vorhandener Geldmenge und der zur Verfügung stehenden Gütermenge (das gilt hauptsächlich für den Konsumgütersektor) und aus überzogenen Zielen zur Materialeinsparung und -ökonomie und den daraus im Plan festgelegten zu niedrigen Zuteilungen an Energie, Rohstoffen und Materialien (das gilt hauptsächlich für den Produktionsbereich).

Es bestehen keine Meinungsverschiedenheiten darüber, daß die Mangelerscheinungen wesentliche negative Wirkungen auf die Effektivität des sozialistischen Systems und auf die Lebensqualität der Bevölkerung ausgeübt haben. Man kann die Hauptrichtungen dieser negativen Wirkungen in drei Punkten zusammenfassen:
– Sie beeinträchtigten die Arbeitsmotivation oder die materielle Stimulierung der Arbeitenden, die für den Gegenwert ihrer Leistungen, dem Geld als allgemeinem Tauschmittel, häufig nicht das kaufen konnten, was Bestandteil einer normalen Bedürfnisbefriedigung war. Sie beeinträchtigten den »Wert« des Geldes.
– Mangelerscheinungen störten sowohl die innerbetriebliche als auch die zwischenbetriebliche Arbeitsteilung und führten dadurch zur Diskontinuität des Arbeitsprozesses, zu Produktionsstillständen auf der einen Seite und zu hektischer, qualitäts- und gebrauchswertschädigender Betriebsamkeit mit erhöhten Aufwendungen auf der anderen Seite. Sie waren häufig die Ursache für die Ausdehnung der Investitionszeiten und für Investruinen.
– Sie führten zur Bildung bedeutender Lagerbestände auf allen Ebenen der Produktion, die einen Teil des Produktionsergebnisses banden und mit physischem und moralischem Verschleiß verbunden waren.

H. Nick schreibt in seiner Veröffentlichung »Warum die DDR wirtschaftlich gescheitert ist«[21] folgendes: »Das äußerlich sichtbarste Indiz für das Scheitern des planwirtschaftlichen Konzepts in der DDR bestand darin, daß dem marktwirtschaftlich-kapitalistischen Übel eines dauernden Ungleichgewichts zwischen Angebot und Nachfrage, dem chronischen Zurückbleiben der zahlungsfähigen Nachfrage hinter dem Angebot, das zu Massenarbeitslosigkeit und nicht ausgelasteten Kapazitäten führt, nach Marx die wichtigste unmittelbare Ursache der Wirtschaftskrisen darstellt, eben nicht eine ›planmäßige, proportionale Entwicklung‹ entgegengesetzt wurde, sondern das ›direkte Gegenteil‹: Der

Dauermangel, d. h. das anhaltende Zurückbleiben des Angebots hinter der zahlungsfähigen Nachfrage. Dies aber war nicht nur ein Hauptverdruß für die Bevölkerung, sondern der das gesamte Wirtschaftsgeschehen prägende Umstand, die wichtigste und unmittelbare Ursache aller Schwächen dieses Wirtschaftssystems wie auch der Handlungsmotivationen in dieser Wirtschaft. Dieser chronische Mangel vor allem lähmte zunehmend die sozialen Antriebskräfte dieser Wirtschaft.«

Dem wäre zunächst zu entgegnen, daß eine Volkswirtschaft nicht 40 Jahre existieren, produzieren und reproduzieren kann, die Versorgung der Wirtschaft und der Bevölkerung bei einem Pro-Kopf-Verbrauch für einen weiten Kreis grundlegender Bedürfnisse einschließlich Verkehr und Wohnungsbau auf einem hohen Niveau bis zum letzten Tag ihrer Existenz gewährleisten kann, wenn sie sich in ihren Grundproportionen und auch in den vielfältigen wirtschaftlichen Verästelungen nicht im wesentlichen proportional entwickelt hätte.

Eine weiterführende und für die Nutzung von Erfahrungen interessante Frage ist die Analyse der Ursachen dieser Mangelerscheinungen und ihrer Rolle und Stellung in planwirtschaftlichen Systemen. Es ist die Frage, ob die Mangelerscheinungen zum Wesen planwirtschaftlicher Systeme gehören und untrennbar mit ihnen verknüpft sein müssen.

Der ungarische Reformökonom Kornai hat in seinem zweibändigen Werk »Economics of Shortage« im 21. Kapitel ein ökonomisches Modell von »Volkswirtschaften sowjetischen Typs« entwickelt, worunter er alle realsozialistischen Wirtschaften, zumindest der UdSSR und der ehemals sozialistischen Länder Europas, versteht. Er bezeichnet diese Planwirtschaften als angebotsbeschränkte Wirtschaften, in denen Knappheit (definiert durch administrative Rationierung von Gütern und Diensten, Ressourcen- und Kapazitätsmängel) systemimmanent ist und sich im Zeitablauf tendenziell verstärkt. Er hat dafür ein Schema in Form eines Hydrauliksystems mit Überdruck- und Unterdruckkesseln entwickelt.

Abgesehen davon, daß es fragwürdig ist, Gesetzmäßigkeiten der Naturwissenschaft und technische Wirkprinzipien auf die Darstellung gesellschaftlicher Erscheinungen und ökonomischer Gesetze anzuwenden, ist bemerkenswert, daß er dabei die Einschränkung macht, daß der Staat in den Planwirtschaften über die

Möglichkeiten verfüge, für ein Gleichgewicht zwischen Konsumgüterangebot und -nachfrage zu sorgen; und zwar dadurch, daß er die Einkommen der Konsumenten und die Preise der Konsumgüter so festsetzt, daß das in Preisen bewertete Angebotsvolumen gerade der monetären Nachfrage entspricht. Nach ihm verfügt die Planwirtschaft – zumindest theoretisch – im Konsumgütersektor über Instrumente, Angebot und Nachfrage in etwa im Gleichgewicht zu halten. Im Produktionsmittelsektor sei dies nicht der Fall, weil in diesem Bereich kein Markt existiere.

Was war die Ursache der Entstehung von Mangelerscheinungen, des »Zurückbleibens des Angebots hinter der zahlungsfähigen Nachfrage«? In der Diskussion werden zuweilen komplizierte und konstruierte Erklärungen vorgebracht (siehe Kornai) und ein vielfältiges Ursachengeflecht theoretisch vertieft. Im Grunde genommen ist die Erklärung aus der intimen und jahrzehntelangen Kenntnis der Wirtschaftspraxis jedoch eher banal:
Es wurden angespannte, oft genug überspannte Pläne ausgearbeitet. Ausgehend von der notwendigen Übereinstimmung zwischen materieller und finanzieller Planung wurden den geplanten, gewünschten materiellen Größen für die Produktion die entsprechenden finanziellen Mittel, d.h. die Geldeinnahmen der Bevölkerung und die Geldausstattung, sprich Umlaufmittel der Betriebe, gegenübergestellt und im Plan festgeschrieben. Dann ergab sich häufig, daß die angespannten Produktionspläne nicht voll erfüllt wurden. Statt 4 Prozent Zuwachs der Produktion waren es nur 3 oder 3,5 Prozent. Dementsprechend hätte die geplante Geldmenge, d. h. die geplante Erhöhung der Löhne sowie die Finanzausstattung der Betriebe, korrigiert werden müssen.
Die Planuntererfüllung wurde jedoch immer verdrängt, verheimlicht; demzufolge auch die notwendige Veränderung der Geldmenge, durch die die Nichterfüllung der Pläne allgemein sichtbar geworden wäre, nicht durchgeführt. Es entstand ein Geldüberhang sowohl im konsumtiven als auch im produktiven Bereich.

Wenn zugelassen worden wäre – wozu es Vorschläge und Möglichkeiten gab –, in der sozialistischen Ökonomie Instrumente der Geldmengensteuerung mit durchaus ähnlichen Instrumenten wie sie z. B. die Bundesbank der BRD anwendet, Freiraum zu verschaffen, wäre eine zumindest wesentliche Einschränkung von

Mangelerscheinungen möglich gewesen. Das hätte nicht die Einführung der Marktwirtschaft vorausgesetzt. Im Gegenteil – es hätte die Ausweitung der bewußten Planung auf dieses sehr sensible, in der sozialistischen Ökonomie sträflich unterschätzte Gebiet bedeutet. Seit Mitte der 60er Jahre gab es in der DDR aussagekräftige Bilanzen für das Geldaufkommen der Bevölkerung und seine mögliche Bindung durch Warenfonds insgesamt sowie nach einzelnen Bezirken unter Berücksichtigung der Beschäftigtenstruktur und der geplanten und mit dem Plan zugesagten Einkommensverbesserungen. Ziemlich exakt konnte durch die Plankommission, die Staatsbank und das Finanzministerium der konsumtive Geldüberhang ermittelt werden. Das betraf den Konsumbereich, der immerhin 80 Prozent des verteilbaren Nationaleinkommens umfaßte. Das bedeutet nicht, daß damit die Frage des Zurückbleibens im technischen Niveau, der Qualität, Mode usw. hätte gelöst werden können. Das ist eine zweite Ebene und hängt mit anderen Fragen, vor allem der ökonomischen Kraft und den konkreten historischen Entwicklungsbedingungen, zusammen.
Der tendenzielle Überhang der Kaufkraft gegenüber den Möglichkeiten ihrer Deckung wäre aber prinzipiell steuerbar gewesen. Das gilt sowohl für den konsumtiven als auch für den produktiven Bereich. Während man die Veränderungen infolge der Nichterfüllung der Pläne für die materiellen Fonds wie Maschinen, Rohstoffe, Materialien im produktiven Bereich zwar widerwillig, aber als Tatsache anerkennen mußte, war an die notwendige gleichzeitige Korrektur der Geldfonds nicht zu denken. Das hätte eine offizielle Korrektur oder Anpassung der Planziele an den tatsächlichen Ablauf erfordert.

Aus der subjektivistischen, voluntaristischen Gesamtanlage des Leitungssystems der staatssozialistischen Gesellschaft und damit auch der Wirtschaft ergab sich, daß »der Plan Gesetz« war. Er wurde von der Volkskammer der DDR sowohl für jedes Jahr als auch für jeweils fünf Jahre beschlossen. Das unterschied sich nicht grundlegend von der Beschlußfassung der Staatshaushaltspläne im Bundestag der BRD.
Aber der grundlegende Unterschied bestand darin, daß die Öffentlichmachung negativer Abweichungen von den beschlossenen Zielen unter sozialistischen Bedingungen ein Tabu war. Die Pläne waren vorher vom Zentralkomitee der SED beschlossen. Eine »Fehlerdiskussion hätte das Ansehen der Partei untergraben«. Die

sich aufgrund der tatsächlichen Entwicklung in der Produktion und im Aufkommen ergebenden Abweichungen wurden gegenüber den Betrieben und Kombinaten meistens stillschweigend akzeptiert.

Daraus ergibt sich die Schlußfolgerung, daß der vorhandene Geldüberhang, das Auseinanderklaffen von Angebot und Nachfrage keine unausweichlichen Erscheinungen des planwirtschaftlichen staatssozialistischen Wirtschaftssystems hätten sein müssen. Das ist offensichtlich auch die Meinung von Jacobs, die er in seiner Arbeit »Theorie zwischen den Stühlen« vertritt, indem er feststellt, daß »das anhaltende Zurückbleiben des Angebots hinter der zahlungsfähigen Nachfrage in den untergegangenen sozialistischen Planwirtschaften – eher hätte vermieden werden können«[22] (als in kapitalistischen Marktwirtschaften).
Es ist offensichtlich nicht richtig, wie Kornai behauptet, daß es in den planwirtschaftlichen Wirtschaftssystemen eine Gesetzmäßigkeit zur Verstärkung der Knappheit von Gütern und Leistungen geben mußte. Es ist nicht bekannt, wie das in Ungarn im einzelnen gehandhabt wurde. In der DDR haben das Finanzministerium und die Plankommission bei der Ausarbeitung der Planansätze den erkennbaren Geldüberhang aus dem Vorjahr in die Berechnungen einbezogen und damit berücksichtigt. Daraus erklärt sich übrigens auch die eher geringe Summe des Geldüberhangs am Ende einer vierzigjährigen Entwicklung im Jahre 1988 in Höhe von 6 Mrd. Mark. Die Höhe des aktuellen Geldüberhangs ergab sich im wesentlichen aus der Unterschreitung des jeweiligen Jahresplanes hinsichtlich Leistung und Effektivität.

Die hier behandelte Problematik wird natürlich berührt von einer Reihe anderer grundlegender Fragen, die in diesem Zusammenhang nur genannt werden können. Eine der wichtigsten war die Tatsache, daß die Wirtschafts- und Plankonzepte im Grunde genommen ohne ausreichende Reserven konzipiert wurden, die aufgrund der Vielgestaltigkeit der wirtschaftlichen Beziehungen, der Wirkung außerökonomischer Faktoren wie Klima, politische Entwicklungen u. a. zur Sicherung eines möglichst reibungsarmen Wirtschaftsablaufs notwendig gewesen wären. Selbst eingeplante Reserven waren oftmals fiktiv, da sie auf überzogenen Planzielen beruhten. So wirkte sich jede negative Planabweichung sofort als eine Mangelerscheinung aus. Wenn überhaupt, konnte sie nur über zusätzliche Importe oder Produktionsumstellungen ausgeglichen werden.

In der kapitalistischen Marktwirtschaft ist es fast ein Axiom, daß eine Kapazitätsauslastung von über 85 Prozent bereits eine Überhitzung der Konjunktur signalisiert und gegensteuernde geldpolitische und wirtschaftspolitische Maßnahmen ergriffen werden müssen. Die planmäßige Berücksichtigung solcher »Puffer« war in der realsozialistischen Planwirtschaft nicht möglich. Wie denn auch? Man hätte stilliegende Kapazitäten einschließlich der dazu gehörenden Arbeitskräfte »in Reserve« halten müssen – eine unter staatssozialistischen Bedingungen schwer vorstellbare Erscheinung. Durch die zwar verständliche, aber kontraproduktive Höchstanspannung in den Planzielen mußten die zur Verfügung stehenden Ressourcen weitgehend eingesetzt und »verplant« werden.

In der Diskussion wird zuweilen die Meinung vertreten, daß nicht das subjektivistische Grundprinzip der realsozialistischen Gesellschafts- und Wirtschaftsleitung, sondern »die Interessenlage der Betriebe« die Hauptursache der Mangelerscheinungen gewesen sei. Auch Kornai stellt diese Frage in den Mittelpunkt seines Konstruktes. Was aber bestimmte die Interessenlage der Betriebe im sozialistischen Wirtschaftssystem? Sie wurde bestimmt durch das Regelsystem der Planung und der materiellen Interessiertheit, der Prämierung von Planerfüllung und -überbietung, der Orientierung auf die jeweiligen wirtschaftspolitischen Schwerpunkte. In diesem Zusammenhang ist es doch offensichtlich falsch, die Interessenlage der Betriebe zu verselbständigen. Besonders deutlich ist das am Schicksal des Neuen Ökonomischen Systems nachweisbar. Es wurde in der zweiten Hälfte der sechziger Jahre nicht zu Grabe getragen, weil die Parteiführung es nicht für funktionsfähig hielt, sondern deshalb, weil die SED-Führung durch die damit verbundene größere Selbständigkeit der Betriebe und Kombinate, die Ausrichtung der Tätigkeit der Betriebe auf Gewinn und Effektivität, die führende Rolle der Partei ins Wanken geraten sah. Die Interessenlage der Betriebe war das vermittelnde Zwischenglied zwischen der voluntaristischen Bestimmung der jeweiligen wirtschaftspolitischen Ziele und ihrer Durchsetzung in der Praxis. Sie war ein abgeleiteter Faktor. Eine isolierte Betrachtung dieses Zwischengliedes kann wichtige Einsichten vermitteln hinsichtlich der Wirksamkeit dieses Regelsystems, die eigentliche Ursache der Mangelerscheinungen ist es nicht.

*Zur Preispolitik*

Wenn die Ursachen vorhandener Mangelerscheinungen in realsozialistischen Ökonomien untersucht werden sollen, die in ihrem Kern durch die Abweichungen zwischen Angebot und kaufkraftfähiger Nachfrage definiert werden, kommt der Preispolitik eine entscheidende Rolle zu. Der staatssozialistische Wirtschaftstyp hatte dazu ein gebrochenes Verhältnis. Ware, Wert und Preis waren zwar geduldete, manchmal sogar als wichtig eingeschätzte ökonomische Kategorien. Ihnen haftete aber lange Zeit der Ruch eines Überbleibsels des Kapitalismus an, das dem Sozialismus fremd ist und dessen Rolle schrittweise eingeschränkt werden müsse. Diesem Mißtrauen vor allem seitens der Führungen der staatssozialistischen Länder konnten sich diese ökonomischen Kategorien nie ganz entziehen.

Auf dem Territorium der sowjetisch besetzten Zone wurde 1945 das vom Dritten Reich geprägte Preissystem übernommen. Bestimmend hierfür war der bereits 1936 verfügte Preisstopp. Mit dem Neuaufbau nach dem Zweiten Weltkrieg wurden in der DDR Fragen der Substanz der Preise, des Wertes und ihrer Veränderlichkeit nur zögernd gestellt.
Mit mehreren Industriepreisreformen wurden die aus der Entwicklung der Preise seit 1945 entstandenen Widersprüche eingeschränkt. Die Subventionen für Industrieprodukte wurden bis auf wenige Ausnahmen (Eigenproduktion von Steinkohle und Kupfer) korrigiert und den Betrieben ein »normaler« Gewinn garantiert.
Die Preisreformen führten aber nicht zur Veränderung der Preise gegenüber der Landwirtschaft, vor allem wegen des genossenschaftlichen Eigentums, und wirkten auch nicht gewinnmindernd auf die Betriebe mit staatlicher Beteiligung und die Privatbetriebe sowie die Handwerker. Diese Eigentumsformen wurden vor den ökonomischen Auswirkungen der Erhöhung der Weltmarktpreise auf ihre Entwicklung geschützt.
Vor allem aber die Einzelhandelsverkaufspreise, Preise für Dienstleistungen und Mieten gegenüber der Bevölkerung durften durch die Industriepreisreformen nicht verändert werden. Dies minderte die Rolle des Preises und der darauf beruhenden ökonomischen Kategorien als Regulatoren und ökonomische Hebel in beträchtlichem Maße. In den folgenden Jahren wurde der eingeschlagene Weg, die Preise der Volkswirtschaft den sich verändernden Pro-

duktions- und Realisierungsbedingungen anzugleichen, mit unterschiedlicher Konsequenz weiter beschritten, wobei ganze volkswirtschaftliche Sektoren immer ausgespart blieben. Trotz der Heranziehung der Weltmarktpreise als Orientierungsgrößen blieb das Preissystem ein Binnenpreissystem. Importseitig wurden die Betriebe mit den realen Importaufwendungen im Resultat planmäßiger Preisänderungen konfrontiert. Ausgehend von der Nutzung aller Exportmöglichkeiten, auch mit Erzeugnissen, die preislich nicht wettbewerbsfähig waren, wurde den Exportproduzenten der nationale Aufwand erstattet und damit subventioniert.

Ein Grundproblem blieb bis zum Ende der DDR die Beibehaltung der Preise für den Grundbedarf der Bevölkerung, der Verkehrstarife und Mieten auf dem Niveau der Stopppreise von 1944 oder sogar von 1936. Diesem Bereich kam auch deshalb entscheidende Bedeutung zu, weil auf ihn mit geringen Schwankungen 80 Prozent des produzierten und verteilbaren Nationaleinkommens entfielen. Da diese Frage im Zusammenhang mit den Mangelerscheinungen in realsozialistischen Systemen eine wesentliche Rolle spielte, soll darauf eingegangen werden.
Bei Grundnahrungsmitteln entfielen auf 100 Mark Einzelhandelsverkaufspreise 30 Mark an Stützungen durch den Staat. Vom berechneten Aufwand für die Bewirtschaftung und Erhaltung von einem qm des volkseigenen Wohnungsbestandes in Höhe von 3 M zahlte der Bürger 1 M, der Staat 2 M. Eine S-Bahn-, Straßenbahn- oder U-Bahnfahrt in Berlin von beliebiger Länge kostete 20 Pfennige; eine Dreizimmer-Neubauwohnung einschließlich Warmwasser und Heizung in einem Wohnungsneubau war mit einem Mietaufwand von 110-150 Mark verbunden, was nicht mehr als 2-4 Prozent der Einkünfte einer Durchschnittsfamilie ausmachte. Das war das Kernstück der sozialpolitischen Konzeption Honeckers, seiner Grundlosung der »Einheit von Wirtschafts- und Sozialpolitik«.
Durch das künstliche Niedrighalten der Preise zur »Sicherung stabiler Preise für Waren des Grundbedarfs, Tarife und Dienstleistungen für die Bevölkerung«, unabhängig von den tatsächlichen Aufwendungen und Kosten, wuchsen die Subventionen aus dem Staatshaushalt hierfür 1988 auf 49,8 Mrd. Mark; dazu kamen die Subventionen für Wohnungsmieten in Höhe von rd. 8 Mrd. M. Das waren 22 Prozent aller Ausgaben des Staatshaushaltes.

Dieses starre und praktisch unveränderte Konzept der Sozialpolitik Honeckers stellte sich im Verlaufe seiner Verwirklichung in mehrererlei Hinsicht zunehmend als kontraproduktiv heraus:
– Den Verbrauchern solcher Güter und Dienstleistungen war der tatsächliche Aufwand nicht mehr bewußt. Das war die Ursache von Verschwendung, z. B. von Lebensmitteln als Viehfutter, und des sorglosen Umgangs mit solchen teuren Massenkonsumgütern wie Energie und Wasser. Welche Bedeutung das hatte, wird z. B. daran deutlich, daß im Gebiet des ehemaligen Bezirkes Rostock zu DDR-Zeiten trotz ständiger Investitionen der Wasserbedarf nicht gedeckt werden konnte. Wenige Jahre nach der Wende wurde mit der Einführung des bundesdeutschen Gebührensystems nur noch die Hälfte des in der DDR chronisch unzureichenden Wasserangebots in Anspruch genommen. Übrigens ist dies auch ein Hinweis auf die Relativität des Begriffs »Mangel« und die Fehlerhaftigkeit seiner Verselbständigung, worüber noch zu sprechen sein wird.
– Die zur Sicherung der niedrigen Preise aufgewandten Subventionen führten zu einer sog. »zweiten Lohntüte«, auf die oft hingewiesen wurde, die aber für den einzelnen nicht sichtbar und greifbar war. Sie diente damit nicht der Motivation des einzelnen. Der ausgezahlte Lohn wurde als niedrig eingeschätzt, insbesondere bei Vergleichen mit entsprechenden Einkommen in der BRD.
– Während die Preise vor allem für Grundnahrungsmittel unverhältnismäßig niedrig lagen, wurden die Preise für technische Erzeugnisse, die industriell hergestellt wurden, im allgemeinen entsprechend den realen Kosten kalkuliert, einschließlich eines normalen Gewinns. Sie lagen demzufolge unverhältnismäßig hoch. Außerdem wurden bei hochwertigen technischen Konsumgütern, teilweise auf der Grundlage von sog. »Einführungs-Preisen«, besonders hohe Preise festgesetzt; so bei Farbfernsehgeräten, Erzeugnissen der elektronischen Unterhaltungstechnik; aber auch bei anderen Erzeugnissen des gehobenen Niveaus wie Gefrierschränke, Waschmaschinen, Möbel u. a. Auf diese Weise trat eine Verbrauchssteuerung hin zu »billigen« Nahrungsmitteln ein, anstatt zu den mit hoher Produktivität herstellbaren Industrieerzeugnissen. Dazu kamen noch andere kontraproduktiv wirkende Regelungen. Kaufte der Staat z. B. von einem Tierhalter ein Kaninchen, so bezahlte er dafür im Interesse des Produktionsanreizes 60 M; kaufte dieser es danach geschlachtet und ausgenommen beim staatlichen Einzelhandel, so kostete es 15 M.

– Mit dem im Zuge der Entspannung zunehmenden Besucherverkehr von Bürgern aus der BRD und anderen Ländern wurden Waren des Grundbedarfs, besonders in Berlin, in nicht unbeträchtlichem Umfange abgekauft. Dazu kam dann noch der nur zum Teil ökonomisch begründete hohe Umtauschkurs von Mark der DDR in DM. Das betraf insbesondere die sehr hoch subventionierte Kinderbekleidung und Kinderschuhe; aber auch hochwertige Textilien wie Daunenbetten, Decken sowie auch Restaurant- und Dienstleistungen. Dazu gehörten auch regelrechte Massenabkäufe durch die in ihre Heimat zurückkehrenden Angehörigen der Alliierten Streitkräfte, die in Berlin stationiert waren und sich in der ganzen Stadt frei bewegen konnten. Der von Honecker in den achtziger Jahren, quasi als Ventil zur streng geschlossenen Grenze zur BRD, eingeführte visafreie Verkehr zwischen der DDR und der Volksrepublik Polen führte ebenfalls dazu, daß vor allem die preisgünstigen, hochsubventionierten Waren, von denen viele Sortimente in der VR Polen überhaupt nicht zu haben waren, wie die tausend kleinen Dinge, Pfeffer u.a., vor allem in den Grenzgebieten, aber auch konzentriert in Berlin in Massen abgekauft wurden.

Zu diesen Fragen gab es heftige Diskussionen, vor allem natürlich unter Ökonomen auf den verschiedenen Ebenen, aber auch unter Intellektuellen und Ärzten. Sie wurden bis in die Führungsspitze von Partei und Regierung hinein geführt.
Angesichts der sich zuspitzenden Lage im Weltmaßstab wurde es immer dringender, die Grundfrage der ständig wachsenden Subventionen aus dem Staatshaushalt für Waren des Grundbedarfs, für Mieten, für Verkehrsleistungen und für Dienstleistungen anzupacken und zumindest schrittweise zu lösen. In dieser kontraproduktiven Form der Sozialpolitik lag eine der grundlegenden Ursachen der Ineffizienz des realsozialistischen Systems in der DDR.
Die Ausgaben des Staatshaushaltes für diese Zwecke wuchsen vor allem auch mit der Verwirklichung des extensiven Wohnungsbauprogrammes sprunghaft an.

Obwohl damit eine der Grundlagen der Honeckerpolitik berührt wurde, deren Diskussion schon mehrfach scharfe Reaktionen der Parteiführung, insbesondere Honeckers, hervorgerufen hatte, war eine Gruppe verantwortlicher Ökonomen Ende der siebziger

Jahre der Auffassung, daß diese Frage erneut prinzipiell gestellt werden müsse. Man informierte G. Mittag, der sein stilles Einverständnis zur Ausarbeitung eines solchen Vorschlages signalisierte. Im Jahre 1979 wurden durch eine streng abgeschirmte Arbeitsgruppe unter Leitung des damaligen Chefs des Amtes für Preise, W. Halbritter, und des Vorsitzenden der Staatlichen Plankommission, G. Schürer, Vorschläge zur Beseitigung der Subventionen bei entsprechenden Ausgleichszahlungen für die Bevölkerung erarbeitet.

Während eine Variante den vollen Ausgleich der Subventionen gegenüber der Bevölkerung durch entsprechende Erhöhung der Löhne, Gehälter, Renten, Stipendien u. a. vorsah, also keine Veränderung der realen Lebenslage und Einkünfte beinhaltete, ging eine zweite Variante nur von einem Teilausgleich bei trotzdem noch weitreichender sozialer Abfederung aus. Dieses Material wurde dem damaligen Mitglied des Politbüros und Sekretär für Wirtschaft, G. Mittag, zugeleitet, der das offensichtlich als zurückhaltender Übermittler Honecker übergab, ohne sich dazu persönlich festzulegen. Zunächst gab es keine Reaktion.

Die Antwort wurde im Bericht des Politbüros an die 11. Tagung des ZK im Dezember 1979 durch Honecker in folgender Weise gegeben:[23] »Das Politbüro hat nach einer Analyse der Probleme festgelegt, daß die bisherige Politik der stabilen Preise für Waren des Grundbedarfs, der niedrigen Mieten und Tarife für Dienstleistungen weiter fortgeführt wird ... Natürlich gab es auch bei uns die berechtigte Frage, ob wir das durchhalten. Das ist um so verständlicher, als wir infolge der Preiserhöhungen auf den internationalen Märkten unsere Betriebe durch die planmäßigen Industriepreiserhöhungen mit rund 68 Mrd. Mark zusätzlichen Kosten belasten mußten. Es ist naheliegend, daß ein solcher Kostendruck auf die Betriebe auch die Frage aufwarf, die Industriepreiserhöhungen nicht allein durch höhere Effektivität und niedrige Kosten der Produktion, sondern teilweise auch durch Weitergabe an die Einzelhandelspreise abzufangen. Vorschläge für eine allgemeine Preiserhöhung haben wir jedoch abgelehnt.«

Damit war dieser Vorstoß in aller Form, mit höchster Autorität und allem Nachdruck zurückgewiesen.

Honecker zeigte sich in späteren Bemerkungen sichtlich zufrieden damit, daß er diese Frage vor der ganzen Partei und der Öffentlichkeit gestellt habe und daß eine klare Antwort gegeben worden sei. Formal hatte er damit sogar Recht.

Der ehemalige Vorsitzende der Plankommission, G. Schürer, schrieb in seinem Buch »Gewagt und verloren«: »Auch alle weiteren Vorschläge wanderten in den Panzerschrank von Erich Honecker. Er durchbrach hierbei sogar sein eigenes System, alle Briefe und Zuschriften mit seinem Signum und einer Antwort zurückzusenden. Sein Standpunkt war immer der, daß alle politischen Schwierigkeiten in anderen sozialistischen Ländern mit der Erhöhung von Einzelhandelspreisen begonnen hatten und die DDR ihren guten Weg nicht durch solche ›Dummheiten‹ aufs Spiel setzen darf.«[24] In der Marktwirtschaft ist dies eine Sache zwischen selbständigen Tarifpartnern. Im planwirtschaftlichen System war jede dieser Änderungen eine Staatsaktion. Es fehlte die selbstregulierende Feinsteuerung auf den verschiedenen Ebenen durch selbständig handelnde Wirtschaftssubjekte; die von Adam Smith beschworene »unsichtbare Hand«, das Eigeninteresse des Subjekts; eines der Elemente, deren Summe den marktwirtschaftlichen Regelmechanismus ergab. Die vom sozialen Standpunkt aus verständliche und erstrebenswerte wirtschafts- und sozialpolitische Konzeption Honeckers entsprang angesichts der objektiven materiellen und geschichtlichen Voraussetzungen und Bedingungen einem Wunschdenken. In jedem Falle hätte sie überprüft und korrigiert werden müssen, angesichts der besonders ab 1973 und in den folgenden Jahren immer gravierender werdenden weltwirtschaftlichen Veränderungen wie dem Ansteigen der Rohstoffpreise, das auch auf die sozialistischen Länder weitreichende Auswirkungen hatte.

Eine wichtige Form der Nutzung des Geldes als allgemeines Tauschmittel und der Preise, um Angebot und Nachfrage in Übereinstimmung zu bringen, war in der DDR die Entwicklung des Handelszweiges »Exquisit und Delikat« für modische Bekleidung und dazugehörende Sortimente sowie hochwertige Nahrungs- und vor allem Genußmittel.
Es ging dabei um Grundfragen der Leistungsstimulierung in der DDR. Die Einkommen waren kontinuierlich gestiegen. Das galt insbesondere für den Wissenschafts- und den kulturellen Bereich, das Gesundheitswesen sowie die Eigentümer der noch bestehenden privaten und halbstaatlichen Betriebe und Handwerker. Unter dem neuen Namen, in modernen Geschäften, wurden ab Mitte der 60er Jahre zunächst Sortimente hauptsächlich aus NSW-Importen angeboten. Später kamen zunehmend auch hochwertige

DDR-Erzeugnisse zum Verkauf, die speziell für diesen Handelszweig entwickelt wurden. Vereinzelt wurde auch die Lizenzproduktion von BRD-Markenfirmen aufgenommen wie Salamanderschuhe, Schießer-Unterwäsche oder Feinkosterzeugnisse. Damit wurde dem wachsenden Bedarf nach modischer Kleidung sowie hochwertigen Nahrungs- und Genußmitteln entsprochen, der internationalen Maßstäben gerecht wurde.

Preispolitisch wurde das Ziel verfolgt, von den Beschränkungen wegzukommen, denen die Preise im normalen Handel durch die Politik stabiler Preise unterworfen waren. Der Anteil des Exquisit- und Delikathandels am Einzelhandelsvolumen insgesamt betrug 1988 rd. 7 Prozent, differenziert nach Sortimenten; bei Bekleidung und Schuhen 14 Prozent, bei Damenoberbekleidung 21 Prozent, bei Damenschuhen 10 Prozent. Dieses Handelsnetz bestand in der Regel aus je einem Exquisit- und Delikatgeschäft in den Kreisstädten – in der DDR gab es 190 administrative Kreise – und eine drüber hinausgehende Anzahl in den größeren Städten in Abhängigkeit von der Bevölkerungszahl. Durch die Entwicklung des Exquisit- und Delikathandels wurde zugleich ein beträchtlicher Druck auf die Erhöhung der Qualität und des Niveaus der »normalen« Produktion ausgeübt, da die Bevölkerung unmittelbare Vergleichsmöglichkeiten hatte. Es gab ebenso französische Parfüms, westdeutsche, französische, italienische Textilien und Mode sowie Kaviar, Langusten und Auberginen.

Ausgerechnet von Verfechtern der Marktwirtschaft wird diese Form des Handels und der Befriedigung von Bedürfnissen als »Betrug an der Bevölkerung« diffamiert. Sie war aber gerade die Nutzung dieses grundlegenden marktwirtschaftlichen Prinzips der Übereinstimmung von Angebot und Nachfrage und der Berücksichtigung des Grades der Knappheit der Güter als bestimmend für den Preis. Man bezeichnete den Exquisit- und Delikathandel als Preistreiberei. In Veröffentlichungen und Kommentaren der BRD wurde dies auch als Beweis dafür bezeichnet, daß es in der DDR doch auch eine beträchtliche Inflation gegeben hätte.

Es trifft zu, daß die Preise in diesem Handelsbereich »unverhältnismäßig hoch« waren und im allgemeinen über ihrem Wert lagen. Vom ökonomischen Standpunkt aus muß man sagen, daß dies als Kompensation dafür wirkte, daß die Preise im gesamten Grundbedarf, Verkehr, Mieten »unverhältnismäßig niedrig« lagen und damit nur ein kleiner Teil der für Grundbedürfnisse aufgewandten Subventionen ausgeglichen wurde.

Als das Kilogramm Spargel, dessen Anbau durch natürliche Bedingungen beschränkt war, für drei oder vier Mark verkauft wurde, gehörte diese gefragte Gemüseart zur sog. »Bückware«, der Bedarf konnte zu diesen niedrigen Preisen, die übrigens auch nicht die tatsächlichen Aufwendungen der Anbauer deckten, nicht befriedigt werden. Als man ihn in den Delikat-Läden für 16 Mark, teilweise als veredelte Konserven, verkaufte, gab es ein ständiges Angebot an Spargel.

Man darf offensichtlich bestimmte Erscheinungsformen des Mangels nicht ohne weiteres dem System der Zentralverwaltungswirtschaft anlasten. Die Geldpolitik war ein Feld, auf dem besonders große, aber auch im Rahmen des sozialistischen Planungssystems erkannte und vermeidbare Fehler gemacht wurden, deren anstehende Beseitigung zu einem wesentlich besseren Funktionieren des planwirtschaftlichen Systems beigetragen hätte. Außerdem war das Geld Maßstab der Leistung jedes einzelnen; natürlich auch hier unter Berücksichtigung der Abstriche, die aufgrund vermeidbarer Fehler anzuerkennen sind. Die meisten von ihnen, vor allem die vorherrschende Gleichmacherei, waren system- und ideologiebedingt; so z. B. die Tatsache, daß ein in der Wirtschaft tätiger Meister oder Vorarbeiter häufig weniger verdiente als seine qualifizierten Facharbeiter oder daß Hochschulabsolventen zunächst mit einem Drittel weniger Gehalt eingestellt wurden, als der Durchschnittslohn eines Arbeiters ausmachte.

Aus der Unterschätzung der Rolle und Möglichkeiten einer autonomen Geldpolitik im Rahmen der sozialistischen Planwirtschaft – die durchaus auch als Bestandteil dieser Planwirtschaft hätte funktionieren können – kann man jedoch nicht den Schluß ziehen, daß Planwirtschaft und Naturalwirtschaft gleichzusetzen wären. Man kann doch nicht leugnen, daß zumindest im gesamten konsumtiven Bereich das Geld in seiner eigentlichen Funktion als Maßstab und Vermittler im wesentlichen voll wirksam war.
Dabei ist ›voll‹ in dem Sinne zu verstehen, daß auch in der Marktwirtschaft nicht immer und zu jeder Zeit ein bestimmtes Geld eine ganz bestimmte Ware findet, was aber häufig der sozialistischen Planwirtschaft als Mangel angekreidet wird. Mit Ausnahme von Pkw und nur gegen Valuta zu beschaffenden Südfrüch-

ten sowie bestimmten Hightech-Produkten, wie z. B. Camcorder, konnten in der DDR im wesentlichen alle Lebensbedürfnisse gegen Geld befriedigt werden; wenn auch nicht auf dem höchsten technischen und modischen Niveau der fortgeschrittensten Industriestaaten der Welt.

Es stimmt zweifellos, daß angesichts der vermeidbaren Fehler in der sozialistischen Planwirtschaft der DDR sich eine Art »Schattenwirtschaft« oder ein bestimmtes Beziehungsgeflecht entwickelt hat. Die sog. Schattenwirtschaft funktionierte und basierte im Grunde genommen auf dem Prinzip von Angebot und Nachfrage (Aufwand für eine Handwerkerstunde; Preise für Pkw, darunter für Gebrauchtwagen, die teilweise über dem Neuwert lagen), also einem Grundprinzip der Marktwirtschaft. Es soll hier nicht erörtert werden, daß es auch in der BRD eine beträchtliche Schattenwirtschaft gibt, z. B. beim Eigenheimbau, um Steuern einzusparen, die einen Umfang von vielen Mrd. DM erreicht und mit der man gegenwärtig offensichtlich auch gut leben kann. Das sog. Beziehungsgeflecht hat in der DDR die Rolle und Funktion ökonomischer Kriterien, insbesondere des Geldes teilweise eingeschränkt. Aber es wäre zweifellos falsch, solchen Erscheinungen das Übergewicht über die objektiv richtige Nutzung des Geldes als Wert-, Preis- und Leistungsmaßstab zuzuordnen.

Es gab begründete Einschätzungen, daß der Geldüberhang im konsumtiven Bereich 1988 etwa 6-8 Mrd. Mark betragen hat. Bei einem Warenumsatz von 126 Mrd. Mark im Jahre 1988 war das keine aus dem Ruder laufende Größenordnung. Unter marktwirtschaftlichen Bedingungen hätte dies einer Inflationsrate von 4,7 bis 5,5 Prozent entsprochen; eine Größenordnung, die die Bundesrepublik mehrfach erreicht und überschritten hat. Warum waren trotzdem die Mangelerscheinungen im konsumtiven Bereich so weit verbreitet und so spürbar? Im Gegensatz zur Bundesrepublik gingen fast die gesamten Geldeinnahmen der Bevölkerung in den unmittelbaren Verbrauch. Die Vermögensbildung spielte aufgrund der niedrigeren Einkommen und des völlig anderen Wertesystems kaum eine Rolle. Der Bargeldumlauf bei der Bevölkerung betrug im Jahre 1988 15,6 Mrd. Mark. Die Sparquote betrug 7 Prozent.
Der Realisierungsgrad der Geldeinnahmen durch Waren und Leistungen betrug 90 Prozent. Praktisch jeder Einkommenszuwachs

schlug sich – von vorhandenen, aber marginalen gegenläufigen Tendenzen abgesehen – als Nachfrage nach Gütern und Leistungen nieder.

*Zum Begriffsinhalt »Mangel« und »Mangelwirtschaft«*

Wenn man den Begriff Mangel auf die Nichtübereinstimmung zwischen Angebot und kaufkräftiger Nachfrage reduziert, verengt man ihn auf ein quasi »technisches« Verhältnis. In diesem Zusammenhang stimmt der Satz, daß Mangel nicht gleich Armut und ein überquellendes Marktangebot nicht Zeichen von Reichtum und hohem Niveau der Befriedigung der Bedürfnisse darstellt. In vereinfachten Gegenüberstellungen werden die Mangelerscheinungen, der »Dauermangel«, als ein Wesensmerkmal des realsozialistischen Wirtschaftssystems gekennzeichnet.
Ob man das beabsichtigt oder nicht: Es entsteht die Assoziationskette: Mangel – Dauermangel – nicht funktionsfähig – marode – gescheitert.

Dazu sind folgende Anmerkungen zu machen:
1. In der Systemauseinandersetzung den Begriff »Mangel« auf das Verhältnis von Angebot und kaufkraftfähiger Nachfrage einzuschränken ist eine einseitige, begrenzte, dem Problem nicht gerecht werdende Betrachtungsweise. Auch in der kapitalistischen Marktwirtschaft bestehen ernste und tiefgreifende Mangelerscheinungen, wenn man diesen Begriff in seinem ursprünglichen Wortverstand als Mangel bei Deckung grundlegender menschlicher Bedürfnisse versteht und nicht nur als ein »technisches« Problem der Übereinstimmung zwischen Angebot und Nachfrage. Dazu gehören verbreitete Armutserscheinungen selbst in den entwickeltsten und ökonomisch reichsten Ländern der Welt, Obdachlosigkeit, Kinderarmut (nach dem letzten Bericht der Regierung Kohl dazu lebte 1997 jedes 4. bzw. jedes 5. Kind in der BRD in Armut), soziale Deklassierung, Bettelei. Über den bedrohlichen Mangel an Arbeit wird noch gesondert zu sprechen sein.
Es stimmt: Im planwirtschaftlichen System der DDR waren Mangelerscheinungen auf vielen Gebieten und in der Breite präsent, sozusagen flächendeckend vorhanden. Das war für die Bevölkerung ärgerlich, aufwendig und beeinträchtigte die Lebensqualität im Alltag.
Seine Ursache war das an sich lösbare Problem der Nichtüberein-

stimmung zwischen Angebot und kaufkraftfähiger Nachfrage. Diese Mangelerscheinungen waren für den einzelnen aber nie existenzbedrohend.
Das Mangelproblem der Marktwirtschaft erscheint vor allem im Mangel an Geld, im Mangel an Arbeitsmöglichkeiten. Die Mangelerscheinungen der Marktwirtschaft wirken scharf differenziert, nicht »flächendeckend« wie in der DDR. Sie betreffen nicht die gesamte Bevölkerung. Für die Betroffenen sind sie jedoch existenzbedrohend, brutal, würdevernichtend. Es kommt noch ein wichtiger Unterschied hinzu: Während die Mangelerscheinungen im Sozialismus das System, den Staat desavouierten, erscheint in der Marktwirtschaft der Mangel an Geld als Schuld des Individuums, z. B. weil er nicht fleißig genug ist, ungenügende Qualifikation besitzt usw. Während im planwirtschaftlichen System Mängel nie existentieller Natur waren, sind die Mangelerscheinungen der Marktwirtschaft für die Betroffenen substantieller Natur: Mangel an Nahrung, Kleidung, Wohnung, Arbeit.

Die Fragwürdigkeit des Begriffs »Mangel« als ein Etikett für das realsozialistische System wird an folgendem deutlich:
Die Bevölkerung der DDR hatte mit rd. 95 kg einen der höchsten Pro-Kopf-Verbräuche an Fleisch und Wurstwaren der Welt (BRD 76 kg). Mangelerscheinungen gab es jedoch bei den Edelfleischarten wie Rouladen, Leber, Bratwürsten, vor allem in der Sommersaison. Die Ursache war die dogmatische Preispolitik, das schematische und undifferenzierte Festhalten an den niedrigen Preisen für den sog. Grundbedarf über eine Zeitspanne von fast vierzig Jahren. Im Jahre 1988 besaßen 54 Prozent aller Haushalte der DDR einen Pkw (ohne die Pkw's in Behörden und Einrichtungen). Es gab zu diesem Zeitpunkt wenige fortgeschrittene Industrieländer, die einen solch hohen Besitz an Pkw im privaten Bereich aufzuweisen hatten. Was hatte das mit Mangel im eigentlichen Sinne dieses Wortes zu tun? Es stimmt, daß trotzdem oder vielleicht gerade deshalb Wartezeiten für den Bezug eines Pkw mit 6, 7 oder 8 Jahren ausgewiesen wurden und die nicht befriedigte Nachfrage nach Pkw geradezu als Paradebeispiel – vor allem nach der Wende – für die Mangelwirtschaft in der DDR ausgegeben wurde.
Es gab keinen Mangel an Möbeln, aber widersinnigerweise an hochwertigen Möbeln, wie Schlafzimmer und Wohnzimmer aus Zeulenroda u. a.

Es ist doch offensichtlich nicht zulässig, bei immer wieder strapazierten Vertiefungen der Theorien über die Rolle des Mangels im staatssozialistischen System, außer Betracht zu lassen, daß es in der kapitalistischen Marktwirtschaft in Gestalt massenhaft fehlender Arbeitsplätze einen die menschliche Würde in ihrer Grundsubstanz bedrohenden Mangel und andere, existenzbedrohende Mangelerscheinungen gibt. Man konzentriere sich auf angeblich »systemimmanente« Mangelerscheinungen des sozialistischen Wirtschaftssystems. Ein solcher Ansatz ist denkbar; im bestimmten Zusammenhang auch interessant, weil es sich um einen prinzipiell behebbaren Fehler im Rahmen dieses Systems handelte. Aber ohne Einbettung in den Gesamtzusammenhang ist dieses Herangehen für generelle Rückschlüsse auf das oder die Gesamtsysteme unbrauchbar und irreführend.

2. Wenn man die Mangelerscheinungen im staatssozialistischen System analysiert und sie als eine Konstituante dieses Systems beschreibt, dann gehört dazu auch die Tatsache, daß es gleichzeitig auf wesentlichen, substantiellen Gebieten dieses Wirtschafts- und Gesellschaftssystems eine vollständige, praktisch für alle erschwingliche Befriedigung grundlegender Bedürfnisse bzw. Bedarfsdeckung gegeben hat, die in den fortgeschrittensten Ländern heute noch ihresgleichen sucht.

Dazu gehört an erster Stelle die Verwirklichung des Rechtes auf Arbeit für jeden Arbeitsfähigen und Arbeitswilligen. Die ironischen Bemerkungen sind verstummt angesichts verbreiteter Massenarbeitslosigkeit, die die verwirklichte Vollbeschäftigung in der DDR mit dem abwertenden Begriff von der versteckten Arbeitslosigkeit verbanden.

3. Zu den Bereichen der fast vollständigen Bedarfsdeckung im realsozialistischen System der DDR gehörten im Gegensatz zu den großen Defiziten (Mangelerscheinungen) selbst in den fortgeschrittensten Ländern:

– Alle Jugendlichen im entsprechenden Alter erhielten eine Facharbeiter-, Fachschul- oder Hochschulausbildung; ihre Übernahme in eine perspektivisch sichere Arbeit war gewährleistet.

– 60 Prozent aller Kinder im Alter bis zu 3 Jahren wurden in Ganztagskrippen von Fachpersonal betreut; unter Berücksichtigung des 1 – 1,5jährigen Babyjahres der berufstätigen Mütter war damit der Bedarf voll gedeckt.

– Alle Kinder zwischen 3 und 6 Jahren konnten ganztägig in Kindergärten versorgt werden. Und Kinder zwischen dem ersten und vierten Schuljahr konnten einen betreuten Schulhort besuchen.

Die für die gesellschaftlich-sozialen Bereiche eingesetzten umfangreichen Ressourcen (Investitionen, Arbeitskräfte) waren durchaus auch für andere Zwecke einsetzbar.
Es war ein Problem der staatssozialistischen Gesellschaft der DDR, daß der kaufkraftfähige Bedarf bei Dingen des täglichen Bedarfs nicht immer sofort gedeckt werden konnte. Aber gleichzeitig war es möglich, noch heute von keinem marktwirtschaftlichen Land erreichte gesellschaftliche Errungenschaften gegen niedriges Entgelt als eine selbstverständliche Lebensgewohnheit in Anspruch zu nehmen.
Das hat auch etwas damit zu tun, daß in der Marktwirtschaft das Geld alles entscheidet, im Sozialismus diese Allmacht des Geldes – wahrscheinlich zunächst in einem unzulässig großem Maße – zurückgedrängt wurde. Das hat spezielle Lebensqualitäten und Lebensumstände geschaffen, die heute viele Menschen gerade in einem der reichsten und wohlhabendsten Länder schmerzhaft vermissen. Wenn man die Erscheinung des Mangels herauslöst aus dem Gesamtensemble der Nachteile und Vorzüge eines Systems, dann müssen sich daraus Irrtümer und falsche Schlußfolgerungen ergeben.

### Gab es in der DDR ein eigenes soziales, ökonomisches und bewußtseinsmäßiges Wertesystem?

Heute wird immer deutlicher sichtbar, daß viele Probleme des Zusammenwachsens, der Überwindung der Teilung nicht nur auf ökonomischem Gebiet, sondern auch bewußtseinsmäßig, »mental«, mit der richtigen Einschätzung dieser Frage zusammenhängen. Es handelt sich dabei um ein ganzes Geflecht materieller, sozialer und geistig kultureller Faktoren und Lebensgewohnheiten

Eine grundlegende, zentrale Rolle spielte dabei die geänderte Stellung der Frau im öffentlichen Leben und in der Familie. Viele Frauen blieben im Ergebnis des Zweiten Weltkrieges allein, mußten für die Kinder sorgen. Das traf sich mit grundlegenden Positionen des Aufbaus einer alternativen Gesellschaft, die von Anfang an die volle Gleichberechtigung der Frauen im gesellschaftlichen Leben als grundlegendes Ziel verkündete. Verbunden damit war das Bestreben und auch die Notwendigkeit, die Frauen in den Arbeitsprozeß einzubeziehen, was gleichzeitig als wichtige materielle Voraussetzung für ökonomische Selbständigkeit und wirkliche Gleichberechtigung betrachtet wurde. Die Einbeziehung der Frauen in das berufliche Leben war auch deshalb nötig, weil im Gegensatz zur Bundesrepublik für die DDR keine nennenswerten Möglichkeiten bestanden, der Wirtschaft Arbeitskräfte von außen zuzuführen. Für die Bundesrepublik war zweifellos die Integration von rd. 2 Mio. meistens gut ausgebildeter Arbeitskräfte aus der DDR und dann hauptsächlich nach 1961 die Gewinnung von 4-5 Mio. Gastarbeitern aus Italien, Spanien, Portugal und der Türkei eine bedeutsame Verstärkung ihres Arbeitskräftepotentials.

Bekanntlich waren in der DDR 92% aller Frauen im berufsfähigen Alter tatsächlich auch berufstätig. Das prägte die Struktur der Gesellschaft in mehrerlei Hinsicht grundlegend.
Das war aber nur deshalb möglich, weil – wie bereits dargelegt – praktisch alle Kinder zwischen drei und sechs Jahren – zumindest in den letzten zwanzig Jahren – in Kindergärten von Fachkräften betreut und verpflegt wurden – und das gegen ein geringes Entgelt. Die älteren Kinder bis zur vierten Klasse hatten die Möglichkeit, ihre Freizeit in betreuten Kinderhorten zu verbringen. Auch die Kinder bis zu drei Jahren – also im Babyalter – konnten auf Wunsch der Familien tagsüber in Kinderkrippen betreut werden.

Welcher beträchtliche materielle und personelle Aufwand hierfür erforderlich war, kann man an den Diskussionen ermessen, die in den alten Bundesländern zu dem Gesetz über die Deckung des Bedarfs allein an Kindergartenplätzen geführt wurden und noch werden. Junge Ehen, die – im Gegensatz zu heute – die Regel waren, wurden materiell gefördert. Es gab zinslose Kredite, die bei Vergrößerung der Familie teilweise erlassen wurden.

Das alles zeigte sich auch in einer solchen, manchmal belächelten, aber fundamentalen gesellschaftlichen Erscheinung wie der sog. Geburtenquote je Einwohner. Im Bericht des Ministeriums für innerdeutsche Beziehungen »Zur Lage der Nation im geteilten Deutschland« von 1987 wurde festgestellt, daß die Geburtenquote je Einwohner in der DDR von 1975 bis 1984 um 46% höher lag als in der damaligen Bundesrepublik.²⁵ Und das, obwohl es in den alten Bundesländern den § 218 und in den neuen Bundesländern die von der Sozialversicherung bezahlte Pille und die Fristenlösung gab.

Es besteht nicht die Absicht, die Verhältnisse in der DDR in vereinfachten, selektiven Vergleichen schönzureden. Wenn man aber akzeptiert, daß die Geburtenhäufigkeit unter mitteleuropäischen Bedingungen etwas mit sozialer Sicherheit und Zukunftsoptimismus zu tun hat, dann war dies zweifellos Ausdruck eines solchen Lebensgefühls.

In diesen Kontext gehört auch, daß von den 4,2 Millionen weiblichen Beschäftigten – fast die Hälfte aller Erwerbstätigen – 80% über eine abgeschlossene berufliche Ausbildung verfügten, darunter 23% – also fast jede vierte – über einen Hoch- oder Fachschulabschluß.²⁶ In der Landwirtschaft besaßen 1988 89% der Frauen eine abgeschlossene berufliche Ausbildung, darunter 12% einen Hoch- oder Fachschulabschluß. Der Anteil der Frauen und Mädchen am Hochschulstudium betrug 49,2%.

Die Frauen in der DDR besaßen aufgrund ihres eigenen Arbeitseinkommens eine selbständige wirtschaftliche und soziale Position sowohl in der Familie als auch im öffentlichen Leben. Das hat die gesamte Gesellschaft verändert. In Anbetracht der hohen Arbeitslosenrate heute liegt offenbar darin auch eine wesentliche Ursache der bewußten und vielleicht oftmals auch unbewußten Unzufriedenheit und Unsicherheit vieler Frauen. Sie spüren, daß sie nicht nur eine persönliche, sondern auch eine gesellschaftliche Stellung im Begriff sind zu verlieren, ohne daß sie das selbst verhindern können.

Es wurde in der Vergangenheit viel und wird auch heute noch über die damit sehr eng im Zusammenhang stehende Verwirklichung der Vollbeschäftigung in der DDR diskutiert. Man muß dabei berücksichtigen, daß von den 92% berufstätigen Frauen in der DDR in den letzten zehn bis fünfzehn Jahren etwa ein Drittel Arbeitsverträge für halbtags- oder sogar stundenweise Beschäftigung abgeschlossen hatten. Das war eine verbreitete und anerkannte Erscheinung, weil dadurch der Doppelbelastung der Frauen durch Beruf und Familie entgegengewirkt wurde.
Die hohe Teilzeitbeschäftigung der Frauen hatte allerdings auch

die – oberflächlich betrachtet – negativ erscheinende Konsequenz, daß der numerische Ausweis der Arbeitsproduktivität pro Erwerbstätigen der DDR allein aus diesem Grund – neben dem tatsächlich bestehenden Abstand – wesentlich niedriger lag als pro Erwerbstätigen für die BRD; vor allem wenn man zusätzlich noch die zur Zeit der Wende vorhandenen zwei bis drei Millionen Arbeitslosen einfach unberücksichtigt ließ und auch heute noch läßt.
Von besonderer Bedeutung in diesem Zusammenhang war, daß der Arbeitsplatz in diesem alternativen Gesellschaftsmodell zugleich ein Ort der Sozialisation war, wo gemeinsame kulturelle und gesellschaftliche Interessen unterstützt und auch materiell gefördert wurden.

Das führte zu einer anderen strukturellen Verfassung der Gesellschaft bis hinein in die Familie: Wie im Abschnitt 1 bereits dargelegt, bestand das Einkommen der sog. Durchschnittsfamilie – eine international gebräuchliche statistische Größe – in der DDR im Unterschied zur Durchschnittsfamilie in den alten Bundesländern aus drei Säulen: Dem Arbeitseinkommen des Ehemanns, dem Arbeitseinkommen der berufstätigen Ehefrau sowie den Einsparungen aufgrund der Subventionierung der Waren des Grundbedarfs, der Verkehrsleistungen und Mieten. Das letztere entsprach für eine Familie etwa 75 % des Durchschnittslohnes eines Beschäftigten. Das wiederum hatte grundlegende Auswirkungen auf die Gestaltung des Tarifsystems, des Rentenrechts u. a.
Es ist deshalb notwendig, bei solchen Analysen das Familieneinkommen stärker in den Mittelpunkt zu stellen. Die Aufrechterhaltung der niedrigen Preise des Grundbedarfs, für Verkehr- und Dienstleistungen und niedrige Mieten stellte eine der grundlegenden Säulen der Sozialpolitik in der DDR dar und war der größte Subventionsbereich.

Dazu gehört auch, daß die gesamte Bildung und Ausbildung für alle entgeltfrei war. Angesichts der Diskussion über das BAFÖG und seine Verzinsung mutet es geradezu unglaublich an, daß alle Fach- und Hochschulstudenten lebenssichernde Stipendien erhielten, daß die Mehrzahl der Studenten in preiswerten Studentenheimen untergebracht war und daß Studentenehen mit Kindern besonders gefördert wurden.

Diese anderen strukturellen Entwicklungen – man kann auch sagen, ihre Geringschätzung bis Negierung im Einigungsprozeß – sind offenbar eine der Ursachen für das, was man heute oft mit dem Begriff »Befindlichkeit« der Ostdeutschen umschreibt, und was so schwer zu definieren ist. Es hängt eng auch mit dem Problem der sog. Mauer in den Köpfen zusammen.

Das drückte sich auch, fast nebenbei, in einem Interview der »Berliner Zeitung« mit dem Schriftsteller Klaus Schlesinger vom März 2000 aus.[27] Schlesinger, am Literaturinstitut »Johannes R. Becher« in Leipzig studiert, setzte sich für Wolf Biermann ein, wurde aus dem Schriftstellerverband ausgeschlossen, übersiedelte 1980 mit seinem ältesten Sohn in die BRD. Seine Frau und Liedermacherin Bettina Wegner blieb in der DDR. Ein Mann also, der beide Seiten gründlich kennt. Im Verlaufe des Interviews in seiner Wohnung Torstraße (früher Wilhelm-Pieck-Straße) in Ostberlin beschreibt der Interviewer folgende Situation: »Da der Fotograf sofort zum nächsten Termin mußte, bat er Klaus Schlesinger gleich am Anfang vom Wohnzimmer, wo der gedeckte Frühstückstisch stand, ins Arbeitszimmer vor die Bücherwand. ... Dann war der Fotograf fertig und schwang schon seine Tasche über die Schulter. Da sagte Schlesinger noch einen Satz, eigentlich mehr zur Seite gesprochen: ›Ihnen hätte die DDR auch gutgetan.‹ Der Fotograf stutze, Schlesinger setzte sein menschenfreundliches Lächeln auf: ›Ich meine ja nur, vom Tempo her. Ging alles langsamer. Nicht so gehetzt.‹ Ach so, sagte der Fotograf, verabschiedete sich, und als er gegangen war, stand die DDR im Zimmer, zwischen Bücherregal und der altertümlich anmutenden Couchgarnitur am Fenster.«
Ja, da ist es wieder, das Problem, mit seiner eigenartigen, schwer faßbaren, aber zugleich aussagekräftigen Atmosphäre.
Es gab in der DDR eine viel zitierte Redewendung: »Nur keine Hektik; es geht alles seinen sozialistischen Gang.« Wie hat man sich manchmal darüber geärgert, wenn man eilig irgendeine Arbeit schnell, beschleunigt erledigen, zu Ende bringen wollte. Aber war das nicht zugleich auch ein Stück »Lebensqualität«? Hat diese Einstellung nicht auch Neurosen und vielleicht sogar Herzinfarkte verhindert? Dies hatte natürlich auch seinen Preis. Es ging alles ein bißchen langsamer, manchmal sogar behäbiger. Das Problem war, es kostete Tempo im Wettbewerb mit der anderen Gesellschaftsordnung. Das eine sah man sofort und deutlich; das ande-

re kann man nur vermuten. Soll man das Eine nicht im Interesse der größeren Lebensqualität in Kauf nehmen? Offenbar nein; das schönere, glitzernde Leben lockt mehr. Herr Schlesinger gehört wohl doch zu den Ausnahmen.

Wenn man der Analyse bis zu diesem Punkt gefolgt ist, dann drängt sich natürlich die Frage auf, warum diese Alternative zur marktwirtschaftlichen Ordnung in Europa so vollständig gescheitert ist, warum sich die Mehrheit der Menschen in den ehemals sozialistischen Ländern Europas von diesem Modell der gesellschaftlichen Entwicklung abgewandt hat.
Zu diesen Ursachen gehören zweifellos vor allem die grundlegenden, die »genetischen« Fehler des politischen und Gesellschaftssystems selbst; die Beanspruchung des Wahrheits- und Weisheitsmonopols einer selbsternannten führenden Kraft, die Negierung einer pluralistischen Demokratie, die bedingungslose Unterordnung der Wirtschaft unter das Primat einer voluntaristischen Politik und die Negierung ihrer Eigengesetzlichkeit.
Dazu gehören vor allem aber auch die Fragen der historischen, außerordentlich ungünstigen Ausgangs- und Entwicklungsbedingungen in den Ländern, in denen dieser erste Versuch unternommen wurde. Von der einen Seite werden diese Faktoren zuweilen überbetont, von der anderen Seite oftmals kleingeredet, um das ökonomische System und vor allem die sozialistische Planwirtschaft zur Hauptursache des Rückstandes erklären zu können.

Das ist die bekannte Diskussion über den Anteil äußerer und innerer Faktoren am Scheitern dieses ersten Sozialismusversuches. Wenn man in diesem Zusammenhang in Betracht zieht,

- daß die DDR bei einem angenommenen gleich hohen Kriegszerstörungsgrad der produktiven Fonds noch einmal etwa 30% der industriellen Kapazitäten durch die Demontage der noch am besten erhaltenen Betriebe im Rahmen der Reparationsleistungen an die Sowjetunion verlor, während in Westdeutschland kaum Demontagen stattgefunden haben,
- daß von 1946 bis 1953 – d. h. bis über acht Jahre nach Kriegsende – 22% der erst langsam anlaufenden Produktion ebenfalls als Reparationsleistungen abgeführt werden mußten,
- daß die DDR die deutschen Reparationen an die UdSSR allein

nicht nur in Höhe der auf der Potsdamer Konferenz genannten 10 Milliarden $, sondern nach übereinstimmenden Berechnungen ausgewiesener Historiker sogar in Höhe von 15 bis 16 Milliarden $ geleistet hat,
- daß von 1946 bis 1961 ca. 2 Millionen Menschen hauptsächlich im arbeitsfähigen Alter und damit etwa 20% des gesellschaftlichen Arbeitsvermögens der DDR abgewandert sind,
- daß die ökonomische Entwicklung der DDR erst ab dem Jahre 1957, d. h. zwölf Jahre nach Kriegsende im eigentlichen Sinne berechenbar und planbar wurde; als sich nämlich die UdSSR entschloß, als eine Schlußfolgerung aus dem ungarischen Arbeiteraufstand zu Lasten ihres eigenen Bedarfs die Rohstoffversorgung für die fast ausschließlich verarbeitende Industrie der DDR zu übernehmen, die die Hohen Kommissare der Westmächte und die Adenauerregierung abgeschnitten hatten,
- daß die DDR im Ergebnis des zweiten Weltkrieges als Hauptpfand der UdSSR in Mittel-Europa und Mitglied des RGW vom Weltmarkt praktisch abgeschlossen war,

dann kann man zu dem Schluß kommen, daß nicht das völlig anders strukturierte, zwar mit Mängeln behaftete Wirtschafts- und Planungssystem, sondern in einem beträchtlichen Maße, wenn nicht sogar überwiegend die diametral entgegengesetzten Ausgangs- und Entwicklungsbedingungen die Hauptursache für das Zurückbleiben der DDR hinter dem Produktivitäts- und Effektivitätsniveau der BRD waren.

Man muß sich in diesem Zusammenhang ernsthaft mit der Meinung auseinandersetzen, die besagt, daß in der Aufhebung der Antriebskräfte des Marktes, der Konkurrenz, der ungenügenden sozialen Differenzierung und Tendenzen der Gleichmacherei ein wesentlicher Grund lag, weshalb dieser Versuch weniger effektiv, weniger leistungsstimulierend war als das marktwirtschaftliche System der führenden Industrieländer. Vielleicht ist es schmerzhaft, aber offensichtlich muß man zur Kenntnis nehmen, daß viele – wahrscheinlich z. Zt. die Mehrheit der Menschen – bereit sind, für die Aussicht auf persönliche Vorteile, Karriere und Vorwärtskommen sich dem größeren Leistungsdruck, der individuellen Konkurrenz, auch zu Lasten des Mitmenschen, zu unterwerfen; ohne alle Konsequenzen ausreichend und in ihrer nachhaltigen langfristig negativen Wirkung für sich selbst und die Gesellschaft voll erfassen zu wollen. Das ist offensichtlich ein wichtiges, in den gescheiterten Planwirtschaften völlig unzureichend beantwortetes und auch in Zukunftsmodellen solidarischer Gesellschaften noch nicht gelöstes Problem.

Die ehemalige Abteilungsleiterin im DIW, Cornelsen, sagte anläßlich einer Lesung zum Buch des Vorsitzenden der SPK »Gewagt und Verloren« den dort Versammelten, mehrheitlich Funktionsträgern der DDR: »Sie hatten ein falsches Menschenbild.« Offensichtlich gibt es darauf keine einfachen Antworten. Sagt man ja, beleidigt man »die Menschen«, wie es unschön heißt. Sagt man nein, geht man an den Realitäten vorbei. Möglicherweise muß man sich dieser Frage noch von einer anderen Seite nähern. Das betrifft die Rolle des dezentralen marktwirtschaftlichen Regulationsmechanismus bei der Gestaltung einer sozial ausgewogenen, solidarischen Gesellschaft in der nahen und mittleren Zukunft, über die im nächsten Abschnitt zu sprechen sein wird.

Auch Herr Lambsdorff, langjähriger Bundeswirtschaftsminister und Ehrenvorsitzender der FDP, hat sich darüber Gedanken gemacht. Er sagte einmal: »Die Planwirtschaften mußten scheitern, weil sie von einem selbstlosen Menschen ausgehen, den es auf Erden nicht gibt. Die Marktwirtschaft ist dagegen auf einem real existierenden Menschenbild begründet, einem Menschen, der eigene Interessen verfolgt und Fehler hat.« Sicher ist die Verengung der Ursachen für das Scheitern des Sozialismus auf das falsche Menschenbild über das Ziel hinausgeschossen; aber ein wesentlicher Faktor ist es wahrscheinlich doch.
Das erinnert auch an die Bemerkung, die man in der Zeit der Wende einem Prager Professor zugeschrieben hat: Der Sozialismus sei 200 Jahre zu früh versucht worden. Das allerdings provoziert die Frage: Werden die Menschen nach weiteren 200 Jahren Konsumterror und Reisewahn besser auf den Sozialismus vorbereitet sein? Dieser Gedankengang macht die ganze Widersprüchlichkeit, man könnte auch sagen Dialektik, dieser grundlegenden Entwicklungsfrage der menschlichen Gesellschaft deutlich.

Zweifellos wurde die Beurteilung der beiden Systeme durch die Mehrheit der Menschen, vor allem mit der rasanten Zunahme der weltweiten Kommunikation und Information, vornehmlich vom

Standpunkt des Niveaus und der Qualität der tagtäglichen Bedürfnisbefriedigung, der Differenziertheit und der individuellen Entscheidungsmöglichkeiten getroffen.

Der »Wert« desjenigen Teils der Bedürfnisbefriedigung, die durch den Staat über Subventionierung angeboten und gewährleistet wurde, drang bei vielen Menschen nicht in gleichem Maße als »wertvoll« in das Bewußtsein, sondern wurde zu einer Selbstverständlichkeit, der man sich ohne persönlichen Aufwand bedienen konnte. Es ist interessant zu beobachten, wie in den neuen Bundesländern durch den Verlust dieser Dinge ihr »Wert« bei vielen wieder fühlbar und erlebbar wird.

Was hat es in diesem Zusammenhang mit dem vielstrapazierten Argument auf sich, daß es in einer auf gesellschaftlichen Eigentum beruhenden und durch einen gesamtgesellschaftlichen Plan gesteuerten Wirtschafts- und Gesellschaftsordnung Initiative und Selbstbestimmung und damit Motivation und Antrieb des Individuums in einem solchen Maße eingeschränkt werden, daß sich Stagnation und Verfall breitmacht? In der Zeit der Wende gab es vereinzelte Stimmen, die in einer Art Haßliebe als einen Nachteil dieses Sozialismusversuchs feststellen, daß alles geregelt gewesen wäre – Schulausbildung, Ausbildungsplätze, Studium, gesicherter Arbeitsplatz usw. –, »von der Wiege bis zur Bahre«.

Zunächst muß man sachlich feststellen, daß durch den Plan tatsächlich nicht nur die Grundrichtungen, sondern auch das strukturelle und detaillierte Gitternetz der ökonomischen und sozialen Entwicklung zentral bestimmt wurde, vorgegeben war. Zwar wurden die nicht vorhersehbaren Fehlentwicklungen marktwirtschaftlich-kapitalistischer Wirtschaftsweise zurückgedrängt und ihre sozialen Verwerfungen verhindert. Aber gleichzeitig wird dadurch der Entscheidungsspielraum des einzelnen eingeschränkt. Offensichtlich ist das eine ohne das andere nicht zu haben. Natürlich ist z. B. eine andere Gewichtung der Teile des mit dem Arbeitsentgelt direkt ausgezahlten Konsumtionsfonds auf der einen Seite und auf der anderen Seite des für soziale Zwecke oder Subventionen für Grundbedürfnisse indirekt, aber damit nicht in die Verfügung des einzelnen gegebenen Fonds denkbar. Solche detaillierten Vorschläge gab es in den siebziger und achtziger Jahren in der DDR zweimal. Aber sie wurden von Honecker abgelehnt. Es gibt also auch hier im Rahmen einer gesamtgesellschaftlichen Planung beträchtliche Alternativen.

Es ist offensichtlich falsch zu behaupten, daß durch die gleichgerichtete, detaillierte Bestimmung ökonomischer und sozialer Bedingungen Motivation, Initiative und Selbstbestimmung erstickt würden. Die Nutzung der planmäßig geschaffenen Möglichkeiten lag auch in den Planökonomien in der Hand jedes einzelnen, erforderte seinen Einsatz, seine Anstrengungen.
Wenn man allerdings davon ausgeht, daß die Unwägbarkeiten der Marktwirtschaft, die rigorose Selbstbehauptung mit allen zur Verfügung stehenden Mitteln ein besseres Training, eine Abhärtung des Individuums in einem unerbittlichen Verteilungskampf darstellt, dann ist damit eine Gesellschaft gemeint, in der die Wolfsgesetze gelten, und nicht eine auf menschlichen Werten und solidarischer Verbundenheit gegründete Gesellschaft. Es ist Sozialdarwinismus; und an diesem Punkt ist eine Richtungsentscheidung erforderlich.

Die tieferliegende Frage ist zweifellos, warum das Niveau der gesamtökonomischen Entwicklung nicht nur unter den begründbaren Bedingungen in der DDR, sondern auch in den anderen staatssozialistischen Ländern gegenüber den führenden Marktwirtschaften so stark zurückgeblieben ist.
Es scheint, daß dabei oftmals die äußeren Bedingungen für die Entwicklung der staatssozialistischen Systeme in unzulässigem Maße außer Betracht bleiben. Versuche einer objektiven Bewertung dieser äußeren Faktoren werden als nostalgische Schwärmerei und unbelehrbares Rückwärtsdenken ausgegrenzt und abqualifiziert.

Wenn man zunächst den großen Rahmen der äußeren Bedingungen betrachtet, dann zeigt sich, daß sich die Herausbildung der kapitalistischen Marktwirtschaft, ihrer Instrumente und Methoden von der ursprünglichen Akkumulation im Mittelalter einschließlich der kolonialen Ausraubung ganzer Erdteile bis in die Neuzeit über einen Zeitraum von etwa 300 Jahren erstreckte. Bereits Ende des 19. Jahrhunderts erreichte diese marktwirtschaftliche Ordnung mit der Herausbildung von Kartellen und Monopolen in den entwickelten Ländern, vor allem in Deutschland, einen vorläufigen Höhepunkt.

Das staatssozialistische Wirtschaftssystem trat in den zwanziger Jahren dieses Jahrhunderts in die Welt, in einem halbfeudalen

Land auf den Trümmern des ersten Weltkrieges. Es hatte 70 Jahre zu seiner Entwicklung, Herausbildung und Vervollständigung zur Verfügung. Es konnte nicht auf Vorformen einer ursprünglichen Akkumulation und kolonialer Ausbeutung aufbauen.
Fast ein Jahrzehnt war ausgefüllt mit mörderischen Interventions- und Bürgerkriegen. Trotzdem besiegte dieses System als Hauptkraft im Rahmen der Antihitlerkoalition unter ungeheuren Opfern im Zweiten Weltkrieg eines der entwickeltsten, stärksten und höchstgerüsteten Länder der Welt, das faschistische Hitlerdeutschland; obwohl sein entwickeltster Teil, die europäischen Regionen der Sowjetunion, Hauptkriegsschauplatz und völlig zerstört worden waren. Damit wurde zumindest Europa vor der Barbarei gerettet. Dieses System löste die technische Nutzung der Atomenergie, schoß den ersten Menschen ins All und baute eine funktionierende Weltraumstation 10 Jahre vor den Schritten, die die entwickeltsten kapitalistischen Länder in vereinten Anstrengungen gegenwärtig bis zum Jahre 2004 unternehmen.

Für einen Systemvergleich müssen doch vor allem die objektiven historischen Bedingungen und Entwicklungsvoraussetzungen in die Betrachtung einbezogen werden.
Im Verfolg solch tastender Überlegungen taucht die Frage auf, ob dieser unvollkommene Versuch der Schaffung einer alternativen Gesellschaft nicht so reformfähig gewesen wäre, um sich von seinen Kinderkrankheiten zu befreien und dem Ideal einer solidarischen, sozial ausgewogenen, an menschlichen Werten orientierten Gesellschaft zu nähern? Immerhin fand diese Ordnung bereits nach 70 Jahren die Kraft, sich mit der schlimmsten, verdammenswerten Erscheinung ihrer Entwicklung, dem Stalinschen Terror, selbstkritisch auseinanderzusetzen und sich davon zu distanzieren. Das setzte sich trotz aller Irrtümer und Fehleinschätzungen unter Gorbatschow fort. Dazu hat die katholische Kirche 450 Jahre gebraucht, und tut dies gegenwärtig noch immer halbherzig und zögernd.
Es muß doch die Frage erlaubt sein, wie die Entwicklung verlaufen wäre, wenn man diesem völlig neuen, anderen Versuch nur die Hälfte der Zeit gegeben hätte, die das marktwirtschaftlich-kapitalistische System zu seiner Entwicklung zur Verfügung hatte.

[1] J. K. Galbraith, Die Geschichte der Wirtschaft im 20. Jahrhundert, 1993, Hamburg, S. 253

2   E. Hobsbawm, Zeitalter der Extreme, München/Wien, S. 317
3   E. Mandel Die Verteidigung der sozialistischen Planwirtschaft, in der Zeitschrift Imprekorr, Februar 1988
4   Lenin, Werke, Band 27, Berlin
5   Ebenda
6   H. Modrow, Die Perestroika, edition ost, 1998, S. 161
7   Brzezinski, Macht und Moral, S. 76
8   Wosnessenski, N., Die Kriegswirtschaft der UdSSR während des Vaterländischen Krieges, Moskau 1948
9   Berliner Zeitung Nr. 141 v. 20.6.2000
10  Die Verfassung der Deutschen Demokratischen Republik mit einer Einführung von Otto Grotewohl, Berlin 1949, S. 16 und S. 18
11  Nicht veröffentlicht
12  Vgl. Geschichte der SED, Berlin 1978, S. 237
13  Vgl. Geschichte der SED, (Anm. 4), S. 248
14  Vgl. Politische Ökonomie des Sozialismus und ihre Anwendung in der DDR, Berlin 1969, S. 344/345
15  Kusch, G.; Montag, R. Specht, G. Wetzker, K., Schlußbilanz – DDR, Berlin 1991, S. 110
16  F. Behrens/A. Benary, Zur ökonomischen Theorie und ökonomischen Politik in der Übergangsperiode, in Wirtschaftswissenschaft, Berlin 1957, Sonderheft 3
17  Sozialistische Planwirtschaft der DDR, hrsg. v. Ökonomischen Forschungsinstitut der SPK, 1977
18  Geschichte der SED, Dietz Verlag, Berlin 1978, S. 345
19  J. Roesler, Enteignung, Verdrängung, Integration. Die Entwicklung des kapitalistischen und werktätigen Privateigentums in der DDR außerhalb der Landwirtschaft, in: Ansichten zur Geschichte der DDR, Band I, 1993, S. 171 ff.
20  Geschichte der SED, Dietz Verlag, Berlin 1978, S. 579
21  H. Nick, Hefte zur DDR-Geschichte, Hrsg. »Helle Panke« e.V., Nr. 21, Berlin 1994, S. 26
22  H. Jacobs, Theorie zwischen den Stühlen, in: Utopie kreativ, Heft 2/1995
23  Materialien der 11. Tagung des ZK der SED, Rechenschaftsbericht, Dietz Verlag, Berlin 1979
24  G. Schürer, Gewagt und verloren, Frankfurt/Oder Edition, 1990
25  Materialien zum Bericht zur Lage der Nation im geteilten Deutschland 1987, Bonn, S. 261
26  Statistisches Jahrbuch der DDR 1990, S. 138/139
27  Berliner Zeitung Nr. 69, v. 22.3.2000

# Kapitel IV
## Und wie weiter?

Der erste Versuch der Schaffung einer anderen als der marktwirtschaftlich kapitalistischen Ordnung ist zumindest in Europa und auf dem Gebiet der ehemaligen Sowjetunion gescheitert. Er hat die Prüfungen der Geschichte nicht bestanden. Er ist in dem von ihm selbst postulierten Wettbewerb der ökonomischen Systeme unterlegen. Die Mehrheit der Menschen wandte sich von diesem System ab.
Ist deshalb die Vision von einer solidarischen, sozial gerechten Gesellschaft, in der nicht der Profit, sondern die menschlichen Werte das Leitbild der Gesellschaft sind, zu Grabe getragen worden?
Man kann sicher davon ausgehen, daß die programmatischen Anliegen des untergegangenen realsozialistischen Systems wie Solidarität, Brüderlichkeit, ausgewogene sozialökonomische Entwicklung, Überwindung von Armut, Obdachlosigkeit und Arbeitslosigkeit nach wie vor die Menschheit bewegen und existentielle Zielpunkte der gesellschaftlichen Entwicklung bleiben. Es ist aber auch zu berücksichtigen, daß aufgrund der Nichtübereinstimmung der materiellen und mentalen Voraussetzungen die zur Verwirklichung des staatssozialistischen Konzepts angewandten Mittel und Methoden unter den gegebenen Bedingungen in die Irre führten.

Man muß anerkennen, daß nach den gemachten Erfahrungen die Ausarbeitung eines solchen weitreichenden und grundlegende Änderungen einschließenden Konzepts ungeheuer schwierig ist und die Ausarbeitung der Wege und ihr schrittweises Begehen genau so wichtig ist wie die Definition des Zieles selbst. Und noch etwas wäre zu berücksichtigen: Für den Streit über das Ziel und seine Ausgestaltung hat man Zeit; die Wege muß man sofort, Tag für Tag beschreiten. Damit rückt die Frage des Heute und des Morgen in den Vordergrund.

Auch die bestehende marktwirtschaftlich-kapitalistische Ordnung erweist sich gegenwärtig, auf dem Gipfelpunkt ihrer Entwicklung wie manche meinen, nicht nur als unzureichend. Ihre Fortsetzung ohne grundlegende Änderungen bedeutet Inanspruchnahme und Vernichtung der nicht erneuerbaren natürlichen Ressourcen der Erde in immer schnellerem Tempo und damit Zerstörung der Lebensgrundlagen der künftigen Generationen. Ihr offen verkündetes Ziel ist maximaler Profit in der besonders ausgeprägten Form des Shareholder Value. In Verfolg dieses Zieles setzt sie im Rahmen ihrer Gesetzmäßigkeit immer mehr Arbeitskräfte aus den eigentlichen produktiven Bereichen frei und erzeugt Massenarbeitslosigkeit.

Im Zusammenhang mit der Globalisierung der Wirtschaftsbeziehungen sowie der wachsenden Überakkumulation entstehen vagabundierende, nicht kontrollierte Finanzströme, die die Währungen ganzer Volkswirtschaften und Regionen unterminieren und die die Existenz des marktwirtschaftlichen Systems selbst bedrohen.
Einer der führenden Männer der Elite des Kapitals, George Soros, weltweit agierender Finanzkapitalist und Philanthrop, hat dies wie folgt ausgedrückt: »Das kapitalistische Weltsystem ist durch eine Reihe von Finanzkrisen erschüttert und buchstäblich am Auseinanderbrechen ... Selbst wenn meine Meinung nicht allgemein geteilt wird, bin ich fest überzeugt, daß wir grundlegende Veränderungen brauchen.«[1]
In diesem Sinne hat die bestehende marktwirtschaftlich-kapitalistische Ordnung nicht gesiegt über den mißglückten, unausgereiften, von ideologischen Prämissen fehlgeleiteten Versuch der Errichtung einer anderen, einer sozialistischen Gesellschaft. Vor ihr steht jetzt unausweichlich die Frage, ob sie sich mit ihrem auch durch das Verschwinden der sozialistischen Staaten gewachsenen Gewicht immer schneller auf die Katastrophe zubewegen will oder ob grundlegende Veränderungen vorgenommen werden, um diese unheildrohende, ihre eigene und die Existenz der Menschheit bedrohende Entwicklung zu stoppen. Diese alle anderen Probleme überwölbende Konsequenz ist offenbar heute schon nicht mehr eine Frage von rechts oder links, sondern eine allgemeinmenschliche Frage; eine Frage der schmerzhaften Anerkennung der sich deutlich abzeichnenden Realitäten und der sich daraus ergebenden rationalen, vernunftgemäßen Schlußfolgerungen.
Dabei ist zu berücksichtigen, daß sich auf der Grundlage der marktwirtschaftlich-kapitalistischen Ordnung vor allem nach

dem zweiten Weltkrieg in den führenden Industriestaaten eine gesellschaftliche Organisation entwickelte, die in ihrer parlamentarisch-demokratischen Form imstande war, eine mehr oder weniger friedliche Entwicklung der einzelnen staatlichen Gesellschaften und einen bestimmten Ausgleich der Interessen der Hauptträger dieser Gesellschaften als Ganzem und auch der Mehrheit ihrer einzelnen Mitglieder zu ermöglichen.

Diese Entwicklung hat für die Mehrheit der Bevölkerung in den entwickelten Industrieländern einen bis dahin nicht gekannten Wohlstand gebracht, nach Hobsbawm das »Goldene Zeitalter«.[2] Ja, es ist richtig, daß nicht alle Teile der Bevölkerung dieses Wohlstandes teilhaftig wurden. Es ist auch richtig, daß dieser Wohlstand zu einem Teil auf der Grundlage der Ausbeutung und Unterentwicklung bedeutender Teile der Weltbevölkerung in den Kolonien, heute in der sog. dritten Welt, beruht.

Aber ein entscheidender Faktor war auch, daß für die Entwicklung der Produktivkräfte in diesem Rahmen überwiegend günstige Voraussetzungen geschaffen und ihr Wachstum in immer neuen Schüben für die ökonomische Entwicklung und auch den Lebensstandard der Mehrheit der Bevölkerung wirksam wurden.

Das Kernproblem sowohl für die Erhaltung der parlamentarisch-demokratischen Stabilität als auch für eine mehr oder weniger ausgewogene marktwirtschaftliche Entwicklung heute besteht darin, daß die Gesetzmäßigkeit der marktwirtschaftlich-kapitalistischen Entwicklung in Verfolg des neoliberalen Konzeptes in den letzten zwanzig Jahren die Mittelschichten zunehmend dezimiert.

Eine Zeitlang wird diese Dezimierung der Mitte überdeckt dadurch, daß es eine Differenzierung in der Mitte selbst gibt: zwischen denjenigen, die ihre Arbeit behalten und ihr Leben schrittweise verbessern können, und denjenigen, die ihre Arbeit verlieren oder sich zeitweise durch Nebenjobs und auch im Rahmen der für die Mitte noch komfortableren sozialen Absicherung, – solange sie noch bestehen bleibt – eine ganze Zeit lang der Mitte zugehörig fühlen können. Das ist eindrucksvoll von L. C. Thurow in seinem Buch »Die Zukunft des Kapitalismus«[3] für die US-amerikanische Gesellschaft geschildert: »Für männliche Vollzeitarbeitskräfte sind die jährlichen Einkünfte aus Erwerbstätigkeit von 1973-1993 um 11 Prozent zurückgegangen ... Während des gleichen Zeitraumes aber ist das BIP um 29 Prozent gestiegen ... Männer mit Collegeabschluß mußten im potentiell verdienststärksten Alter zwischen 45 und 54 Jahren einen fast unglaublichen durchschnittlichen Einkommensrückgang von einem Drittel hinnehmen.« Die Differenzierung weist er anhand einer auf fünf Gruppen aufgeteilten Veränderung der Reallöhne und Realeinkommen 1972 bis 1992, also über einen Zeitraum von zwanzig Jahren, nach: Während die untere Gruppe einen Rückgang um 32 Prozent ausweist, verzeichnet die obere Gruppe einen Zuwachs von 20 Prozent. Er sagt diese Entwicklung auch für die anderen entwickelten Industrieländer voraus und prophezeit die Pleite des Sozialstaates.

Wem nützen aber solche stabilen Wachstumsraten, wenn sich die reale Lebenslage einer Mehrheit der Bevölkerung so bedeutend verschlechtert hat? Offensichtlich ist aber genau dies die Grundlage für die Überakkumulation insbesondere von überschüssigem und vagabundierendem Geldkapital.
Es war der konservative Präsident Frankreichs, Chirac, der auf dem Gipfel der EU-Staaten in Paris zur Beratung der Beschäftigungssituation schon vor Jahren feststellte, daß Europa den amerikanischen Weg nicht gehen könne. Aber worin besteht der »europäische« Weg der ökonomischen Entwicklung angesichts der zunehmenden Globalisierung? Die Antwort darauf ist noch nicht gegeben – und ist offensichtlich auch im Schröder-Blair-Papier nicht enthalten. Die in Worten teilweise ermutigenden Absichtserklärungen der Berliner Konferenz über modernes Regieren vom Juni 2000 müssen ihre Ernsthaftigkeit erst noch unter Beweis stellen.

In diesem Zusammenhang muß in Rechnung gestellt werden, daß in Gegenwart und Zukunft zwei weitere Globalprobleme die gesamte Entwicklung der Weltgesellschaft zutiefst beeinflussen werden. Ihre Bedrohlichkeit und versteckte Nähe und noch mehr die sich daraus ergebenden Konsequenzen spielen gegenwärtig in der praktischen Politik und im Bewußtsein der Mehrheit der Bevölkerung noch eine untergewichtige Rolle.
Das ist einmal die Notwendigkeit der Ausarbeitung und schrittweisen Verwirklichung eines Konzeptes der Entwicklung der sog. dritten Welt, für ihre Loslösung aus Armut, Unterdrückung, Verelendung und himmelschreiender soziokulturellen Rückständigkeit.
Das ist zweitens die Einleitung energischer Maßnahmen zur Einschränkung und schließlichen Einstellung des Raubbaues an den

natürlichen Ressourcen der Erde sowie der Zerstörung der Umwelt, wodurch heute schon das Leben und Überleben der nächsten Generation existentiell bedroht ist.

Wenn nach dem Scheitern des ersten sozialistischen Versuchs und angesichts der sich zuspitzenden Probleme der Entwicklung der herrschenden marktwirtschaftlich-kapitalistischen Ordnung Antworten auf die Frage: »Wie weiter?« gesucht werden, drängen drei Problemkomplexe in den Vordergrund:
- Welche Stellung kommt der marktwirtschaftlichen Ordnung in der heutigen Welt zu, und welche Rolle wird sie bei der weiteren Entwicklung der menschlichen Gesellschaft zukünftig spielen?
- Die Rolle des Privateigentums an den Produktionsmitteln der Gesellschaft
- Die Möglichkeit der Regulierung, Steuerung und Lenkung marktwirtschaftlicher Strukturen

Vornehmlich an der unzureichenden Lösung und Handhabung dieser ökonomischen und gesellschaftlichen Kernfragen ist der erste Versuch der Gestaltung einer anderen als der marktwirtschaftlich-kapitalistischen Ordnung gescheitert.

Von wesentlicher Bedeutung für Betrachtungen über die Rolle von Marktwirtschaft und privatem Eigentum an Produktionsmitteln ist die Frage, welcher Zeithorizont dabei zugrundegelegt wird.
Man muß offensichtlich unterscheiden zwischen einem überschaubaren Zeitraum von zwei bis drei Generationen, für den, ausgehend von der gegenwärtigen Lage, absehbare, begründbare Vorstellungen der ökonomischen Entwicklung formuliert werden können, sowie einer ferneren Zukunft, für die zunächst nur Visionen, Vermutungen angenommen, deren konkrete Realisierungsformen jedoch gegenwärtig noch nicht detailliert bestimmt werden können.
Entscheidend ist dabei auch die Frage, welche gesellschaftlichen Kräfte gewonnen werden können, mit denen Veränderungen der gegenwärtig mit ernsten Problemen verbundenen ökonomischen und damit auch gesellschaftlichen Verhältnisse auf im wesentlichen friedliche Art und Weise, d. h. durch die demokratische Gewinnung von Mehrheiten für möglich gehalten wird. Das Außerachtlassen dieser Voraussetzungen führt gegenwärtig oftmals zu unfruchtbaren und von der Realität abgehobenen Dis-

kussionen, weil absehbare, zu beeinflussende Entwicklungen auf der einen und langfristige, strategische Zielprojektionen auf der anderen Seite miteinander vermengt werden.

## Welche Rolle kann man der Marktwirtschaft bei der künftigen gesellschaftlichen Entwicklung zuordnen?

Grundlegender Ausgangspunkt ist zweifellos die Tatsache, daß sie eine objektive Erscheinung, eine unabdingbare Voraussetzung für die Entwicklung der modernen Produktivkräfte war und ist. Insbesondere mit der Entfaltung der gesellschaftlichen Arbeitsteilung vor allem im Gefolge der ersten industriellen Revolution ergab sich das Erfordernis des massenhaften Tausches und Austausches zwischen den auf die Herstellung bestimmter Produkte spezialisierten Erzeugern. Es bildete sich der Markt und mit ihm die Marktwirtschaft als Summe der Abläufe und der sich mit der Zeit verfestigenden Regeln und Mechanismen heraus. Adam Smith legte in seinem Hauptwerk »Der Ursprung des Reichtums der Nationen«[4] die Grundlagen der Werttheorie, auf der Karl Marx aufbaute und ein geschlossenes theoretisches Gebäude der kapitalistischen Warenwirtschaft, der Rolle von Wert, Preis und Profit schuf.
Nur auf dem Markt treffen Angebot und Nachfrage aufeinander, entsteht Konkurrenz und echter, vom eigenen Vorteil angetriebener Wettbewerb. Es entsteht der Wert und, vermittelt über Angebot und Nachfrage, der Preis. Im Band I des Kapitals schrieb Marx: »Der Warenaustausch beginnt, wo die Gemeinwesen enden ... Sobald Dinge aber einmal im auswärtigen, werden sie auch rückschlagend im inneren Gemeinleben zu Waren ... Die beständige Wiederholung des Austausches macht ihn zu einem regelmäßigen gesellschaftlichen Prozeß ... Ihr Gebrauchswert scheidet sich von ihrem Tauschwerte ... Die Gewohnheit fixiert sie als Wertgrößen.«[5]
Der Markt erfordert selbständige, von ihren Interessen geleitete Produzenten bzw. Tauschpartner, die sich sowohl den Gewinn dieses Tauschprozesses aneignen als auch das damit verbundene Risiko zu ihren eigenen Lasten tragen.
Wie Marx und Engels darlegten, war die Entwicklung des Marktes und der Marktwirtschaft in der Neuzeit untrennbar mit der Entwicklung der Bourgeoisie, der produktionsmittelbesitzenden Klasse auf der einen und des Proletariats auf der anderen Seite verbunden, das nichts weiter zu verkaufen hatte als seine Arbeitskraft.

Die Marktwirtschaft war im 19. und der ersten Hälfte des 20. Jahrhunderts diejenige Wirtschaftsverfassung, in der sich die Polarisierung dieser beiden Klassen und die Differenzierung zwischen Reichtum und Armut in immer schnellerem Tempo vollzog.
Dies führte zur Ablehnung der Marktwirtschaft durch die Parteien der Arbeitnehmer, vor allem der marxistisch-orientierten; auch der SPD bis 1959, dem Godesberger Parteitag. Daraus ergab sich generell eine ambivalente Haltung zur »Warenwirtschaft« und den damit verbundenen Kategorien wie Markt, Preis und Gewinn besonders durch die vom Leninismus geprägten marxistischen Parteien. Die Marktwirtschaft und ihr Regelsystem sollten in der neuen sozialistischen Gesellschaft durch die planmäßig proportionale Entwicklung auf der Grundlage einer zentralgeleiteten Verwaltungswirtschaft ersetzt werden.

Die Erfahrungen mit dem realsozialistischen Wirtschaftsmodell haben jedoch erwiesen, daß der Ersatz der Marktwirtschaft durch eine planwirtschaftliche, zentralgeleitete Verwaltungswirtschaft zwar möglich, jedoch in Funktionalität, Effizienz und Mobilisierung des individuellen Interesses an höchstmöglichen Ergebnissen des Produktions- und Wirtschaftsprozesses der Marktwirtschaft unterlegen ist. Die Marktwirtschaft ist offensichtlich in der nächsten überschaubaren Zukunft ein objektives Erfordernis der Entwicklung der modernen Produktivkräfte, das in seiner Grundstruktur in diesem Zeitraum durch nichts anderes ersetzt werden kann. In diesem Sinne ist die Feststellung richtig, daß die Marktwirtschaft eine Errungenschaft der menschlichen Zivilisation darstellt; weil sie einerseits ein Erfordernis der Entwicklung der modernen Produktivkräfte war und andererseits ungeheuer stimulierend auf deren Entwicklung zurückwirkte.

Natürlich wirft diese Betrachtungsweise prinzipielle Probleme auf, die auch im Lichte der Erfahrung der staatssozialistischen Planökonomie überprüft werden müssen. Das Wirtschaftssystem der Planökonomien bediente sich der ökonomischen Kategorien, die sich aus dem Wertgesetz ableiten: Geld, Preis, Kredit, Kosten, Gewinn. Das Wertgesetz wurde in der Theorie dieser Modelle »als Gesetz der Warenproduktion« und gleichzeitig »als ein notwendiger Bestandteil des Systems der ökonomischen Gesetze des Sozialismus« bezeichnet. Das Problem bestand aber darin, daß die für die Wirkung des Wertgesetzes notwendige objektive Grundlage fehlte: Nämlich das Vorhandensein eines autonomen Marktes. Gerade dies wurde aus ideologischen Gründen strikt abgelehnt. Damit fehlte auch den ökonomischen Kategorien die Voraussetzung für ihre volle Wirksamkeit. Vor allem die Preise und damit zusammenhängende Kategorien unterlagen oftmals außerökonomischen, voluntaristischen Festlegungen. Je länger sie, ohne am Markt überprüft zu werden, angewandt wurden, desto weiter entfernten sie sich von den objektiven Realitäten. Es ergab sich eine schleichende Deformierung ihres objektiven Gehalts. Das sozialistische Weltsystem besaß deshalb auch nie eine eigene, von allen Teilnehmern anerkannte Preisbasis, da es keinen wirklichen sozialistischen Weltmarkt gab. Man einigte sich dann für den gegenseitigen Warenaustausch bekanntlich auf die Anwendung der Preise des kapitalistischen Weltmarktes, zumindest bei entscheidenden Warenkategorien wie Erdöl, Erdgas u. a. Rohstoffen und Materialien. Die darüber hinaus zwischen den sozialistischen Ländern angewandten Verrechnungspreise waren »ausgehandelte Preise«.

Eine wesentliche Erfahrung der Planökonomien besteht darin, daß der Preis als grundlegender Faktor des Wirtschaftsgeschehens nicht künstlich nachgebildet werden kann, ohne sein Wesen als ökonomischer Regulator zu verlieren. Aus diesem Dilemma gibt es offensichtlich nur zwei Auswege: Entweder auf die Nutzung des Wertgesetzes und seiner Kategorien ganz zu verzichten, oder nicht nur die Wertkategorien, sondern auch den dezentralen marktwirtschaftlichen Regulationsmechanismus als notwendigen Bestandteil dieses Systems anzuerkennen. Natürlich kann man über eine Planwirtschaft ohne Wertgesetz, ohne Preis, Geld, Kredit und Gewinn nachdenken und versuchen, realisierbare Konzepte dafür auszuarbeiten. Robert Kurz schlägt unter der Überschrift »Ideologie der Effizienz«,[6] wie er die Nutzung des marktwirtschaftlichen Regulationsmechanismus nennt, vor, den Markt und das Wertgesetz zu ersetzen, in dem »die Gesellschaftsmitglieder über den gemeinsamen Einsatz ihrer materiellen Ressourcen diskutieren und beschließen, demgemäß die Naturstoffe umformen und schließlich die Produkte zwecks Bedürfnisbefriedigung konsumieren«. Er setzt auf eine »systematische Ausforschung und Kritik der gesamt- und weltwirtschaftlichen naturalen Aggregierungen«. Es ist schwer vorstellbar, wie eine solche Konzeption in der nächsten überschaubaren Zukunft in irgendeine Realität umgesetzt werden kann. Offenbar ist dies eine Frage der ferneren

Zukunft. Die drängende Frage ist jedoch, wie die Wirtschaftsorganisation in der nahen und mittleren Zukunft zu gestalten ist, die auf die Stärkung des Solidarprinzips, der Mitmenschlichkeit, einer sozial ausgewogenen Gesellschaft gerichtet ist – und ausgehend von der Annahme, daß dies vor allem auf dem Wege der Gewinnung von Mehrheiten erfolgen muß. Es ist doch wohl so, daß, wenn man für die nahe und mittlere Zukunft kein Konzept hat, dann auch die weiter gegriffenen Visionen und ihre mehr oder weniger konkrete Ausgestaltung die »Bodenhaftung« verlieren.

Im Planungsmodell der zentral geleiteten Verwaltungswirtschaft erfolgte die Verwirklichung der Planziele hauptsächlich durch Verwaltungsakte, durch die Vorgabe von Planaufgaben auf administrativem Wege bis in den betrieblichen Ablauf hinein.
Aus den Erfahrungen der DDR ergibt sich die Schlußfolgerung: Eine Verwaltungswirtschaft ist nicht a priori funktionsunfähig, wie bekannte Beispiele aus der Wirtschaftsgeschichte beweisen. Sie ist jedoch unter friedlichen Bedingungen und einem fortgeschrittenen Niveau der ökonomischen Entwicklung den marktwirtschaftlichen Regulationsmechanismen hinsichtlich Effektivität, Flexibilität und Motivation unterlegen. Dabei steht außer Zweifel, daß Wertgesetz und Marktkräfte einem gesellschaftlichen Ordnungsrahmen untergeordnet werden müssen, so wie das auch bereits bürgerliche Ökonomen, insbesondere die Freiburger Schule, Walter Eucken, Wilhelm Röpke u.a. gefordert haben. Von besonderem Interesse in diesem Zusammenhang ist die Bemerkung von Lionel Jospin auf dem XXI. Kongreß der Sozialistischen Internationale, daß Arbeit, Bildung, Gesundheit und Ökologie auch in einer im wesentlichen marktwirtschaftlich verfaßten Wirtschaftsordnung nicht als Ware behandelt werden dürfen. Es gibt zunehmend Indizien dafür, daß in den verschiedenen gesellschaftlichen Schichten die Erkenntnis an Boden gewinnt, daß die drängenden Probleme der menschlichen Gesellschaft, wie Ressourcenraubbau, Zerstörung der Atmosphäre, der Kampf gegen Hunger und Armut besonders in der dritten Welt durch die ungebändigte Wirkung der Marktkräfte nicht lösbar sind, sondern eine langfristige Planung und die Lenkung der Marktkräfte nötig machen. Die Erfahrungen des gescheiterten Versuchs in der DDR und auch in anderen Ländern legen nahe, daß die Verwirklichung einer wissenschaftlich begründeten Planung und ihre Verbindung mit durch Rahmenbedingungen gesellschaftlich kontrollierten

Marktmechanismen ein Hauptweg der wirtschaftlichen und gesellschaftlichen Entwicklung zum Wohle der Menschen werden muß und werden kann. Das wird nicht im Selbstlauf gehen. Das wird hartnäckige Anstrengungen und Kampf erfordern. Dabei sollten nicht Etiketten wie »marktwirtschaftlicher Sozialismus«, »sozialistische Marktwirtschaft«, der sehr verschieden interpretierbare »Dritte Weg« und auch die auf Hoffnungen gegründete Idealvorstellung von einer »kommunistischen Gesellschaft« die Kristallisationspunkte der Diskussion, sondern die immer wieder erneute Analyse der heutigen ökonomischen und politischen Situation und die Konzentration auf die Veränderung der Gegenwart mit dem Ziel der Gestaltung einer sozial gerechten, auf die Erhaltung der ökologischen Grundlagen der Menschheit gerichteten Gesellschaft das Entscheidende sein.

Das bedeutet, daß für die überschaubare Zukunft die grundlegenden Mängel, Fehler und negativen Konsequenzen des marktwirtschaftlichen Systems bestehenbleiben und von übergeordneten Gesichtspunkten aus gesteuert und zurückgedrängt werden müssen.
Auch die Linken links von der SPD wären gut beraten, wenn sie dabei nicht nur und vielleicht nicht einmal in erster Linie von ihren eigenen Traditionslinien der Kritik an der kapitalistischen Marktwirtschaft ausgehen, sondern sich auch auf den großen Fundus der modernen Wirtschaftstheorie stützen, in dem diese Mängel und Fehler im engen Kontext mit der wirtschaftsgeschichtlichen Entwicklung herausgearbeitet wurden. Als Beispiele hierfür könnten angeführt werden: Wilhelm Röpke (1899-1966): »Marktwirtschaft ist nicht alles.«[7] In einer Leistungsgesellschaft sei sie zwar nicht zu entbehren. Ohne Grenzen und Ordnung aber müsse sie »verrotten und mit ihren Fäulnisstoffen alle anderen Bereiche der Gesellschaft vergiften.« Der Markt brauche Rahmenbedingungen: Sitten, Gesetze, moralische Voraussetzungen – »Eigenschaften, die der Markt nicht erzeugt, sondern verbraucht«. Im Zentrum des Werkes des bekannten Nationalökonomen Walter Eucken (1891-1950), von dem es enge Beziehungen zu Müller-Armack, Franz Böhm und Ludwig Erhard, den Vätern der sozialen Marktwirtschaft, gibt, stand die Kritik wirtschaftlicher Macht und die Suche nach Strukturen, die sie begrenzen konnten. Begriffe wie »Ordnungspolitik«, »Rahmenbedingungen« sind seitdem aus der wirtschaftswissenschaftlichen Diskussion nicht mehr weg-

zudenken. Gerade dagegen liefen und laufen die Neoliberalen und Deregulierer erbittert Sturm.

Der bereits zitierte George Soros geht in seiner Kritik an den herrschenden wirtschaftswissenschaftlichen Auffassungen von zwei Grundprämissen aus. Erstens: Die Marktwirtschaft tendiert nicht zum Gleichgewicht und damit zur Selbstregulation, sondern zum Ungleichgewicht und damit zum Chaos. Und zweitens: Der Markt ist seinem Wesen nach instabil und »bestimmte Bedürfnisse lassen sich nicht befriedigen, indem man den Marktkräften freies Spiel gewährt«. Er betrachtet den von den Neoliberalen vertretenen »Marktfundamentalismus als eine Form der Ideologie«. Er bezeichnet ihn als die größte Gefahr für die Existenz und Akzeptanz der Marktwirtschaft selbst, die er aber trotz ihrer Mängel für besser hält als jede Alternative.[8]

Selbst der Papst erklärte auf seiner Nordamerikareise Anfang 1999: Neoliberalismus sei ein System, »das sich auf ein von wirtschaftlichen Aspekten dominiertes Menschenbild stützt, das Gewinn und Marktgesetze als absolute Parameter ansieht auf Kosten der Menschenwürde und des Respektes vor Personen und Völkern«. Das zeigt, daß für Rahmenbedingungen und die notwendigen Beschränkungen der negativen Seiten der Marktwirtschaft offenbar eine breite Mehrheit der Gesellschaft gewonnen werden kann. Dabei scheint es wichtig, sich den aus der Entwicklung und neuen Anforderungen ergebenden Überprüfungen einzelner Elemente der sozialen Sicherung nicht zu verschließen, sondern die notwendigen Entscheidungen vom Standpunkt der sozialen Ausgeglichenheit und der Erhaltung und Stärkung der sozialen Komponente insgesamt zügig zu treffen. Die Priorität haben dabei zweifellos Maßnahmen zum Abbau der Massenarbeitslosigkeit.

Festzuhalten bleibt, daß eine funktionierende Marktwirtschaft den eigenverantwortlichen, selbständigen Marktteilnehmer erfordert, der auf der Grundlage seines eingesetzten Vermögens einen persönlichen Gewinn erwirtschaften kann, der so hoch sein muß, daß er bereit ist, auch das Risiko zu tragen, vom Markt nicht anerkannt zu werden. Eine Marktwirtschaft ohne eigenverantwortliche, selbständig handelnde Wirtschaftssubjekte ist nicht vorstellbar oder würde zumindest wesentliche Teile ihrer Triebkräfte einbüßen. Damit wird aber zugleich ein direkter Zusammenhang zwischen einem funktionierenden marktwirtschaftlichen Regelmechanismus und der Existenz von Privateigentum an Produktionsmitteln festgestellt.

## Zum Eigentum an Produktionsmitteln

Die Frage des Privateigentums an Produktionsmitteln war eine Grundfrage der gesellschaftlichen Entwicklung und wird es weiterhin bleiben. Da bei der Verwirklichung der konkreten Formen der gesellschaftlichen und wirtschaftlichen Organisation in den staatssozialistischen Ländern tatsächlich grundlegende Probleme und Mängel, besonders hinsichtlich der Behandlung des Eigentums an Produktionsmitteln, aufgetreten sind, befinden sich die linken Kräfte heute zu diesen Fragen in der Defensive. Es besteht eine nicht zu übersehende Unsicherheit, wie in der heutigen Welt und in der Zukunft die Antworten auf diese Fragen aussehen könnten. Auch bei den Parteien, die nicht wie die sozialdemokratischen Parteien ihren prinzipiellen Frieden mit der kapitalistischen Gesellschaftsordnung geschlossen haben, gibt es dazu noch wenig fundierte programmatische Aussagen.

Marx und Engels sahen in der modernen Gesellschaft im Privateigentum an Produktionsmitteln die eigentliche Ursache der Teilung der Gesellschaft in die beiden Klassen Bourgeoisie und Proletariat und der Ausbeutung des Menschen durch den Menschen. Folgerichtig formulierten sie im Kommunistischen Manifest 1848: »Das Proletariat wird seine politische Herrschaft dazu benutzen, der Bourgeoisie nach und nach alles Kapital zu entreißen, alle Produktionsmittel in den Händen des Staates, d. h. des als herrschende Klasse organisierten Proletariats zu zentralisieren und die Masse der Produktivkräfte rasch zu vermehren.« Damit wurde die Umwandlung des Privateigentums an den Produktionsmitteln in gesellschaftliches Eigentum, nach der konkreten Form in Staatseigentum, zum konstituierenden Element der sozialistischen Gesellschaftstheorie und -praxis.

Aber das sozialistische Staatseigentum blieb für den Einzelnen wie die Gesellschaft weitgehend anonym. Es entstand kein subjektives Eigentümerbewußtsein und damit auch nur ungenügend Eigentümerverantwortung. Die menschlichen Grundleistungsantriebe, für das eigene Wohl zu arbeiten, kamen zwar in der konsumtiven Sphäre durch die Anwendung des Prinzips der Entlohnung nach der Leistung mehr oder weniger zur Geltung; sie entfielen jedoch gegenüber dem produktiven Bereich, gegenüber den Produktionsmitteln.

Ausgehend von der Tatsache, daß das monopolisierte Staatseigentum sowjetischen Typs von der Mehrheit der Bevölkerung nicht als das ihnen gehörige angenommen wurde, entwickelte die jugoslawische Führung unter Titow und Kardelj in den fünfziger und sechziger Jahren die Idee des gesellschaftlichen Gruppeneigentums. Aber auch diese alternative Form gesellschaftlichen Eigentums an Produktionsmitteln hat sich für die Hauptbereiche der Wirtschaft, für Industrie und Verkehrswesen nicht bewährt. In einer hocharbeitsteiligen Wirtschaft ist die plausible Vermittlung des Mittragens entstehender Verluste bis zum einzelnen Teilnehmer am Arbeitsprozeß schwierig und deshalb schwer durchsetzbar. Wahl und Absetzbarkeit von Leitungen im Produktionsprozeß führten zu Instabilität und untergruben Ordnung und Disziplin.

Die Erfahrungen der jüngeren Geschichte haben bewiesen, daß gesamtvolkswirtschaftliche Planung bei Dominanz des Staatseigentums den Markt nicht ersetzen kann. Wenn man aber akzeptiert, daß der Markt eine unabdingbare Voraussetzung und zugleich das Ergebnis der Entwicklung der Produktivkräfte, insbesondere der ständigen Vertiefung der gesellschaftlichen Arbeitsteilung ist, dann setzt dies die Aktion selbständiger wirtschaftlicher Subjekte, die nach Gewinn streben und gleichzeitig das damit verbundene Risiko ihres Agierens am Markt tragen, dann setzt dies die eigenverantwortliche Verfügungsgewalt über die dafür erforderlichen Mittel voraus. Von realitätsfremden Konstruktionen abgesehen, erfordert dies in der nächsten überschaubaren Zukunft die Existenz eines breiten privatwirtschaftlichen Sektors, vor allem im Bereich der Klein- und Mittelbetriebe. Aber die Erfahrungen der Geschichte belegen zugleich, daß es zumindest in den wirtschaftlich entwickelten Ländern nicht nur und ausschließlich privates Eigentum an Produktionsmitteln gibt. In den modernen Industriestaaten gibt es im unterschiedlichen Maße Betriebe, darunter große Konzerne, die sich in Staatseigentum befinden oder an denen der Staat mit beträchtlichen Anteilen beteiligt ist. Eine bedeutsame Rolle spielt nach wie vor genossenschaftliches Eigentum, das nicht nur bzw. nicht hauptsächlich an Gewinn und Profit orientiert ist.

Die eigentliche Streitfrage scheint offensichtlich heute und morgen nicht zu sein, ob es in der nahen und mittleren Zukunft eine

Marktwirtschaft ohne Privateigentum geben kann oder nicht. Die zu beantwortende Frage ist, wieviel Privateigentum an Produktionsmitteln ist nötig, oder anders ausgedrückt, wieviel Staatseigentum bzw. Vergesellschaftung ist zulässig, damit der marktwirtschaftliche Regulationsmechanismus, ohne den eine Entwicklung der modernen Produktivkräfte in absehbarer Zeit nicht vorstellbar ist, wirksam bleibt.

In diesem Zusammenhang taucht die Frage auf, ob nicht staatseigene bzw. Betriebe der öffentlichen Hand privatwirtschaftlich geführten Betrieben und Einrichtungen aufgrund des fehlenden individuellen Interesses der Leiter von vornherein unterlegen sind. Diese Auffassung der Neoliberalen ist durch viele Beispiele widerlegt; u. a. auch dadurch, daß in der alten Bundesrepublik nach dem zweiten Weltkrieg gefährdete große Unternehmungen in Staatseigentum übernommen und auf der Grundlage von Sanierungskonzepten zu wirtschaftsstarken, leistungsfähigen Partnern der Marktwirtschaft aufgebaut wurden. Die Realität zeigt andererseits, daß ständig ein bestimmter Prozentsatz auch privatwirtschaftlicher Betriebe aufgrund von Ineffizienz aus dem Wirtschaftsleben ausscheidet.
Gegen diese Theorie spricht auch, daß etwa 50 Prozent des Bruttoinlandsproduktes in der BRD von Aktiengesellschaften erzeugt werden, deren Leitung durch Vorstände erfolgt, die Angestelltenstatus besitzen und die im allgemeinen nicht über Eigentum mit den von ihnen geleiteten Unternehmen verbunden sind. Natürlich ist es richtig, daß die »Peitsche« der Aktionäre, ihr Druck auf Shareholder value, gekoppelt an herausgehobene Gehälter und einen ganzen Kranz von materiellen Zuwendungen, wie Pensionsrechte, Sondervergütungen, Abfindungssummen bei Ausscheiden, eine zugkräftige Stimulans für solche Manager darstellt. In neuerer Zeit wird versucht, durch Übereignung von Aktienpaketen sie auch direkt an der Erwirtschaftung einer höchstmöglichen Kapitalrendite zu beteiligen.
Es sollte dabei folgendes berücksichtigt werden: In der Alt-BRD bestanden Mitte der achtziger Jahre 3000 Aktiengesellschaften (AG), aber gleichzeitig rd. 500.000 Gesellschaften mit beschränkter Haftung (GmbH), d.h. in Gestalt der Rechtsform vornehmlich für Klein- und Mittelbetriebe. Das Stammkapital der AG betrug 160.000 Milliarden DM, das der GmbH 210.000 Mrd. DM. Das ist etwa ein Verhältnis von 43 zu 57 Prozent. Das Verhältnis

der Anzahl der Betriebe betrug 1:167. Fast die Hälfte der gesamten wirtschaftlichen Leistung der Bundesrepublik, bezogen auf das Bruttoinlandsprodukt, wurde von Unternehmen erbracht, deren Leiter, sprich Vorstandsvorsitzende, nicht zugleich Eigentümer der Produktionsmittel waren, sondern wie es auch im Steuer- und Buchhaltungsrecht zum Ausdruck kommt, Angestellte. Die Motivation des Eigentums wirkt nur indirekt, vermittelt über die Aufsichtsräte und die Aktionärsversammlungen sowie einer eventuellen »Entlassung« auf sie.

Von diesem Gesichtspunkt aus erscheint die Frage tatsächlich berechtigt, ob Marktwirtschaft nicht auch ohne Privateigentum an Produktionsmitteln vorstellbar ist; ob nicht Manager im Auftrage des Staates, oder anders ausgedrückt, der Gesellschaft, am Markt die gleiche Rolle spielen können wie die Manager großer Kapitalgesellschaften. Kann die Peitsche der Interessen der Kapitaleigner nicht durch Anforderungen ersetzt werden, die den Interessen der Gesellschaft, des Gemeinwesens entsprechen?
Wie konkrete Beispiele im Staatsbesitz befindlicher Unternehmungen in der BRD und in anderen Industrieländern beweisen, ist dies selektiv durchaus eine mögliche, bereits praktizierte und auch erfolgreiche Form der Durchsetzung gesamtgesellschaftlicher Interessen.
Wenn die Frage aufgeworfen wird, ob es nicht an der Zeit ist, diesen Sektor des Privateigentums an den Produktionsmitteln in Gemeineigentum zu überführen, dann wäre folgendes zu bedenken: Hinter der geringen Anzahl Großunternehmen steht eine große Zahl einzelner Aktienbesitzer – in der BRD gegenwärtig rund acht Millionen. Die allgemeine Vergesellschaftung dieses Eigentums wäre offenbar ein solch radikaler Eingriff in die in Jahrhunderten gewachsenen Eigentumsstrukturen, daß für längere Zeit dafür kaum Mehrheiten gefunden werden können. Außerdem muß man die Frage stellen, ob dadurch die Wirkung der Regulationsmechanismen des Marktes unzulässig eingeschränkt würde.

Die rechtliche und faktische Konstruktion der AGs provoziert eine zweite, vielleicht näher liegende Frage: Ob nicht das Privateigentum an Produktionsmitteln beibehalten werden und nur die Verfügungsgewalt darüber »vergesellschaftet« werden sollte. Im Grunde genommen sind die Kleinaktionäre bereits in einer solchen Lage. Sie haben kaum Einfluß auf die Verfügung, auf die

Managementpolitik. In den jährlichen Hauptversammlungen messen sie den Erfolg hauptsächlich an der Höhe der Rendite, die sie auf ihr eingelegtes Kapital erhalten. Das heißt, die Entwicklung der Marktwirtschaft selbst hat bereits eine solche Form der Trennung von Eigentum und der Verfügung darüber hervorgebracht. Auch die Existenz großer, in Staatsbesitz befindlicher oder mit beträchtlichen staatlichen Anteilen ausgestatteter Konzerne wie Volkswagenwerk, niedersächsische Stahlwerke und bekannte staatliche Unternehmungen in anderen Industrieländern beweisen dies. Jedoch auch diese Form der Vergesellschaftung der Verfügung über Kapital könnte offensichtlich nur schrittweise verwirklicht werden und nicht als generelle Doktrin. Auch bei einer solchen Form der Vergesellschaftung sind vielfältige Wirkungen und Gegenwirkungen zu berücksichtigen, so daß nur ein schrittweises, konsensbegründetes Vorgehen denkbar wäre.

Die Angaben zu den Anteilen der Betriebsformen an der Gesamtzahl der Unternehmen wirft zugleich eine Schlußfolgerung in die entgegengesetzte Richtung auf: Ist es denkbar, daß in der BRD mehr als eine halbe Million Leiter von Klein- und Mittelbetrieben als Angestellte vergesellschafteter Betriebe so engagiert und effektiv arbeiten, wie unter den Bedingungen der Motivation, mit Hilfe des eingesetzten eigenen Vermögens einen hohen persönlichen Gewinn erwirtschaften zu können?
Diese Frage unter Berücksichtigung des ersten Sozialismusversuches zu stellen, heißt zugleich, sie zu beantworten. Die Form des privaten Eigentums an Klein- und Mittelbetrieben wird auf lange Zeit ein grundlegender und unentbehrlicher Bestandteil jeder Wirtschaftsordnung sein, unabhängig davon, welche Fernziele in strategischer Hinsicht angestrebt werden Dieser Gedankengang führt von einer anderen Seite zu der Schlußfolgerung, daß Linke in Bezug auf die Eigentumspolitik in der nahen und überschaubaren weiteren Zukunft ohne Verklemmungen von einer im wesentlich marktwirtschaftlich verfaßten, pluralen Eigentumsstruktur ausgehen sollten.

Gleichzeitig macht dies deutlich, daß es völlig verfehlt ist, undifferenziert und schlechthin von privatkapitalistischem Eigentum an Produktionsmitteln zu sprechen und daraus globale Schlußfolgerungen für die Wirtschaftspolitik abzuleiten.
Die prägnanten Erscheinungen der gegenwärtig ablaufenden

neuen Stufe der Globalisierung mit ihren für die nationalen Volkswirtschaften gefährlichen Konsequenzen wird von den börsennotierten großen Unternehmungen einschließlich Banken, Versicherungen und Investmentfonds bestritten. Sie sind die Träger der Fusionswellen, ihre wirtschaftliche Macht sprengt die nationalen Dimensionen der wirtschaftlichen Entwicklung und führt zu supranationalen Gebilden, die sich der nationalstaatlichen Kontrolle entziehen. Ihre Philosophie und ihre Aktivitäten werden immer ausschließlicher vom Shareholder-Value-Streben geprägt. Gleichzeitig sind sie die Verfechter des von G. Soros so charakterisierten »Marktfundamentalismus«, der eben nicht nur eine ökonomische Erscheinung, sondern eine Ideologie darstellt.

Und an diesem Punkt ergibt sich eine zweite wichtige Schlußfolgerung: Die Hunderttausende Klein- und Mittelbetriebe unterliegen dem Druck und dem Diktat dieser Giganten, weil sie oftmals in vielfältiger Form – z. B. als Zulieferbetriebe – von ihnen abhängig sind. Nicht von ihnen werden die extremen Seiten und Aspekte der Marktwirtschaft vertreten und verfochten. Nicht sie haben die ökonomischen Potentiale, um den parlamentarisch-demokratischen Staat z. B. durch Lobbyismus unter Druck zu setzen.

Eine grundlegende Aufgabe linker Politik muß deshalb darin bestehen, die Inhaber, Leiter und Eigentümer von Klein- und Mittelbetrieben für eine demokratische Politik der sozialen Ausgewogenheit, des angemessenen wirtschaftlichen Wachstums und der Entwicklung der Produktivkräfte zu gewinnen. Es sollte deutlich ausgesprochen werden, daß dies keine taktische Variante der aktuellen Politik ist, sondern eine prinzipielle, strategische Grundlinie linker, verläßlicher Orientierung.

Gleichzeitig besagen die Erfahrungen der DDR, daß sich diese Unternehmensformen nicht an Rahmenbedingungen zur Steuerung und Lenkung der blinden Kräfte des Marktes stoßen oder ihre wirtschaftliche Aktivität und Innovationsfähigkeit dadurch beeinträchtigt würden.

Welche Haltung ergibt sich gegenüber den privatwirtschaftlich organisierten großen, marktbeherrschenden Unternehmungen, die in der Regel als Aktiengesellschaften tätig sind und etwa die Hälfte der Bruttowertschöpfung bestreiten und die aufgrund ihrer Größe, ihres in großen Kapitalkonglomerationen gebündelten

Einflusses tatsächlich geballte Macht verkörpern und diese in der politischen und wirtschaftlichen Auseinandersetzung auch einzusetzen gewillt sind? Sie versuchen, die Wirtschafts- und Sozialpolitik national und international gemäß ihren Interessen des Shareholder Value zu dominieren. Die Vorgänge um die Ausgestaltung der Wirtschaftpolitik der Regierung Schröder machen dies gerade gegenwärtig überdeutlich. Die Methoden reichen von materiell fast unbegrenzt ausgestatteten Lobbyismus bis zur existentiellen Erpressung der Regierung mit der unverhüllten Drohung, durch die Verlagerung von Arbeitsplätzen ins Ausland die Massenarbeitslosigkeit zu vergrößern.

Zweifellos handelt es sich hier um den Einsatz wirtschaftlicher Macht, die anderen Teilen und Gruppierungen der Gesellschaft und dem Staat nicht zur Verfügung steht und die auch zu einer Bedrohung der demokratischen Strukturen werden kann.

Besonders in den letzten 20 Jahren sind die Gewerkschaften, die auf der Grundlage des Streikrechtes eine solche Gegenmacht darstellen könnten, mit den verschiedensten Begründungen, u. a. der wirtschaftsstabilisierenden Rolle des sozialen Friedens, in eine strategische Defensive gedrängt worden. Die Differenzen zwischen den anfänglichen Forderungen der Gewerkschaften bei Tarifauseinandersetzungen und den Konditionen, auf die man sich dann einigt, zeigt deutlich den Machtverlust der Gewerkschaften. Es kommt hinzu, daß in den Tarifauseinandersetzungen für den öffentlichen Dienst der Staat die gleiche Rolle spielt und auch so agiert wie die Unternehmerverbände. Gerade gegenwärtig wird deutlich, daß die Unternehmerverbände BDI, BDA, DIHT und die Vertretung des Handwerks die wirtschaftspolitische Diskussion maßgeblich beeinflussen und sowohl Staat als auch Gewerkschaften in die Defensive gedrängt haben. Wenn ein solch erfahrener Politiker wie Altbundespräsident R. v. Weizsäcker in einem Interview mit dem Magazin der Frankfurter Allgemeinen Zeitung im April 1999 sagt, man müsse die Argumente der Unternehmer zwar ernsthaft prüfen, diese könnten aber nicht in einer Art und Weise auftreten, »als hinge von ihrer Genehmigung ab, ob die Regierung ein Programm auflegt und zur Grundlage ihres Haushalts macht«, dann zeigt das das reale Ungleichgewicht zwischen Unternehmer- und gesamtstaatlichen Interessen. Entschieden werde durch die Verfassungsorgane, sagte er, »und nicht durch die Lobbyisten«. Es sei deshalb unabdingbar, auf parlamentarisch-demokratischem Wege rechtlich verbindliche Normen des Verhaltens der Wirtschaftspartner, besonders der Begrenzung des Einsatzes wirtschaftlicher Macht festzulegen.

Wenn man die vielfältigen und auch konträren Erfahrungen des letzten halben Jahrhunderts analysiert, bieten sich für die überschaubare Zukunft folgende Erkenntnisse an:
– Innerhalb einer im wesentlichen marktwirtschaftlich verfaßten Eigentumsstruktur haben auch andere als private Eigentumsformen – staatliche, öffentliche kommunale, genossenschaftliche – ihren festen und stabilen Platz. Ihr Ausmaß, ihr Gewicht und ihre Formen hängen ab von den konkreten und im demokratischen Konsens erarbeiteten wirtschaftspolitischen Zielstellungen des demokratischen Staates. Ihre Existenz sollte nicht das Ziel haben, die marktwirtschaftlichen Grundmuster und Regulationsprinzipien außer Kraft zu setzen, jedoch ein wichtiger Hebel sein, die gesellschaftlich beherrschende Dominanz des Profitprinzips zu beschränken und zurückzudrängen.
– In der näheren überschaubaren Zukunft sollte von dem Prinzip ausgegangen werden, Eingriffe in Eigentumssegmente nur in Erwägung zu ziehen, soweit das für die Beschneidung der die Gesellschaft in ihrem Kern bedrohenden negativen Seiten des Marktes unabdingbar ist.
– Öffentliches Eigentum des demokratischen Staates, der Länder und Kommunen ist in diesem Zusammenhang eine legitime Eigentumsform, mit deren Hilfe er Projekte der Strukturentwicklung, der Nutzung neuer Erkenntnisse von Wissenschaft und Technik, der Ökologie und soziale Anliegen, die durch private Eigentumsformen nicht oder nur unzureichend gesichert werden, zielgerichtet verwirklichen kann.

Davon ausgehend drängen sich für die nähere Zukunft folgende Überlegungen auf:

**Erstens:** Banken und Investmentfonds sind die Sammelbecken des nicht in Grund und Boden, Gebäuden, Maschinen und Ausrüstungen sowie Rechtstiteln und anderen Anlagen festgelegten Kapitals. Dort werden sowohl die zeitweise Ansammlung der Abschreibungen der Unternehmungen als auch die zur Zeit nicht gebundenen Kapitalien sowie das beträchtliche Privatvermögen der Bürger gesammelt. Die Arbeit mit diesen Kapitalien durch die Banken und Investmentfonds gewinnt ständig an Bedeutung; und zwar deshalb, weil diese Kapitalansammlungen immer größere Ausmaße annehmen und die eigentlichen Kapitaleigner ausschließlich darauf orientiert sind, eine möglichst hohe Verzinsung und steigende Renditen zu verlangen. Durch Konzentration und Megafusionen verringert sich die Zahl der mit großer wirtschaftlicher Macht ausgestatteten Einrichtungen dieser Art dramatisch. Die Krisen in Asien, Rußland und Lateinamerika zeigen, daß dabei die Banken und die Struktur des Bankwesens und der Investmentfonds eine entscheidende, selbständige, von den Nationalstaaten nicht mehr zu kontrollierende Rolle spielen. Selbst einzelne Investmentbanken bzw. Investmentfonds sind in der Lage, durch raffinierte Manöver ganze Volkswirtschaften und nationale Währungen zu manipulieren und ökonomisch auszuhebeln. Gerade gegenwärtig mehren sich die Stimmen von Politikern aus allen politischen Lagern, von Wirtschaftlern und Wirtschaftswissenschaftlern, die die Transparenz der Aktionen aller Beteiligten auf diesem Gebiet, die Einführung eines »Regelsystems für die internationalen Finanzmärkte« fordern.[9] International wird eine Kontrolle der Finanzströme verlangt, um deren allein von privatwirtschaftlichen Erwägungen geleitete Verwendung zu kanalisieren bzw. Möglichkeiten des Eingriffs zu schaffen, wenn deren Entwicklung zu einer Gefahr für die ökonomische Stabilität ganzer Volkswirtschaften oder sogar der Weltwirtschaft als Ganzes wird.

Es ist also durchaus eine aktuelle Frage, Maßnahmen zur Beschränkung des gegenwärtig ausschließlich privatwirtschaftlich orientierten Verfügungsrechts der Banken über die bei ihnen deponierten Kapitalien festzulegen. Das könnte z. B. durch die Schaffung und Erweiterung des Regelsystems für deren wirtschaftliche Tätigkeit, die strenge öffentliche Kontrolle dieser Sammelstellen privaten Kapitals als auch die Schaffung staatlicher bzw. öffentlich kontrollierter Aufsichtsbehörden bzw. Zentralbanken geschehen. Die Verstaatlichung großer Banken ist kein »marktwirtschaftlicher Sündenfall«, wie eine ganze Reihe Beispiele in führenden Industriestaaten zeigt. Damit wird die Marktwirtschaft als Ganzes nicht infrage gestellt.

Eine gleiche Situation ergibt sich hinsichtlich der Megagebilde der Versicherungswirtschaft, die zu immer größeren Kapitalballungen fusionieren und immer enger mit dem Bankkapital verschmelzen. Die großen Versicherungsgesellschaften und das mit ihnen verbundene große Bankkapital führen eine Dienstleistung für die Wirtschaft und die Bevölkerung aus, die offensichtlich auch von Managern effizient organisiert werden kann, die im Auftrage des Staates und an Rahmenbedingungen gebunden, von der Öffentlichkeit und der Wirtschaft kontrolliert, tätig sind.

**Zweitens:** Staatliches Eigentum an Produktionsmitteln ist eine legitime Form dieses Eigentums in einer marktwirtschaftlich orientierten, mehrheitlich auf Privateigentum an Produktionsmitteln beruhenden Wirtschaft. Ausgewähltes Staatseigentum kann ein wichtiges Instrument zur Verwirklichung einer Wirtschaftspolitik sein, die die Rahmenbedingungen für blind wirkende Marktkräfte festlegt und auch imstande ist durchzusetzen. Eigentum des Bundes, der Länder und Kommunen kann ein wichtiger Faktor sein, um die negativen Seiten des Marktes zu begrenzen, um strukturelle und nachhaltige Maßnahmen der Wirtschaftsentwicklung einzuleiten und zu verwirklichen. Es stärkt das ökonomische Gewicht eines demokratischen Staates und ist eine wichtige Voraussetzung, um Eigentum und Verfügung darüber in eine Form zu bringen, die Nachhaltigkeit und Zukunftsfähigkeit ermöglicht. Dabei ist zu gewährleisten, daß staatliche oder staatlich dominierte Unternehmungen grundsätzlich den Regeln und Bedingungen des Marktes unterworfen sind, wobei zeitlich befristete Übergangs- und Sanierungskonzepte als Bestandteil wirtschaftspolitischer und struktureller Konzeptionen ebenso wie in der Privatwirtschaft zur Normalität gehören.

Staatliches Eigentum an wirtschaftlichen Unternehmen auf ausgewählten Gebieten sollte hauptsächlich vom Standpunkt der notwendigen Durchsetzung wirtschafts- und gesellschaftspolitischer Erfordernisse zur Sicherung einer nachhaltigen, ökologisch vertretbaren Wirtschaftsentwicklung geschaffen und bewirtschaftet werden.

Ausmaß und Zeitdauer sollten von der Entwicklung der wirtschaftspolitischen Situation und deren Erfordernissen abhängig gemacht werden. Die Privatisierung staatlichen Eigentums sollte kein Tabu sein, wenn die zugrundeliegenden wirtschaftspolitischen Zielstellungen erreicht oder der gleiche gesellschaftliche Effekt von privaten Unternehmen ohne Schaden für die gesamtgesellschaftliche Entwicklung gewährleistet werden können.

Die Existenz staatlicher Monopole sollte vermieden und dort, wo sie traditionell bestehen, eingeschränkt werden. Die Gewährleistung von Wettbewerb und Konkurrenz mit privatwirtschaftlichen Eigentumsformen ist ein grundlegendes Erfordernis zur Gewährleistung effektiven Wirtschaftens. Die heilsame Wirkung von Konkurrenz dieser Art wird gegenwärtig besonders auf dem Gebiet der Post und des Kommunikationswesens sichtbar. Selbst auf solchen Gebieten wie Rundfunk und Fernsehen hat sich die Zulassung privater Eigentumsformen neben der bestimmenden Rolle öffentlich-rechtlicher Anstalten als innovationsstimulierend und leistungssteigernd erwiesen. *Kurzfristig höherer Gewinn auf Dauer jedoch gesellschaftsfeindlich!*

**Drittens:** Angesichts der mit dem Produktivitätsfortschritt wachsenden Freisetzung von Arbeitskräften aus den unmittelbar produktiven Bereichen ist es im Interesse entschiedener Maßnahmen zur Verringerung der Massenarbeitslosigkeit von grundlegender Bedeutung, daß der demokratische Staat im gesamtgesellschaftlichen Interesse einen gemeinwirtschaftlichen und am Gemeinwohl orientierten Wirtschaftssektor, gestützt auf Länder und Kommunen, entwickelt, für den das Gewinnprinzip nicht die ausschlaggebende Orientierung darstellt. Das bedeutet, einen öffentlich geförderten, aus öffentlichen Mitteln mitfinanzierten Sektor sozialer, ökologischer und kultureller Dienstleistungen zu entwickeln, der zur Verbesserung der sozialen Versorgung, der Lebensqualität und Lebensbedingungen der Bevölkerung beiträgt. Die Finanzierung sollte aus eingesparten Aufwendungen für Arbeitslose, aus niedrigen, nicht gewinnorientierten Gebühren für solche Leistungen sowie aus steuerfinanzierten Zuschüssen der öffentlichen Haushalte erfolgen.

**Viertens:** Einer besonderen Förderung bedarf in einer mehrheitlich marktwirtschaftlich verfaßten Wirtschaft das genossenschaftliche Eigentum. Es ist ein nicht hauptsächlich gewinnorientierter, gemeinwirtschaftlich betriebener Wirtschaftssektor, der auf Befriedigung von wichtigen Bedürfnissen seiner Mitglieder gerichtet und vornehmlich in regionale Wirtschaftskreisläufe eingebunden ist. Das gilt insbesondere für die Bereiche Wohnungswirtschaft, Handel, Handwerk und Landwirtschaft. Die Lebensfähigkeit und positive gesellschaftliche Bedeutung des Genossenschaftsgedanken zeigt sich insbesondere an den Wohnungsgenossenschaften sowie den landwirtschaftlichen Genossenschaften in den neuen Bundesländern, die trotz massiver Behinderung und Benachteiligung die Wende überlebt haben und heute ein Drittel der landwirtschaftlichen Nutzfläche in den neuen Ländern bewirtschaften.

## Probleme und Möglichkeiten der Steuerung marktwirtschaftlicher Strukturen

Die geschichtliche Entwicklung hat gezeigt, daß entwickelte Marktwirtschaften nie ohne Regulierung existiert haben. Die blinden Kräfte des Marktes verlangten geradezu nach Lenkung und Steuerung vom Standpunkt der übergeordneten gesellschaftlichen Organisation, unabhängig davon, ob dies Fürsten, Könige oder republikanische Machtgebilde waren und sind.

Es bleibt natürlich die grundsätzliche Frage, in welchem Ausmaß ein »Ordnungsrahmen« oder »Rahmenbedingungen« die negativen Seiten der Marktwirtschaft einschräken, kanalisieren und lenken dürfen, ohne die Funktion des Marktes als Mittler, Wertmesser und Verbinder von Angebot und Nachfrage aufzuheben oder auch nur unzulässig einzuschränken.

Für die Schaffung der notwendigen Rahmenbedingungen sowie von Steuerungs- und Lenkungsmechanismen muß und kann offenbar ein breiter gesellschaftlichen Konsens gefunden werden. Aber in Anbetracht der Abneigung der Mehrheit der Menschen gegen radikale Änderungen ihrer Arbeits- und Lebensverhältnisse verbieten sich Versuche schneller und in ihren Auswirkungen nicht auf Anhieb überschaubarer Maßnahmen. Die Grünen mit ihrer Fünf-Mark-pro-Liter-Diskussion mußten für die Mißachtung dieser Erkenntnisse teures Lehrgeld bezahlen.

Ein wesentliches Problem besteht darin, daß mit der Globalisierung neue Anforderungen stehen, die im Kern objektiven Charakter haben. Es geht ja nicht nur um die Verschärfung des internationalen Wettbewerbs und damit die unausweichliche Konfrontation mit dem Marktgebaren der Marktpartner im Weltmaßstab, der man nicht ausweichen kann. Es geht auch um die immer drängender werdenden unausweichlichen Konsequenzen aus der Beseitigung von Armut und Elend der Menschen der dritten Welt und eines Programms zur schrittweisen Schließung der Schere zwischen dem Lebensstandard in diesen Ländern zu dem der Industrienationen. Es geht um das in seinen Ausmaßen noch gar nicht ganz wahrgenommene Problem der Einschränkung und schließlichen Verhinderung des Raubbaues an den natürlichen Ressourcen der Erde, die heute schon die Existenz der Menschheit bedrohen.

Das macht die Ausarbeitung von Konzeptionen der Linken für

die weitere Entwicklung von Wirtschaft und Gesellschaft sowie der dazu zu beschreitenden Wege nicht einfacher. Es ist schwerer vermittelbar, Schlußfolgerungen aus Grenzen des Wachstums zu ziehen, als Illusionen auf ein hohes Wachstumstempo der Wirtschaft in den entwickelten Industriestaaten zu nähren, das unter den gegebenen Bedingungen die Voraussetzungen für eine wesentliche Senkung der Massenarbeitslosigkeit ist. Und doch gebietet die Glaubwürdigkeit, nichts zu beschönigen.

Wenn die Frage beantwortet werden soll, worin die nächsten konkreten Schritte zur Einschränkung der negativen Seiten der Marktwirtschaft und des privatkapitalistischen Eigentums an Produktionsmitteln bestehen sollten, dann müssen zunächst zwei Ebenen unterschieden werden; einmal die nationale, die Maßnahmen im Rahmen der BRD; zum zweiten die internationale, die globale. Ein wesentlicher Gesichtspunkt national wie international sollte darin bestehen, daß es Elemente solcher Rahmenbedingungen, unterschiedlich ausgeprägt, auch heute bereits gibt, an die angeknüpft werden sollte, anstatt um nicht konsensfähige Ideallösungen zu streiten und dadurch Zeit und Zustimmung zu verlieren.

Im *nationalen* Rahmen kann ein Ausgangspunkt darin bestehen, daß die in den sechziger und siebziger Jahren ausgestaltete soziale Marktwirtschaft der BRD bereits eine mehr oder weniger entwickelte Form der Bändigung blinder Kräfte des Marktes darstellte, die der Mehrheit der Bevölkerung der BRD, im deutlichen Abstand auch zu solchen Ländern wie Großbritannien, Frankreich, Italien, und was die soziale Seite anbetrifft, auch den USA und Japan, ein höheres wirtschaftliches und soziales Niveau brachte.
Eine grundlegende Aufgabe besteht doch offensichtlich darin, den Status und die Grundanlage dieser speziellen Form der Marktwirtschaft, eben einer im Rahmen ihrer Möglichkeiten sozial verpflichteten Marktwirtschaft gegen die von der Regierung Kohl eingeleiteten und auch von der Regierung Schröder beabsichtigten Maßnahmen der Demontage sozialer Errungenschaften zu verteidigen. Die Schwierigkeit besteht darin, in jedem einzelnen Fall zu prüfen, was als Umbau des Sozialstaates unvermeidlich ist und was als Abbau sozialer Errungenschaften, der allein der Stärkung der Angebotsseite dient, abgelehnt werden sollte. Das bedarf in jedem einzelnen Fall der genauen Prüfung.

*Es ist nicht vorstellbar, daß die regierenden Pastorentöchter etwas vernünftiges zustande bringen*

Es muß über den Weg des Interessenausgleichs die Linie der Umverteilung von unten nach oben gestoppt und auf diesem Wege zugleich eine Stärkung der Massenkaufkraft als entscheidende Voraussetzung für Wirtschaftswachstum und Senkung der Massenarbeitslosigkeit verwirklicht werden. Darin besteht der eigentliche Politikwechsel, den G. Schröder versprochen hat, aber gegenwärtig nicht verwirklicht.

Ein nicht zu unterschätzendes Instrument der staatlichen Steuerung und Lenkung ökonomischer Prozesse ist in allen marktwirtschaftlich organisierten Volkswirtschaften das Steuersystem. Die Struktur dieses Systems und der Einsatz der in diesem Rahmen zur Verfügung stehenden Mittel, über die der Staat verfügt, kann zu einem entscheidenden Instrument der Gestaltung der Wirtschaftspolitik entwickelt werden. Die Ausarbeitung und zielgerichtete Verwirklichung der Haushaltspläne des Bundes, der Länder und Kommunen sind Ausdruck einer bewußten, planmäßigen Beeinflussung des wirtschaftlichen Geschehens sowie des Verhaltens der Marktteilnehmer. Die gegenwärtigen Auseinandersetzungen um die Steuerreform in der Bundesrepublik machen dies besonders deutlich.

Welche Möglichkeiten die Steuerpolitik sowohl in positiver als auch in negativer Hinsicht eröffnet, wird schlaglichtartig anhand einer Analyse von OECD-Experten deutlich, die bei einer Anhörung des Bundesfinanzausschusses unter Leitung der Bündnisgrünen, Ch. Scheel, im April 1999 vorgetragen wurde. Nach den vehementen und andauernden Attacken der Unternehmerverbände und ihrer Repräsentanten, daß die BRD angeblich ein Hochsteuerland sei und damit einen entscheidenden Standortnachteil aufweise, stellten die Experten fest, daß der effektive Durchschnittsteuersatz für Unternehmen in der BRD 1992 20,8 Prozent betragen hat; im Gegensatz zu den USA mit 27 Prozent (1996), Dänemark mit 28,6 Prozent (1994), Großbritannien mit 32,4 Prozent (1996). Niedriger als in Deutschland sei der effektive Durchschnittsteuersatz für Unternehmer nur in den Niederlanden mit 16,2 Prozent (1995).

Das heißt, Deutschland ist unter den größten Industrienationen das Land mit den niedrigsten Steuersätzen für Unternehmer. Dagegen wird von der Unternehmerseite mit den nominalen Steuersätzen argumentiert, die zwar formal höher liegen, aber über Jahrzehnte durch ein Gestrüpp von Sonder- und Ausnahmeregeln auf ein Niveau gebracht wurden, das dem eines Niedrigsteuerlandes entspricht.

Es ist interessant, daß das staatliche und sonstige Erhebungswesen es nicht ermöglicht, die reale Steuerbelastung der Unternehmerseite überhaupt sichtbar zu machen, weshalb die Experten der OECD im Jahre 1999 (!) auf Angaben aus der BRD von 1992 zurückgreifen mußten; im Gegensatz zu den meisten anderen europäischen Ländern. Was ist das für einen Staat, der sich auf solche Weise vorführen und irreführen läßt, dem sowie der Öffentlichkeit anhand seiner eigenen, völlig unzureichenden Datenbasis ständig Horrorszenarien der Steuerbelastungen der Unternehmer vorgegaukelt werden. Offenbar wurde dieses Verwirrspiel unter der CDU-Marathonregierung systematisch und undurchdringbar ausgestaltet und im Zusammenhang mit den ökonomischen Regelungen zur deutschen Vereinigung zu einem gigantischen Fischzug zu Lasten der einfachen Steuerbürger dieses Staates ausgebaut.

Das macht auch deutlich, daß man den Staat und die öffentlichen Angelegenheiten aus dem Filz des raffinierten Lobbyismus, der Vertuschung und Verschleierung der wirklichen ökonomischen Tatbestände befreien muß. Das ist die Hauptursache dafür, daß in der BRD gegenwärtig 0,4 Prozent der Haushalte 59 Prozent des Vermögens besitzen. Die Steuerbelastung von Vermögen und Unternehmergewinnen wurde von 20 Prozent 1980 auf 7,5 Prozent 1997 gesenkt; die Steuerbelastung von Löhnen und Gehältern stieg dagegen von 41,4 Prozent auf 48,5 Prozent an. Das macht das Ausmaß der in der Kohlära eingetretenen Umverteilung von unten nach oben deutlich.

Wieso gefährdet die Umkehrung dieser Tendenz den nationalen Konsens?

Wenn Bundeskanzler Schröder unter dem Schlagwort, »man kann nicht gegen die Wirtschaft regieren« vor dieser Umkehrung kapituliert, dann gibt er die Politik der sozialen Ausgeglichenheit auf. Die im Juli 2000 nun auch im Bundesrat beschlossenen Steuerreform erfüllt diese Anforderungen nicht. Die Steuergeschenke an die Großindustrie sind vor dem Hintergrund der tatsächlichen Lage gemäß Analyse der OECD nicht gerechtfertigt; die Entlastung und Schaffung von Massenkaufkraft bei den Arbeitnehmern als wichtigster Wachstumsmotor und zur Senkung der Massenarbeitslosigkeit sind nicht ausreichend.

Man muß die Frage stellen, warum das Steuersystem der Bundesrepublik so kompliziert ist, daß es nicht nur für Menschen mit normalem Intelligenzquotienten nicht durchschaubar ist, sondern auch für gutausgebildete Angehörige eines eigens dafür geschaffenen umfangreichen Berufsstandes, Steuerberater und ihre Gehilfen, wie sie mehrfach auf ihren jährlichen Verbandsberatungen öffentlich erklärten. Eine Grundanforderung einer demokratisch verfaßten Gesellschaft müßte doch darin bestehen, daß dieser Bereich von Bürgern mit durchschnittlicher Intelligenz überseh- und beurteilbar ist. Das wäre zugleich ein wesentlicher Beitrag, um die besonders auf diesem Gebiet wild wuchernde Bürokratie einzuschränken und den Staat ohne Eingriffe in seine Funktionen im beträchtlichen Umfang tatsächlich zu »verschlanken«.

Dabei sollte man auch folgendes berücksichtigen:
In ihrer Anlage und den bei der Ausarbeitung angewandten Methoden unterscheidet sich die Haushaltsplanung in der BRD hinsichtlich der Aufstellung verbindlicher Jahrespläne, einer detaillierten Projektion für das nächstfolgende und einer Vorschau für die nächsten fünf Jahre nicht grundsätzlich von den, allerdings das gesamte wirtschaftliche Geschehen umfassenden, staatssozialistischen Planungsmethoden.
Länder wie Frankreich und Japan haben sogar zentrale staatliche Planungsbehörden geschaffen, die Strategien für die Wirtschaftspolitik ausarbeiten und Plankonzeptionen entwickeln für die Wirtschaft als Ganzes oder einzelne Schwerpunkte, wie z. B. wichtige technologische Bereiche. In 15 OECD-Staaten gibt es durch staatliche Einrichtungen erarbeitete Umweltpläne; so z. B. in Holland, Schweden und Japan.

Es ergibt sich eine generelle Schlußfolgerung:
Insbesondere die sprunghaft gestiegenen Entwicklungsmöglichkeiten der Produktivkräfte, das Vagabundieren großer, Anlage suchender Kapitalballungen und die immer bedrohlicher heranreifenden Probleme der Zerstörung der Umwelt sowie der Lösung der bevölkerungspolitischen und soziokulturellen Probleme der dritten Welt machen es erforderlich, neue Gedanken einer demokratischen Planung, vor allem mit Hilfe ökonomischer Kategorien und Hebel, zu entwickeln. Das ist eine grundlegend andere Entwicklungsrichtung als sie von den Marktfundamentalisten der neoliberalen Welle vertreten wurde. Aber auch im internationa-

len Maßstab, insbesondere im Zusammenhang mit der ständig zunehmenden Globalisierung, wird diese Entwicklungsrichtung in wachsendem Maße, wenn auch noch nicht genügend ausgeprägt und profiliert, sichtbar.
So ungewöhnlich es für manchen klingen mag: Die Linke muß sich einsetzen für einen starken demokratischen Staat, der dem Druck der großen Wirtschaftsverbände widerstehen kann, und der die Kraft hat, deren direkte und indirekte Macht zu beschränken.

Was die Schaffung von Rahmenbedingungen zur Bändigung der negativen Seiten der Marktwirtschaft im *internationalen* Rahmen betrifft, so gibt es auch hier eine Reihe von Elementen, die bereits in diese Richtung wirken, deren Arbeitsinhalte jedoch weiterentwickelt oder sogar grundlegend umgestaltet werden müssen. Unter anderen wären hier zu nennen: bereits bestehende Organe der UNO wie die Welthandelsorganisation (WTO), die UN-Weltbank, der internationale Währungsfonds (IWF), die internationale Arbeitsorganisation (ILO). Diese Organe wurden im internationalen Rahmen als zwingende Notwendigkeiten zur Abstimmung, Steuerung und Lenkung ökonomischer Prozesse geschaffen, zur Herausarbeitung internationaler Standards. Sie sind auch im Weltmaßstab der Beweis dafür, daß Steuerung und Lenkung, man könnte auch sagen Planung oder planmäßige Entwicklung, d. h. die Marktkräfte lenkende Einflußnahme unabdingbar notwendig ist.

Die Hauptaufgabe besteht hierbei offensichtlich darin, die Autorität dieser Organe zu stärken, sie aus der Ohnmacht gegenüber den Interessen des Weltkapitals schrittweise herauszuführen, ihren oftmals schon in die richtige Richtung weisenden Konzepten und Programmen z. B. der Weltklimakonferenz durch Beschlußfassung in der Vollversammlung der UNO eine größere Verbindlichkeit zu verleihen.
Wie die Entwicklung gerade gegenwärtig zeigt, ist das Hauptproblem dabei, die von den Interessen der großen Monopole geleitete Dominanz der USA schrittweise einzuschränken und deren Blockadehaltung, heute schon gegen die Mehrheit der Staaten, aufzubrechen.
Man könnte einwenden, daß dies weltfremd und illusorisch sei. Aber die Entwicklung hat gezeigt, daß es bei Beharrlichkeit und Geduld Schritte in die richtige Richtung geben kann. Der Druck

der Weltöffentlichkeit, darunter auch in den USA selbst, wächst. Es gibt dazu keine Alternative. Es sei denn, man resigniert oder man hofft auf irgendwelche »weltrevolutionären« Ereignisse. Selbst Clinton war Ende 1998 gezwungen, vom »Streben der USA nach einer Wirtschaft mit menschlichem Antlitz« zu sprechen. Es scheint zunehmend schwerer zu werden, die Monopolinteressen der global operierenden Wirtschaftsgiganten offen zu vertreten.

Besonders deutlich wird das gegenwärtig im Zusammenhang mit den weltweiten Krisen auf dem Finanzsektor der kapitalistischen Wirtschaft. Die Prophezeiung von Soros, daß »das kapitalistische Weltsystem durch eine Reihe von Finanzkrisen erschüttert und buchstäblich am Auseinanderbrechen ist«, die ersten Maßnahmen zur Durchsetzung einer größeren Transparenz der globalen Finanzströme, die Maßnahmen zur Beherrschung der Krisen in Asien, Rußland und Lateinamerika sind Indizien dafür, daß sich die Erkenntnis durchsetzt, wonach Maßnahmen im Sinne einer Kanalisierung von Auswüchsen der Marktwirtschaft unvermeidlich sind.

Die Linke muß sich weltweit für die richtigen Inhalte dieser Ordnungsformen einsetzen und die dafür durchaus möglichen Mehrheiten der Völker organisieren. Das erfordert international die beharrliche Stärkung der Rolle der UNO sowie ihrer bereits bestehenden wirtschaftlichen Unterorganisationen und Organe und die Erhöhung der Effizienz ihrer Arbeit. Natürlich sind die Argumente nicht von der Hand zu weisen, die besagen, daß die Zurückdrängung des Einflusses des big business der USA gerade gegenwärtig angesichts der Ereignisse um den Kosovokonflikt und die Ausschaltung der UNO eine Illusion sei. Man sollte aber nicht unterschätzen, daß gerade dieses rücksichtslose Durchsetzen der eigensüchtigen Interessen des USA-Kapitals in wachsendem Maße auch Gegenkräfte aus den verschiedensten Gründen mobilisiert. Naiv betrachtet, könnte man es für einen Zufall halten, daß gerade gegenwärtig, nachdem die Eurozone sich anschickt, zu einem ernstzunehmenden internationalen Kontrahenten im weltwirtschaftlichen Gefüge zu werden, anläßlich der NATO-Jubiläumstagung in Washington unterschiedliche Auffassungen zur Weiterführung des Kosovokonfliktes sichtbar wurden, der Euro im Verhältnis zum Dollar auf seinen niedrigsten Stand gefallen ist und am »Schwächeln« gehalten wird. Das ist die unverhohlene Durchsetzung des Führungsanspruches der USA und des Einsat-

zes ihres ökonomischen Gewichts, um die Partner im Bündnis zu disziplinieren. Das macht aber zugleich auch die unterschiedlichen Interessenlagen der Partner deutlich. Indem den europäischen Bündnispartnern die Hauptlast für die Bewältigung der wirtschaftlichen und sozialen Folgen des Kosovokrieges aufgeladen werden, sollen sie ökonomisch geschwächt und auf Distanz gehalten werden.
Diese Auseinandersetzung zwischen den Hauptgruppen des Weltkapitals schaffen im Zusammenhang mit dem wachsenden Gewicht der dritten Welt zweifellos Möglichkeiten für die Verwirklichung von Schritten, um solche, die menschliche Gesellschaft als Ganzes bedrohende Exzesse des big business schrittweise einzuschränken. Noch hat es nicht zu greifbaren Konsequenzen geführt, aber es ist eine Tatsache, daß die USA und die Interessen ihres big business auf den Umweltgipfeln der UNO als größter Verschmutzer der Atmosphäre mit dem zerstörerischen $Co_2$ am Pranger standen. Eine ähnliche Situation ergibt sich hinsichtlich der Schaffung eines internationalen Strafgerichtshofes, wozu im vergangenen Jahr Verhandlungen in Rom stattfanden; oder hinsichtlich des Verbots von Landminen.

Besonders in den letzten Monaten haben sich auch international die Indizien für eine stärkere politische Einflußnahme auf die wirtschaftliche und finanzielle Entwicklung im Interesse der Menschen verstärkt. Man kann diese Anzeichen für völlig ungenügend halten; man kann sie für Alibi-Aktionen halten. Die Tatsache, daß sich die führenden Staatsmänner der entwickelten Industriestaaten mit diesen Fragen auf Regierungskonferenzen befassen müssen, daß Vorschläge und Überlegungen in dieser Richtung ausgearbeitet und auch öffentlich diskutiert werden, ist eine wesentlich veränderte Situation gegenüber noch vor wenigen Monaten. Auf dem Beschäftigungsgipfel in Lissabon im März 2000 wurde verkündet, daß man die europäische Union zum »wettbewerbsfähigsten, dynamischsten wissenbasierten Wirtschaftsraum machen will«, daß man »ein jährliches Wirtschaftswachstum von drei Prozent anstrebt, um in zehn Jahren Vollbeschäftigung zu erreichen«, daß man zwanzig Millionen Arbeitsplätze schaffen« will.[10] Das sind neue Töne, vor allem, wenn man sich daran erinnert, daß noch unter der Regierung Kohl die BRD Länder übergreifende Maßnahmen und gemeinsame Ziele zur Bekämpfung der Arbeitslosigkeit strikt abgelehnt hat.

Auch die Durchführung einer Regierungskonferenz »Modernes Regieren im 21. Jahrhundert« Ende Mai 2000 in Berlin weist in diese Richtung. Es ist zumindest in Worten eine neue Qualität, wenn Bundeskanzler Schröder in einem Interview in der Berliner Zeitung auf die Frage, was Amerika von Europa lernen könne, antwortet: »Es kann lernen, daß auf die Dauer soziale Sicherheit und Zusammenhalt einer Gesellschaft auch ein ökonomischer Wert ist. Natürlich sind die neuen Jobs in Amerika nicht alles Billigarbeitskräfte. Dennoch kann man nicht ernsthaft bestreiten, daß das Maß an persönlicher Sicherheit und damit die Kalkulierbarkeit des eigenen Lebens in den USA geringer ist als bei uns ... daß unser Wirtschaftssystem auch denen eine Chance läßt, die nicht 25.000 $ im Jahr für einen Studienplatz ausgeben können.«[11]

Es scheint schon bedeutungsvoll, wenn im Abschlußkommunique der Berliner Konferenz Sätze enthalten sind, wie diese: »Die sozialen Sicherungssysteme müssen nicht nur verbessert, sondern auch angepaßt werden.« »Dem dynamischen Markt muß eine starke Zivilgesellschaft gegenüber stehen, die sich nicht auf Vorurteile, sondern vereinbarte Regeln stützt sowie ein informierter Staat ...« Und: »Wir sehen die Notwendigkeit, den institutionellen Rahmen zu verbessern, in dem Finanzmärkte operieren; und zwar durch effiziente Regulierungen, Überwachungsmechanismen und Rechenschaftsverfahren.«[12]

Es scheint sich in den verschiedensten Schichten der Gesellschaft die Erkenntnis Bahn zu brechen, daß die drängenden Probleme der menschlichen Gesellschaft wie Ressourcenraubbau, Zerstörung der Atmosphäre, der Kampf gegen Hunger und Armut besonders in der dritten Welt nicht durch die weitere Entfaltung der Marktkräfte, die ja gerade die Hauptursache dieser Probleme sind, gelöst werden können, sondern eine langfristige Planung und die Lenkung des Marktes nötig machen. Die Erfahrungen des gescheiterten Versuches in der DDR und auch in anderen Ländern legen nahe, daß die Verwirklichung einer wissenschaftlich begründeten demokratischen Planung und ihre Verbindung mit durch Rahmenbedingungen gesellschaftlich kontrollierter Marktmechanismen in der nahen und überschaubaren Zukunft ein Hauptweg der wirtschaftlichen und gesellschaftlichen Entwicklung zum Wohle der Menschen werden muß und werden kann.

Das Ziel besteht darin, eine sozial gerechte, den menschlichen Werten verpflichtete und den drängenden ökologischen Anforderungen entsprechende Gesellschaft zu gestalten, die gleichzeitig die Aufgaben des Kampfes gegen Hunger und Unterentwicklung des größeren Teils der Menschheit zielstrebig in Angriff nimmt. Der Streit darüber, ob man dieses Ziel Sozialismus, Kommunismus oder anders nennt, lenkt möglicherweise nur vom Kern dieser Aufgabe ab.

Welche Rolle der marktwirtschaftliche Regulationsmechanismus und die Formen des Eigentums an den Produktionsmitteln dabei spielen wird, muß offensichtlich unter Berücksichtigung und Auswertung der Erfahrungen des zwanzigsten Jahrhunderts und der gerade gegenwärtig rasanten Entwicklung der Produktivkräfte noch heraus gefunden werden. Das muß Gegenstand gründlicher und intensiver Überlegungen und Diskussionen sein. Auf keinen Fall sollten sie sich in unfruchtbarem Dogmenstreit erschöpfen.

[1] G. Soros, Die Krise des globalen Kapitalismus, Alexander Fest Verlag 1998
[2] E. Hobsbawm, Zeitalter der Extreme, Carl Hansen Verlag, 1997
[3] L. C. Thurow, Die Zukunft des Kapitalismus, Metropolitan Verlag 1996, S. 40/41
[4] Adam Smith, Der Wohlstand der Nationen, dtv München 1988
[5] Karl Marx, Das Kapital, Gustav Kiepenheuer 1952, S. 99
[6] R. Kurz, Ideologie der Effizienz, in Neues Deutschland vom 7. 1. 2000
[7] Wilhelm Röpke, Jenseits von Angebot und Nachfrage, 1958
[8] G. Soros, Die Krise des globalen Kapitalismus, a.a.O
[9] Chirac auf dem 72. deutsch-französischen Gipfel in Potsdam 1998
[10] Berliner Zeitung vom 25./26. 3. 2000
[11] ebenda vom 2. 6. 2000
[12] zitiert in »Neues Deutschland« vom 5.6.2000

# Anhang

Standpunkt und Erklärung der Vertreter der DDR zu Fragen der Strukturanpassung der Wirtschaft in den Beratungen der Regierungsdelegationen zur Vorbereitung der Währungs-, Wirtschafts- und Sozialunion zwischen BRD und DDR:

2. März 1990

Zur Notwendigkeit einer Strukturanpassungsphase für die Wirtschaft der DDR bei der Schaffung einer Währungsunion und Wirtschaftsgemeinschaft

Alle internationalen Erfahrungen und Beispiele belegen, daß man zwei in Jahrzehnten nach völlig unterschiedlichen Prinzipien gewachsene Wirtschaften nicht von einem zum anderen Tag den ökonomischen Bedingungen und Gesetzen eines dieser Wirtschaftsbereiche unterwerfen kann.
Wir müssen davon ausgehen, daß die volkswirtschaftliche Arbeitsproduktivität der DDR um 40 - 50 % niedriger liegt als in der BRD. Das ist natürlich nach Zweigen und Bereichen differenziert. Der Zustand der Grundfonds ist mit einem Verschleißgrad in der Industrie von 54 %, im Bauwesen von 67 % und im Verkehrswesen von 52 % wesentlich ungünstiger als in der BRD. Entsprechend niedriger ist die Effektivität der Produktion und damit der Betriebe und Unternehmungen.

Berechnungen zu den Bedingungen der Einführung der D-Mark, der Preise der BRD, d. h. des internationalen Marktes, führen zu dem Schluß, daß etwa 70 % der Unternehmungen bei einem »Wurf in das kalte Wasser« in eine Konkurslage kommt. Das würde die Arbeitsplätze von etwa 2 - 2,5 Mio Menschen betreffen.

Wir gehen davon aus, daß

der schnelle Übergang zur Marktwirtschaft, die Beseitigung aller Hemmnisse für den Strom von Kapital aus der BRD und anderen Ländern in die DDR, die umfassende Entwicklung der Privatinitiative, die Schaffung günstiger Voraussetzungen für die Neugründung von Existenzen vor allem im Klein- und Mittelbetriebbereich sowie bei Dienstleistungen

gleichzeitig neue Arbeitsplätze schafft. Nach vorläufigen Berechnungen im ersten Jahr etwa 400.000 - 500.000.

Trotzdem wäre das, abgesehen von den notwendigen umfangreichen Umschulungsmaßnahmen, für mehrere Jahre mit einer Arbeitslosigkeit in Höhe von 1,5 - 2 Mio Menschen verbunden. Das entspräche einer Arbeitslosenquote, bezogen auf die Berufstätigen insgesamt, von 20 - 30%.

Eine solche Situation würde genau zum Gegenteil dessen führen, was mit der Schaffung einer Währungsunion und Wirtschaftsgemeinschaft beabsichtigt ist. Der Strom der Ausreisenden würde nicht gestoppt, sondern in einem bedeutenden Maße angereizt. Man muß dabei berücksichtigen, daß auch die Arbeitslosen in der Bundesrepublik besser als in der DDR gestellt sind. Selbst bei Lösung des damit verbundenen Problems der Bereitstellung von Mitteln für die Arbeitslosenunterstützung würde dies zu unkalkulierbaren politischen Konsequenzen führen. Die Mittel für die dann erforderliche Arbeitslosenunterstützung wären Investitionen in die falsche Richtung.

Wir müssen deshalb mit allem Ernst die Frage einer Strukturanpassungsphase für den Übergang zur internationalen Konkurrenzfähigkeit unserer Betriebe und Unternehmungen für einen Zeitraum von mindestens 3 - 4 Jahren stellen. Wir halten das für ein Kernstück der Schaffung einer Währungsunion und Wirtschaftsgemeinschaft zwischen unseren beiden Ländern. Wir sind nicht für die Erhaltung veralteter Strukturen und nicht für Subventionen zur Aufrechterhaltung einer maroden Wirtschaft. Wir sind für den schnellen Übergang auf die soziale Marktwirtschaft ohne wenn und aber. Ein solcher Anpassungsprozeß kann sich jedoch nicht in Tagen und Wochen vollziehen. Auch internationale Erfahrungen, hier wäre der Marshall-Plan zu nennen, die Erfahrungen in der EG oder die Vereinigung des Saarlandes mit der Bundesrepublik, beweisen, daß es hierfür ein Konzept geben muß, in dem die Schritte des Übergangs ohne soziale Eruptionen und in diesem Falle ohne die Entvölkerung der DDR festgelegt werden müssen. Wir nehmen das von ihnen geprägte Wort von »der Hilfe zur Selbsthilfe« auf. Wir stimmen auch dem von Bundeskanzler Herrn Kohl auf der Wahlkundgebung in der DDR verwendeten Begriff von der »Anschubfinanzierung« zu. Dabei kann es sich doch aber nicht um die Hilfe bei Arbeitslosenunterstützung oder

Renten handeln, sondern um den Anschub der Wirtschaft zu höherer Arbeitsproduktivität und Effizienz. Die dafür erforderlichen Unterstützungen müssen ein Grundbestandteil der gemeinsam zu vereinbarenden Maßnahmen zur Schaffung einer Währungsunion und Wirtschaftsgemeinschaft sein.

Wir sind für strenge und zeitlich eng begrenzte Konditionen. Wir gehen auch davon aus, daß dieser Übergang in einem bestimmten Maße mit der Schließung von Betrieben und damit auch mit Arbeitslosigkeit verbunden sein wird. Dieser Prozeß muß aber politisch und sozial beherrschbar bleiben. Es kann keinen Zweifel geben, daß das beiderseits vitale Interessen sind, oder es könnte alles gefährdet werden.

Wir schlagen deshalb vor, im Rahmen der Arbeitsgruppe einen gesonderten Vorschlag zu den
   Grundsätzen und Modalitäten einer solchen Strukturanpassungsphase für die Wirtschaft der DDR
auszuarbeiten. Dazu gehören auch solche Komplexe mit sehr spezifischen Bedingungen, wie die Entwicklung auf dem Gebiet der Landwirtschaft und die Weiterführung des Handels mit den RGW- Staaten.

**Brief von Prof. Dr. Karl Schiller an Ministerpräsident Dr. Hans Modrow vom 13. Januar 1990**

PROF. DR. KARL SCHILLER

Leinpfad 71
2000 Hamburg 60
Tel. (040) 46 27 14

13. Januar 1990

An den
Vorsitzenden des Ministerrats
Herrn Dr. Hans Modrow
Klosterstr. 47

DDR 1020 Berlin

Sehr geehrter Herr Ministerpräsident,

Wie am 5.1.1990 besprochen, übersende ich Ihnen hiermit meine Gedanken zu der Idee einer Wirtschaftsgemeinschaft DDR – BRD. Ich hätte das gerne ein paar Tage früher gemacht, aber meine kleine Ausarbeitung fiel gerade in die Zeit unseres hiesigen Umzugs. Das Thema selbst liesse sich sicherlich noch sehr vertiefen.

Mit freundlichen Grüssen

Ihr

Anl.-

**[Begleitbrief zur folgenden Skizze]**

Prof. Dr. Karl Schiller

Wirtschaftsgemeinschaft DDR-BRD
(Skizze)

Es bestehen große Wohlfahrts- und Einkommensdifferenzen zwischen der Bundesrepublik und der DDR. Diese müssen so bald wie möglich reduziert werden, schon allein um die nach der Öffnung der DDR weiterhin fließenden Abwanderungsströme zu bremsen. Es besteht wohl Einigkeit in der Meinung, daß aus diesen und anderen Gründen ein rascher wirtschaftlicher Aufschwung in der DDR einzuleiten ist.

Das deutlichste Signal für den Beginn eines solchen Aufschwungs wäre gegeben, wenn beide Staaten erklärten, daß sie in ihrer Wirtschaftspolitik die vollständige ökonomische Integration zwischen der DDR und der BRD ansteuerten. Ein solcher Wirtschaftsverbund würde die von Ministerpräsident Modrow vorgeschlagene Vertragsgemeinschaft voll mit Substanz anfüllen.

Die reine Wirtschaftsunion würde die Zweistaatlichkeit unberührt lassen, ebenso die Mitgliedschaften beider deutscher Staaten in ihren jeweiligen Paktsystemen. Völkerrechtliche oder außenpolitische Einwände könnten gegen einen solchen ökonomischen Verbund nicht erhoben werden.

Die Wirtschaftsunion würde an die Stelle bloßer fallweiser oder punktueller Hilfsmaßnahmen seitens der BRD an die DDR treten, welche unter den Bedingungen des Status quo doch nur eine sehr begrenzte Wirkung haben und die ökonomischen Erwartungen der Bürger der DDR nicht nachhaltig positiv beeinflussen würden. Eine Wirtschaftsunion wäre dagegen ein wirklicher Neubeginn, ein großer Sprung nach vorne, der die Transformation der beiden Volkswirtschaften »aufeinander zu« bedeuten würde. Sicherlich ist eine solche Integration nur schrittweise zu erreichen.

Aber am Beginn müßte die Grundentscheidung stehen. Die Freiheit des Austausches von Gütern und Dienstleistungen zwischen beiden Gebieten müßte zum Grundsatz erhoben werden. Die Wirtschaftsgemeinschaft als Ganzes müßte eine marktwirtschaftliche Ordnung haben. Daß der Anteil von Unternehmen im öffentlichen Eigentum in der DDR sehr viel höher wäre als in der BRD, wäre kein Hindernis. Wesentlich ist, daß Unternehmen in den freien Wettbewerb gestellt werden. Bei völlig ungehindertem Kapitalzufluß aus der Bundesrepublik würden in der DDR neue Investitionen deutlich zunehmen, es würden neue, vor allem Mittel- und Kleinbetriebe und neue Märkte entstehen. Die Aufschwungsgewinne würden neue Engagements seitens der Wirtschaft der BRD nach sich ziehen. Die Löhne in der DDR würden steigen. Die notwendigen ökonomischen Anpassungsprozesse in der DDR machen es erforderlich, daß der ganze Integrationsprozeß stufenweise erfolgt.

Die währungspolitische Entwicklung kann man sich folgendermaßen vorstellen: Mit dem wachsenden freien Austausch von Gütern und Dienstleistungen und freiem Kapitalverkehr wird möglicherweise der Wechselkurs der DDR-Mark ansteigen.
Die vorläufig in der DDR leider noch notwendige Devisenkontrolle müßte im Laufe des Prozesses aufgehoben werden. Eine Zeitlang könnte das System einer Parallelwährung bestehen. An irgendeinem Punkte könnte man sich zu einer gemeinsamen Währung entschließen. Auch bei einer Währungsunion wäre die Zweistaatlichkeit immer noch gewahrt.

Gerade in einer Wirtschaftsgemeinschaft, also in einem gemeinsamen Wirtschaftsraum, wäre die Chance gegeben, von dem großen Kapitalexportüberschuß der Bundesrepublik (100 Mrd. DM) mit marktwirtschaftlichen Mitteln einen beachtlichen Teil in die DDR umzulenken. Mit einer solchen Perspektive sollte es auch möglich sein, daß die Abwanderungsprobleme der DDR schnell gelöst werden und eine normale Wanderungsbewegung zwischen West und Ost in beiden Richtungen sich anbahnt.

Ich darf noch einmal betonen, daß ich es nicht für möglich halte, Zentralverwaltungs- und Marktwirtschaft zu vereinen.

## Vorsatzblatt der folgenden Lageanalyse

Gerhard Schürer
Gerhard Beil
Alexander Schalck
Ernst Höfner
Arno Donda

Berlin, 30. Oktober 1989

36. Ex., je 24 Blatt
37. Ex., 24 Blatt

V o r l a g e

für das Politbüro des Zentralkomitees der SED

**Betreff:** Analyse der ökonomischen Lage der DDR mit Schlußfolgerungen

**Beschlußentwurf:**

1. Der Analyse der ökonomischen Lage der DDR mit Schlußfolgerungen wird zur Kenntnis genommen; den Schlußfolgerungen wird zugestimmt.

2. Die Analyse und die Schlußfolgerungen sind in ausgewogener Form dem Entwurf der Rede des Generalsekretärs, Genossen Egon Krenz, für die 10. Tagung des ZK zugrunde zu legen.

Gerhard Schürer

Zur Behandlung der Vorlage sind einzuladen:

Gerhard Schürer
Gerhard Beil
Alexander Schalck
Ernst Höfner
Arno Donda

Die Vorlage wurde
ausgearbeitet von:

Begründung:	Beschluß des Politbüros vom
		24. Oktober 1989, Punkt 1

Verteiler:
1. - 30. Ex. Politbüro des ZK der SED
   31. Ex. Genosse Schürer
   32. Ex. Genosse Ehrensperger
   33. Ex. Genosse Beil
   34. Ex. Genosse Schalck
   35. Ex. Genosse Höfner
   36. Ex. Genosse Donda

                              Geheime Verschlußsache
                              1158/89
                              37. Ausf.   Seiten 1-22
                              Vernichtung: 31.12.1989
                              Geheimhaltungsgrad darf
                              nicht verändert werden


A n a l y s e
der ökonomischen Lage der DDR mit Schlußfolgerungen


Ausgehend vom Auftrag des Generalsekretärs des ZK der SED, Genossen Egon Krenz, ein ungeschminktes Bild der ökonomischen Lage der DDR mit Schlußfolgerungen vorzulegen, wird folgendes dargelegt:

I.

Die Deutsche Demokratische Republik hat beim Aufbau der entwickelten sozialistischen Gesellschaft <u>bedeutende Erfolge erreicht,</u> die auch international anerkannt werden. In einer zur Vorbereitung des XII. Parteitages ausgearbeiteten Analyse werden die auf vielen Gebieten erreichten bedeutenden Erfolge bei der Entwicklung der Volkswirtschaft der DDR ausführlich dargelegt, die hier nur zusammengefaßt eingeschätzt sind.

Es wurde ein dynamisches Wachstum des Nationaleinkommens über einen Zeitraum vcn 17 Jahren in Höhe von rd. 4% durchschnittlich jährlich realisiert, wobei sich das Wachstum in der letzten Zeit im Zusammenhang mit dem Rückgang der produktiven Akkumulation verlangsamte.

Auf dem Wege der Intensivierung wurden volkswirtschaftlich wichtige qualitative Aufgaben gelöst. Beim Einsatz von Roh- und Werkstoffen verminderte sich der spezifische Verbrauch gegenüber 1980 auf 74%, wobei die Zielstellungen des Fünfjahrplanes 1986-1990 zur Senkung des spezifischen Materialverbrauchs nicht erreicht wurden.

Bedeutende Ergebnisse wurden bei der Anwendung von Schlüsseltechnologien erreicht. Wir haben in der Mikroelektronik als eines der wenigen Länder der Welt die Entwicklung- und Produktion mikroelektronischer Bauelemente einschließlich eines wesentlichen Teils der dazu erforderlichen speziellen Produktionsausrüstungen für hochintegrierte Schaltkreise gemeistert. Dabei wird infolge des ungenügenden Standes der Arbeitsteilung ein breites Sortiment an mikroelektronischen Erzeugnissen entwickelt und produziert. Die Kosten für diese Erzeugnisse betragen z. Z. ein Mehrfaches des internationalen Standes. Ihr Einsatz in der Volkswirtschaft der DDR und im Export muß gegenwärtig mit über 3 Mrd. M pro Jahr gestützt werden. Die weitere Entwicklung verlangt dringend die Vertiefung der Kooperation, besonders mit der UdSSR.

Durch steigende Leistungen in der pflanzlichen und tierischen Produktion in der Landwirtschaft wurde der wachsende Verbrauch der Bevölkerung an Nahrungsmitteln sowie die Versorgung der Industrie mit Rohstoffen gewährleistet. Die aufeinanderfolgenden unterdurchschnittlichen Ernten in den Jahren 1988 und 1989 erfordern jedoch wiederum Getreideimporte aus dem NSW, die durch hohe Anstrengungen in den vergangenen Jahren bereits abgelöst waren.

Das Verkehrswesen wurde mit dem Schwerpunkt der Verlagerung der Transporte von der Straße auf die Eisenbahn entwickelt und die Elektrifizierung von 20 auf 40% erhöht. Der Ausbau der Infrastruktur, darunter das Straßenwesen, mußte insgesamt aufgrund der zurückgehenden Akkumulationskraft vernachlässigt werden; der Verschleißgrad des Autobahn- und Straßennetzes ist hoch.

Das Realeinkommen der Bevölkerung verbesserte sich allein im Zeitraum 1980-1988, wo sich in vielen Ländern die Lebenslage der Werktätigen verschlechterte, um 4,4% durchschnittlich jährlich.

Das ist disproportional zum Wachstum des produzierten Nationaleinkommens mit 4,2 %.

Seit 1970 wurden mehr als 3 Millionen Wohnungen neugebaut bzw. rekonstruiert und damit für 9 Millionen Menschen, d. h. mehr als die Hälfte der Bevölkerung der DDR, qualitativ neue Wohnbedingungen geschaffen. Infolge der Konzentration der Mittel wurden zur gleichen Zeit dringendste Reparaturmaßnahmen nicht durchgeführt und in solchen Städten wie Leipzig, und besonders in Mittelstädten wie Görlitz u. a. gibt es Tausende von Wohnungen, die nicht mehr bewohnbar sind.

Auf der Grundlage unseres sozialistischen Planungssystems konnte eine Reihe wichtiger Reformen, insbesondere die intensive Entwicklung der Volkswirtschaft in allen Hauptbereichen, rechtzeitig gewährleistet werden. Die Feststellung, daß wir über ein funktionierendes System der Leitung und Planung verfügen, hält jedoch einer strengen Prüfung nicht stand. Durch neue Anforderungen, mit denen die DDR konfrontiert war, entstanden im Zusammenhang mit subjektiven Entscheidungen Disproportionen, denen mit einem System aufwendiger administrativer Methoden begegnet werden sollte. Dadurch entwickelte sich ein übermäßiger Planungs- und Verwaltungsaufwand. Die Selbständigkeit der Kombinate und wirtschaftlichen Einheiten sowie der Territorien wurde eingeschränkt. Die Disproportionen im volkswirtschaftlichen Maßstab, zwischen den Zweigen sowie die schnellere Entwicklung der Finalerzeugnisse gegenüber der Zulieferproduktion konnten dadurch jedoch nicht eingeschränkt werden. Die Bildung und Ausgestaltung der Kombinate war ein richtiger und bedeutender Schritt zur Entwicklung der Leitung und Planung. Die vorgegebene Strategie, daß die Kombinate alles selbst machen sollten, führte zu bedeutenden Effektivitätsverlusten; die sich aus der objektiv notwendigen Vertiefung der Arbeitsteilung und zunehmenden Kooperation ergebenden Effekte konnten nicht genutzt werden.

Dadurch trat u. a. eine Tendenz der Kostenerhöhung ein, wodurch die internationale Wettbewerbsfähigkeit abnahm. Das bestehende System der Leitung und Planung hat sich hinsichtlich der notwendigen Entwicklung der Produktion der »1000 kleinen Dinge« sowie der effektiven Leitung und Planung der Klein- und Mittelbetriebe und der örtlichen Versorgungswirtschaft trotz großer Anstrengungen zentraler und örtlicher Organe nicht bewährt, da ökonomische und Preis-Markt-Regelungen ausblieben. Die Anwendung und Weiterentwicklung des Prinzips der Eigenerwirtschaftung ist richtig. Diese

Prinzipien können aber nur effektiv gestaltet werden, wenn reale Pläne mit entsprechenden Reserven in den Bilanzen die Grundlage sind. Nur unter diesen Bedingungen kann die Flexibilität und Beweglichkeit der Wirtschaft verbessert werden. Infolge der hohen Konsumtionsrate fehlen dazu jedoch materielle und finanzielle Mittel.

Um ein ungeschminktes Bild unserer wirtscnaftlichen Lage zu geben, muß im Zusammenhang mit der insgesamt positiven Entwicklung auf bedeutende Probleme der Sicherung der Akkumulation, der Proportionalität, des Entwicklungstempos und der Verwirklichung des Leistungsprinzips hingewiesen werden. Im internationalen Vergleich der Arbeitsproduktivität liegt die DDR gegenwärtig um 40% hinter der BRD zurück. Im Einsatz des gesellschaftlichen Arbeitsvermögens sowie der zur Verfügung stehenden Ressourcen besteht ein Mißverhältnis zwischen dem gesellschaftlichen Überbau und der Produktionsbasis. Die Verschuldung im nichtsozialistischen Wirtschaftsgebiet ist seit dem VIII. Parteitsg gegenwärtig auf eine Höhe gestiegen, die die Zahlungsfähigkeit der DDR in Frage stellt.

Die ökonomische Lage der DDR wird durch folgende Hauptfakten gekennzeichnet:

1. Die Auswirkungen des Rückgangs der Akkumulationsrate von 29% im Jahre 1970 auf 21% laut Plan 1989, die ausschließlich zu Lasten der produzierenden Bereiche gegangen ist, sind schwerwiegender als bisher eingeschätzt.
Die Rate der Akkumulation für produktive Investitionen ging von 16,1% 1970 auf 9,9% 1988 zurück.
Der Anteil der Akkumulation in den nichtproduzierenden Bereichen einschließlich Wohnungsbau ist seit den 70er Jahren mit einem Anteil von etwa 9% gleichgeblieben.
Während die Akkumulation in den produzierenden Bereichen im Zeitraum 1970-1988 auf 122% stieg, erhöhten sich die Investitionen im nichtproduzierenden Bereich einschließlich Wohnungsbau auf 200%. Dabei sind durch die Konzentration der Mittel auf den Wohnungs und Gesellschaftsbau bestimmte, für die Versorgung der Bevölkerung wichtige Bereiche, wie das Gesundheitswesen, vernachlässigt worden.

Die Konzentration der ohnehin zu geringen Investitionen auf ausgewählte Zweige hat zum Zurückbleiben in anderen Bereichen, darunter der Zulieferindustrie, geführt. Hinzu kommt, daß große Investitionsobjekte mit bedeutendem Aufwand nicht den geplanten Nutzen erreicht haben.

Auf einer Reihe von Gebieten sind modernste und hocheffektive Ausrüstungen vorhanden, wie z. B. in der Mikroelektronik, im Werkzeug- und Verarbeitungsmaschinenbau und auf Teilgebieten der Leichtindustrie, der Möbelindustrie sowie im Bereich Glas- und Keramikindustrie. Insgesamt hat sich jedoch der Verschleißgrad der Ausrüstungen in der Industrie von 47,1 % 1975 auf 53,8 % 1988 erhöht, im Bauwesen von 49 % auf 67 %, im Verkehrswesen von 48,4 % auf 52,1 % und in der Land-, Forst- und Nahrungsgüterwirtschaft von 50,2 % auf 61,3 %.

In bestimmten Bereichen der Volkswirtschaft sind die Ausrüstungen stark verschlissen, woraus sich ein überhöhter und ökonomisch uneffektiver Instandhaltungs- und Reparaturbedarf ergibt. Darin liegt auch eine Ursache, daß der Anteil der Beschäftigten mit manueller Tätigkeit in der Industrie seit 1980 nicht gesunken ist, sondern mit 40 % etwa gleichblieb.

Zugleich war mit dem ungenügenden Einsatz von Nationaleinkommen für die Akkumulation in den produzierenden Bereichen verbunden, daß eine Reihe wissenschaftlich-technischer Ergebnisse nicht in die Produktion überführt werden konnten und der Anteil des Zuwachses an Nationaleinkommen aus der Senkung des Produktionsverbrauchs, der 1981-1985 im Zusammenhang mit der Heizölablösung 30-35 % betrug, in der Folgezeit zurückging.

Der Rückgang der produktiven Akkumulation ist Hauptursache für das Abschwächen des Wachstumstempos der Produktion und des Nationaleinkommens, das vor allem ab 1986 wirksam wurde, sowie zunehmender Disproportionen.

Das Wachstumstempo des Nationaleinkommens 1986-1990 liegt voraussichtlich mit 3,6 % bei abnehmender Tendenz bedeutend unter den erreichten Ergebnissen bis 1985. Dieser Faktor des langjährigen Rückgangs der produktiven Akkumulation wird auch nach 1990 noch wirken.

2. Im Zeitraum seit dem VIII. Parteitag wuchs insgesamt der Verbrauch schneller als die eigenen Leistungen. Es wurde mehr verbraucht als aus eigener Produktion erwirtschaftet wurde zu Lasten der Verschuldung im NSW, die sich von 2 Mrd. VM 1970 auf 49 Mrd. VM 1989 erhöht hat. Das bedeutet, daß die Sozialpolitik seit dem VIII. Parteitag nicht in vollem Umfang auf eigenen Leistungen beruht, sondern zu einer wachsenden Verschuldung im NSW führte.

Hinzu kommt, daß das Tempo der Entwicklung der Geldeinnahmen der Bevölkerung höher war als das des Warenfonds zur Versorgung der Bevölkerung. Das führte trotz eines hohen Niveaus der Versorgung zu Mangelerscheinungen im Angebot und zu einem beträchtlichen Kaufkraftüberhang.

Betrachtet man als Basiszeitraum des nächsten Fünfjahrplanes die Jahre 1986-1989 zeigt sich folgendes Bild:

– Die <u>Hauptkennziffern von Leistung und Verbrauch</u> haben sich im Zeitraum 1986-1989 durchschnittlich jährlich wie folgt entwickelt:

    Wachstum des Nationaleinkommens     3,6%
    Warenfonds zur Versorgung der Bevölkerung     4,0%
    Nettogeldeinnahmen der Bevölkerung     4,3%
    Realeinkommen pro Kopf der Bevölkerung     4,5%

Die Leistungsentwicklung blieb hinter den Planzielstellungen zurück. Demgegenüber wurden die Ziele auf den Gebieten der Konsumtion, des Wohnungsbaus und der Sozialpolitik übererfüllt. Der Fünfjahrplan 1986-1990 sah gegenüber dem Ist von voraussichtlich 3,6% ein durchschnittlich jährliches Wachstum des Nationaleinkommens von 4,8% vor. Die Differenz zur tatsächlichen Entwicklung beträgt 1986-1990 36 Mrd. M volkswirtschaftliches Endprodukt Der Rückstand bei der industriellen Warenproduktion beträgt 88 Mrd. M.
Der Ausgleich zwischen diesem Leistungsrückstand und der Erfüllung der sozialpolitischen Aufgaben führte zur Senkung der Akkumulation, zur Erhöhung der inneren Verschuldung und der zunehmenden Aufnahme ausländischer Kredite.

– Einer besonderen Beachtung bedarf die <u>Entwicklung des Verhältnisses zwischen Kaufkraft und Warenfonds.</u>
Die Nettogeldeinnahmen sind mit 4,3% jährlich schneller gewachsen als der Warenfonds mit 4%. Für den langfristigen Zeitraum 1980-1989 ergibt sich ein Verhältnis von 138,9% Steigerung der Nettogeldeinnahmen zu 131,4% Steigerung des Warenfonds. Das führte zu einem permanenten, sich ständig vergrößernden Kaufkraftüberhang.

Das Verhältnis der notwendigen schnelleren Steigerung der Arbeitsproduktivität gegenüer dem Durchschnittslohn hat sich in diesem Zusammenhang abgeschwächt und im Jahre 1987 aufgrund des Zusammenfallens mehrerer ungünstiger Faktoren (strenger Winter, starke Ernteausfälle) umgekehrt. Für den Zeitraum 1986-1989 zeigt sich durchschnittlich jährlich folgendes Bild:

Verhältnis der Steigerung der Arbeitsproduktivität
zur Entwicklung des Durchschnittslohnes

   geplant  1,54 : 1
   Ist    1,20 : 1

Die <u>Entwicklung der Struktur der Konsumtion</u> im Zusammenhang mit der grundlegenden Frage des Verhältnisses zwischen individueller und gesellschaftlicher Konsumtion und des im Parteiprogramm dazu formulierten Grundsatzes; daß die Erhöhung des materiellen und kulturellen Lebensniveaus der Werktätigen sich auch weiterhin hauptsächlich über das Arbeitseinkommen als wichtigste Einkommensquelle vollziehen wird, zeigt folgendes:

· Während sich im Zeitraum 1986-1989 die Geldeinnahmen der Bevölkerung durchschnittlich jährlich um  4,3 %
erhöhten, sind die <u>indirekten Einkommen aus gesellschaftlichen Fonds,</u> als wichtiger Bestandteil des Realeinkommens (oft auch zweite Lohntüte genannt) um 4,9 %
durchschnittlich jährlich angewachsen.
Das Tempo der Entwicklung der <u>Zuwendungen für die Bevölkerung aus dem Staatshaushalt</u> einschließlich der Subventionen für Wohnungswesen, stabile Preise, Tarife, Bildungswesen, Gesundheitswesen, Kultur, Sport und Erholung beträgt 1986-1988 rund 7 %
durchschnittlich jährlich.

· Aus der schnelleren Entwicklung der Nettogeldeinnahmen gegenüber den Warenfonds zur Versorgung der Bevölkerung ergibt sich im Zeitraum 1986-1989 ein aktueller, direkt auf den Binnenmarkt wirkender <u>Kaufkraftüberhang</u> von 6,0 Mrd. M
Das entspricht etwa dem Zuwachs der Nettogeldeinnahmen der Bevölkerung eines ganzen Jahres.

· Die <u>Spareinlagen</u> einschließlich Versicherungssparen erhöhten sich von 136 Mrd. M 1985 auf 175 Mrd. M Ende 1989. Das Wachstum beträgt damit durchschnittlich jährlich 6,5 %.
Die Zinszahlungen an die Bevölkerung betragen 1989 voraussichtlich 5 Mrd. M. Das ist mehr als der gesamte Jahreszuwachs des Warenfonds im Jahre 1989. Das Wachsen der Spareinlagen ist einerseits Ausdruck des Vertrauens der Bevölkerung zur gesellschaftlichen Ent-

wicklung und des Wunsches, mit wachsendem Lebensstandard über persönliche Reserven zu verfügen, hängt aber andererseits zum Teil mit nicht realisierbaren Kaufwünschen, besonders nach langlebigen und hochwertigen Konsumgütern, zusammen (PKW, HiFi-Anlagen u. ä.).

– Die Verbindlichkeiten des <u>Staatshaushaltes</u> gegenüber dem Kreditsystem entwickelten sich aufgrund der höheren Ausgaben gegenüber den erreichten Einnahmen von rd. 12 Mrd. M 1970 auf 43 Mrd. M 1980 und 123 Mrd. M 1988.
In den Jahren 1989 und 1990 können die höheren Ausgaben des Staatshaushaltes gegenüber den Einnahmen nur durch zusätzliche Kreditaufnahme in Höhe von 20 Mrd. M erreicht werden, so daß die Gesamtverschuldung 1990 insgesamt 140 Mrd. M beträgt.
Geldumlauf und die Kreditaufnahme des Staates, darunter wesentlich aus den Spareinlagen der Bevölkerung, sind schneller gestiegen als die volkswirtschaftliche Leistung. Die ungenügende Erhöhung der Effektivität im volkswirtschaftlichen Reproduktionsprozeß, die Angleichung der Industrieabgabepreise an den im internationalen Vergleich zu hohen Aufwand sowie die wachsende Verschuldung des Staatshaushaltes haben zu einer Schwächung der Währung der DDR geführt.

3. Der Fünfjahrplan 1986-1990 für das NSW wird in bedeutendem Umfang nicht erfüllt. Bereits in den Jahren <u>1971-1980</u> wurden 21 Mrd. VM mehr importiert als exportiert. Das ist im Zusammenhang mit der dazu erforderlich gewordenen Kreditaufnahme und den Zinsen die Hauptursache des heutigen außergewöhnlich hohen Schuldenberges.
Ab 1981 wurden die Anstrengungen darauf gerichtet, die entstandene Belastung der Zahlungsbilanz durch Einschränkungen der Importe zu verringern. Im Zeitraum 1981-1985 wurden Exportüberschüsse insbesondere im Zusammenhang mit der Ablösung von Heizöl durch Braunkohle und Erdgas und den Export von Erdölprodukten zu günstigen Preisen erzielt.

Diese Exportüberschüsse ermöglichten, den »Sockel« von 1980-1986 etwa auf gleichem Niveau in Höhe von 28 Mrd. VM zu halten. Ab 1986 gingen die Exportüberschüsse insbesondere im Zusammenhang mit der Reduzierung der Preise für Erdölprodukte zurück; sie betrugen von 1986-1968 nur noch rd. 1 Mrd. VM, während allein die Kosten und Zinsen für Kredite in diesem Zeitraum etwa 13 Mrd. VM ausmachten. Das bedeutete eine grundlegende Änderung der ökonomischen Situation in der DDR. Die Exportziele des Fünfjahrplanes 1986-1990 werden aufgrund der fehlenden Leistung und ungenügenden Effektivität mit 14 Mrd. VM unterschritten und der Import mit rd. 15 Mrd. VM überschritten. Darin sind die durchgeführten Importe an Maschinen und Ausrüstungen im Umfang von 6,9 Mrd. VM zur Leistungssteigerung, insbesondere in der metallverarbeitenden Industrie sowie der Mikroelektronik, enthalten.

Damit ergibt sich anstelle des geplanten Exportüberschusses von 23,1 Mrd. VM ein Importüberschuß im Zeitraum 1986-1990 von 6 Mrd. VM.
Das war mit einem schnellen Anstieg des »Sockels« auf 49 Mrd. VM Ende 1989 verbunden, d.h. auf 190% gegenüber 1985. Die eingetretene Höhe des »Sockels« entspricht damit etwa dem 4fachen des Exports des Jahres 1989.

Mit den geplanten Valutaeinnahmen 1989 werden nur etwa 35% der Valutaausgaben insbesondere für Kredittilgungen, Zinszahlungen und Importe gedeckt. 65% der Ausgaben müssen durch Bankkredite und andere Quellen finanziert werden. Das bedeutet, daß die fälligen Zahlungen von Tilgungen und Zinsen, d.h. Schulden mit neuen Schulden bezahlt werden. Zur Finanzierung der Zinsen müssen mehr als die Hälfte des Einnahmenszuwachses des Staatshaushaltes eingesetzt werden.

Bei der Einschätzung der Kreditwürdigkeit eines Landes wird international davon ausgegangen, daß die Schuldendienstrate – das Verhältnis vom Export zu den im gleichen Jahr fälligen Kreditrückzahlungen und Zinsen – nicht mehr als 25% betragen sollte. Damit sollen 75% der Exporte für die Bezahlung von Importen und sonstigen Ausgaben zur Verfügung stehen.
Die DDR hat, bezogen auf den NSW-Export, 1989 eine Schuldendienstrate von 150%.

Die Lage in der Zahlungsbilanz wird sich nach dem erreichten Arbeitsstand zum Entwurf des Planes 1990 weiter verschärfen. Der »Sockel« wird bei einem NSW-Exportüberschuß von 0,3-0,5 Mrd. VM auf ca. 57 Mrd. VM Ende 1990 ansteigen. Die Kosten und Zinsen betragen 1990 insgesamt über 8 Mrd. VM.

Wenn der Anstieg des »Sockels« verhindert werden soll, müßte 1990 ein Inlandsprodukt von 30 Mrd. M aufgewendet werden, was dem geplanten Zuwachs des Nationaleinkommens von 3 Jahren entspricht und eine Reduzierung der Konsumtion um 25 bis 30% erfordert.

Es wird eingeschätzt, daß zur Aufrechterhaltung der Zahlungsfähigkeit folgende Exportüberschüsse erreicht werden müssen:

| – Mrd. VM – | 1990 | 1991 | 1992 | 1993 | 1994 | 1995 |
|---|---|---|---|---|---|---|
| Exportüberschuß | 2,0 | 4,6 | 6,7 | 9,2 | 10,2 | 11,3 |

Unter diesen Bedingungen entwickelt sich der »Sockel« wie folgt:

| – Mrd. VM – | 1990 | 1991 | 1992 | 1993 | 1994 | 1995 |
|---|---|---|---|---|---|---|
| »Sockel« | 55,5 | 62,0 | 63,0 | 62,0 | 62,0 | 57,0 |

Für einen solchen Exportüberschuß bestehen jedoch unter den jetzigen Bedingungen keine realen Voraussetzungen.

Die Konsequenzen der unmittelbar bevorstehenden Zahlungsunfähigkeit wäre ein Moratorium (Umschuldung), bei der der internationale Währungsfonds bestimmen würde, was in der DDR zu geschehen hat. Solche Auflagen setzen Untersuchungen des IWF in den betreffenden Ländern zu Fragen der Kostenentwicklung, der Geldstabilität u. ä. voraus. Sie sind mit der Forderung auf den Verzicht des Staates, in die Wirtschaft einzugreifen, der Reprivatisierung von Unternehmen, der Einschränkung der Subventionen mit dem Ziel, sie gänzlich abzuschaffen, den Verzicht des Staates, die Importpolitik zu bestimmen, verbunden. Es ist notwendig, alles zu tun, damit dieser Weg vermieden wird.

II.

Welche Schlußfolgerungen können angesichts dieser Situation vorgeschlagen werden?

1. <u>Die grundsätzlichen gesellschaftlichen Ziele, die für die Zukunft gestellt werden, müssen mit den wirtschaftlichen Möglichkeiten des Landes unter Berücksichtigung der charakterisierten ökonomischen Situation in Übereinstimmung gebracht werden.
Es ist eine grundsätzliche Änderung der Wirtschaftspolitik der DDR, verbunden mit einer Wirtschaftsreform erforderlich.</u>
Die grundlegende Aufgabe der neuen Wirtschaftspolitik besteht darin, Leistung und Verbrauch wieder in Übereinstimmung zu bringen. Es kann im Inland nur das verbraucht werden, was nach

Abzug des erforderlichen Exportüberschusses für die innere Verwendung als Konsumtion und Akkumulation zur Verfügung steht. Das bedeutet, daß der Zuwachs des im Inland verwendeten Nationaleinkommens zur Sicherung der Zahlungsfähigkeit der DDR gegenüber dem NSW in den nächsten Jahren deutlich niedriger liegen muß als die Entwicklung des produzierten Nationaleinkommens.

Grundlegende Aufgaben sind:

— Das vorhandene Leistungsvermögen unseres Landes ist umfassend auszuschöpfen durch konsequente Stärkung der produktiven Akkumulation vorrangig in Zweigen, die zur Erreichung eines wachsenden NSW-Exportüberschusses einen maximalen Beitrag zur Sicherung der Liquidität zu leisten haben zu Lasten der Investitionen in den nichtproduzierenden Bereichen bereits mit dem Plan 1990.

— Die vorhandenen Kräfte und Ressourcen sind auf die Lösung der Zulieferprobleme und die Gewährleistung des volkswirtschaftlichen Verflechtungen als bedeutende Voraussetzung der Steigerung der Leistungsentwicklung und der Arbeitsproduktivität, auf den Export zur Sicherung der Rohstofflieferungen aus der UdSSR und einen wachsenden NSW-Export sowie die Lösung der Versorgungsaufgaben der Bevölkerung zu konzentrieren.

— Es ist eine Umstrukturierung des Arbeitskräftepotentials erforderlich, um das Mißverhältnis zwischen produktiven und unproduktiven Kräften in der gesamten Wirtschaft und im Überbau zu beseitigen, d. h. drastischer Abbau von Verwaltungs- und Bürokräften sowie hauptamtlich Tätiger in gesellschaftlichen Organisationen und Einrichtungen.

— Als Grundfrage der konsequenten Durchsetzung des sozialistischen Leistungsprinzips ist die Erhöhung der Einnahmen direkt an höhere Leistungen zu binden. Das erfordert zugleich für nicht gebrachte Leistungen, Schluderei und selbstverschuldete Verluste Abzüge vom Lohn und Einkommen.

— Die Investitionen sind für die Erhaltung, Modernisierung und Rationalisierung einzusetzen, um eine bedeutende Einschränkung von Arbeitsplätzen zu erreichen, den eingetretenen Aderlaß von Arbeitskräften auszugleichen und Arbeitskräfte für die neuen Prioritäten zu gewinnen.

- Zur Gewährleistung der Stabilität des Binnenmarktes und der Sicherung der NSW-Exportfonds müssen grundlegende Veränderungen in der Subventions- und Preispolitik erfolgen bei Erhaltung der sozial begründeten, den volkswirtschaftlich möglichen entsprechenden Maßnahmen.
Alle Elemente der Subventions- und Preispolitik, die dem Leistungsprinzip widersprechen sowie zur Verschwendung und Spekulation führen, sind zu beseitigen.
Ausgehend von der Lage kann bei der Einschränkung der Subventionen kein voller Ausgleich gezahlt werden. Es sind weitere, die Durchsetzung des Leistungsprinzips fördernde, kaufkraftbindende Maßnahmen erforderlich.
Gleichzeitig sind Maßnahmen zur Kaufkraftbindung durch die Steigerung der Produktion hochwertiger Konsumgüter sowie durch höhere Veredlung zum Beispiel eigener landwirtschaftlicher Rohstoffe wie Milch und Fleisch, durch Entwicklung von Dienstleistungen und Gewerbe bzw. Bildung von Sachvermögen durch industriellen Eigenheimbau und eventuellen Kauf von Etagenwohnungen vorzuschlagen.

- Die Stärkung der produktiven Akkumulation erfordert, für die kommende Zeit eine Reduzierung der eingesetzten Ressourcen für den komplexen Wohnungsbau, der gegenwärtig 75% aller Investitionen in den nichtproduzierenden Bereichen beansprucht.
Hinsichtlich des Wohnungsbaus ist vor allem auf der Grundlage der Nutzung der Kapazitäten in den Territorien schwerpunktmäßig die Werterhaltung und Modernisierung vorhandener Wohnsubstanz zu sichern.
Modernisierung, Erhaltung und Neubau von Wohnungen, vor allem in den vorhandenen Wohngebieten, sind auf das engste mit der Wohnraumwirtschaft und der Wohnungspolitik als Ganzes zu verbinden.

Auf diese Weise ist eine wesentliche Erhöhung des gesamten volkswirtschaftlichen Reproduktionsprozesses und eine Beschleunigung der Kostensenkung zu verwirklichen; durch Entwicklung der Produktionsstruktur mit hoher Devisenrentabilität muß der Beitrag zum Nationaleinkommen erhöht werden.

2. <u>Durchführung einer Wirtschaftsreform mit sofort wirksamen und langfristig wirkenden Maßnahmen</u>

Als erster Schritt ist eine bedeutende Senkung des Planungs- und des Verwaltungsaufwandes auf allen Ebenen notwendig. Vorhandene Elemente einer bürokratischen Zentralisierung in Leitung und Planung, deren Bearbeitung und Lösung nicht in der Zentrale möglich und erforderlich sind, sind abzuschaffen und die Eigenverantwortung der Kombinate und Betriebe wesentlich zu erhöhen.

Dazu gehören

— Abschaffung der zentralen Planung und Abrechnung der Tagesmeldungen sowie der zentralen Dekaden- und Monatsplanung.

— Reduzierung der Aufgaben des Staatsplanes Wissenschaft und Technik von 3800 Positionen auf 600 bis 800 Positionen, die inhaltlich entscheidend sind und zentral beeinflußt und entschieden werden müssen. Gleichermaßen ist die Zahl der Staatsaufträge von rund 40 auf 25 einzuschränken. Die Möglichkeit der Abschaffung der Erneuerungspässe ist im Zusammenhang mit der Ausgestaltung der bestehenden Pflichtenhefte zu prüfen.

— Die Bilanzierung der Erzeugnissortimente ist den Kombinaten als Hauptproduzenten zu übertragen. Es darf keine formale Festlegung der Erneuerungsrate der Produktion geben.

— Die Verantwortung der Kombinate und Betriebe für den Prozeß der Plandurchführung ist als Voraussetzung für flexibles Reagieren entsprechend den Bedürfnissen des inneren und äußeren Marktes im Rahmen der ihnen zur Verfügung stehenden Fonds wesentlich zu erhöhen. Es müssen effektive Kooperationsbeziehungen im Rahmen der Volkswirtschaft der DDR sowie international, besonders mit der UdSSR, organisiert werden.
Die Übernahme von Klein- und Mittelbetrieben durch Kombinate bzw. ihre Auslastung durch zentral bilanzierte Auflagen ist einzustellen bzw. zu prüfen, wo sie wieder ausgegliedert werden können.

— Die Verantwortung der Produzenten sowie der örtlichen Staatsorgane für die Deckung des Bedarfs, insbesondere an Erzeugnissen der 1000 kleinen Dinge, ist durch Schaffung besserer materieller Voraussetzungen für die Klein- und Mittelbetriebe sowie für Handwerk und Gewerbe zu unterstützen; den

ökonomischen Wirkungen von Angebot und Nachfrage und entsprechender Preisbildung auf diesem Gebiet ist größerer Spielraum zu geben.
Die Steuergesetzgebung für Handwerk und Gewerbe ist sofort zu überarbeiten.
Die Arbeitskräfteregelungen und die Investitionsmöglichkeiten sind großzügiger zu gestalten.

– Im Rahmen der auszuarbeitenden Grundsätze für die Eigenerwirtschaflung der Mittel durch Kombinate, Betriebe, Genossenschaften einschließlich Handwerks- und Gewerbebetriebe ist ein Schwerpunkt darauf zu legen, Initiativen zur zusätzlichen Valutaerwirtschaflung materiell zu stimulieren. Sie sind an den Valutaeinnahmen zu beteiligen.

– Die Rolle des Geldes als Maßstab für Leistung, wirtschaftlichen Erfolg oder Mißerfolg ist wesentlich zu erhöhen.

– Der Wahrheitsgehalt der Statistik und Information ist auf allen Gebieten zu gewährleisten.

Insgesamt geht es um die Entwicklung einer an den Marktbedingungen orientierten sozialistischen Planwirtschaft bei optimaler Ausgestaltung des demokratischen Zentralismus, wo jede Frage dort entschieden wird, wo die dafür nötige, größere Kompetenz vorhanden ist.


III.

<u>Es ist eine neue Stufe der Zusammenarbeit der DDR mit der UdSSR zu verwirklichen.</u>

Das erfordert die Durchführung einer Politik der Zusammenarbeit zwischen unseren beiden Ländern ohne Vorbehalte und die Beseitigung des zwiespältigen Verhaltens zur Umgestaltung in der UdSSR.
Nach Abstimmung der Rohstofflieferungen der UdSSR und der Bezahlware der DDR dafür ist als nächster Schritt die Koordinierung der Zusammenarbeit, Kooperation und Arbeitsteilung auf den Gebieten der Elektrotechnik und Elektronik sowie des Maschinenbaus notwendig. Das gilt insbesondere für die weitere Entwicklung der Zusammenarbeit auf dem Gebiet der höchstintegrierten Schaltkreise der Mikroelektronik und Rechentechnik.

Die Produktion und Lieferungen der DDR müssen von dem mit der Umgestaltung sich wesentlich ändernden Investitionsbedarf der UdSSR ausgehen. Dabei ist die Konversion von Betrieben der Verteidigungsindustrie zu unterstützen.
Es darf keine Vorbehalte zu neuen Formen der Zusammenarbeit geben (gemeinsame Betriebe). Entscheidend ist die Berechnung von Aufwand und Nutzen.

Gegenüber den anderen sozialistischen Ländern ist die konstruktive Zusammenarbeit unabhängig von der Unterschiedlichkeit der eingeschlagenen Wege bei Wahrung der ökonomischen Interessen der DDR konsequent fortzuführen. In den Rohstofflieferungen muß die Gegenseitigkeit und auf dem Gebiet der metallverarbeitenden Industrie die Arbeitsteilung unter Nutzung der vorhandenen Potenzen der DDR erweitert werden.

## IV.

Auch wenn alle diese Maßnahmen in hoher Dringlichkeit und Qualität durchgeführt werden, ist der im Abschnitt I dargelegte, für die Zahlungsfähigkeit der DDR erforderliche NSW-Exportüberschuß nicht sicherbar.
1985 wäre das noch mit großen Anstrengungen möglich gewesen. Heute besteht diese Chance nicht mehr. Allein ein Stoppen der Verschuldung würde im Jahre 1990 eine Senkung des Lebensstandards um 25-30% erfordern und die DDR unregierbar machen. Selbst wenn das der Bevölkerung zugemutet würde, ist das erforderliche exportfähige Endprodukt in dieser Größenordnung nicht aufzubringen.
Aus diesem Grunde wird über die vorgenannten Schlußfolgerungen hinaus folgendes vorgeschlagen:

4. <u>Es ist ein konstruktives Konzept der Zusammenarbeit mit der BRD und mit anderen kapitalistischen Ländern wie Frankreich, Österreich, Japan, die an einer Stärkung der DDR als politisches Gegengewicht zur BRD interessiert sind, auszuarbeiten und zu verhandeln:</u>

   a) Im Interesse der Stärkung der produktiven Akkumulation sind alle Formen der Zusammenarbeit mit Konzernen und Firmen der BRD sowie anderen kapitalistischen Ländern zu prüfen mit dem Ziel, mehr Waren für den Außen- und Binnenmarkt aus der Leistungssteigerung bereitzustellen. Die Refinanzierung ist aus diesen Objekten zu gewährleisten, wobei ein ökonomischer Nutzen für die DDR bzw. ein Export auf Drittmärkte ermöglicht werden muß.

b) Die DDR ist interessiert, mit Konzernen und Firmen der BRD und anderen Ländern zu kooperieren, Lizenzen und Technologien zu übernehmen, Leasinggeschäfte durchzuführen sowie die Gestattungsproduktion weiter zu entwickeln, wenn der Aufwand refinanziert und ein Gewinn erreicht werden kann.

c) Zur Modernisierung von mittleren und Kleinbetrieben sowie von Handwerk und Gewerbe, besonders in der Textilindustrie, der Schuhindustrie, Glas- und Keramik-, Lebensmittelindustrie und Nahrungsgüterwirtschaft, deren Produktion unmittelbar versorgungswirksam werden kann, sind Kredite aufzunehmen, die durch Leistungssteigerung dieser Betriebe fristgemäß refinanziert werden.

d) Die DDR ist an der Beratung einiger großer Objekte der Zusammenarbeit auf dem Gebiet der Energie, des Umweltschutzes, der Chemie und anderer Zweige, für die jeweils einzeln intensive Verhandlungen erforderlich sind und deren Realisierung im Interesse beider Partner liegt, interessiert.

e) Zur Erhöhung der Attraktivität des Tourismus aus kapitalistischen Ländern in die DDR sind auf der Grundlage der Refinanzierungsmöglichkeiten weitere Kapazitäten zu rekonstruieren bzw. zu erweitern. Es ist zu prüfen, daß gegenwärtig nicht voll genutzte Kapazitäten, die weder der Bevölkerung noch dem organisierten Tourismus zur Verfügung stehen, teilweise in die Kapazitätserweiterung für den NSW-Tourismus aufgenommen werden.

Es muß mit aller Deutlichkeit darauf hingewiesen werden, daß der Ausweg aus der Lage die Verwirklichung der vorstehend insgesamt dargelegten Maßnahmen zur Veränderung der Wirtschafts- und Gesellschaftspolitik erfordert. Die Vorschläge zur ökonomischen Kooperation mit der BRD und anderen kapitalistischen Ländern sind ohne die in den Abschnitten II und III genannten Maßnahmen nicht durchführbar. Sonst würde ein Eintreten der Zahlungsunfähigkeit nicht vermeidbar sein, sondern beschleunigt werden.

Alle genannten Maßnahmen müssen bereits 1992 zu höheren

Valutaeinnahmen für die Sicherung der Liquidität des Staates führen. Trotz dieser Maßnahmen ist es für die Sicherung der Zahlungsfähigkeit 1991 unerläßlich, zum gegebenen Zeitpunkt mit der Regierung der BRD über Finanzkredite in Höhe von 2-3 Mrd. VM über bisherige Kreditlinien hinaus zu verhandeln. Gegebenenfalls ist die Transitpauschale der Jahre 1996-1999 als Sicherheit einzusetzen.

Diese Vorschläge erhöhen die Verschuldung der DDR weiter und stellen ein Risiko dar. Die Verschuldung wird jedoch langfristig und refinanzierbar konzipiert und ist verbunden mit dem Zeitgewinn für die grundsätzliche Änderung der Wirtschaftspolitik der DDR und der Vermeidung eines Diktats des Internationalen Währungsfonds.

Zur Untersetzung der dargelegten Grundlinie der neuen Wirtschaftspolitik und als Voraussetzung für dazu erforderliche Entscheidungen sowie zur detaillierten Ausarbeitung der Vorschläge und Objekte für die ökonomische und wissenschaftlich-technische Zusammenarbeit mit der BRD und anderen kapitalistischen Ländern ist es erforderlich, durch die Staatliche Plankommission ein Gesamtkonzept der Entwicklung der Volkswirtschaft für den Zeitraum 1991-1995 auszuarbeiten und dem Politbüro im Dezember vorzulegen.
Die Verwirklichung der dargelegten Maßnahmen erfordert eine straffe staatliche Leitung und Organisation.

V.

Mit diesen im Abschnitt IV. dargelegten Vorschlägen läßt sich die DDR als Land des Sozialismus, als Mitglied des Warschauer Paktes und des Rates für Gegenseitige Wirtschaftsllilfe leiten von der Politik der friedlichen Koexistenz von Staaten unterschiedlicher Gesellschaftsordnung, von der Politik des Dialogs der Vernunft und der Entspannung.

Dabei schließt die DDR jede Idee von Wiedervereinigung mit der BRD oder der Schaffung einer Konföderation aus. Wir sehen in unseren Vorschlägen jedoch einen Weg in Richtung des zu schaffenden europäischen Hauses entsprechend der Idee Michail Sergejewitsch Gorbatschows, in dem beide deutsche Staaten als gute Nachbarn Platz finden können.

Um der BRD den ernsthaften Willen der DDR zu unseren Vorschlägen bewußt zu machen, ist zu erklären, daß durch diese und weitergehende Maßnahmen der ökonomischen und wissenschaft-

*Bei der Pharma-industrie verläuft das ähnlich.*

lich-technischen Zusammenarbeit DDR - BRD noch in diesem Jahrhundert solche Bedingungen geschaffen werden könnten, die heute existierende Form der Grenze zwischen beiden deutschen Staaten überflüssig zu machen. Dies müßte jedoch verbunden werden mit eigenen politischen und ökonomischen Vorschlägen der BRD zur Entspannung und zur ökonomischen Unterstützung der DDR, wobei die Tatsache zu berücksichtigen ist, daß unserem Land in der Zeit der offenen Staatsgrenze laut Einschätzung eines Wirtschaftsinstitutes der BRD ein Schaden von ca. 100 Mrd. Mark entstanden ist.

Als Zeichen der Hoffnung und der Perspektive ist die DDR bereit, 1995 zu prüfen, ob sich die Hauptstadt der DDR und Berlin (West) um die gemeinsame Durchführung der Olympischen Spiele im Jahre 2004 bewerben sollten.

---

Auto als Statussymbol wurde in der Kapitalwelt zur entscheidenden Triebkraft.
Alles wurde im Interesse eines hohen Bedarfs PKW und LKW untergeordnet.
Kaufhallen auf die grüne Wiese
Arbeitsplätze möglichst weit entfernt von den Arbeitskräften
Bewußte Verminderung der Transporte auf der Schiene
usw.

Dadurch wurden alle Zweige und jeder Einzelne vom Auto abhängig gemacht.
Die Vergänglichkeit des Autos (Lebensdauer) ist relativ gering, wodurch das Auto die ständige Kaufkraftabschöpfung garantiert.

Kaufpreis, Steuern, Versicherungen, Oelindustrie und andere Ind. Zweige profitieren davon.
Die Ressourcen der Erde werden aufgebraucht
Staatsregierungen, die das nur verändern könnten, sind von den Lobbyisten der Auto- und Oel-Konzerne durchsetzt.
In der DDR ein Auto hatte, hatte das zu seinem nützen. Die Prämissen waren billige sparende Transportsysteme
haben die Menschen der DDR nicht begriffen wollten alle ein Auto! Jetzt haben sie s. oder?

ISBN 978-3-360-00940-1

© 2009 (2000) Verlag Das Neue Berlin
Umschlagentwurf: Peperoni Werbeagentur, Berlin
Druck und Bindung: CPI Moravia Books GmbH

Ein Verlagsverzeichnis schicken wir Ihnen gern:
Das Neue Berlin Verlagsgesellschaft mbH
Neue Grünstraße 18, 10179 Berlin
Tel. 01805/30 99 99 (0,14 Euro/Min.)

Die Bücher des Verlags Das Neue Berlin
erscheinen in der Eulenspiegel Verlagsgruppe.

*www.das-neue-berlin.de*